3·4·5급 新HSK 테마별 VOCA

3 · 4 · 5급 新 HSK
테마별 VOCA

초판 1쇄 발행 2010년 7월 27일
초판 4쇄 발행 2015년 4월 7일

저　자	김연희 · 우치갑 · 윤지영 공편
발 행 인	윤우상
책임편집	윤병호, 최준명
북디자인	Design Didot 디자인디도
발 행 처	송산출판사
주　소	서울특별시 서대문구 홍제 2동 104-6
전　화	(02) 735-6189
팩　스	(02) 737-2260
홈페이지	http://www.songsanpub.co.kr
등록일자	1976년 2월 2일. 제 9-40호

ISBN　978-89-7780-151-6　13720

3·4·5급

新HSK
테마별 VOCA

김연희·우치갑·윤지영 공편

송산출판사

머리말

　이번에 출간된 『신HSK 3·4·5급 테마별 보카』는 저자가 대학에서 중국어를 배우고, 북경에서 유학생활을 하고, 10여 년간 꾸준히 HSK과 관련된 일을 해오면서, 중국어를 공부하는 한국인에게 절실히 필요하다고 생각했던 부분을 정리해 놓은 책입니다.

　현재 한국과 중국에는 HSK에 관련된 많은 단어집이 출판되어 있습니다. 그러나 이런 책들을 접했을 때 적합하지 않은 예문을 사용한 경우, 현재는 잘 사용하지 않는 표현을 쓴 경우, 단어의 용법이 틀린 경우, 한국어 뜻은 같지만 문장에서의 쓰임새가 다른 단어들을 비교할 때 설명이 불분명해서 답답했던 경우 등을 적어도 누구나 한 번쯤은 다 느껴보았을 것입니다.

　『신HSK 3·4·5급 테마별 보카』는 이러한 문제점을 보완, 수정하여 신HSK3·4·5급 단어와 관련된 살아있는 생생한 표현의 예문을 수록하였으며, 단어의 용법을 철저하게 분석하고, 뜻이 비슷하지만 문장에서의 쓰임새가 다른 단어들을 비교하여, 중국어 학습기간이 짧은 사람이라 할지라도, 한 번만 읽어보면 쉽게 이해할 수 있도록 쉽게 설명을 하였습니다. 또한 단어마다 함께 호응하여 쓰이는 낱말(搭配)을 최대한 수록하여서 HSK 시험뿐만 아니라, 중국어 말하기와 쓰기에도 도움이 될 수 있습니다.

『신HSK 3·4·5급 테마별 보카』는 신HSK에 필요한 3·4·5급 필수 2500
개 단어를 19개의 테마별로 배열하여 암기하기 어려운 단어들을 연상학습을
통해 효과적으로 쉽게 암기할 수 있습니다. 불가능해 보이거나 힘들다고 생
각하는 일들은 단지 시간이 걸릴 뿐 반드시 해결 할 수 있는 문제입니다. "내
일부터"라는 생각을 버리시고 "오늘부터 당장" 즐거운 마음으로 HSK 공부
를 시작해 봅시다. 한 달 후에는 자신감 있는 자신의 모습과 확실히 달라져
있는 자신의 중국어 실력을 확인하실 수 있을 것입니다.

끝으로 좋은 책을 내주신 송산출판사 윤우상 사장님, 윤병호 과장님, 최
준명 대리, 많은 조언을 해준 분당 수내고등학교의 신윤기 선생님, 중국 북
경의 김민수 선생님, 북경어언대학 대학원의 刘冰, 꼼꼼한 교열을 도와 준
중국 산동대학교의 王潔과 어학연구소 조교 李萱, 小杨 선생님 등에게 감사
를 드립니다.

2010. 06.05
편저자

목차

3급 신HSK 테마별 보카

목차

4급 신HSK 테마별 보카

목차

5급 신HSK 테마별 보카

3·4·5급 신HSK 테마별 VOCA 책의 특징

▶ 단순한 단어 나열식 형식에서 탈피! 지루한 암기는 이제 그만!
▶ 테마별 구성을 통한 연상학습으로 시험 필수 VOCA 집/중/공/략

1 최근 신HSK 유형을 철저히 분석한 맞춤형 VOCA 학습서

최근 신HSK 유형과 기출단어를 철저히 분석한 맞춤형
VOCA 학습서으로 신HSK듣기, 신HSK독해, 신HSK쓰
기를 한 번에 공략할 수 있고 취약 유형의 단어를 골라 집중
적으로 암기할 수 있다.

2 18개의 테마별 구성을 통한 연상학습으로 단어 집중암기

신HSK 3·4·5급에 필요한 2500개 단어를 18개의 테마별
로 배열하여 암기하기 어려운 단어들을 연상학습을 통해 효
과적으로 쉽게 암기할 수 있도록 하였다

3 쉬운 단어부터 심화단어까지 신HSK 3 · 4 · 5급별 선택학습

18개의 테마별로 '3급 신HSK VOCA' '4급 신HSK VOCA' '5급 신HSK VOCA' 부분으로 나누어 학습자의 수준에 따라 단어를 쉬운 단어부터 심화단어까지 우선순위로 선택학습을 할 수 있다

4 효과적인 시험대비를 위한 「VOCA 활용포인트」 제공

효과적으로 시험대비할 수 있도록 2500개 단어들 중에서도 신HSK시험에 잘 출제되는 단어와 혼동되기 쉬운 유사단어를 선정하여 「VOCA 활용포인트」를 제공하였다

5 예문 중심의 암기로 신HSK VOCA 집/중/공/략

출제 경향을 보여주는 엄선된 예문과 해석을 통해 단어의 의미를 정확하게 파악하여 예문 중심의 암기로 신HSK VOCA를 집중공략할 수 있다.

6 수준별로 효율적이고 흥미로운 학습을 위한 VOCA Mp3

테마별 VOCA Mp3 파일을 '3급 신HSK VOCA' '4급 신HSK VOCA' '5급 신HSK VOCA' 부분으로 구성하였으며, 가장 효율적이고 흥미로운 수준별 단어 학습을 위해 교재에 있는 모든 단어와 예문을 정확한 중국 원어민의 발음으로 수록하였다.

MP3 파일의 구성

단어를 들으면서 쉽게 암기할 수 있도록 3가지 형태의 MP3 파일을 제공합니다.

1 MP3 다운로드 할 수 있는 곳

Daum 카페 한어수평고시(HSK)
http://cafe.daum.net/hskkorea

Daum 카페 신 HSK 어학연구소
http://cafe.daum.net/wchina

2 표제 단어

테마별로 3 · 4 · 5급 표제 단어를 중국 원어민의 발음으로 들려주고 우리말로 뜻을 들려줍니다. 전제 단어와 단어 뜻을 들으면서 하루에 60분, 한 달만 학습하면 나도 모르게 단어가 암기됩니다

3 표제 단어와 예문

테마별로 3 · 4 · 5급별로 표제단어를 중국 원어민의 발음만 들려줍니다. 전체 단어를 들으면서 단어의 뜻 생각하면 생소한 단어들이 쉽게 이해되고 빠르게 외워집니다.

테마별로 3 · 4 · 5급 표제 단어를 중국 원어민의 발음으로 들려주고 우리말로 뜻을 들려준 뒤 표제어 예문까지 다시 들려줍니다. 전체 단어와 단어 뜻, 예문을 들으면서 하루에 60분, 두 달만 학습하면 실용예문까지 모두 암기하는 효과를 볼 수 있습니다.

일러두기

(명) 명사	(동) 동사	(형) 형용사	(부) 부사	(개) 개사
(조동) 조동사	(조) 조사	(접) 접속사	(보) 보어	(양) 양사

🔄 반의어

이 책은 이렇게 학습하세요!

1. 테마별 표제 단어

신HSK 3·4·5급 단어는 20개의 테마별로 구성되어 있습니다. 3·4·5급에 필요한 2500개 단어를 테마별로 학습하면 연상작용을 통해 훨씬 빠르고 쉽게 암기할 수 있습니다.

2. 실용예문과 해석

출제 경향을 보여주는 엄선된 예문과 해석을 통해 단어의 의미를 정확하게 파악하여 예문 중심의 암기로 신HSK VOCA를 학습하세요. 중국 원어민의 정확한 발음을 들으면서 암기할 수 있는 다양한 형태의 Mp3를 활용하면 저절로 단어를 암기할 수 있습니다.

3. 보카 활용포인트

HSK시험에서 가장 많이 출제된 알짜배기 단어들을 보여주는 부분입니다. 보카활용 포인트를 학습하면 신HSK 시험에서 잘 출제되는 단어와 혼동하기 쉬운 유사단어를 집/중/공/략/할 수 있습니다.

4. 책의 부록편

(1) **단어의 한어병음 색인**

19개의 테마별로 구성된 신HSK 3·4·5급 모든 단어를 한어병음 순으로 정렬하여 사전처럼 활용할 수 있고, 보카 책에 수록된 단어를 찾기 쉽게 했습니다.

(2) **보카 활용 포인트 색인**

HSK 시험에서 가장 많이 출제되는 유사단어를 쉽게 찾아 학습할 수 있습니다.

5. 중국어-한국어 동시 녹음

들으면서 암기할 수 있도록 모든 단어와 예문을 중국어와 한국어로 녹음하였습니다. 테마별 단어와 예문을 Mp3 파일로 중국 원어민의 정확한 발음으로 들어보시면 예문 청취를 통해 단어의 정확한 의미 파악과 듣기학습까지 할 수 있습니다.

가정, 가족, 사람

(1) 사람

인칭

□ 我 wǒ	나		□ 他们 tāmen	그들
□ 我们 wǒmen	우리		□ 她 tā	그녀
□ 你 nǐ	너		□ 她们 tāmen	그녀들
□ 你们 nǐmen	너희		□ 别人 biérén	다른 사람
□ 您 nín	(존칭)당신		□ 自己 zìjǐ	자기
□ 他 tā	그			

01
3급

别人
biérén

(대) 남, 다른 사람

别人不知道正确答案，你问问王明吧。
다른 사람은 정답을 모르니, 왕밍에게 물어보세요.

*正确 zhèngquè 정확하다
*答案 dá'àn 답안
*正确答案 정답

02
3급

自己
zìjǐ

(대) 자기, 자신

我自己会做的，你不要担心。
내 스스로 할 테니, 걱정하지 마라.

*担心 dānxīn 걱정하다

16

 사람

□ 人 rén	사람	□ 男人 nánrén	남자
□ 丈夫 zhàngfu	남편	□ 朋友 péngyou	친구
□ 妻子 qīzi	아내	□ 小姐 xiǎojiě	미스, ~양, 아가씨
□ 儿子 érzi	아들	□ 先生 xiānsheng	미스터, 호칭, 선생님
□ 孩子 háizi	아이	□ 服务员 fúwùyuán	종업원
□ 女儿 nǚ'ér	딸	□ 邻居 línjū	이웃
□ 女人 nǚrén	여자		

01
3급
人
rén

(명) 사람

我想找一个人，他叫王明，中国人。

나는 한 사람을 찾는데, 그는 왕밍이라 불리는 중국인이다.

*找 zhǎo 찾다

02
3급
丈夫
zhàngfu

(명) 남편

她比她丈夫大两岁。

그녀는 그녀의 남편보다 2살이 많다.

03
3급
妻子
qīzi

(명) 아내

听说小王最近和他妻子离婚了。

샤오왕이 최근 그의 아내와 이혼을 했다고 하더라.

*离婚 líhūn 이혼하다

04
3급
儿子
érzi

(명) 아들

我儿子和他的女儿是好朋友。

나의 아들은 그의 딸과 좋은 친구이다.

05
3급
孩子
háizi

(명) 아이

他俩结婚后没要孩子。

그들은 결혼 후 아이를 가지려 하지 않았다.

*结婚 jiéhūn 결혼하다

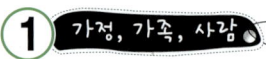

女儿
nǚ'ér

(명) 딸

他妻子生了一个女儿。

그의 아내가 딸을 낳았다.

女人
nǚrén

(명) 여자

那个女人真的很干练。

그 여자는 정말 유능하다.

*干练 gànliàn 유능하고 노련하다

男人
nánrén

(명) 남자

男人女人都能戴这种帽子。

남자 여자 모두 이런 모자를 착용할 수 있습니다.

*戴 dài 착용하다

朋友
péngyou

(명) 친구

她原来是你的女朋友，我觉得她真漂亮。

그녀가 알고보니 네 여자친구였구나. 그녀는 정말 예쁜 것 같아.

*原来 yuánlái 알고보니

小姐
xiǎojiě

(명) 미스, ~양, 아가씨

王小姐，请问您有什么事情吗?

미스 왕, 당신 무슨 일 있나요?

*事情 shìqing 볼일, 일, 사건

先生
xiānsheng

(명) 미스터, 지식인에 대한 호칭, 선생님

请问张克先生在吗?

장커 선생이 있나요?

12
3급 服务员
fúwùyuán

(명) 종업원

那个服务员很热情。

그 종업원은 매우 친절합니다.

*热情 rèqíng 친절하다

13
3급 邻居
línjū

(명) 이웃

我家和邻居的关系很好。

우리 집은 이웃들과 사이가 매우 좋다.

 가족

☐ 妈妈 māma	엄마		☐ 妹妹 mèimei	여동생
☐ 爸爸 bàba	아빠		☐ 爷爷 yéye	할아버지
☐ 哥哥 gēge	오빠(형)		☐ 奶奶 nǎinai	할머니
☐ 姐姐 jiějie	언니(누나)		☐ 阿姨 āyí	이모
☐ 弟弟 dìdi	남동생		☐ 叔叔 shūshu	삼촌

01
3급 妈妈
māma

(명) 어머니

妈妈回来之前小明正在做什么？

엄마가 돌아오기 전에 샤오밍은 무엇을 하고 있었니?

我家一共有七口人。爸爸、妈妈、姐
姐、哥哥、弟弟、妹妹 和我。

우리 집은 아빠, 엄마, 누나, 형, 남동생, 여동생 그리고 나
모두 일곱 식구이다.

02
3급 爸爸
bàba

(명) 아버지

这位是我爸爸的同事。

이 분은 우리 아빠의 동료이다.

03 **3급**	哥哥 gēge	**(명)** 형, 오빠 我哥哥已经结婚了。 나의 오빠는 이미 결혼했다.

---

04 **3급**	姐姐 jiějie	**(명)** 누나, 언니 你是一个人来的吗? 我和姐姐一起来的。 너 혼자 왔니? 나는 언니와 함께 왔다.

---

05 **3급**	弟弟 dìdi	**(명)** 남동생 我有一个弟弟和一个妹妹。 저는 남동생 한 명과 여동생 한 명이 있습니다.

---

06 **3급**	妹妹 mèimei	**(명)** 여동생 我妹妹读高中了。 나의 여동생은 고등학교에 다닌다.

---

07 **3급**	爷爷 yéye	**(명)** 할아버지 我爷爷今年69岁, 他已经退休了。 우리 할아버지는 올해 연세가 69세 되셨고, 이미 퇴직을 하셨다. *退休 tuìxiū 퇴직하다

---

08 **3급**	奶奶 nǎinai	**(명)** 할머니 我奶奶今年八十岁。 우리 할머니는 올해 여든살이셔.

---

09 **3급**	阿姨 āyí	**(명)** 이모 / 아주머니 我的阿姨住在北京。 우리 이모는 북경에서 살아요. 阿姨, 请问中国银行怎么走? 아주머니, 중국 은행에 어떻게 가나요?

10
3급
叔叔
shūshu

(명) 삼촌, 아저씨

我叔叔今天从中国回来。
우리 삼촌은 오늘 중국에서 돌아오셔.

(2) **신체**

□ **身体** shēntǐ	몸, 신체	□ **耳朵** ěrduo	귀
□ **脸** liǎn	얼굴	□ **头发** tóufa	머리카락
□ **眼睛** yǎnjing	눈	□ **腿** tuǐ	다리
□ **鼻子** bízi	코	□ **脚** jiǎo	발

01
3급
身体
shēntǐ

(명) 몸, 신체 / 건강

身体健康! / 请您保重身体。
몸 건강하세요!   건강 조심하세요.

*保重 bǎozhòng 건강에 주의하다

02
3급
脸
liǎn

(명) 얼굴

她的脸红得跟苹果一样。
그녀의 얼굴이 사과처럼 빨갛게 되었다.

03
3급
眼睛
yǎnjing

(명) 눈

她的眼睛很大很漂亮。
그녀의 눈은 크고 예쁘다.

04
3급
鼻子
bízi

(명) 코

外面太冷了，我的鼻子都变红了。
밖이 너무 추워서, 코가 빨갛게 되었다.

05 3급	耳朵 ěrduo	**(명) 귀** **我的耳朵很痒。** 귀가 간지럽다. *痒 yǎng 간지럽다

06 3급	头发 tóufa	**(명) 머리카락** **您是剪头发还是做头发?** 당신은 머리를 자를 건가요 아니면 머리 모양을 내실 건가요? *剪 jiǎn (가위로)자르다

07 3급	腿 tuǐ	**(명) 다리** **我的腿怎么这么疼?** 다리가 왜 이렇게 아프지?

08 3급	脚 jiǎo	**(명) 발** **对不起, 踩了您的脚。** 죄송합니다, 제가 당신의 발을 밟았네요. *踩 cǎi 밟다

(3) 외모

☐ 老 lǎo	늙다		☐ 漂亮 piàoliang	예쁘다
☐ 矮 ǎi	(키가) 작다		☐ 年轻 niánqīng	(나이가) 젊다
☐ 高 gāo	(키가) 크다		☐ 大 dà	(나이가) 많다
☐ 胖 pàng	살찌다		☐ 小 xiǎo	(나이가) 적다
☐ 瘦 shòu	마르다		☐ 像 xiàng	닮다
☐ 可爱 kě'ài	귀엽다			

 老
lǎo

(형) 늙다, 나이가 먹다 (반) 小 나이가 어리다

10年之后再次见到他, 他一点也没有老。
10년만에 그를 만났는데, 조금도 늙지 않았다.

 矮
ǎi

(형) (키가) 작다

她虽然很漂亮, 但是个子有点矮。
그녀는 예쁘지만 키가 약간 작아요.

 高
gāo

(형) (키가) 크다

我在我们班的同学中个子最高。
나는 우리반 친구들 중에 키가 가장 크다.

 胖
pàng

(형) (몸이) 뚱뚱하다, 살찌다

她比以前胖了。 그는 이전보다 살이 쪘다.

 瘦
shòu

(형) (몸이) 마르다, 여위다

他感冒了之后脸变瘦了。
감기에 걸린 후에 그의 얼굴이 야위었다.

*感冒 gǎnmào 감기에 걸리다

 可爱
kě'ài

(형) 사랑스럽다, 귀엽다

唱着歌的孩子们非常可爱。
노래하는 아이들이 너무 사랑스럽다.

 漂亮
piàoliang

(형) 예쁘다, 멋지다 (반) 难看 보기 싫다

她很高, 也很漂亮, 我非常喜欢她。
그녀는 키도 크고 예뻐서 난 그녀를 매우 좋아한다.

 年轻
niánqīng

(형) (나이가) 젊다
(반) 年老 연로하다, (나이가) 많다

新来的中文老师非常年轻。
새로 오신 중국어 선생님은 매우 젊다.

(4) 감정과 표현 I

☐ 好 hǎo	좋다		☐ 累 lèi	피곤하다
☐ 高兴 gāoxìng	기쁘다		☐ 满意 mǎnyì	만족하다
☐ 快乐 kuàilè	유쾌하다		☐ 热情 rèqíng	(태도가) 적극적이다
☐ 方便 fāngbiàn	편리하다		☐ 当然 dāngrán	당연하다
☐ 难过 nánguò	괴롭다		☐ 聪明 cōngming	똑똑하다
☐ 奇怪 qíguài	이상하다		☐ 生气 shēngqì	화를 내다
☐ 努力 nǔlì	노력하다		☐ 以为 yǐwéi	간주하다
☐ 舒服 shūfu	편안하다		☐ 觉得 juéde	~라고 느끼다
☐ 小心 xiǎoxīn	조심하다		☐ 认为 rènwéi	여기다

01
3급
好
hǎo

(형) 좋다 (반) 坏 나쁘다

你感觉好一点儿了吗?
당신 좀 나아지셨나요?

02
3급
高兴
gāoxìng

(형) 기쁘다
(반) 扫兴 흥이 깨지다 / 忧愁 우울하다, 걱정스럽다

见到你非常高兴。
당신을 뵙게 되어 아주 기쁩니다.

03
3급
快乐
kuàilè
= 愉快

(형) 즐겁다, 유쾌하다
(반) 悲伤 몹시 슬프다, 슬퍼서 마음이 상하다

祝你生日快乐! 생일 축하합니다!

04
3급
方便
fāngbiàn

(형) 편리하다 (반) 不便 불편하다

出租汽车很方便。 택시는 정말 편리하다.

05
3급
难过
nánguò

(형) ① (생활이) 어렵다 ② 괴롭다, 슬프다
(반) 好过 (생활이) 넉넉하다, 잘 지내다

最近经济状况不好，日子很难过。
요즘 생활이 어려워서 지내기가 힘들다.

*经济状况 jīngjì zhuàngkuàng (경제적) 생활형편
*日子 rìzi 생활, 생계, 날

> **보카활용포인트**
> 难过的心情 괴로운 마음
> 感到很难过 아주 슬프다고 느끼다

---

06 3급 奇怪 qíguài

(형) 이상하다

真奇怪，谁拿走了我的MP3？
정말 이상하네. 누가 내 mp3를 가져갔지?

*拿走 názǒu 가지고 가다

---

07 3급 努力 nǔlì

(형) 노력하다, 열심이다

我们要努力学习汉语发音。
중국어 발음 연습을 열심히 해야 한다.

---

08 3급 舒服 shūfu

(형) (육체적, 정신적으로) 편안하다

我能和你一起生活，心里真舒服。
너와 같이 생활하게 되어 마음이 참 편하다.

---

09 3급 累 lèi

(형) 피로하다, 피곤하다

我很累了，想睡觉。
나는 피곤해서, 잠을 자고 싶다.

---

10 3급 小心 xiǎoxin

(형) 조심하다

天气变冷了，小心感冒。
날이 많이 추워졌으니 감기 조심해라.

*感冒 gǎnmào 감기

11
3급 满意
mǎnyì

(형) 만족하다, 만족스럽다 (반) **不满** 불만족하다
虽然她很满意，但是大家看起来不满意。
그녀는 만족했지만, 모두는 그다지 만족해 하는 것 같지 않았다.

12
3급 热情
rèqíng

(형) (태도가) 열정적이다, 적극적이다, 친절하다
(명) 열정
(반) **冷淡** 냉담(냉정)하다, 쌀쌀맞다, 무관심하다
非常感谢你的热情招待。
당신의 열정적인 접대에 감사드립니다.

*招待 zhāodài 접대하다 대접하다

13
3급 当然
dāngrán

(형) 당연하다
这个衣服可以试穿一下吗? 当然可以。
이 옷 한번 입어볼 수 있나요? 당연히 가능합니다.

14
3급 聪明
cōngming

(형) 똑똑하다
(반) **愚笨** 어리석다, 우둔(미련)하다
你儿子非常聪明，也很有礼貌。
당신의 아들은 상당히 총명하고 예의 바르군요.

15
3급 生气
shēngqì

(동) 화를 내다
你经常对朋友生气吗?
너 친구에게 자주 화를 내니?

16
3급 以为
yǐwéi

(동) [부정적인 어감] 여기다, 생각하다, 간주하다
我以为你不认识我了。
난 네가 나를 못 알아보는 줄 알았어.

17
3급 觉得
juéde

(동) ～라고 여기다(생각하다), ～라고 느끼다 [주로 주관적이고 틀린 생각]
我觉得他什么都不相信。
난 그가 아무것도 믿지 않는다고 생각해.

 认为
rènwéi

(동) 생각하다, 여기다 [객관적이고 옳은 생각]

她认为这部小说很有趣。
그녀는 이 소설이 재미있다고 생각한다.

我认为你的行为不对。
난 너의 행동이 옳지 않다고 생각해.

(5) 감정과 표현 Ⅱ

□ 爱 ài	사랑하다		□ 担心 dān xīn	걱정하다
□ 想 xiǎng	생각하다		□ 放心 fàng xīn	안심하다
□ 喜欢 xǐhuan	좋아하다		□ 休息 xiūxi	쉬다
□ 疼 téng	아프다		□ 害怕 hàipà	두려워하다
□ 着急 zháojí	조급해하다		□ 关心 guānxīn	관심을 갖다
□ 哭 kū	(소리 내어) 울다		□ 相信 xiāngxìn	믿다
□ 笑 xiào	웃다		□ 安静 ānjìng	조용하다
□ 注意 zhùyì	주의하다		□ 坏 huài	나쁘다

 爱
ài

(동) ① 사랑하다
　　② ～하기를 좋아하다, 즐겨 ～하다
(반) 恨 증오하다 / 嫌 싫어하다

我爱上了她。
나는 그녀를 사랑하게 되었다.

中国人爱喝茶。
중국인은 차 마시는 것을 좋아해요.

02 3급 想 xiǎng

(동) ① 생각하다 ② 몹시 그리워하다, 보고 싶다

我们想一想这个问题的答案。

우리는 이 문제의 답을 좀 생각해 봅시다.

我离开家很久了，在过节的时候，特别想家。

나는 집을 떠난지 오래 되어서, 명절에는 특별히 집이 그립다.

03 3급 喜欢 xǐhuan

(동) 좋아하다

中国人最喜欢数字8，最不喜欢数字4。

중국인은 숫자 8을 가장 좋아하고, 숫자 4를 가장 싫어한다.

04 3급 疼 téng

(동) ① 아프다
② 몹시 귀여워하다, 매우 사랑하다

她笑到肚子疼。

그녀는 배가 아프도록 웃었다.

05 3급 着急 zháojí

(동) 조급해 하다, 초조해 하다

他都不急了，你有什么好急的?

그도 초조해 하지 않는데, 너는 무엇이 그렇게 급하니?

*好~ (감탄의 억양으로 형용사 앞에 쓰여 정도가 심함을 표시)
그렇게 ~ 하다

06 3급 哭 kū

(동) (소리 내어) 울다

她看到儿子哭了，很心疼。

그녀는 아들이 우는 것을 보니 마음이 아팠다.

07 3급 笑 xiào

(동) 웃다

你为什么笑? 너는 왜 웃는 거니?

 注意
zhùyì

(동) 주의하다

路上车很多，请注意安全。

차가 많으니 안전에 주의하세요.

*安全 ānquán 안전

 担心
dānxīn

(동) 걱정하다

不要担心，什么事情都会解决的。

걱정하지 마세요, 모든 일이 잘 해결될 것입니다.

*事情 shìqing 일, 사건

 放心
fàngxīn

(동) 안심하다, 마음을 놓다

你放心吧，我一定会去的。

내가 꼭 갈테니 안심하거라.

 休息
xiūxi

(동) 쉬다, 휴식하다

我们让她好好在家休息。

우리는 그녀에게 집에서 푹 쉬도록 하였다.

*好好 hǎohǎo 푹, 마음껏, 잘

 害怕
hàipà

(동) 두려워하다, 무서워하다

她一直很害怕自己的丈夫。

그녀는 줄곧 자기의 남편을 두려워한다.

*一直 yìzhí 계속, 줄곧

 关心
guānxīn

(동) 관심을 갖다

我们很关心他们的生活。

우리는 그들의 생활에 관심이 많아요.

 相信
xiāngxìn

(동) 믿다

她说她40了，你能相信吗？

그녀의 나이가 40이라고 하는데, 너는 믿을 수 있겠니?

安静
ānjìng

(형) 조용하다
(반) 吵闹 떠들썩하다, 시끌시끌하다
因为图书馆很安静，所以是学习的好地方。
도서관은 조용하기 때문에, 공부하기에 좋은 곳이다.

坏
huài

(형) ① 나쁘다 ② 고장나다
我们已经收到了这个坏消息。
나는 이미 그 나쁜 소식을 들었다.

电视机坏了，马上需要修理。
텔레비전이 고장이 나서, 어서 수리해야 한다.

1 가정, 가족, 사람

(1) 가정, 가족, 사람

 가정, 가족, 사람

☐ 母亲 mǔqīn	어머니	☐ 律师 lùshī	변호사
☐ 父亲 fùqīn	아버지	☐ 观众 guānzhòng	관중
☐ 亲戚 qīnqī	친척	☐ 记者 jìzhě	기자
☐ 孙子 sūnzi	손자	☐ 师傅 shīfu	숙련공
☐ 儿童 értóng	어린이, 아동	☐ 警察 jǐngchá	경찰
☐ 演员 yǎnyuán	배우		

---

01 4급 亲戚
qīnqī

(명) 친척

他考上了北京大学，亲戚们都来祝贺他。

그가 북경대학에 합격해서, 친척들 모두가 그를 축하하러
오셨다.

*考上 kǎoshàng 시험에 합격하다

---

02 4급 演员
yǎnyuán

(명) 배우

虽然演员的职业让人们羡慕，但是他们
自己也会很寂寞。

배우의 직업은 사람들에게 멋지게 보이지만, 그들 스스로는
많이 외로울 것이다.

*羡慕 xiànmù 부러워하다
*寂寞 jìmò 외롭다, 쓸쓸하다

律师
lùshī

(명) 변호사

我儿子的梦想是成为律师，去帮助那些
可怜的人。

우리 아들의 꿈은 변호사가 되어, 불쌍한 사람을 도와주는
것이다.

*成为 chéngwéi ～가 되다
*可怜 kělián 가련하다. 불쌍하다.

观众
guānzhòng

(명) 관중, 사람들

韩国足球大赛吸引了很多观众。

한국축구시합은 많은 관중들을 끌었다.

*大赛 dàsài 큰 경기

记者
jìzhě

(명) 기자

那个正在播报体育新闻的记者就是我
的哥哥。

지금 스포츠 뉴스를 전달하는 저 기자가 우리 형이다.

*播报 bōbào (뉴스를) 방송을 통해 보도하다.

师傅
shīfu

(명) 그 일에 숙달한 사람, 숙련공

师傅，请问到天安门怎么走？

기사님, 천안문은 어떻게 가야 합니까?

警察
jǐngchá

(명) 경찰

下午在路上，警察让我出示护照和证件。

오후에 길에서 경찰이 나에게 여권과 신분증을 꺼내라고
했다.

*出示 chūshì 내보이다. 제시하다
*证件 zhèngjiàn (학생증 · 신분증) 증명서

(2) 신체 관련

☐ 个子 gèzi	키	☐ 鼓掌 gǔzhǎng	박수치다
☐ 嘴 zuǐ	입	☐ 敲 qiāo	두드리다
☐ 皮肤 pífū	피부	☐ 指 zhǐ	가리키다
☐ 推 tuī	밀다	☐ 抬 tái	(고개) 들어 올리다
☐ 抱 bào	포옹하다	☐ 撞 zhuàng	부딪치다
☐ 帅 shuài	잘 생기다		

4급 신HSK VOCA

01
4급
个子
gèzi

(명) 키

她的个子又高又很苗条，朋友们都很羡
慕她的好身材。

그녀는 키도 크고, 날씬해서, 친구들이 그녀의 몸매를 모두
부러워한다.

*苗条 miáotiao 아름답고 날씬하다
*羡慕 xiànmù 부러워하다

02
4급
嘴
zuǐ

(명) 입

请把嘴张开，我要检查口腔内部。

입을 크게 벌려보세요. 입안을 좀 검사해야 겠어요!

*张开 zhāngkāi 벌리다
*口腔 kǒuqiāng 구강

03
4급
皮肤
pífū

(명) 피부

你的皮肤真像孩子，又白又柔软。

네 피부는 어린아이처럼 하얗고 부드럽구나.

*柔软 róuruǎn 부드럽고 연하다

04
4급
推
tuī

(동) 밀다 딴 拉 끌다, 당기다

你们敲了几下门后，可以推门进去。

너희들은 문을 몇 번 노크한 후에 문을 열고 들어올 수 있다.

05
4급
抱
bào

(동) 안다, 포옹하다

爸爸出差一周回来后，一见到我就很开心地抱住了我。

아빠께서 일주일 간 출장 다녀오신 후에, 나를 보자마자 반갑게 안아 주셨다.

*出差 chūchāi 출장가다
*开心 kāixīn 즐겁다. 유쾌하다

06
4급
帅
shuài

(형) 보기좋다, 멋지다

他穿这套衣服看起来很帅。

그가 이 옷을 입으니 잘생겨 보인다.

他很像明星，长得很帅。

그는 영화배우처럼 매우 잘생겼다.

我从来没见过那么帅的男人。

나는 여태껏 그렇게 잘생긴 남자는 만나 보지 못했다.

07
4급
鼓掌
gǔzhǎng

(동) 손뼉치다, 박수치다 [뒤에 목적어가 올 수 없음]

演出结束后，观众们都起立鼓掌。

공연이 끝난 후 관중들은 모두 기립박수를 쳤다.

*结束 jiéshù 끝나다 마치다
*起立 qǐlì 일어서다. 기립하다

보카활용포인트
鼓掌欢迎 박수로 환영하다

08
4급
敲
qiāo

(동) 두드리다, 치다, 때리다

学生们进办公室要敲门。

학생들이 사무실에 들어올 때는 노크해야 한다.

보카활용포인트
敲门 노크하다　　　　敲鼓 북을 치다

 指
zhǐ

(동) (손가락이나 끝이 뾰족한 물건으로)
가리키다, 지적하다

他指着远处的房子说那是我们的新家。
그는 먼 곳에 있는 집을 가리키며 말하기를 저것이 우리들
의 새 집이라고 했다.

*远处 yuǎnchù 먼 곳

 抬
tái

(동) (고개 등을) 쳐들다, 들어 올리다
凹 低 (머리를) 숙이다, 떨구다

箱子太重了，三个人都抬不动。
상자가 너무 무거워서 세 사람이서도 들지 못했다.

同学们都抬起头来看黑板。
학생들은 모두 고개를 들고 칠판을 보았다.

> **보카활용포인트**
> 抬不起头来　얼굴을 들지 못하다
> 抬起头来　고개를 들다

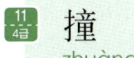 撞
zhuàng

(동) 부딪치다, 충돌하다

**我进门的时候，不小心撞倒了一位老
爷爷。**
내가 들어올 때, 조심하지 않아 할아버지 한 분과 부딪쳤다.

> **보카활용포인트**
> 汽车把人撞倒了　차 사고가 나다

4급 신HSK VOCA

(3) 행동과 판단 I

☐ 感情 gǎnqíng	감정	☐ 信心 xìnxīn	신념
☐ 礼貌 lǐmào	예의	☐ 信任 xìnrèn	신임
☐ 心情 xīnqíng	심정	☐ 好处 hǎochu	장점
☐ 友谊 yǒuyì	우정	☐ 缺点 quēdiǎn	단점
☐ 爱情 àiqíng	애정	☐ 假 jiǎ	가짜
☐ 性格 xìnggé	성격	☐ 印象 yìnxiàng	인상
☐ 态度 tàidu	태도	☐ 能力 nénglì	능력
☐ 脾气 píqi	성질	☐ 经验 jīngyàn	경험

01 4급 感情
gǎnqíng

(명) 감정

他们俩是好朋友，感情一直都很好。

그들 두 사람은 서로 좋은 친구로서, 감정이 줄곧 좋았다.

*一直 yìzhí 줄곧

02 4급 心情
xīnqíng

(명) 마음, 기분, 심정

我们感动的时候，心情很难用语言来表达。

우리들이 감동했을 때는, 그 마음은 말로 다 표현하기가 어렵다.

03 4급 友谊
yǒuyì

(명) 우의, 우정

我帮助她是因为我们之间有很深的友谊。

내가 그녀를 돕는 것은 우리 사이에 깊은 우정이 있기 때문이다.

04 4급 爱情
àiqíng

(명) 애정, 사랑

这本爱情小说出版了一个月就销售了10万本。

이 애정소설은 출판한 지 한 달 만에 10만부가 팔렸다.

*销售 xiāo shòu 팔다. 판매하다

05 4급 性格 xìnggé

(명) 성미, 성격

她的性格很温柔，也很能理解人。

그녀의 성격은 온유하고 이해심이 많다.

*温柔 wēnróu 부드럽고 상냥하다

---

06 4급 态度 tàidu

(명) 태도

他对别人说话的态度真叫人生气。

그가 다른 사람에게 말하는 태도는 정말 사람을 화나게 한다.

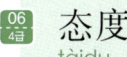

07 4급 脾气 píqi

(명) 성질, 성격, (몸에 밴) 기질

这个人脾气很坏，很难一起办事。

이 사람은 성질이 나빠서, 함께 일하기가 쉽지 않다.

> **보카활용포인트**
> 发脾气 성질을 부리다, 화를내다 [= 生气]

---

08 4급 信任 xìnrèn

(명) 신임, 믿음

他很有责任感，所以我们完全信任他。

그는 책임감이 강하기 때문에, 완전히 신임할 수 있다.

*责任感 zérèngǎn 책임감

---

09 4급 好处 hǎochu

= 优点 yōudiǎn,
长处 chángchu

(명) 장점, 좋은 점

你要是参加这次会议，一定对你有好处。

이번 회의에 참석하시면 반드시 당신에게 좋은 점이 있을
것입니다.

---

10 4급 缺点 quēdiǎn

(명) 단점

总是对朋友的缺点进行批评是很愚蠢
的行为。

늘 친구의 단점에 대해 비판하는 것은 어리석은 행동이다.

*愚蠢 yúchǔn 어리석다
*行为 xíngwéi 행위, 행동

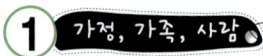

假
jiǎ

(명) 거짓, 속임, 가짜
听说最近网购有很多假的名牌包。
요즘 인터넷 쇼핑몰에서 가짜 명품 가방을 많이 판다고 들었다.

*网购 인터넷 쇼핑몰
*名牌 míngpái 유명브랜드

礼貌
lǐmào

(명/형) 예의(바르다)
我们对待长辈要有礼貌, 见面应该打招呼。
우리는 손윗사람에 대해 예의 바르게 해야 되고, 뵈었을 때 당연히 인사를 해야 된다.

信心
xìnxin

(명) 신념, 자신(감), 확신, 믿음
他工作非常努力, 大家对他有信心。
그는 일을 아주 열심히 해서, 모두가 그에 대해 확신이 있다.

印象
yìnxiàng

(명) 인상
他平时很热心, 周围的邻居对他的印象非常好。
그는 평소에 아주 적극적이어서, 주위 이웃들의 그에 대한 인상이 아주 좋다.

能力
nénglì

(명) 능력
他的工作能力很强, 每次都能出色地完成任务。
그의 일하는 능력은 아주 뛰어나서 매번 훌륭하게 일을 다 마친다.

经验
jīngyàn

(명) 경험 (동) 몸소 경험하다, 직접 체험하다
公司招聘人才, 最看重的是应聘者的工作经验。
회사가 인재를 채용하는데 있어서 응시자의 일한 경험을 가장 중요하게 생각한다.

(4) 행동과 판단 Ⅱ

☐ **表达** biǎodá	표현하다		☐ **受不了** shòubuliǎo	참을 수 없다
☐ **感动** gǎndòng	감동하다		☐ **失望** shīwàng	실망하다
☐ **感觉** gǎnjué	느끼다/느낌, 감각		☐ **伤心** shāngxīn	상심하다
☐ **估计** gūjì	예측하다		☐ **流泪** liúlèi	눈물을 흘리다
☐ **猜** cāi	추측하다		☐ **兴奋** xīngfèn	흥분하다
☐ **得意** déyì	대단히 만족하다		☐ **激动** jīdòng	감격하다
☐ **羡慕** xiànmù	부러워하다		☐ **吃惊** chījīng	놀라다
☐ **表扬** biǎoyáng	칭찬(하다)		☐ **误会** wùhuì	오해(하다)
☐ **鼓励** gǔlì	격려하다		☐ **后悔** hòuhuǐ	후회(하다)
☐ **讨厌** tǎoyàn	싫어하다		☐ **吸引** xīyǐn	끌어 당기다

01
4급
表达
biǎodá

(동) 표현하다, 표시하다, 나타내다

他很清楚地向我们表达了反对意见。
그는 분명하게 우리에게 반대의견을 표현했다.

> **보카활용포인트**
> "表达"는 "생각이나 감정등을 표현하다, 나타내다"는 뜻임 :
> 表达 (感情 감정 / 爱情 사랑 / 希望 희망 / 意思 의사, 뜻 /
> 看法 견해, 생각 / 意见 의견)

02
4급
感动
gǎndòng

= 感触 gǎnchù,
触动 chùdòng,
动人 dòngrén

(동) 감동하다, 감동시키다

他向希望工程捐出100万, 让我们很感动。
그가 빈민지역 학생 학비지원 프로젝트에 100만위엔을 기
부한 일은 우리들을 감동시켰다.

*工程 gōngchéng 프로젝트, 공정
*捐 juān 헌납하다, 기부하다
*希望工程 중국의 빈민지역 학생 학비지원 프로젝트

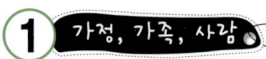

感觉
gǎnjué

(동)(명) 느끼다 / 느낌, 감각

近来他的眼睛感觉不太舒服，打算去医院检查一下。

최근에 그는 눈이 좀 아파서, 병원에 가서 검사를 좀 하려고 한다.

> **보카 활용포인트**
>
> (1) "感觉"는 눈, 코, 입, 귀, 피부 등을 통해 몸으로 직접 체험하고 느끼는 경우에 쓰고, 뒤에 반드시 형용사서술어 또는 문장이나 절 목적어를 가짐
> 📖 夏天到了，他感觉天气有点儿热。
>   여름이 되어서, 그는 날씨가 좀 덥게 느껴졌다.
>   动手术以后，病人感觉口渴。
>   수술한 다음, 환자는 목마름을 느낀다.
> (2) "정신적, 감정적인 면에서 느끼다, 여기다, 생각하다"는 뜻인 경우에는 "感到 gǎndào"를 씀 : 感到(高兴 기쁘다 / 快乐 즐겁다, 기쁘다 / 痛苦 슬프다, 괴롭다 / 失望 실망스럽다 / 吃惊 놀라다)
> 📖 我今年没考上大学感到很失望。
>   나는 올해 대학에 합격하지 못해서 너무 실망스럽게 여겨졌다.

估计
gūjì

(동) 예측하다, 짐작하다, 추측하다

我看她的样子，估计已经30岁了。

난 그녀 외모를 보고 나이가 30세는 되었을거라고 짐작했다.

已经下课了，估计教室里面不会有人了。

이미 수업이 끝나서 교실에는 사람이 없을 것으로 짐작된다.

猜
cāi

(동) 추측하다, 알아맞히다, (짐작하여) 맞추다

这本书上有很多题，让你猜答案。

이 책에는 문제가 아주 많아. 네가 답을 맞혀봐.

> **보카 활용포인트**
>
> 猜不着 알아맞히지 못 하겠다

06 **4급** 表扬
biǎoyáng

= 称赞 chēngzàn

(동/명) (널리) 칭찬(하다), 표창(하다)

반 批评 비평하다, (잘못을) 꾸짖다

在公司努力工作的人应该得到表扬。
회사에서 열심히 일하는 사람은 마땅히 칭찬을 받아야 한다.

受到表扬 칭찬을 받다 [= 赢得 yíng dé 表扬]

---

07 **4급** 鼓励
gǔlì

(동) 격려하다, 용기를 북돋우다

我每天忙着学习很疲劳，爸爸总是写信鼓励我。
내가 매일 바쁘게 공부하느라 지치면, 아버지께서는 항상 편지를 쓰셔서 격려해주셨어요.

*疲劳 píláo 피곤하다. 지치다

互相鼓励 서로 격려하다
得到鼓励 격려를 받다

---

08 **4급** 讨厌
tǎoyàn

= 不喜欢
看不惯
kànbuguàn

(동) 싫어하다, 미워하다

他不论去哪里都被人讨厌，让他很伤心。
그는 어디를 가든 사람들의 미움을 받아서 마음이 너무 상했다.

*不论 búlùn ～이든 간에, ～든지
*伤心 shāngxīn 상심하다, 슬퍼하다

---

09 **4급** 失望
shīwàng

(동) 실망하다, (바라는 것이 이루어지지 않아) 낙담하다

对于公司这样的决定，我非常失望。
회사가 이렇게 결정한 것에 대해 나는 매우 실망했다.

兴奋 xīng fèn
₁₀
_{4급}

(형/동) 흥분하다, 감격하다 / 흥분시키다
[반] 抑制 억제하다, 억누르다

我通过了新HSK五级考试, 兴奋得睡不着觉。

나는 신HSK 5급 시험에 통과해서, 잠을 못 잘 정도로 아주 흥분했다.

激动 jīdòng
₁₁
_{4급}

(동) (감정이) 감동하다, 감격하다, 격동하다, 흥분되다

她激动得说不出话来。

그녀는 너무 감격해서 말이 잘 안 나왔다.

> **보카활용포인트**
> 激动的心情 격한 감정 / 心情激动 마음이 흥분하다 /
> 激动人心 사람의 마음을 감동시키다 /
> 激动得哭了 감격에 겨워 눈물을 흘렸다

吃惊 chījīng
₁₂
_{4급}

(동) 놀라다 [뒤에 목적어가 올 수 없음]

他的父母听到了这个消息会多么吃惊啊!

그의 부모님께서 그 소식을 듣고 얼마나 놀라셨을까!

太吃惊了, 怎么会有这样的事情?

나는 아주 놀랐어, 어떻게 이런 일이 있을 수 있지?

误会 wùhuì
₁₃
_{4급}

(동/명) 오해(하다)

您一定是误会了我的意思了。

제 말을 오해하신 것이 틀림없군요.

后悔 hòuhuǐ
₁₄
_{4급}

(동/명) 후회(하다)

我对你说出那句话的瞬间就后悔了。

내가 너에게 그 말을 하는 순간, 난 바로 후회했어.

*瞬间 shùnjiān 순간

吸引
xīyǐn

(동) (사람의 주의나 관심을) 끌다, 끌어당기다, 매료시키다, (마음을) 사로잡다

中国文化一直吸引着我。
중국의 문화가 줄곧 나를 사로잡았다.

보카 활용포인트

吸引不少观众 많은 관중을 매료시키다
吸引客人 손님을 끌다
吸引我的心 나의 마음을 사로잡다

(5) 행동과 판단 Ⅲ

☐ 判断 pànduàn	판단(하다)		☐ 证明 zhèngmíng	증명하다
☐ 反映 fǎnyìng	반영(하다)		☐ 经历 jīnglì	경험(하다)
☐ 支持 zhīchí	지지(하다)		☐ 回忆 huíyì	회상하다
☐ 考虑 kǎolǜ	고려하다		☐ 竞争 jìngzhēng	경쟁(하다)
☐ 商量 shāngliáng	상의하다		☐ 放弃 fàngqì	포기하다
☐ 尊重 zūnzhòng	존중하다		☐ 失败 shībài	실패하다
☐ 肯定 kěndìng	긍정하다		☐ 区别 qūbié	구별하다 / 구별
☐ 理解 lǐjiě	이해하다		☐ 符合 fúhé	부합하다, 맞다
☐ 拒绝 jùjué	거절하다		☐ 原谅 yuánliàng	용서하다
☐ 禁止 jìnzhǐ	금지하다		☐ 允许 yǔnxǔ	허락하다
☐ 反对 fǎnduì	반대하다		☐ 提醒 tíxǐng	일깨우다
☐ 相反 xiāngfǎn	상반되다		☐ 重视 zhòngshì	중시하다
☐ 批评 pīpíng	비평하다		☐ 坚持 jiānchí	끝까지 버티다
☐ 改变 gǎibiàn	바꾸다			

4급 신HSK VOCA

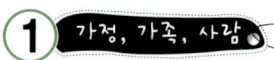

01 4급 判断 pànduàn
(동/명) 판단(하다)
不能只看他的外表判断他这个人好坏。
그의 겉모습만 보고 그 사람의 잘잘못을 판단하지 마세요.

02 4급 反映 fǎnyìng
(동/명) 반영(하다)
她的行为能很好地反映出她的家教。
그녀의 행동은 그녀의 가정교육을 잘 반영한다.

*家教 jiājiào 가정교육

03 4급 支持 zhīchí
(동/명) 지지(하다), 후원(하다)
他来中国留学得到了家里人的支持。
그가 중국에 유학하는 것은 가족들의 지지가 있었다.

04 4급 考虑 kǎolǜ
(동) 고려하다, 생각하다
我考虑了很长时间, 还是决定买这件衣服的好。
나는 한참 동안 생각해 보았는데, 역시 이 옷을 사는 것이 좋겠다.

> **보카활용포인트**
> "考虑"는 주로 "선택하거나 결정하기 위해서 생각하다, 고려하다"는 뜻으로 씀.

05 4급 商量 shāngliáng
(동) 상의하다, 의논하다
一直想和你商量这件事却没有时间。
계속 너하고 이 일을 상의할 생각이었는데 시간이 없었어.

我和朋友商量了很久, 也没有办法解决这个问题。
나는 친구와 오랫동안 의논했지만 이 문제를 해결할 방법이 없었다.

 肯定
kěndìng

(동/형/부) 긍정하다, 인정하다 / 틀림없다, 확신이 있다, 명확하다 / 틀림없이, 반드시

(반) 否定 부정하다

听了我的意见朋友肯定地点点头。
내 의견을 듣고 친구는 긍정의 뜻으로 고개를 끄덕였다.

他所说的话, 非常肯定。
그가 하는 말은 매우 확신이 있다.

如果你不来, 小王也肯定不来。
만약에 네가 안 온다면, 샤오왕도 틀림없이 안 올 거야.

 理解
lǐjiě

(동) 이해하다, 납득하다

我只读了一遍, 所以不能充分理解那份材料的意思。
나는 단지 한번 읽었을 뿐이라서 이 자료의 뜻을 충분히 이해할 수 없다.

*充分 chōngfèn 충분하다. 충분히

> **보카활용포인트**
> "了解"는 "알(게 되)다"의 뜻으로 쓰이는 반면, "理解"는 "주로 상대방의 말이나 행동 또는 어떤 의미를 납득하다. 깨닫다, 이해하다"의 뜻으로 쓰임 : 理解 (母亲的心情 어머니의 심정 / 他的话 그의 말 / 爸爸 아버지 / 他所说的意思 그의 말 뜻)

 相反
xiāngfǎn

(동) 상반되다, 반대되다, 대립되다

(반) 相同 서로 같다, 똑같다

关于这件事, 两个人持相反的态度。
이 일에 관해서 두 사람은 상반된 태도를 가지고 있다.

*关于 guānyú ~에 관해서

 批评
pīpíng

(동/명) 비평(하다), 비판(하다), 장단점을 지적하다, 나무라다

(반) 称赞 칭찬하다

= 批判 pīpàn,
责备 zébèi,
责怪 zéguài,
指责 zhǐzé

他的言情小说受到了读者的批评。
그의 연애소설은 독자들의 비평을 많이 받았다.

没有人对他的言情小说进行批评。
그의 애정소설에 대하여 비평을 하는 사람은 하나도 없었다.

*言情 yánqíng 애정의

改变
gǎibiàn

(동) 바꾸다, 변경하다, 고치다
父母只有改变想法才能理解孩子们的
想法。
부모가 생각을 바꿔야만 아이들의 생각을 이해할 수 있다.

*想法 xiǎngfǎ 생각. 견해

> **보카활용포인트**
> (1) "改变"은 "생각, 태도, 시간, 계획, 상황 등을 바꾸다"는 뜻임.
>   : 改变 (想法 생각 / 主意 생각 / 看法 견해 / 态度 태도
>   / 时间 시간 / 计划 계획 / 状况 상황 / 状态 상태 / 生活
>   习惯 생활습관)
> (2) "잘못된 발음을 고치다, 교정하다"는 뜻으로는 "纠正 jiū
>   zhèng"을 씀 : 纠正 (发音 발음 / 口音 발음, 음성 / 口
>   形 발음할 때의 입술 모양)
> (3) "옳지 못한 것이나 잘못된 점을 옳고 바르게 고치다, 개정하
>   다"는 뜻으로는 "改正 gǎizhèng"을 씀 : 改正 (错误 잘못
>   / 缺点 단점 / 毛病 단점, 잘못)
> (4) "생활, 환경, 조건 등을 더 좋게 바꾸다, 개선하다"는 뜻으로
>   는 "改善 gǎishàn"을 씀 : 改善 (生活 생활 / 环境 환경 /
>   生活条件 생활조건 / 关系 관계)

回忆
huíyì

(동) 회상하다, 기억하다, 상기하다
他回忆起和我在一起生活的日子。
그는 나와 함께 살던 나날을 떠올려 보았다.

竞争
jìngzhēng

(동/명) 경쟁(하다)
现在社会竞争很激烈, 需要我们更加努
力学习。
지금 사회의 경쟁이 치열해서, 우리들이 더욱 노력해서 공
부해야 한다.

*激烈 jīliè 격렬하다, 치열하다

失败
shībài
13
4급

(동/명) 실패(하다)　**반** 成功 성공(하다)

他脑海中出现上次失败的经历。

그의 지난번 실패했던 경험이 뇌리를 스쳤다.

*脑海 nǎohǎi 뇌리
*出现 chūxiàn 출현하다, 나타나다

区别
qūbié
14
4급

(동/명) 구별하다 / 구별, 구분, 차이

(1) "区别"를 명사로 쓰이는 경우, 둘 이상의 사물을 서로 비교한 후의 "서로 다른 점, 구분, 구별"을 뜻함

예 这两个词的区别在哪儿?
이 두 단어의 차이점은 어디에 있니?
这两本书的内容没有什么区别。
이 두 책의 내용은 별로 차이가 없다.

(2) "일치하지 않음, 격차가 있음"을 뜻하는 경우 "区别(구분,구별)"를 쓸 수 없고, "差别(차이)"를 써야 함

예 我们两个人的汉语水平差别很大。
우리 두사람의 중국어 수준 차이는 크다.

(3) 동사 "구분하다, 구별하다"로 쓰이는 경우, 명사인 "差别"는 사용할 수 없고, "区别"를 써야 함

예 长篇区别于中篇和短篇。
장편은 중편과 단편으로 구분한다.

符合
fúhé
15
4급

(동) (수량, 형상, 내용, 기준, 정책, 규정, 요구, 조건 등에) 부합하다, 맞다, 일치하다

他的行为与他说的话符合。

그의 행위는 그의 말과 일치한다.

你们这样做是完全符合规定的。

너희가 이렇게 하는 것은 완전히 규정에 부합하는 것이다.

这个产品的质量符合我们的要求。

이 물건의 품질은 우리의 요구에 맞는다.

16 4급 允许 yǔnxǔ

(동) 허가하다, 응낙하다, 허락하다

(반) 不许 불허하다 / 禁止 금지하다

教室里不允许抽烟。
교실에서는 흡연이 허락되지 않는다.

> **보카활용포인트**
> 允许结婚 결혼을 허락하다
> 被允许入学 입학이 허락되다

17 4급 提醒 tíxǐng

(동) 일깨우다, 깨우치다, 주의를 환기시키다

饭店的服务员提醒我们要保管好自己的东西。
음식점에서 종업원이 우리에게 자기 물건을 잘 간수하라고 주의를 주었다.

我朋友再三提醒我，让我别忘了跟他约会的事。
내 친구 나더러 그와 약속한 일을 잊지 말라고, 누차 나를 일깨워 주었다.

*保管 bǎoguǎn 보관하다

> **보카활용포인트**
> "提醒"은 상대방에게 어떤 일을 미리 일러주거나 가르쳐서 깨닫게 하다"는 뜻임

18 4급 重视 zhòngshì

(동) 중시하다, 중요시하다

(반) 轻视 경시하다, 얕보다

王老板在面试新职员时，比起相貌来更重视能力。
왕사장은 신입 사원 면접을 볼 때 용모보다는 능력을 중시한다.

*面试 miànshì 면접시험
*相貌 xiàngmào 용모

(동) 견지하다, 단호히 지키다, 고수하다,
지속하다 / 끝까지 계속하다

**无论什么条件下他都坚持自己的主张
努力到最后。**

어떤 조건에서도 그는 자기의 주장을 지키고 끝까지 노력했다.

*条件 tiáojiàn 조건
*最后 zuìhòu 마지막, 끝

> **보카 활용포인트**
> (1) "**坚持**"는 "어떤 어려운 상황이나 조건 하에서도 끝까지 포기
>   하지 않고 계속하다"는 뜻임.
> (2) 뒤에 동사 목적어가 올 수 있다.

4급 신HSK VOCA

(6) 감정표현 Ⅰ

☐ 幽默 yōumò	유머(스럽다)		☐ 懒 lǎn	게으르다
☐ 愉快 yúkuài	유쾌하다		☐ 浪漫 làngmàn	낭만적이다
☐ 害羞 hàixiū	부끄러워하다		☐ 轻松 qīngsōng	(일이) 수월하다
☐ 可怜 kělián	가엾다		☐ 耐心 nàixīn	인내심이 있다
☐ 可惜 kěxī	안타깝다		☐ 难受 nánshòu	괴롭다
☐ 孤单 gūdān	외롭다		☐ 同情 tóngqíng	동정하다
☐ 麻烦 máfan	귀찮다, 귀찮게 하다		☐ 烦恼 fánnǎo	걱정하다
☐ 仔细 zǐxì	자세하다, 꼼꼼하다		☐ 冷静 lěngjìng	냉정하다
☐ 详细 xiángxì	상세하다, 자세하다		☐ 马虎 mǎhu	소홀히 하다
☐ 幸福 xìngfú	행복하다		☐ 自然 zìrán	자연스럽다
☐ 复杂 fùzá	복잡하다		☐ 厉害 lìhai	심하다
☐ 笨 bèn	어리석다			

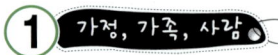
 01 **4급** 可惜
kěxī

= 遗憾 yí hàn

(형) 아쉽다, 섭섭하다, 안타깝다, 아깝다, 애석하다

真的很可惜你不能参加我们公司的聚会。

네가 우리 회사모임에 나올 수 없다니 정말 아쉽다.

*聚会 jùhuì 모임

---

 02 **4급** 孤单
gūdān

= 孤独 gūdú

(형) 외롭다, 쓸쓸하다, 고독하다

我从韩国来到中国后，没有一个韩国朋友，觉得很孤单。

저는 한국에서 중국에 온 후 한국친구가 한 명도 없어서 너무 외로웠어요.

---

 03 **4급** 麻烦
máfan

(형/동) 귀찮다, 성가시다, 번거롭다
/ 귀찮게하다, 번거롭게하다, 폐를 끼치다

我觉得给她打电话比发邮件要麻烦得多。

나는 그녀에게 전화하는 것이 이메일을 보내는 것보다 훨씬 번거롭다고 생각해요.

> **보카 활용포인트**
> 他给我找麻烦 그가 나를 (일부러) 귀찮게 하다 (= 他给我添麻烦)
> 他让我觉得很麻烦。 그는 나를 아주 성가시게 한다는 생각이 들게 한다.

---

 04 **4급** 仔细
zǐxì

(형) 꼼꼼하다, 자세하다, 세밀하다

她仔细地询问了去天安门的公车路线。

그녀는 천안문 가는 버스노선을 자세하게 알아보았다.

*询问 xúnwèn 알아보다. 물어보다
*路线 lùxiàn 노선

---

 05 **4급** 详细
xiángxì

(형) 상세하다, 자세하다

请你详细地介绍一下这次旅行的过程。

이번 여행과정을 상세히 소개를 좀 해주세요.

보카 활용포인트

(1) "仔细"는 "아주 작고 하찮은 부분까지 세심하고 꼼꼼하게 어떤 것을 보거나 듣는 것 또는 어떤 일을 하는 것"을 뜻함 : 仔细地 (调查 조사하다 / 观察 관찰하다 / 看 보다 / 分析 研究 분석하고 연구한다)
他工作很仔细 그는 일을 아주 꼼꼼히 한다
仔细听讲课 자세히 수업을 듣다

(2) "속속들이 전체적으로 모든 것을 다 말하거나 어떤 것을 완전하게 모두 하는 것 또는 모든 것이 완전하게 다 (구비)되어 있음"을 뜻하는 경우에는 "详细 xiángxì (상세하다, 자세하다)"를 써야 함. :
说得很详细 상세히 말하다
详细地描述 상세히 묘사하다
做了详细的笔记 상세한 필기를 했다
内容很详细 내용이 상세하다
详细的报告 상세한 보고

06
4급

幸福
xìngfú

(형) 행복하다 (반) 痛苦 고통스럽다, 괴롭다

看着孩子甜睡的脸，她感觉很幸福。
아이가 단잠을 자는 얼굴을 보면서 그녀는 행복을 느꼈다.

*甜睡 tiánshuì 잠을 깊이 자다, 단잠을 자다

07
4급

复杂
fùzá

(형) 복잡하다
(반) 简单 간단하다 / 单纯 단순하다

汉语的词语比较复杂，学起来很难。
중국어 단어는 비교적 복잡해서 배우려면 어렵다.

08
4급

笨
bèn

(형) 어리석다, 멍청하다, 둔하다
(반) 聪 영리하다 / 巧 영민하다

虽然他很笨，但是他是个很有礼貌的人。
비록 그는 둔하지만 그는 매우 예의바른 사람이다.

09
4급

懒
lǎn

(형) 게으르다, 나태하다
(반) 勤 부지런하다, 근면하다

放假以后，她没参加什么活动，变得很懒。
방학한 후에 그녀는 아무 활동에 참여하지 않아서 게을러졌다.

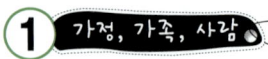

10
4급
浪漫
làngmàn

(형) 낭만적이다, 로맨틱하다

这本小说讲了一个爱情故事，又浪漫，
又感人。

이 소설은 애정 이야기를 썼는데 낭만적이고 감동적이다.

11
4급
轻松
qīngsōng

(형) ① (일이) 수월하다, 가볍다, 부담이 없다
② (기분이) 홀가분하다
(반) 紧张 긴장해 있다, 팽팽하다, 바쁘다

这件事情不像你想像的那么轻松。

이 일은 네가 생각하는 것만큼 그렇게 수월하지 않아.

*想像 xiǎngxiàng 상상하다

期中考试已经结束了，我感到轻松愉快。

기말고사가 이미 끝나서, 나는 홀가분하고 즐겁다.

12
4급
同情
tóngqíng

(동) 동정하다

我们同情那个残疾孩子。

우리는 그 장애아동을 동정했다.

*残疾 cánjí 장애

13
4급
冷静
lěngjìng

(형) 냉정하다, 침착하다

你以为王利是个很冷静的人吗？

너는 왕리가 냉정한 사람이라고 생각하니?

14
4급
马虎
mǎhu

(형) 소홀히 하다
(반) 认真 진지하다, 착실(성실)하다, 열심이다

你千万马虎不得。

넌 절대로 소홀히 해서는 안된다.

*不得 bùdé ～해서는 안된다

15
4급
自然
zìrán

(형) (어색하지 않고) 자연스럽다, 꾸밈이 없다,
무리가 없다
(반) 人工 인공의 / 人造 인조의, 인공의

我在海边长大，自然学会了游泳。
나는 바닷가에서 자라서 자연스럽게 수영을 배웠다.

厉害
lìhai

(형) ① 무섭다, 사납다　② 대단하다, 굉장하다
③ 심하다, 지독하다

这种电脑病毒传播得很厉害，你一定要
小心中毒。
이런 컴퓨터 바이러스 전염이 매우 심각하니 넌 반드시 조
심해야 해.

*病毒 bìngdú 컴퓨터 바이러스
*传播 chuánbō 전파하다, 널리 퍼뜨리다

幽默
yōumò

(형/명) 유머(스럽다)

因为他说话很幽默，所以大家都喜欢和
他在一起聊天。
그는 아주 유머스럽게 말을 하기 때문에, 모두가 그와 함께
이야기하는 것을 좋아한다.

愉快
yúkuài

(형) 유쾌하다, 즐겁다, 기분이 상쾌하다

这次出国旅行，让他感到很愉快。
이번 해외여행은 그를 즐겁게 했다.

害羞
hàixiū
= 不好意思

(형) 부끄러워하다, 수줍어하다, 겸연쩍어하다,
쑥스러워하다

她觉得很不好意思，红着脸，害羞得低
下了头。
그녀는 매우 쑥스러워서, 얼굴을 붉히며, 고개를 떨구고 부
끄러워했다.

可怜
kělián

(형) 가엾다, 가련하다　**(동)** 동정하다 (= 同情)

他决定帮助这个可怜的孩子。
그는 이 가엾은 아이를 돕기로 결정했다.

21 4급 轻松 qīngsōng

(형) (일이) 수월하다
(동) (기분이) 홀가분하다, 가뿐하다

今天是星期天，没有工作他感到很轻松。

그는 오늘은 일요일이라 일을 하지 않으니, 기분이 아주 홀가분하게 여겨진다.

22 4급 耐心 nàixīn

(형) 인내심이 있다, 참을성이 있다

老师耐心地给他讲解语法。

선생님께서는 참을성 있게 그에게 어법을 설명해 주셨다.

23 4급 难受 nánshòu

(형) ① (마음이) 슬프다, 괴롭다 ② 견딜 수 없다

屋子里闷得让人难受，打开窗子通通风吧。

방안이 견딜 수 없을 정도로 답답하니 창문을 열어서 환기를 좀 시키자.

(7) 감정표현 Ⅱ

☐ 活泼 huópo	활발하다	☐ 圆 yuán	둥글다, 원만하다
☐ 粗心 cūxīn	세심하지 못하다	☐ **勇敢** yǒnggǎn	용감하다
☐ 怀疑 huáiyí	의심하다	☐ **精彩** jīngcǎi	뛰어나다
☐ 理想 lǐxiǎng	이상(적이다)	☐ **整齐** zhěngqí	가지런하다
☐ 实际 shíjì	현실(적이다)	☐ **准确** zhǔnquè	정확하다
☐ 友好 yǒuhǎo	우호(적이다)	☐ **严格** yángé	엄격하다
☐ 正常 zhèngcháng	정상(적)이다	☐ **严重** yánzhòng	심각하다
☐ 积极 jījí	적극적이다	☐ **紧张** jǐnzhāng	긴장하다
☐ 主动 zhǔdòng	능동적이다	☐ **马虎** mǎhu	소홀하다, 데면데면하다
☐ 诚实 chéngshí	성실하다		

活泼
huópo

(형) (성격이) 활발하다, 활기차다, 생동감있다, 적극적이다

반 死板 활발하지 않다, 생동적이지 않다

她的性格很活泼，爱交朋友。
그녀는 성격이 활발해서 친구를 사귀는 것을 좋아한다.

> 보카 활용포인트
>
> (1) "活泼"는 "생동적이고 활기가 차다"는 뜻이고, 주로 "사람, 동물" 등에 쓰인다.
> **这个孩子很活泼。** 이 아이는 아주 활기차다
> **小猴子非常活泼。** 새끼 원숭이는 아주 활발하다
>
> (2) "분위기, 생각, 사유, 기분 등이 적극적이다, 활발(히) 하다"는 뜻는 뜻인 경우에는 "活跃 huóyuè"를 씀 : (气氛 분위기 / 思维 사유, 생각 / 思想 생각 / 情绪 정서, 기분 / 讨论 토론하는 것) 很活跃。

粗心
cūxīn

= 马虎 mǎhu

(형) 세심하지 못하다, 꼼꼼하지 못하다, 소홀하다

반 细心 세심하다

下次工作时，不要那么粗心。
다음에 일할 때는 그렇게 대충대충하지 마세요.

吃完饭后，只是马马虎虎地运动的话，就算每天减肥都没有用。
식사 후에 건성건성 운동을 한다면, 매일 다이어트해도 소용이 없다.

> 보카 활용포인트
>
> **一个粗心大意的人** 꼼꼼하지 못한 사람

怀疑
huáiyí

(동) 의심하다 반 相信 믿다

你不要指责怀疑他。
너는그를 질책하거나 의심하면 안된다.

*指责 zhǐzé 꾸짖다, 나무라다

理想
lǐxiǎng

(형/명) 이상(적이다)

我们应当树立远大的理想。
우리는 반드시 원대한 이상을 세워야 한다.

*树立 shùlì 세우다. 수립하다
*远大 yuǎndà (꿈) 원대하다

 实际
shíjì

(형/명) 현실(적이다), 실제(적이다)
반 理论 이론

按照公司的规定进行这件事是不实际的。
회사의 규정에 따라 이 일을 하는 것은 현실적이지 못하다.

*按照 ànzhào ~에 따라
*规定 guīdìng 규정, 규칙

 友好
yǒuhǎo

(형/명) 우호(적인), 우호적이다

听说张老师对中国很友好，而且对中国
的了解很深。
장선생님이 중국에 매우 우호적이고 중국에 대한 이해가 깊
다고 들었어.

 正常
zhèngcháng

(형) 정상(적)이다

最近这几天天气不正常，经常下大雨。
최근 요 며칠동안 날씨가 비정상적으로 비가 계속 많이 내
렸다.

 积极
jī

(형) 적극적이다 반 消极 소극적이다

我们要积极地进行体育锻炼，这样身体
才会健康。
우리는 적극적으로 체력 단련을 해야 한다. 그래야 몸이 건
강해진다.

*锻炼 duànliàn 단련하다

09 4급 主动
zhǔdòng

(형) 능동적이다, 자발적이다, 주동적이다, 주도
적이다

(반) 被动 피동적이다, 수동적이다

学校会让学生们主动地参加进来么?

학교는 학생들이 능동적으로 참여할 수 있게 해주시나요?

보카 활용 포인트

主动来帮她 자발적으로 와서 그녀를 돕다
主动求婚 적극적으로 청혼하다

10 4급 诚实
chéngshí

(형) 성실하다

他办事慎重、诚实。

그는 일처리가 신중하고 성실하다.

*慎重 shènzhòng 신중하다

11 4급 圆
yuán

(형) (모양이) 둥글다

中秋节那天, 月亮圆圆的、亮亮的。

추석 당일 날, 달은 매우 둥글고 밝았다.

12 4급 勇敢
yǒnggǎn

= 英勇 yīngyǒng

(형) 용감하

(반) 怯懦 qiènuò 비겁하다, 겁이 많고 나약하다

他为了家人勇敢地做出决定绝不是简
单的事情。

그가 가족을 위해 용감한 결정을 내린 것은 결코 쉬운 일이
아니었다.

13 4급 准确
zhǔnquè

(형) 정확하다, 확실하다, 꼭 맞다, 틀림없다

你要准确地说出答案。

너는 정확하게 답을 말해야 한다.

他准确地解答了老师提出的问题。

그는 정확하게 선생님께서 질문하신 문제에 대답을 했다.

"准确"는 "행동의 결과가 실제나 예상했던 것과 완전히 일치함"을 뜻하고, 대부분 "계산, 통계, 분석, 측정, 발사, 단어사용, 발음, 소식, 답안, 예상" 등에 쓰임 : (**计算** 계산 / **分析** 분석 / **这篇文章用词** 이 문장의 단어사용 / **发音** 발음 / **答案** 답안, 정답 / **估计** 예상) **很准确。**(**统计** 통계 / **发射** 발사) **得很准确。准确的** (**测量** 측량 / **消息** 소식)

14
4급

紧张
jǐnzhāng

(형) ① (사람이) 긴장하다
② (일하거나 공부하느라) 바쁘다
③ (식량, 돈, 물건 등이) 부족하다
④ (관계가) 긴장되다, 나쁘다

现在生活很紧张，许多人感到压力很大。
지금 생활이 매우 바빠서 수많은 사람들이 스트레스를 많이 느끼고 있다.

现在马上要考试了，学生们都感到很紧张。
지금 곧 시험이라서 학생들은 모두 많이 긴장해 있다.

生活紧张 생활이 바쁘다 / **工作很~** 일이 바쁘다 / **学习很~** 공부하느라 매우 바쁘다 / **东西很~** 물건이 부족하다 / **钱很~** 돈이 부족하다 / **手头有点儿紧** (= **紧巴巴**)경제적으로 여유가 없다, 넉넉하지 못하다 / **两国关系很~** 양국 관계가 나쁘다

15
4급

精彩
jīngcǎi

(형) 뛰어나다, 훌륭하다

精彩的表演，赢得了大家的热烈掌声。
멋진 공연은 모두의 열렬한 박수를 받았다.

他的话说得很精彩。
그는 말을 아주 잘 한다.

"精彩"는 "말이나 글이 훌륭하다, 뛰어나다" 또는 "공연, 시합, 파티 등이 멋지다, 훌륭하다"는 뜻의 형용사로 "很好"의 뜻이다. (**话说得** 말하는 것이 / **文章写得** 글을 쓰는 것이)**很精彩。** (**表演** 공연 / **比赛** 시합 / **晚会** 저녁파티)**很精彩。**

| 16 4급 | 整齐
zhěngqí | (형) ① 단정하다, 깔끔하다 ② 고르다
③ 완전히 갖추어지다, 완비되다 |

他把书整齐地放在书架上。
그는 책을 아주 가지런하게 책상 위에 놓았다.

| 17 4급 | 严格
yángé | (형) 엄격하다, 엄하다
(동) 엄격히 하다, 엄하게 하다 |

孩子上网的时间一定要严格控制, 否则会影响学习。
아이의 인터넷 하는 시간은 반드시 엄격하게 통제해야 하는데, 안 그러면 학습에 지장을 줄 것이다.

| 18 4급 | 严重
yánzhòng | (형) (정도가)매우 심(각)하다 |

他病得很严重, 必须马上住院。
그는 병이 위중하니, 반드시 바로 입원을 해야 한다.

| 19 4급 | 马虎
mǎhu
= 粗心 cūxīn | (형) 소홀하다, 데면데면하다, 적당히 하다, 대충하다, 건성으로 하다, 아무렇게나 하다 |

他马虎地吃了口饭, 拿起书包飞快地跑出去了。
그는 대충 밥을 한 술 뜨고 나서, 책을 들고 재빨리 뛰어나갔다.

① 가정, 가족, 사람

(1) 사람

☐ 人口 rénkǒu	인구	☐ 女士 nǚshì	여사
☐ 人类 rénlèi	인류	☐ 妇女 fùnǚ	부녀자
☐ 人物 rénwù	인물	☐ 伙伴 huǒbàn	동반자
☐ 人才 réncái	인재	☐ 对象 duìxiàng	결혼 상대
☐ 人员 rényuán	인원, 구성원	☐ 小伙子 xiǎohuǒzi	젊은이
☐ 皇帝 huángdì	황제, 임금, 왕	☐ 对方 duìfāng	상대방, 상대편
☐ 皇后 huánghòu	황후, 왕후	☐ 老板 lǎobǎn	주인, 지배인, 기업주
☐ 公主 gōngzhǔ	공주	☐ 房东 fángdōng	집 주인
☐ 王子 wángzǐ	왕자	☐ 主人 zhǔrén	주인
☐ 领导 lǐngdǎo	지도자	☐ 主席 zhǔxí	주석
☐ 官 guān	관리	☐ 专家 zhuānjiā	전문가
☐ 士兵 shìbīng	병사	☐ 导演 dǎoyǎn	감독
☐ 老百姓 lǎobǎixìng	백성	☐ 个人 gèrén	개인
☐ 农民 nóngmín	농민	☐ 私人 sīrén	개인
☐ 祖先 zǔxiān	선조	☐ 英雄 yīngxióng	영웅(적인)
☐ 姥姥 lǎolao	외할머니	☐ 胆小鬼 dǎnxiǎoguǐ	겁쟁이
☐ 姑姑 gūgu	고모	☐ 行人 xíngrén	행인
☐ 舅舅 jiùjiu	외숙	☐ 对手 duìshǒu	상대
☐ 姑娘 gūniang	처녀, 아가씨	☐ 敌人 dírén	적
☐ 弟弟 dìdi	남동생	☐ 罪犯 zuìfàn	범인
☐ 太太 tàitai	부인	☐ 小偷 xiǎotōu	좀도둑
☐ 兄弟 xiōngdì	형과 동생, 형제		

人口
rénkǒu

(명) 인구

中国是世界上人口最多的国家。

중국은 세계에서 인구가 가장 많은 국가이다.

 人类
rénlèi

(명) 인류

人类的生态环境遭到了严重的破坏。

인류의 생태 환경은 심각한 훼손을 당했다.

*遭到 zāodào (불행한 일)당하다, 겪다, 만나다, 입다
*破坏 pòhuài (건축물) 파괴하다

 人物
rénwù

(명) 인물, 대단한 인물

他是一个十分了不起的大人物。

그는 매우 대단한 인물이다.

*了不起 liǎobuqǐ 보통이 아니다, 대단하다

 人才
réncái

(명) 인재

这家公司正在招聘电脑方面的人才。

이 회사는 컴퓨터 방면의 인재를 구하고 있다.

 人员
rényuán

(명) 인원, 구성원, 멤버

公司的全体人员都十分尊敬他。

회사의 모든 인원은 다 그를 대단히 존경한다.

 皇帝
huángdì

(명) 황제, 임금, 왕

秦始皇是中国历史上第一位皇帝。

진시황은 중국 역사상으로 첫 번째 황제였다.

 皇后
huánghòu

(명) 황후, 왕후

历史上有许多贤良的皇后。

역사상 수많은 현명하고 어진 황후들이 있었다.

*贤良 xiánliáng 어질고 재능이 뛰어나다

5급 신HSK VOCA

08 **5급**	**公主** gōngzhǔ	**(명)** 공주 她是家里的独生女，大家都把她当公主。 그녀는 집안의 외동딸이어서 모두가 그녀를 공주로 대했다.

09 **5급**	**王子** wángzǐ	**(명)** 왕자, (같은 무리 중의) 우두머리, 두목 查尔斯王子是英国王室的第一继承人。 찰스 왕자는 영국 왕실의 1순위 왕위 승계자이다. *继承人 jìchéngrén 상속인, 왕위 승계자

10 **5급**	**领导** lǐngdǎo	**(명)** 지도자, 영도자 我们应该向领导报告这个问题。 우리는 지도자에게 이 문제를 보고해야 한다.

11 **5급**	**官** guān	**(명)** 관리, 간부, 벼슬아치, 공무원 他当官以后，给他送礼的人越来越多。 그가 임원이 되고 나서 그에게 선물을 보내는 사람이 점점 더 많아졌다.

12 **5급**	**士兵** shìbīng	**(명)** 사병, 병사 我们国家的每一个士兵都在英勇作战。 우리나라의 모든 병사들이 다 용맹하게 전투하고 있다. *作战 zuòzhàn 싸우다 *英勇 yīngyǒng 매우 용감하다

13 **5급**	**老百姓** lǎobǎixing	**(명)** 평민, 백성, 국민, 대중, 일반인 这些财物都是从老百姓那里抢来的。 이런 재물들은 모두 백성들에게서 빼앗아 온 것이다.

14 **5급**	**农民** nóngmín	**(명)** 농민 农民问题是国家急于解决的问题之一。 농민문제는 국가가 서둘러 해결하려 하는 문제 중 하나이다.

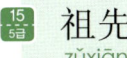
15
5급
祖先
zǔxiān

(명) 선조, 조상

我们不能忘记祖先遗留下来的优良传统。

우리는 선조들이 남긴 우수한 전통을 잊어서는 안 된다.

*遗留 yíliú 남겨놓다, 남기다

16
5급
姥姥
lǎolao

(명) 외할머니

她的童年是在姥姥家度过的。

그녀는 어린 시절을 외할머니 댁에서 보냈다.

17
5급
姑姑
gūgu

(명) ① 고모 ② 손 위 부인에 대한 경칭의 하나

父母去世以后，姑姑们经常来照顾他和弟弟。

부모님이 돌아가신 후에 고모들이 자주 그와 남동생을 돌보러 오셨다.

18
5급
舅舅
jiùjiu

(명) 외숙, 외삼촌

舅舅从老家给我带来了许多特产。

외삼촌이 고향에서부터 우리에게 많은 특산물을 가져다 주셨다.

19
5급
姑娘
gūniang

(명) 처녀, 아가씨

她是一个非常可爱懂事的姑娘。

그녀는 매우 귀엽고 사리분별할 줄 아는 아가씨이다.

20
5급
弟弟
dìdi

(명) 아우, 남동생

现在家里只剩下他和弟弟了。

오늘 집에 그와 남동생만 남게 되었다.

21
5급
太太
tàitai

(명) 부인, 처, 아내 [다른 사람의 처나 자기 아내를 부르는 말]

李太太家里有四个孩子，生活很困难。

이부인 댁에는 4명의 자녀가 있고, 생활이 아주 어렵다.

5급 신HSK VOCA

22 5급 兄弟
xiōngdì

(명) 형과 동생, 형제

我们家兄弟四人全都是大学生。
우리 집의 형제 네 명은 모두 대학생이다.

23 5급 女士
nǚshì

(명) ① 부인, 여사 ② 숙녀, 학식 있는 여자

李女士把所有的时间都放在了工作上。
이여사는 모든 시간을 일하는 데 쓴다.

各位女士们，先生们，欢迎来参加今天的晚会。
신사 숙녀 여러분, 오늘의 파티에 참석하러 오신 것을 환영합니다.

24 5급 妇女
fùnǚ

(명) 부녀자, 여성

一位中年妇女走进来，后面跟着一群孩子。
한 중년부인이 걸어 들어오는데, 뒤에는 한 무리의 아이들이 따라오고 있었다.

25 5급 伙伴
huǒbàn

(명) 동반자, 동료, 친구, 동무

他是我从小一起长大的伙伴。
그는 내 어린 시절부터 함께 자란 친구이다.

26 5급 对象
duìxiàng

(명) 결혼 상대

她的结婚对象很令人失望。
그녀의 결혼 상대는 정말 실망스럽다.

27 5급 小伙子
xiǎohuǒzi

(명) 젊은이, 젊은 남자, 총각

这个小伙子很能干，大家都很喜欢他。
이 젊은이는 아주 능력이 뛰어나서 모두 다 그를 좋아한다.

28 5급 对方
duìfāng

(명) 상대방, 상대편

这件事我们正和对方联系着呢。
이 일로 우리는 지금 상대방과 연락하고 있다.

29 5급	**老板** lǎobǎn	**(명)** 주인, 지배인, 기업주
		他开了一家店，自己当老板。
		그는 상점을 열었고, 자기가 사장이 되었다.

30 5급	**房东** fángdōng	**(명)** 집주인
		由于他总是很吵，房东把他赶了出来。
		그는 늘 시끄럽기 때문에, 집주인이 그를 내쫓았다.

31 5급	**主人** zhǔrén	**(명)** 주인
		这家的主人比我想象的年轻多了，还不
		到四十岁。
		이 집의 주인은 내가 생각한 것보다 훨씬 젊다. 채 40살도
		되지 않았다.

32 5급	**主席** zhǔxí	**(명)** ① 주석, 위원장 ② (회의 따위의) 의장
		③ (연회에서) 주인의 자리
		这几天，国家主席正在欧洲访问。
		요 며칠 국가주석이 유럽을 방문하고 있다.
		他们决定投票选举出这次大会的主席。
		그들은 이번 대회의 의장을 투표 선거하기로 결정하였다.

33 5급	**专家** zhuānjiā	**(명)** 전문가
		他是儿童教育方面的专家。
		그는 아동교육 방면의 전문가이다.

34 5급	**导演** dǎoyǎn	**(명)** 감독, 연출(가) **(동)** 감독하다, 연출하다
		他是一名非常优秀的电影导演。
		그가 매우 우수한 영화감독이다.
		他导演了那场精彩的话剧。
		그는 훌륭한 그 연극을 감독했다.
		*精彩 jīngcǎi 뛰어나다, 훌륭하다

35 5급 个人
gèrén

(명) 개인

这是他的个人生活问题，我们管不着。
이것은 그의 개인 생활 문제라서 내가 관여할 수 없다.

---

36 5급 私人
sīrén

(명) 개인

我们应该尽量不使用私人汽车出行。
우리는 되도록 개인 자가용을 가지고 다니지 말아야 한다.

*尽量 jǐnliàng 가능한 한, 되도록
*出行 chūxíng 외출하다, 외지로 나가다

---

37 5급 英雄
yīngxióng

(명/형) 영웅(적인)

大家都把他当成是救苦救难的英雄。
모두들 그를 고난에 처한 사람을 구한 영웅이라고 여긴다.

*救苦救难 jiùkǔjiùnàn 고난에 처한 사람을 구제하다

---

38 5급 胆小鬼
dǎnxiǎoguǐ

(명) 겁쟁이

你这个胆小鬼，有什么话就说啊。
이 겁쟁이야, 어디 할 말 있으면 해봐라.

---

39 5급 行人
xíngrén

(명) 행인, 통행인, 여행자, 나그네, 길손

上下班的高峰时间，路上行人和车辆都很多。
출퇴근 러시아워에는 길에 행인과 차량이 매우 많다.

---

40 5급 对手
duìshǒu

(명) 상대, 힘이 비슷한 경쟁자, 좋은 적수(好敌手)

虽然你很厉害，但是这次的对手也不可轻视。
네가 대단하긴 하지만 이번 상대도 가볍게 볼 수는 없어.

---

41 5급 敌人
dírén

(명) 적, 적수

他们一口气把敌人赶出了国土。
그들은 단숨에 적을 국토 밖으로 내쫓았다.

42 5급 **罪犯** zuìfàn	**(명)** 범인, 죄인, 범죄자 **我们应该给少年罪犯多一些改过的机会。** 우리는 소년범들에게 잘못을 고칠 수 있는 기회를 더 많이 주어야 한다. *少年罪犯 소년범
43 5급 **小偷** xiǎotōu	**(명)** 좀도둑 **他也是不得已才当了小偷，我们原谅他一次吧。** 그도 어쩔 수 없이 좀도둑이 된 것이니 우리가 그를 한 번만 봐주자.

5급 신HSK VOCA

(2) 신체관련

☐ 脑袋 nǎodai	뇌		☐ 扶 fú	(손으로) 붙잡다
☐ 脖子 bózi	목		☐ 咬 yǎo	(이를 악)물다
☐ 嗓子 sǎngzi	목(구멍)		☐ 吻 wěn	키스하다
☐ 舌头 shétou	혀		☐ 拥抱 yōngbào	포옹하다
☐ 胳膊 gēbo	팔		☐ 摸 mō	(손으로) 더듬다
☐ 骨头 gǔtou	뼈		☐ 拍 pāi	손바닥으로 (가볍게) 치다
☐ 眉毛 méimao	눈썹		☐ 撕 sī	(손으로) 찢다
☐ 心脏 xīnzàng	심장		☐ 伸 shēn	(손을) 뻗다
☐ 肺 fèi	폐, 허파		☐ 摘 zhāi	따다
☐ 胸 xiōng	가슴		☐ 摇 yáo	흔들다
☐ 胃 wèi	위, 위장		☐ 蹲 dūn	웅크려 앉다
☐ 腰 yāo	(사람의) 허리		☐ 举 jǔ	(손을) 들다
☐ 手指 shǒuzhǐ	손가락		☐ 抓紧 zhuājǐn	꽉 쥐다
☐ 脚 jiǎo	발		☐ 痒 yǎng	가렵다
☐ 胡须 húxū	수염		☐ 挥 huī	휘두르다
☐ 肩膀 jiānbǎng	어깨		☐ 苗条 miáotiao	날씬하다
☐ 肌肉 jīròu	근육		☐ 丑 chǒu	추하다
☐ 身材 shēncái	몸매		☐ 踩 cǎi	밟다
☐ 神经 shénjīng	신경		☐ 欠 qiàn	하품하다
☐ 睁 zhēng	눈을 뜨다		☐ 接触 jiēchù	접촉하다
☐ 牵 qiān	(잡아) 끌다		☐ 打交道 dǎjiāodao	교제하다

01 5급
脑袋
nǎodai

(명) ① 뇌, 머리 ② 두뇌, 지능

她的脑袋撞到了墙上，流血了。
그녀의 머리는 벽에 부딪혀서 피가 났다.

看他做的事情，就知道他的脑袋肯定有问题。
그가 하는 일을 보고 그의 지능에 분명히 문제가 있는 것을 알았다.

02 **脖子**
5급 bózi

(명) 목

他胖得连脖子都看不见了。

그는 뚱뚱해서 목이 어딘지도 보이지 않는다.

---

03 **嗓子**
5급 sǎngzi

(명) ① 목(구멍) ② 목소리, 목청

唱了一夜的歌，他的嗓子哑了。

밤새도록 노래를 불러서, 그는 목이 쉬었다.

*哑 yǎ 목이 쉬다

她的嗓子可真好，大家都爱听她说话。

그녀는 목소리가 정말 좋아서, 모두들 그녀가 말하는 소리를 듣기 좋아한다.

---

04 **舌头**
5급 shétou

(명) 혀

他吃饭时，不小心咬到了舌头。

그는 식사할 때, 부주의해서 혀를 깨물었다.

---

05 **胳膊**
5급 gēbo

(명) 팔

她总是抓着我的胳膊和我说话。

그녀는 늘 내 팔을 잡고서 나한테 말을 한다.

---

06 **骨头**
5급 gǔtou

(명) ① (인체 내의) 뼈
　　② (말속에 숨어있는) 불만, 풍자

他如果伤到了骨头，就不容易好了。

그가 만약 뼈를 다쳤다면, 낫기가 어려울 것이다.

他这个建议非常好，你不要总是鸡蛋里挑骨头。

그의 이 제안은 아주 좋으니까, 너는 늘 괜히 트집 잡지 좀 마라.

*鸡蛋里挑骨头 jīdànlitiāogǔtou 억지로 남의 흠을 들추어 내다, 괜히 트집을 잡다

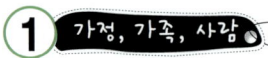

07
5급
眉毛
méimao

(명) 눈썹

看到这种场面，他厌恶得皱起了眉毛。
이런 광경을 보고서, 그는 불쾌해서 이맛살을 찌푸렸다.

*厌恶 yànwù 혐오하다
*皱起 zhòuqǐ 이맛살을 찌푸리다

08
5급
心脏
xīnzàng

(명) 심장

他的心脏不太好，医生让他多休息。
그는 심장이 별로 안 좋기 때문에, 의사가 그에게 많이 쉬라고 했다.

09
5급
肺
fèi

(명) 폐, 허파

他得了肺病好几年了，总是治不好。
그는 폐렴에 걸린 지 수년이 되었지만, 좀처럼 낫지 않는다.

10
5급
胸
xiōng

(명) ① 가슴 ② 마음, 속, 의지, 뜻, 도량

孩子把脸贴在妈妈的胸前睡着了。
아이가 얼굴을 엄마 가슴에 파묻은 채로 잠이 들었다.

他这个人心胸狭窄，你可千万不能得罪他。
그는 아주 속이 좁은 사람이니까, 너는 절대로 그에게 미움을 사서는 안 된다.

*狭窄 xiázhǎi 비좁다. 협소하다

11
5급
胃
wèi

(명) 위, 위장

你这么吃下去，早晚会把胃吃坏的。
네가 계속 이렇게 먹는다면 조만간 위가 나빠질 것이다.

12
5급
腰
yāo

(명) ① (사람의) 허리 ② 사물의 중간 부분

你看他们笑成那种样子，都直不起腰来了。
저들이 웃는 모습을 좀 봐라. 다들 허리를 펴지 못하고 있어.

手指
shǒuzhǐ

(명) 손가락

我讨厌别人用手指点着我的鼻子说话。

나는 다른 사람이 손가락으로 내 코를 가리키면서 말하는 것이 싫다.

脚
jiǎo

(명) (사람이나 동물의) 발 [발목뼈 아랫부분]

我不小心踩到他的脚了。

나는 조심하지 않아서 그의 발을 밟았다.

胡须
húxū

(명) 수염

老人摸着白胡须, 正在思考着是否要帮我。

노인은 지금 흰 수염을 쓰다듬으면서 나를 도와야 할지를 생각하고 있다.

肩膀
jiānbǎng

(명) 어깨

她感到有人拍她的肩膀。

그녀는 누군가가 그녀의 어깨를 치는 것을 느꼈다.

肌肉
jīròu

(명) 근육

她再这样长期躺下去, 肌肉就要萎缩了。

그녀가 이렇게 오랫동안 계속 누워있다가는 근육이 퇴화할 것이다.

*萎缩 wěisuō (몸·신체 기관이) 위축되다, 움츠러들다, (기능이) 쇠퇴하다

身材
shēncái

(명) 체격, 몸매, 몸집

他是一个刚满三十岁的, 中等身材的男子。

그는 얼마 전 만 서른이 된 보통 체격의 남자이다.

5급 신HSK VOCA

19 5급	**神经** shénjīng	**(명)** 신경 我的神经紧张到极点，努力克服着自己的恐惧。 내 신경은 극도로 긴장했지만, 나의 공포감을 극복하려고 애쓰고 있는 중이다. *极点 jídiǎn 최고점
20 5급	**睁** zhēng	**(동)** 눈을 뜨다 他对很多事情都睁一只眼，闭一只眼。 그는 많은 일들에 대해 눈감아 주었다. *睁一只眼，闭一只眼 보고도 못 본 체하다, 눈감아 주다
21 5급	**牵** qiān	**(동)** (잡아) 끌다, 잡아 당기다, 이끌다 他把那只狗牵回家去了。 그는 그 개를 끌고 집으로 돌아갔다.
22 5급	**扶** fú	**(동)** (손으로) 붙잡다, 부축하다, 떠받치다 他有点头晕，扶着墙休息了一会儿。 그는 약간 머리가 어지러워서 벽에 기대어 잠시 쉬었다. *晕 yūn 어지럽다
23 5급	**咬** yǎo	**(동)** (이를 악) 물다, (입술을) 깨물다 最后，她还是被自己养的小狗咬伤了。 결국엔 그녀도 자기가 기르는 개에게 물려서 다쳤다.
24 5급	**吻** wěn	**(동/명)** 키스하다, 입맞춤 하다 / 입술, (동물의) 주둥이, 부리 这个小孩实在太可爱了，我忍不住吻了他一下。 이 아이는 정말 너무 귀여워서, 나는 참지 못하고 그에게 뽀뽀를 했다.

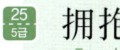
拥抱
yōngbào

(동) 포옹하다

两人一见面，就拥抱在一起。
두 사람은 만나자마자 서로 포옹을 했다.

摸
mō

(동) ① (손으로) 더듬다
② (손으로) 짚어보다, 만지다

他在口袋里摸了半天，才找出了一块钱。
그는 주머니를 한참 더듬어 겨우 1위안을 찾아냈다.

我用手摸了一下儿他的额头，觉得有点
儿发烧。
나는 손으로 그의 이마를 좀 짚어보고, 그가 열이 좀 난다고
여겼다.

拍
pāi

(동) ① 손바닥으로 (가볍게) 치다
② (사진, 영화를) 찍다

他从地上站起来，用手拍了拍身上的土。
그는 땅바닥에서 일어나서 손으로 몸에 묻은 흙을 털었다.

这次旅游，我们拍了好多照片。
이번 여행에서 우리는 사진을 아주 많이 찍었다.

撕
sī

(동) (손으로) 찢다, 째다

他一用力，不小心撕坏了手里的照片。
그가 힘을 좀 주자, 실수로 손에 가지고 있던 사진을 찢었다.

伸
shēn

(동) (손을) 뻗다, 내밀다, (신체나 물체의 일부분
을) 펴다, 펼치다

他伸出一只手来，要和我握手。
그는 한 손을 뻗어서 나와 악수를 하려고 했다.

摘
zhāi

(동) 따다, 꺾다, 뜯다, 떼다, 벗(기)다

他从自己家的果树上摘了些水果给我们吃。
그는 자기 집의 과일나무에서 과일 몇 개를 따서 우리에게
먹으라고 주었다.

5급 신HSK VOCA

<table>
<tr><td>

31
5급

摇
yáo

</td><td>

(동) (손, 머리, 꼬리 등을 좌우로) 흔들다, 흔들어 움직이다, 젓다

那只小狗正摇着尾巴讨好它的主人。

저 강아지는 꼬리를 흔들며 주인에게 재롱을 피우고 있다.

*讨好 tǎohǎo 환심을 사다, 기분을 맞추다, 비위를 맞추다

</td></tr>
</table>

<table>
<tr><td>

32
5급

蹲
dūn

</td><td>

(동) 쪼그리고 앉다, 웅크려 앉다

一个脸色苍白的小孩蹲在地上，看起来十分可怜。

안색이 창백한 어린아이가 땅위에 쪼그리고 있는 것을 보니 너무 불쌍하다.

</td></tr>
</table>

<table>
<tr><td>

33
5급

举
jǔ

</td><td>

(동) (손을) 들다, 들어 올리다, 쳐들다

赞成这次活动的人都举起了手。

이번 활동에 찬성하는 사람은 모두 손을 들었다.

보카활용포인트

(1) "举"는 "손을 들다", "구체적인 물건을 들다"는 뜻으로 쓰인다. : 举(手 손 / 东西 물건 / 旗子 깃발 / 石头 돌)
(2) "举"는 "예를 들다"의 뜻으로 쓰인다. : 举(例子 예를 들다)

</td></tr>
</table>

<table>
<tr><td>

34
5급

抓紧
zhuājǐn

</td><td>

(동) 꽉 쥐다, 단단히 잡다, 다잡아 ~하다

为了考上大学, 他总是抓紧一切时间学习。

대학에 들어가기 위해 그는 항상 모든 시간을 낭비하지 않고 공부한다.

보카활용포인트

"抓紧"은 "꽉 잡고 긴장을 늦추지 않다"는 뜻이다.
(1) "抓紧"은 "구체적인 사물을 꽉 잡다"는 뜻으로 쓰인다.
　抓紧(我的手 내 손 / 水瓶 물병)
(2) "抓紧"은 "어떤 일을 다잡다, 마음을 써서 일을 처리하다" 또는 "다그치다, 빨리 ~하게하다"는 뜻으로 쓰인다.
　抓紧(工作 일 / 学习汉语 중국어 공부 / 培养优秀人才 우수한 인재를 육성하는 것 / 时间 빨리 ~하게 하다)
　城府路到了, 请抓紧时间下车。
　城府路에 도착했으니, 빨리 차에서 내려주시기 바랍니다.

</td></tr>
</table>

35
5급

痒
yǎng

(형) 가렵다, 간지럽다, 간질간질하다

由于刚才食物过敏，他现在全身都很痒。

방금 전 음식물 알러지 때문에, 그는 지금 온 몸이 매우 가렵다.

36
5급

挥
huī

(동) ① 휘두르다, 흔들다
② 손을 내젓다, 손짓을 하다, 손을 흔들다

他挥动大旗，向敌人进攻。

그는 큰 깃발을 흔들며 적을 향해 진격했다.

他挥了挥手，示意我们不要过来。

그는 손을 내저으면서 우리들에게 건너오지 말라는 뜻을 나타냈다.

37
5급

苗条
miáotiao

(형) (여성의 몸매가) 날씬하다, 호리호리하다

每个女孩子都希望自己能有苗条的身材。

모든 여학생들은 모두 자신이 날씬한 몸매를 가질 수 있기를 바란다.

38
5급

丑
chǒu

(형) ① (용모가) 추하다, 못생기다, 밉다, 보기 싫다, 흉하다 ② 밉다, 밉살스럽다

其实她长得不丑，只不过是没有自信。

사실 그녀는 못생기지는 않았다. 단지 자신이 없을 뿐이다.

我真的不相信他原来是这样丑恶的一个人。

나는 그가 본래 이렇게 추악한 사람이라는 것을 정말 못 믿겠다.

39
5급

踩
cǎi

(동) 발에 힘을 주어 밟다, 짓밟다

他一心想把所有人都踩在脚底下。

그는 오로지 모든 사람을 발 아래로 짓밟고 싶은 마음 뿐이다.

40 **5급** 欠
qiàn

(동) ① 하품하다 ② 빚지다 ③ 몸을 위로 뻗다, 발꿈치를 들다, 발돋움하다

我实在是太困了，接连打了一个又一个哈欠。

나는 정말로 너무 졸려서 연달아 하품을 계속 했다.

如果我这样工作下去，欠的钱，年底就可以还完了。

우리가 계속 이렇게 일을 해 나간다면 빚진 돈을 연말이면 다 갚을 수 있을 것이다.

他稍微欠了一下身子，算是与大家打了招呼。

그는 몸을 살짝 위로 뻗어서 모두와 인사를 한 셈이다.

41 **5급** 接触
jiēchù

(동) ① 닿다, 접촉하다 ② 접촉하다, 교제하다

他才接触美术一年，就表现出了惊人的天分。

그가 미술을 한 지 겨우 일 년 만에, 사람들을 놀라게 하는 천부적인 소질을 드러냈다.

所有接触过他的人都赞扬他。

그와 교제했던 모든 사람들은 다 그를 칭찬한다.

42 **5급** 打交道
dǎjiāodao

= 交际 jiāojì
接触 jiēchù

(동) 교제하다

和他打了这么多年交道，我也不了解他。

그와 이렇게 오랜 세월을 교제했지만 나도 그를 이해할 수 없다.

(3) 행동과 판단 Ⅰ

□ 感想 gǎnxiǎng	감상, 느낌, 소감	□ 遗憾 yíhàn	유감(스럽다)
□ 感受 gǎnshòu	인상 / 감수하다, 받다	□ 安慰 ānwèi	위안(하다)
□ 爱心 àixīn	사랑하는 마음	□ 痛苦 tòngkǔ	고통(스럽다)
□ 情绪 qíngxù	정서	□ 讽刺 fěngcì	풍자(하다)
□ 表情 biǎoqíng	표정	□ 恨 hèn	원망(하다)
□ 魅力 mèilì	매력	□ 愤怒 fènnù	분노(하다)
□ 微笑 wēixiào	미소(짓다)	□ 温暖 wēnnuǎn	따뜻하다
□ 祝福 zhùfú	축복(하다)	□ 温柔 wēnróu	온유하다
□ 思想 sīxiǎng	사상	□ 热烈 rèliè	열렬하다
□ 观点 guāndiǎn	관점	□ 亲切 qīnqiè	친절하다
□ 观念 guānniàn	관념	□ 密切 mì qiè	(관계가) 밀접하다
□ 想像 xiǎngxiàng	상상(하다)	□ 热心 rèxīn	열성적이다
□ 象征 xiàngzhēng	상징(하다)	□ 热爱 rèài	열애하다
□ 性质 xìngzhì	천성	□ 爱惜 àixī	아끼다
□ 本质 běnzhì	본질	□ 珍惜 zhēnxī	소중히 여기다
□ 智慧 zhìhuì	지혜, 슬기	□ 爱护 àihù	애호하다
□ 本领 běnlǐng	능력	□ 夸 kuā	칭찬하다
□ 风格 fēnggé	풍격	□ 称赞 chēngzàn	칭찬(하다)
□ 装 zhuāng	-인 체 하다,	□ 赞美 zànměi	찬미하다
□ 现实 xiànshí	현실(적이다)	□ 荣幸 róngxìng	영광이다

5급 신HSK VOCA

---

01 5급 感想
gǎnxiǎng

(명) 감상, 느낌, 소감

这篇文章让人产生了很多感想。
이 글은 사람들에게 많은 감상을 하게 한다.

02 5급 感受
gǎnshòu

(명/동) ① 인상, 느낌, 감상, 체험
② 받다, 느끼다, 체험하다

他总是那么自私，从不考虑别人的感受。
그는 항상 너무 이기적이라서 여태껏 다른 사람의 느낌은 안중에도 없었다.

和他在一起，我感受到了从未有过的开心和快乐。

그와 함께 있으면서 나는 전에 없던 즐거움과 유쾌함을 느꼈다.

*从未 cóngwèi 지금까지 …한 적이 없다

보카 활용포인트

(1) ① "感受"는 "느낌, 인상, 감상, 체험"의 뜻으로 "어떤 외부 사물과 직접 접촉한 후 받은 영향" 또는 "체험한 것을 받아들이다"는 뜻이다. : 有了~的感受 ～한 느낌이 있다. 인상이 있다 / 有很多感受 느끼는 것이 많이 있다
　　那只是他的感受。 그것은 단지 그의 느낌일 뿐이다.
　　离开故乡以后，我才感受到家庭的温暖。
　　고향을 떠난 후에야 나는 가정의 따스함을 느끼게 되었다.
　　看到这样的情况，我的感受很(深/强烈)。
　　이런 상황을 보고, 나는 인상이 매우 깊었다.
　② "感受"는 "받다, 느끼다(受到), 받아들이다(接受)"는 뜻의 동사로 쓸 수 있고, 이 경우 정도부사와 함께 쓸 수 없다. : 感受过(温暖 따스함 / 快乐 즐거움 / 幸福 행복 / 滋味 느낌 / 鼓舞 격려, 고무)
　　这部小说很好，我感受很深。
　　이 소설을 아주 훌륭해서, 나는 감명 깊다.

(2) ① 눈, 코, 입, 귀, 피부 등을 통해 몸으로 직접 체험하고 느끼는 경우 "感觉(gǎnjué)느끼다, 느낌"를 쓰는데, 이 경우 뒤에 반드시 형용사서술어 또는 문장이나 절 목적어가 온다.
　　夏天到了，他感觉天气有点儿热。
　　여름이 되어서, 그는 날씨가 좀 덥게 느껴졌다.
　　动手术以后，病人感觉口渴了。
　　수술한 다음, 환자는 목마름을 느꼈다.
　② "感觉"는 "감각, 느낌" 이란 뜻의 명사로도 쓸 수 있다. :
　　这不是事实，只是你的感觉而已。 이것은 사실이 아니라, 단지 너의 느낌일 뿐이다.

(3) "感到"는 "정신적, 감정적인 면에서 느끼다, 여기다, 생각하다" 는 뜻이다. 목적어로는 주로 형용사나 감정과 관계가 있는 심리활동 동사가 온다. : 感到(高兴 기쁘다 / 快乐 즐겁다, 기쁘다 / 痛苦 슬프다, 괴롭다 / 失望 실망스럽다 / 吃惊 놀라다)
　　정신적·감정적 면에서 영향을 받는 경우에는 "感觉"를 쓸 수 없고, "感到(gǎndào)"를 써야 한다.
　　我今年没考上大学，感到很失望。
　　나는 올해 대학에 합격하지 못해서 너무 실망스럽게 여겨졌다.

爱心
àixīn

(명) 사랑하는 마음

大家都希望能为灾区人民献出自己的爱心。

모두들 재난 지역의 사람들을 위해 각자의 사랑하는 마음을 내어 주길 희망하고 있다.

*献 xiàn 바치다

情绪
qíngxù

(명) 정서, 기분, 마음가짐

经过这次事情以后，他的情绪一直很不稳定。

이번 사건을 겪고 나서, 그는 줄곧 정서가 불안했다.

*稳定 wěndìng 안정되다

表情
biǎoqíng

(명) 표정

看他的表情，就知道他现在非常高兴。

그의 표정을 보고, 그가 지금 매우 기쁘다는 것을 알았다.

魅力
mèilì

(명) 매력

自信就是这个人最大的魅力。

자신감은 이 사람의 가장 큰 매력이다.

微笑
wēixiào

(명/동) 미소(짓다), 빙그레 웃다

每次见到她的时候，她都是面带微笑。

그녀를 볼 때마다, 그녀는 얼굴에 미소를 띠고 있다.

*面带微笑 얼굴에 미소를 머금다

祝福
zhùfú

(동/명) 축복(하다)

我真心的祝福他们能够白头到老。

나는 진심으로 그들이 백년해로 할 수 있기를 축복한다.

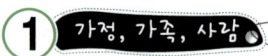
 思想
sīxiǎng

(명) 사상, 생각, 마음

最近, 他的思想有了很大的转变。
최근에 그의 생각에 아주 커다란 변화가 있었다.

*转变 zhuǎnbiàn 바꾸다, 바뀌다

 观点
guāndiǎn

(명) 관점, 입장, 견해

他所持的观点和态度对我们非常不利。
그가 지닌 관점과 태도는 우리에게 아주 불리하다.

 观念
guānniàn

(명) 관념, 생각

我们不可能在短期内改变一个人的观念。
우리가 단기간에 한 사람의 생각을 고치는 것은 불가능하다.

> **보카 활용 포인트**
>
> (1) ① "思想"은 "사회, 인생 등에 관한 일정한 견해, 가치관"을
> 말한다. : (好 좋은 / 坏 나쁜 / 封建 봉건 / 新 신 / 旧
> 구)思想
> ② "생각하고 난 후 얻은 결과나 의견"이란 뜻인 경우, "思
> 想"을 쓸 수 없고 "想法(xiǎngfa)"를 쓴다.
> **这个想法很好。** 이 생각은 아주 좋다
> **我有个想法, 讲给大家听听。**
> 내가 생각한 것이 있는데, 모두에게 좀 들려주겠다.
> ③ "문제를 처리하거나 해결할 때의 구체적인 방법, 생각"이란
> 뜻인 경우 "思想"을 쓸 수 없고, "主意(zhǔyi)"를 쓴다.
> **他给我出一个好主意。**
> 그는 나에게 좋은 방법(생각)을 제시해 주었다.
> (2) "观点"은 "사물을 관찰할 때, 그 사람이 보는 입장이나 생각
> 하는 각도"를 말하고, 주로 공개적으로 말할 때 쓰이는 경우가
> 많다. : **我们的观点**(一致 일치하다 / 不一致 일치하지 않
> 다 / 一样 같다 / 不同 다르다)
> (3) "观念"은 "오랜 시간에 걸쳐 서서히 형성되어져 쉽게 고쳐지
> 지 않는 자신의 견해나 사상의식"을 말한다. "思想"과 비슷한
> 어감으로 쓰인다. : (旧 낡은 / 新 새로운)观念

 想象
xiǎngxiàng

(동/명) 상상(하다)

我对自己的未来充满了无尽的想象。
나는 나의 미래에 대해 끝없는 상상으로 충만했다.

80

13
5급

象征
xiàngzhēng

(동/명) 상징(하다)

这条项链是我们之间爱情的象征。

이 목걸이는 우리 사이에 애정의 상징이다.

> **보카 활용포인트**
>
> "象征"은 "말로는 설명하기 힘든 추상적인 사물이나 개념 등을
> 구체적인 사물에 비유하여 나타내는 것" 또는 "그 대상을 대표하
> 는 심벌"을 말한다.
> (1) "象征"을 명사로 쓰는 경우, 주로 "A是 B 的象征。(A는 B
> 의 상징이다)" 또는 "[把 + A]作为(B 的)象征。(A를 B의 상
> 징으로 여기다)"의 형식으로 쓰이는 경우가 많다.
> 人们把鸽子作为和平的象征。
> 사람들은 비둘기를 평화의 상징으로 여긴다.
> 鸽子是和平的象征。비둘기는 평화의 상징이다.
> (2) "象征"을 동사로 쓰는 경우, "A 象征着 B。(A는 B를 상징
> 한다)"의 형태로 쓴다.
> 鸽子象征着和平。비둘기는 평화를 상징한다.

14
5급

性质
xìngzhì

(명) 천성, 성질, 성격

处理这件事之前，我们首先要弄清问题
的性质。

이 일을 처리하기 전에, 우리는 먼저 문제의 성질을 분명하
게 파악해야 한다.

*弄清 nòngqīng 명백하게 하다

15
5급

本质
běnzhì

(명) ① 본질 ② (사람의) 본성

我们应该透过现象抓住事物的本质。

우리는 현상을 꿰뚫어 보아 사물의 본질을 파악해야 한다.

*透过 tòuguo (빛이)통과하다, 투과하다
*抓住 zhuāzhù (손으로)잡다

虽然他经常做一些不好的事情，但其实
他的本质很善良。

비록 그가 항상 나쁜 일들을 했지만, 그러나 사실 그의 본성
은 아주 착하다.

5급 신HSK VOCA

16
5급
智慧
zhìhuì

(명) 지혜, 슬기

遇到问题，不要慌张，应该用你的智慧去解决。

문제를 만나면, 허둥대지 말고, 너의 지혜로 해결해 가야 한다.

*慌张 huāngzhāng 허둥대다, 당황하다

17
5급
本领
běnlǐng

(명) 능력, 재간, 재능, 재주, 기능

他的本领很强，很快就把工作做完了。

그는 능력이 아주 뛰어나서, 매우 빨리 일을 다 했다.

他刚学了一点儿本领就想到外面去闯了。

그는 이제 막 기능을 좀 배우자마자, 바로 밖에 나가 활동하려고 한다.

*闯 chuǎng 활동하다, 이리저리 뛰어다니다

18
5급
风格
fēnggé

(명) ① 풍격, 풍모, 스타일 ② 어느 시대의 민족이나 유파 또는 개인의 문예 작품에 표현된 주요한 사상적, 예술적 특징

这件衣服的设计风格十分独特，我非常喜欢。

이 옷의 디자인은 스타일이 매우 독특해서 나는 아주 좋아한다.

这些作品风格不一，我们很难决定哪个最好。

이런 작품들은 특징이 달라서 우리는 어떤 것이 가장 좋은지 결정하기가 어렵다.

19
5급
装
zhuāng

(동/명) ① ～인 체 하다, ～인 척 하다, 가장하다 ② (물건, 화물 등을) 담다, 싣다, 채워 넣다 / ③ 옷(차림), 의복

每次老师教训他的时候，他就装听不见。
매 번 선생님께서 그를 훈계할 때마다. 그는 안 들리는 척한다.

这个背包装不下那么多东西，别再买了。
이 배낭에 많은 물건을 넣을 수 없으니까 더 이상 사지 마라.

寒冷的冬天还没过去，春装就已经上市了。
추운 겨울이 다 지나가지 않았지만, 봄옷은 이미 시장에 출시되었다.

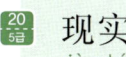

现实
xiànshí

(명/형) 현실(적이다)

你要学会面对现实，不能总活在幻想之中。
네가 현실을 직시하는 것을 배우게 된다면, 늘 환상 속에서 살 수는 없을 것이다.

遗憾
yíhàn

= 可惜 kěxī

(형/명) 유감(스럽다)

他这辈子唯一的遗憾就是没能和儿子再见一面。
그의 평생의 유일한 아쉬움은 아들과 다시 만날 수 없다는 것이었다.

> **보카 활용포인트**
> (1) "遗憾"은 "유감스럽다. 유감이다"는 뜻으로 "마음에 남아있는 섭섭한 느낌" 또는 "바라는 대로 되지 않아 언짢게 여기는 마음"을 말한다. "遗憾"은 외교 문서상에 불만이나 항의를 표시할 때도 자주 쓰인다.
> 我们公司对对方的错误表示遗憾。
> 우리 회사는 상대방의 실수에 대해 유감을 표시했다.
> (2) "遗憾"은 문두에 직접 쓸 수 없고 이 경우 "可惜(kěxī)안타깝다. 애석하다"를 쓰며, "遗憾"을 문두에 쓰려면 "遗憾的是 ~。"의 형태로 쓴다.
> (可惜 / 遗憾的)是他不能来我这里。
> 아깝게도 그가 내가 있는 이곳에 올 수 없다는 것이다.

22 5급	**安慰** ānwèi	**(동/명)** 위안(하다), 위로(하다) 看见他痛苦的样子，大家都不知道该怎么安慰他。 그가 고통스러워하는 모습을 보고 모두들 어떻게 그를 위로해야할지 몰랐다.
23 5급	**痛苦** tòngkǔ	**(형/명)** 고통(스럽다), 괴롭다, 비통(하다), 슬프다  **幸福** 행복하다 他总是把自己的快乐建立在别人的痛苦之上。 그는 항상 다른 사람의 고통 위에서 자신의 즐거움을 이루었다.
24 5급	**讽刺** fěngcì	**(동/명)** 비꼬다, 비난하다, 풍자(하다) 他喜欢用自己的文章来讽刺这个社会。 그는 자기의 글로 이 사회를 풍자하는 것을 좋아한다.
25 5급	**恨** hèn	**(동/명)** 원망(하다), 증오(하다), 미워하다, 앙심을 품다  **爱** 사랑하다 这里所有的人都恨他，却又害怕他。 이 곳의 모든 사람들이 다 그를 미워하면서도 또 그를 두려워한다.
26 5급	**愤怒** fènnù	**(동/명)** 분노(하다), 격분하다 他毫不在乎的语气让我感到非常愤怒。 그의 전혀 아랑곳하지 않는 말투가 나를 매우 화나게 했다.
27 5급	**温暖** wēnnuǎn	**(형/동)** 따뜻하다, 따스하다 / 따뜻하게 하다 她的微笑就像阳光一样温暖着我的心。 그의 미소는 마치 햇살 같아서 내 마음을 따뜻하게 한다.

温柔
wēnróu

(형) 온유하다, 부드럽고 순하다, 따뜻하고 상냥하다

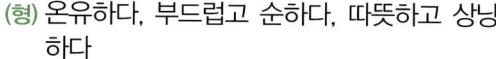 暴躁 bàozào (성미가) 거칠고 급하다

她是一个温柔又聪明的女孩子，很多人喜欢她。

그는 상냥하면서 총명한 여자 아이라서 많은 사람이 그녀를 좋아한다.

> **보카활용포인트**
> "**温柔**"는 "부드럽다, 유순하다"는 어감으로 주로 "여성"에 대해 형용하는 경우에 쓴다.

 热烈
rèliè

(형) 열렬하다, 열띠다

班会上，同学们的发言很热烈。

학급회의에서 학생들의 발언은 매우 열렬했다.

亲切
qīnqiè

(형) 친절하다, 다정하다, 친근하다 / 친함, 친근감

这家店的服务员对待顾客都很亲切。

이 상점의 점원은 고객을 아주 친절하게 대한다.

> **보카활용포인트**
> (1) "**热烈**"는 "분위기가 열기를 띠다"는 뜻이다.
> 　我们进行了热烈的讨论。 우리는 열띤 토론을 진행했다.
> 　大家都热烈地讨论这个问题。
> 　모두가 이 문제를 열띠게 토론한다.
> (2) ① "사람을 대하는 감정이 열정적이고 친절한 것"을 형용하는 경우 "**热烈**"를 쓸 수 없고, "**热情**(rèqíng) 열정적이다, 친절하다"을 쓴다.
> 　他们热情地招待我。 그들은 나를 친절하게 대해 주었다.
> 　我们受到了热情的招待。 우리는 친절한 대접을 받았다.
> 　服务员非常热情。 종업원은 매우 친절하다.
> ② "햇볕이나 빛이 강하다"는 뜻인 경우 "**热烈**"를 쓸 수 없고, "**强烈**(qiángliè) 강하다, 강렬하다"를 쓴다.
> 　(光线, 太阳光)很强烈。 (빛, 태양)이 아주 강렬하다.
> (3) "**亲切**"는 "매우 다정하고 친근하며 관심 있게 상대방을 대하는 태도"를 말한다.
> 　老师亲切地对我说话。
> 　선생님께서 친절하게 나한테 말씀을 하셨다.

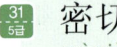
老板亲切地跟大家一一握手。
사장님께서는 친절하게 모두와 일일이 악수를 하셨다.

31
5급 密切
mì qiè

(형) ① (관계가) 밀접하다, 긴밀하다
　　② (문제 등에 대해) 세심하다, 꼼꼼하다

近年来，两个国家的关系逐渐密切起来。
최근 두 나라의 관계가 점차 긴밀해지기 시작했다.

*逐渐 zhújiàn　점차, 점점

请密切关注他们的一举一动。
그들의 일거수 일투족을 세심하게 살펴보세요.

*密切关注 mìqièguānzhù　세심하게 관심을 가지다, 배려하다, 주시하다

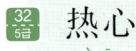
A 和 B 密切相关 A와 B는 밀접하게 관련되어 있다

32
5급 热心
rèxīn

(형) ① 열심이다, 열성적이다, 적극적이다
　　② 친절하다, 마음이 따뜻하다, 정열적이고
　　　동정심이 풍부하다
(반) 冷淡 냉담(냉정)하다, 무관심하다

在农村，邻居们总是非常热心地互相
帮助。
농촌에서는 이웃들이 항상 적극적으로 서로 돕는다.

张大妈待人非常热心，我很喜欢去她家
里玩。
장아주머니께서는 아주 친절하셔서, 나는 그분 댁에 놀러가
는 것을 좋아한다.

보카활용포인트
(1) "热心"은 " 어떤 일에 대해 관심을 가지고 최선을 다해 열정
적으로 하다 " 는 뜻이다.
妈妈热心帮助别人。
어머니께서는 적극적으로 다른 사람을 도우신다.

我热心地从事商业服务工作。
나는 적극적으로 상업 서비스 일 종사 하였다.
他对这件事很热心。
그는 이 일에 대해서 아주 열성적이다.
(2) "热心"은 "充满(chōngmǎn)"과 함께 호응하여 쓸 수 없지
만 "热情"은 쓸 수 있다.
小王对这个工作充满了热情。
小王은 이 일에 대해 열정으로 충만했다.

33 5급 热爱 rèài

(동) 열렬히 사랑하다, 열애하다

虽然收入很低，但是我热爱自己的工作。
비록 수입은 적지만 나는 내 일을 사랑한다.

34 5급 爱惜 àixī

(동) 아끼다, 귀중히 여기다, 소중히 여기다
(반) 糟蹋 zāotà 낭비하다, 못쓰게 하다

爱惜自己的羽毛，才能飞得更高更远。
자신의 깃털을 아껴야 만이 더 높고 더 멀리 날 수 있다.

35 5급 珍惜 zhēnxī

(동) 진귀하게 여겨 아끼다, 소중히 여기다

很多东西都是等到失去了，才懂得珍惜。
많은 물건들은 잃어버리고 나서야 소중한 것을 아는 법이다.

[본가활용포인트]
"珍惜"와 "爱惜"는 둘 다 "아끼다, 소중히 여기다"는 뜻이다.
(1) "爱惜"는 "물건,사람. 사물을 매우 소중히 여기고 중시하여
낭비하거나 훼손하지 않는 것"을 말한다. 사람과 사물에 모
두 쓸 수 있고, 구체적인 사물 목적어와 추상적인 사물 목적
어도 둘 다 쓸 수 있다. 또 "爱惜"는 감정과 관련 있는 심리활
동 동사이므로 정도부사와 함께 쓸 수 있다. : 爱惜(时间 시
간 / 人 사람 / 自己的身体 자기 몸 / 粮食 양식)
(2) "珍惜"는 "아주 귀하고 중요하게 생각해서 아끼다, 소중히 여
기다"는 뜻으로 주로 추상적인 사물목적어와 쓴다. : 珍惜
(机会 기회 / 友谊 우정, 우의 / 爱情 사랑 / 感情 감정)
(3) "시간", "인재", "양식", "물건"등은 "爱惜"와 "珍惜"를 둘 다
쓸 수 있다. : 珍惜, 爱惜(时间 시간 / 人才 인재 / 粮食 양
식 / 东西 물건)

爱护
àihù

(동) 사랑하고 보호하다, 애호하다

반 摧残 cuīcán 심한 손상을 주다, 학대; 박해하다

爱护地球，就等于爱护自己的家园。
지구를 보호하는 것은 자기 집 정원을 아끼는 것과 같다.

> **보카 활용포인트**
> (1) "爱护"는 "사람, 동물, 사물 등을 좋아하고 사랑하여(爱), 그것을 정성을 다해 보호하여 상하게 하지 않는 것(护)"을 말한다. "爱护"는 "사람"과 "사물"에 모두 쓸 수 있다. 사물은 주로 구체적인 사물에 쓰는 경우가 많다. : 爱护(人 사람 / 儿童 어린이 / 自己的身体 자기 몸 / 眼睛 눈 / 野生动物 야생동물 / 书籍 서적, 책 / 公物 공공기물 / 名誉 명예)
> (2) "아랫사람이 윗사람을 존경하고 사랑하여 받들어 모시다"는 뜻인 경우 "爱护"를 쓸 수 없고, 이 경우 "爱戴(àidài)추대하다, 받들어 모시다, 우러러 모시다"를 쓴다.
> 李老师深受同学们的爱戴。
> 이 선생님께서는 학우들의 존경과 사랑을 한 몸에 받으신다.

夸
kuā
= 称赞, 赞美

(동) 칭찬하다, 찬양하다

从小到大，人人都夸她学习好，是个好孩子。
그녀는 어릴 때부터 커서까지 사람들이 모두 그녀에게 공부를 잘한다고 칭찬하는 착한 아이였다.

称赞
chēngzàn

(동/명) 칭찬(하다) **반** 批评 비평하다, 꾸짖다

父母的适当称赞对孩子的成长很有帮助。
부모의 적당한 칭찬은 아이들의 성장에 큰 도움이 된다.

*适当 shìdàng 적절하다, 적당하다

赞美
zànměi
= 称赞 chēngzàn

(동) 찬미하다, 칭찬하다

那件事以后，没有人不赞美他的英雄行为。
그 일 이후에 아무도 그의 영웅적 행위를 칭찬하지 않는 사람이 없다.

荣幸
róngxìng

(형) (매우) 영광스럽다, 영광이다

能参加这次大会，我感到十分荣幸。
이번 대회에 참가할 수 있어서, 저는 매우 영광스럽습니다.

(4) 행동과 판단 Ⅱ

□ 敬爱 jìng'ài	경애하다	□ 真实 zhēnshí	진실하다
□ 享受 xiǎngshòu	향유하다 / 즐거움	□ 虚心 xūxīn	겸허하다
□ 感激 gǎnjī	감격(하다)	□ 坦率 tǎnshuài	솔직하다
□ 鼓舞 gǔwǔ	고무하다	□ 周到 zhōudào	꼼꼼하다
□ 疼爱 téng'ài	매우 귀여워하다	□ 天真 tiānzhēn	천진하다
□ 生动 shēngdòng	생동감 있다	□ 严肃 yánsù	엄숙하다
□ 善良 shànliáng	선량하다	□ 自私 zìsī	이기적이다
□ 完美 wánměi	완벽하다	□ 自由 zìyóu	자유(롭다)
□ 完整 wánzhěng	온전하다	□ 形成 xíngchéng	형성하다
□ 佩服 pèifú	탄복하다	□ 值得 zhíde	~할 만한 가치가 있다
□ 优美 yōuměi	우아하고 아름답다	□ 傻 shǎ	어리석다
□ 亲爱 qīn'ài	친애하다	□ 吸引 xīyǐn	매료시키다
□ 雄伟 xióngwěi	웅장하다	□ 开心 kāixīn	기분 전환하다
□ 伟大 wěidà	위대하다	□ 痛快 tòngkuai	통쾌하다
□ 突出 tūchū	뛰어나다	□ 形容 xíngróng	형용하다
□ 善于 shànyú	~을 잘하다	□ 怀念 huáiniàn	그리워하다
□ 英俊 yīngjùn	준수하다	□ 想念 xiǎngniàn	그리워하다
□ 自豪 zìháo	자랑으로 여기다	□ 舍不得 shěbude	(헤어지기) 아쉽다
□ 自觉 zìjué	자각하다	□ 发愁 fāchóu	근심하다
□ 勤奋 qínfèn	근면하다	□ 灰心 huīxīn	낙심하다
□ 谦虚 qiānxū	겸손하다		

5급 신HSK VOCA

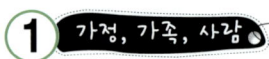

01 5급 敬爱
jìng'ài

(동) 경애하다, 존경하고 사랑하다

我们应该做到敬爱老师，敬爱父母。
우리는 선생님을 공경하고 부모를 공경해야 한다.

02 5급 享受
xiǎngshòu

(동/명) 향유하다, 누리다, 즐기다 / 즐거움, 향락

他正在海边晒太阳，享受着难得的假期。
그는 해변에서 일광욕을 하며 얻기 힘든 휴가를 즐기고 있다.

> **보카활용포인트**
> (1) "享受"는 동사로 쓰는 경우 "정신적 물질적으로 만족을 누리다, 즐기다, 얻다"는 뜻이다. : 享受(生活 생활 / 奖学金 장학금 / 公费医疗 국가 의료 / 家庭的温暖 가정의 따스함 / 幸福 행복 / 权利 권리 / 待遇 대우 / 时光 시간, 세월, 시절, 때)
> **我们正在享受着(快乐/舒适)的生活。**
> 우리는 지금 (즐거운/편안한) 생활을 누리고 있다.
> (2) "享受"는 명사로 쓰는 경우 "즐거움, 향락"의 뜻이다.
> **得到美的享受** 즐거움을 얻다
> **看这样的画是一种艺术享受。**
> 이런 그림을 보는 것은 일종의 예술적 즐거움이다.

03 5급 感激
gǎnjī

(동/명) ① 감격(하다), 감동하다 ② 감사하다

他为我们所作的一切，我们都十分感激。
그가 우리를 위해 한 행동에 대해 우리 모두 매우 감격했다.

为了表达我的感激之请，我请你吃晚饭。
감사한다는 뜻으로, 내가 당신한테 저녁을 대접할게요.

04 5급 鼓舞
gǔwǔ

(동) 고무하다, 격려하다, 북돋우다

在朋友们的鼓舞下，他取得了这次比赛的冠军。
친구의 격려하에, 그는 이번 대회의 1등을 차지했다.

> **보카활용포인트**
> "鼓舞"는 "자신감과 용기가 생길 수 있도록 마음이나 기운을 북돋워 주어서 어떤 일에 더욱 힘쓰도록 하는 것"을 말한다. 뒤에 대명사 목적어가 오는 경우 보통 "了"나 "着"를 함께 쓴다.

疼爱
téngài

(동) 매우 귀여워하다, 매우 사랑하다
所有的长辈都很疼爱家里最小的孩子。
모든 어른들은 집안의 막내아이를 매우 귀여워한다.

生动
shēngdòng

(형) 생동감 있다, 생기발랄하다, 생생하다
美丽的风景在他的画笔之下显得更加
生动了。
아름다운 풍경이 그의 붓 아래에서 더욱 생동감 있게 보였다.

*画笔 huàbǐ 그림붓

善良
shànliáng

(형) 선량하다, 착하다, 어질다
(반) 恶毒 èdú 악독하다, 악랄하다
他是个十分善良的人，经常帮助别人。
그는 매우 선한 사람이라, 자주 다른 사람을 돕는다.

完美
wánměi

(형) 완전하다, 완벽하다, 매우 훌륭하다
世界上没有完美的人，每个人都有自己
的缺点。
세상에 완벽한 사람은 없다. 모든 사람들은 다 단점이 있다.

完整
wánzhěng

(형) 온전하다, 완전무결하다
(반) 残缺 cánquē 불완전하다, 갖추어져 있지 않다
他太紧张了，说不出一句完整的话来。
그는 너무 긴장해서 제대로 된 말 한 마디도 할 수 없었다.

> **보카활용포인트**
> "完美"는 "결함이나 결점이 없이 완벽하다"는 뜻이고, "完整"
> 은 "있어야 하는 모든 부분이 다 갖추어져 있어서 완전하다"는
> 뜻이다.

佩服
pèifú

(동) 탄복하다, 감탄하다
他的勇敢和坚强，令我十分佩服。
그의 용감함과 강직함이 나를 매우 감탄하게 했다.

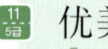
*坚强 jiānqiáng 굳세다, 굳고 강하다

11
5급

优美
yōuměi

(형) 우아하고 아름답다

这里风景优美, 吸引了来自世界各地游客。
이곳의 풍경은 아름다워서, 세계 각지의 여행객을 끌었다.

> **보카 활용 포인트**
> "优美"는 "언어, 소리, 자태, 환경 등이 아름답다"는 뜻이다. :
> (声音 소리 / 歌声 노래 소리 / 歌曲 가곡 / 语言 언어 / 姿
> 态 자태 / 动作 동작 / 环境 환경 / 自然环境 환경 / 工作
> 环境 직업환경)很优美。

12
5급

亲爱
qīnài

(형) 친애하다, 사랑하다

我想和我最亲爱的朋友一起去旅行。
나는 내가 가장 좋아하는 친구와 함께 여행을 가고 싶다.

13
5급

雄伟
xióngwěi

(형) 웅장하다, 힘차고 위대하다

看着眼前雄伟的建筑物, 我不禁惊叹古
人的力量和智慧。
눈앞의 웅장한 건축물을 보고서, 나도 모르게 고대인들의
힘과 지혜에 감탄했다.

*惊叹 jīngtàn 경탄하다

14
5급

伟大
wěidà

(형) 위대하다

经过无数个不眠的日日夜夜, 他才有了
今天的伟大成就。
많은 잠 못 이룬 수많은 날들을 거쳐, 그는 비로소 오늘의
위대한 업적을 이루어 냈다.

15
5급

突出
tūchū

(형) 뛰어나다, 특출 나다, 두드러지다
(동) ① 두드러지게 하다
    ② 돌출하다, 툭 튀어나오다

工作成绩突出者，可以被推荐到总公司培训。

업무 성적이 뛰어 난 사람은 본사에서 키워 주게끔 추천을 받을 수 있다.

*总公司 본사

每当落潮时，那块石头就突出水面。

매번 썰물 때마다, 그 돌은 수면 위로 튀어 나온다.

*落潮 luòcháo 썰물이 되다

(1) "突出"는 "같은 무리 중에서 특별히 뛰어나다"는 뜻이다. : (成绩 성적 / 事迹 사적 / 贡献 공헌 / 表现 표현)很突出 특출나다, 뛰어나다
(2) "突出"는 어떤 중요한 점이나 좋은 점 등을 겉으로 뚜렷하게 드러나게 하다, 강조하다"는 뜻이다. : 突出(重点 중점 / 优势 우세, 우위 / 主题 주제 / 思想 사상)
(3) "突出"는 "어떤 사물이 돌출하다, 밖으로 튀어나오다"는 뜻으로도 쓴다.

16
5급

善于
shànyú

(동) ~을 잘하다, ~에 능숙하다

他善于交际，因此在公司里有不错的人缘。

그는 인간관계 맺는 것을 잘해서 회사에서 인맥이 좋다.

"善于"는 "어떤 방면에서 특기를 가지고 있다. 아주 잘 한다"는 뜻으로 "辞令(cílìng) 적당히 받아치는 말"을 제외하고, 대부분 동사 목적어와 함께 쓴다. 또 "善于"는 "정도부사"나 "了", "着", "过"를 함께 쓰지 못 한다. : 善于(唱歌 노래 부르는 것 / 学习 공부하는 것 / 交际 교제, 사람 사귀는 것 / 辞令 받아치는 말, 응대하는 말, 에드리브)

17
5급

英俊
yīngjùn

(형) ① 재능이 출중하다 ② 총명하고 준수하다

他是一个英俊有为的年轻人。

그는 재능이 출중하고 능력 있는 젊은이다.

*英俊有为 yīngjùnyǒuwéi 재능이 출중하고 능력이 있다.

您的儿子真是一个英俊的小伙子。
당신의 아들은 정말 똑똑하고 잘생긴 총각이네요.

18
5급

自豪
zìháo

(형) 스스로 긍지를 느끼다, 자랑으로 여기다

作为公司的一员，我为公司的成就感到
自豪。
회사의 일원으로서 나는 회사의 업적에 대해 자긍심을 느낀다.

19
5급

自觉
zìjué

(동/형) 자각하다, 스스로 느끼다

经过那件事之后，我总是自觉惭愧。
그 사건 이후에 나는 항상 스스로 부끄러움을 느꼈다.

*惭愧 cánkuì 부끄럽다

20
5급

勤奋
qínfèn

(형) 근면하다, 부지런하다

我也想像他一样勤奋工作，但是我做
不到。
나도 그처럼 부지런하게 일하고 싶은데, 나는 할 수가 없다.

21
5급

谦虚
qiānxū

(형/동) 겸손(겸허)하다, 겸손의 말을 하다
🔁 骄傲 거만하다, 교만하다

无论什么时候，我们做人都应该谦虚。
어느 때라도 상관없이, 우리는 사람 됨됨이가 항상 겸손해
야 한다.

22
5급

真实
zhēnshí

(형) 진실하다

他从不在人前展示自己真实的一面。
그는 여태껏 사람 앞에 자신의 진실한 면을 보인 적이 없다.

23
5급

虚心
xūxin

(형) 겸허(허심)하다

虚心使人进步，骄傲使人落后。
겸허함은 사람을 진보하게 하고, 교만함은 사람을 퇴보하게
한다.

24
5급 坦率
tǎnshuài

(형/부) 솔직하다, 정직하다, 솔직하게

(반) 隐讳 yǐnhuì 숨기고 감추다, 숨기고 말하지 않다

既然做错了，就应该坦率的承认。
기왕 잘못한 바에 솔직하게 인정해야 한다.

25
5급 周到
zhōudào

(형) 주도면밀하다, 꼼꼼하다, 세심하다, 빈틈없다

她这个人对待客人是很周到的。
그녀는 손님을 대하는 것은 아주 빈틈이 없다.

26
5급 天真
tiānzhēn

(형) ① 천진하다, 순진하다, 꾸밈없다
② 유치하다, 단순하다, 어리석다

看着这些天真的孩子，我真想回到童年。
이 천진한 아이들을 보면서, 나는 정말 어린 시절로 돌아가고 싶다.

他的想法天真，你怎么也跟他一样。
그는 생각이 유치한데, 아무리 봐도 너도 그 사람과 똑같다.

27
5급 严肃
yánsù

(형) 엄숙하다, 진지하다

现在是休息时间，不要把气氛搞得这么严肃。
지금은 휴식 시간이니까, 분위기를 이렇게 심각하게 만들지 마라.

*搞 gǎo 하다, 처리하다

보카활용포인트
(1) "严肃"는 "태도, 정신, 풍격, 분위기 등이 엄하고 정중하다"는 뜻이다. : (态度 태도 / 气氛 분위기 / 脸色 표정 / 表情 표정 / 人 사람)很严肃.
(2) "나쁜 일이나 상황이 일어난 정도가 심하다, 심각하다"는 뜻인 경우 "严重(yánzhòng)"을 쓴다. : (病情 병 / 局势 정세, 상태 / 伤得 다친 정도가)很严重.
严重危害着社会秩序 심각하게 사회질서를 해치다
产生了严重后果 심각한 결과가 생겼다

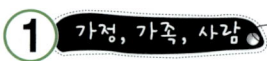

(3) "严格(yángé)"은 "제도, 기준, 요구 등을 아주 잘 지키다"는 뜻으로 쓰고, "了", "着", "过"를 함께 쓰지 못한다. : 严格(训练 훈련하다 / 检查 검사하다 / 遵守制度 제도를 준수하다 / 要求 요구하다)
他对自己的要求很严格。
그는 자신의 요구에 대해 아주 엄격하다
学校有严格的规定。학교에는 엄격한 규정이 있다.

(4) ① "严厉(yánlì)"는 "엄하고(严肃) 무섭다(厉害)"는 뜻이다.
(态度 태도 / 神情 표정)很严厉。
严厉的(惩罚 처벌 / 批评 비평, 꾸지람)
(管教 가르침 / 批评 꾸지람 / 说 말)得很严厉。
② "분위기가 엄숙하다"는 뜻인 경우 "严厉"를 쓸 수 없고 "严肃"를 쓴다.

28
5급
自私
zìsī

(형) 이기적이다 **만** 无私 사심이 없다

那个人太自私，我们最好不要和他来往。
저 사람은 정말 이기적이야. 우리는 역시 그와 왕래하지 않는 것이 좋겠어.

29
5급
自由
zìyóu

(명/형) 자유(롭다)

这次的活动，所有人都可以自由参加。
이번 행사는 모든 사람이 자유롭게 참여할 수 있다.

30
5급
形成
xíngchéng

(동) 형성하다, 이루다, 만들다

这个了乐团已经形成了自己独特的风格。
이 악단은 이미 자기만의 독특한 분위기를 형성했다.

> **분가 활용 포인트**
> (1) "形成"은 반드시 "변화 발전을 통해서 어떤 구체적인 특징이 있는 사물이 되다" 또는 "변화 발전을 통해서 자연스럽게 어떤 상황이 나타나다"는 뜻이다. : 形成(脾气 성격, 성질 / 习惯 습관 / 习俗 습관과 풍속 / 气氛 분위기 / 社会风气 사회적 풍조, 기풍 / 风格 스타일, 풍격 / 过程 과정)
> 经过好多年，形成了这个(学说 학설 / 决议 결의 / 团结局面 단결국면)。여러 해를 거친 후에 이 (학설 / 결의 / 단결국면)이 형성되었다.
> (2) 몇 사람이 모여 어떤 단체를 만드는 경우 "변화발전"의 뜻이 없으므로 "形成"을 쓸 수 없고 "组成(zǔchéng) 조성하다"를 써야 한다.

这个学生会是由大学生们组成的。
이 학생회는 대학생들이 결성한 것이다.

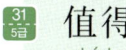
值得
zhíde

(동) ~할 만한 가치가 있다

这个问题，值得我们推一步研究。
이 문제는 우리가 더 깊이 연구할 가치가 있다.

> **보카활용포인트**
> (1) "值得" 뒤에는 명사 목적어를 쓸 수 없고, 동사 목적어 또는
>   문장이나 절 목적어가 온다. : 值得(买 사다 / 一看 한 번 보
>   다 / 我们学习 우리가 배우다)
> (2) "值得"는 "정도부사"와는 함께 쓸 수 있지만, "了", "着",
>   "过"는 함께 쓰지 않는다. : (很, 非常)值得~ 아주 ~할 가
>   치가 있다.
> (3) "值得"는 "不值得" 또는 "值不得"의 형태로 부정한다.
>   你不值得跟他生气。
>   너는 그한테 화낼 가치가 없다. (화낼 일이 못된다.)

傻
shǎ

(형) 어리석다, 멍청하다, 미련하다, 바보 같다

以前总是觉得别人都傻，现在才发现自
己是最傻的。
예전에는 항상 다른 사람들이 다 바보 같다고 여겼는데, 지
금에야 비로소 나 자신이 가장 어리석다는 것을 깨달았다.

吸引
xīyǐn

(동) (사람의 주의를) 끌(어 당기)다, 매료시키다

这部电影才上映三天就吸引了一百万
观众。
이 영화는 상영한지 겨우 삼일 만에, 백만 명의 관중을 끌었다.

> **보카활용포인트**
> "吸引"은 "어떤 물체나 힘으로 다른 사람 또는 다른 사람의 주
> 의나 시선을 끌다, 사로잡다" 또는 "사람들이 어떤 일을 하도록
> 끌어당기다, 끌어들이다"는 뜻이다. 사람주어, 사물주어 둘 다 올
> 수 있다.
> 吸引(人 사람 / 观众 관중, 사람들 / 游客 여행객 / 读者 독자
> / 我 나 / 人的注意 사람의 주의, 시선 / 注目 주목, 시선)

5급 신HSK VOCA

吸引(人们参加比赛 사람들이 시합에 참가하도록 끌다 / 学生报考 학생이 시험에 응시하도록 이끌다 / 游客前来北京 여행객이 북경에 오도록 끌어들이다)
这个明星把观众都吸引住。
이 스타배우는 모든 사람을 사로잡았다.

**34
5급**
開心
kāixin

(동) ① 기분 전환하다, 기분을 상쾌하게 하다
② 놀리다, 장난치다, 희롱하다

**看你心情不好的样子，我们去逛街开心
一下吧。**
네 기분이 안 좋아 보이는데, 우리 나가서 쇼핑하면서 기분
전환 좀 하자.

以后你再拿我开心，看我不揍你。
앞으로 또 다시 나를 놀리면, 네가 너를 안 때리나 봐라.

**35
5급**
痛快
tòngkuai

(형) ① 통쾌하다, 유쾌하다, 즐겁다, 기분 좋다,
흐뭇하다 ② (성격이)시원스럽다, 솔직하다,
시원시원하다
(동) 마음껏 놀다, 마음껏 즐기다

**想说的话全说出来以后，我觉得心里很
痛快。**
하고 싶은 말을 모두 입 밖으로 내뱉고 나니, 나는 마음이
매우 통쾌했다.

他很痛快地答应了我们的要求。
그는 우리의 요구를 시원스럽게 들어주었다.

**36
5급**
形容
xíngróng

(동/명) 형용하다, 묘사하다 / 형상, 용모

他高兴的心情是无法用语言来形容的。
그의 기쁜 마음은 말로 형용할 수 없었다.

**37
5급**
怀念
huáiniàn

(동) 그리워하다, 그리다, 생각하다

有很多人和事，值得我们怀念一辈子。
많은 사람과 일들은 우리가 평생 동안 그리워 할만하다.

38 5급 **想念** xiǎngniàn

(동) 그리워하다, 생각하다

离开家两年了，我十分想念家人。

집을 떠난 지 2년이 되었고, 나는 가족들이 매우 그립다.

39 5급 **舍不得** shěbude

(동) ① (헤어지기) 아쉽다, 미련이 남다, 섭섭하다
② 아끼다

我不想出国，因为我舍不得家人和朋友们。

가족들과 친구들을 떠나는 것이 아쉬워서, 나는 출국하고 싶지 않다.

보카 활용포인트

(1) "舍不得"는 "어떤 사람과 헤어지기 아쉽다" 또는 "자신이 머물던 장소", "속해 있던 곳이나 자리" 등을 떠나기 아쉽다"는 뜻이다. 뒤에 명사/대명사 목적어, 동사 목적어 모두 쓸 수 있다. : 舍不得(离开这里 이곳을 떠나기가 아쉽다 / 离开教育岗位 교육직을 떠나기가 아쉽다 / 让他走 그를 가게 하기가 아쉽다)

(2) "舍不得"는 "돈, 사람, 구체적인 사물 등을 소중히 여겨서 매우 아끼다"는 뜻이다. : 舍不得(用水 물을 아껴 쓴다 / 花钱 돈을 아껴 쓴다 / 吃 아껴먹는다 / 穿 아껴 입는다 / 孩子 아이를 아끼다, 소중히 여기다 / 我们 우리 / 东西 물건)

40 5급 **发愁** fāchóu

(동) 근심하다, 걱정하다, 우려하다

你可别说了，他正为这件事发愁呢。

그는 지금 이 일 때문에 걱정하고 있으니까, 너는 말하지도 말아라.

41 5급 **灰心** huīxīn

(동) 낙심하다, 실망하다, 낙담하다, 의기소침하다

我即使遇到再大的困难，也决不会灰心。

나는 더 큰 어려움을 겪는다 하더라도 절대 실망하지 않을 것이다.

(5) 행동과 판단 Ⅲ

☐ 恢复 huīfù	회복하다		☐ 心理 xīnlǐ	심리(상태)
☐ 赞成 zànchéng	찬성하다		☐ 价值 jiàzhí	가치
☐ 转告 zhuǎngào	전하여 알리다		☐ 荣誉 róngyù	영예
☐ 表现 biǎoxiàn	표현(하다)		☐ 光荣 guāngróng	영광(스럽다)
☐ 说服 shuōfú	설득하다		☐ 勇气 yǒngqì	용기
☐ 满足 mǎnzú	만족시키다		☐ 个性 gèxìng	개성
☐ 转变 zhuǎnbiàn	전환하다		☐ 特征 tèzhēng	특징
☐ 委屈 wěiqu	억울(하다)		☐ 差别 chābié	차이
☐ 犹豫 yóuyù	주저하다		☐ 神秘 shénmì	신비(하다)
☐ 灰 huī	의기소침하다		☐ 幻想 huànxiǎng	환상(하다)
☐ 假装 jiǎzhuāng	~인 체하다		☐ 平均 píngjūn	평균(적인)
☐ 小气 xiǎoqi	인색하다		☐ 平等 píngděng	평등(하다)
☐ 看不起 kànbuqǐ	경멸하다		☐ 指挥 zhǐhuī	지휘(하다)
☐ 轻视 qīngshì	경시하다		☐ 直 zhí	곧다, 똑바르다
☐ 忽视 hūshì	소홀히 하다		☐ 关怀 guānhuái	보살피다
☐ 骂 mà	욕하다		☐ 角度 jiǎodù	각도
☐ 上当 shàngdàng	속다		☐ 理由 lǐyóu	이유
☐ 弱 ruò	약하다		☐ 力量 lìliang	힘
☐ 借口 jièkǒu	핑계(삼다)		☐ 意外 yìwài	의외이다
☐ 尽力 jìnlì	(있는)힘을 다하다		☐ 恐怖 kǒngbù	공포
☐ 棒 bàng	좋다			

01 5급 恢复 huīfù

(동) 회복하다, 회복되다

没过几天，她就恢复了原来爱说爱笑的样子。

며칠도 채 되지 않아서, 그녀는 원래 말하기 잘하고 웃기 잘하는 모습을 회복했다.

100

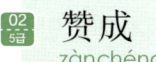
02 5급 赞成
zànchéng

(동) 찬성하다, 동의하다 **반** 反对 반대하다

我该说的都已经说了，还是没人赞成我
的想法。

내가 말해야 하는 것은 다 말했지만 아직도 내 생각에 찬성하는 사람이 없다.

03 5급 转告
zhuǎngào

(동) 전언하다, 전달하다, 전하여 알리다

请放心，我一定把你的话转告给大家。

안심하세요. 내가 꼭 모두에게 당신의 말을 전해줄게요.

04 5급 表现
biǎoxiàn

(동/명) 표현하다, 활약하다, 드러나다, 나타나다 / 표현, 활약, 태도, 언동, 행동

他在这次比赛中，表现得十分优秀。

그는 이 대회에서 활약이 아주 뛰어났다.

他在工作中的表现，得到了大家的赞扬。

그의 일하는 태도는 모두의 칭찬을 받았다.

05 5급 说服
shuōfú

(동) 설복하다, 설득하다, 설득시키다

无论用什么方法，我们一定要说服他。

어떤 방법을 사용하든지 간에 우리는 반드시 그를 설득시켜야 한다.

보카 활용포인트

"说服"는 "설득시키다"는 뜻으로 "충분한 이유를 들어 설명하여 상대방이 진심으로 기쁘게 자신의 말을 듣도록 하는 것"을 말한다.

---

06 **5급** 满足
mǎnzú

(동/형) (요구나 필요 등을) 만족시키다, 만족하다

你这样做，只不过是为了满足自己的私欲。

네가 이렇게 하는 것은 자신의 사욕을 만족시키기 위해서일뿐이다.

보카 활용포인트

(1) "满足(만족시키다, 만족하다)"는 "상대방의 필요, 요구, 바라는 것 등을 만족시키다" 또는 "이미 충분해서 스스로 만족을 느끼다"는 뜻의 심리활동 동사이고, 정도 부사와 함께 쓸 수 있다. : 满足了(要求 요구 / 需要 필요, 요구 / 条件 조건 / 水平 수준 / 你的愿望 너의 바람)
我很满足这里的生活。나는 이곳의 생활에 매우 만족한다.

(2) ① "객관적인 상황이나 조건이 자신이 생각하고 바라던 것과 일치해서 만족스럽다"는 뜻인 경우 "满意(만족하다, 만족스럽다)"를 쓴다. "满意"는 동사 또는 형용사로 쓸 수 있지만 대부분 형용사서술어로 쓰인다. : 对(工作 일 / 环境 환경 / 条件 조건 / 成绩 성적 / 东西 물건 / 学校 학교) 很满意。
感到很满意。만족스럽게 여기다 / 表示满意 만족스러움을 표시하다

② "일이 만족스럽다"는 뜻인 경우에는 "满意"를 쓰고, "满足"는 쓸 수 없다.
我对这个工作很满意。
나는 이 일에 대해서 아주 만족한다.

③ "(필요나 요구를) 만족시키다"는 뜻인 경우 "满意"를 쓸 수 없고, "满足"를 써야 된다.
他的条件很满足了老师的(需要/要求)。
그의 조건은 선생님의 요구를 매우 만족시켰다.

---

07 **5급** 转变
zhuǎnbiàn

(동) 점점 바뀌다, 전환하다

才几天的时间，他就转变了对我的态度。

겨우 며칠 만에, 그는 곧 나에 대한 태도를 바꾸었다.

"转变"은 주로 "이전의 낡은 생각이나 태도를 다르게 바꾸어서 상황이 점점 좋은 쪽으로 호전되어 가다"는 뜻이다. : 转变(看法 견해 / 想法 생각 / 态度 태도 / 保守思想 보수사상 / 旧观念 낡은 관념 / 工作作风 일의 기풍)

委屈
wěiqu

(형/동) (부당한 지적이나 대우를 받아) 억울하다, 원망스럽다 / 억울하게 하다, 억울한 일을 당하게 하다, 섭섭하게 하다

你这么说，我可真是太委屈了。
네가 이렇게 말하다니, 나는 정말 억울하다.

对不起，这次真是委屈你了。
미안해. 이번에 정말로 너를 섭섭하게 했구나.

犹豫
yóuyù

(동) 주저하다, 망설이다, 머뭇거리다
(반) 果断 과단성 있다

这都什么时候了，你就不要再犹豫了。
지금이 어느 때인데, 너는 더 이상 망설여서는 안 된다.

灰
huī

(동/명) ① 의기소침하다, (실망하여) 맥이 탁 풀리다 ② 재, 먼지, 석회 ③ 회색, 잿빛

不要再劝我了，我已经心灰意冷了。
더 이상 저한테 뭐라고 하지 마세요. 나는 이미 실망해서 기운이 빠졌으니까요.

*心灰意冷 xīnhuīyìlěng 의기소침하다

请进门前，先把身上的灰弄干净。
안에 들어가기 전에 먼저 몸의 먼지를 깨끗하게 털어야 합니다.

他新买了一套灰色的西装。
그는 회색 양복을 한 벌을 새로 사 입었다.

5급 신HSK VOCA

11
5급

假装
jiǎzhuāng

(동) 가장하다, ~인 체하다, ~하는 척하다

我和他打招呼，他竟然假装不认识我。

나는 그에게 인사하였는데, 그가 뜻밖에 나를 모르는 척 하였다.

12
5급

小气
xiǎoqi

(형) 인색하다, 째째하다, 좀스럽다
반 大度 도량이 크다(넓다)

他这个人很小气，你别想从他这儿借钱。

그는 아주 인색한 사람이니까, 너는 그한테 돈 빌릴 생각 하지 마라.

13
5급

看不起
kànbuqǐ

= 轻视

(동) 경멸하다, 깔보다, 무시하다

他这个人眼高于顶，总是看不起人。

그는 눈이 높은 사람이고, 항상 사람을 무시한다.

*眼高于顶 눈이 높다

14
5급

轻视
qīng shì

(동) 경시하다, 얕보다, 깔보다, 하찮게 여기다, 가볍게 보다
반 重视 중시하다

不论对手是谁，我们都决不能轻视。

상대가 누구든지 간에 우리는 결코 얕잡아 봐서는 안 된다.

15
5급

忽视
hūshì

(동) 소홀히 하다, 대수롭지 않게 보다

由于忙着挣钱，他们都忽视了对孩子的教育。

돈 버느라 바빠서 그들은 아이의 교육을 소홀히 하였다.

16
5급

骂
mà

(동) 욕하다, 꾸짖다

这孩子刚会说话，怎么就学会骂人了。

이 아이는 방금 말을 배웠는데 어떻게 바로 욕하는 것을 배웠니?

17 **5급** 上当
shàngdàng

(동) 속다, 꾀임수에 빠지다, 꾐에 넘어가다

虽然我们已经很小心，可是还是上当了。
우리가 이미 매우 조심했지만, 역시 속았다.

18 **5급** 弱
ruò

(형) 약하다 **반** 强 강하다

自从那场大病之后，她的身体一直都很弱。
그 큰 병 이후로, 그녀는 줄곧 몸이 약하다.

19 **5급** 借口
jièkǒu

(동/명) 구실(을 대다), 핑계(삼다)

别借口自己忙而不见我，我知道你现在有时间。
나는 네가 지금 시간 있는 거 다 알고 있으니까, 바쁘다는 핑계로 나를 안 보려고 하지마라.

20 **5급** 尽力
jìnlì

(동) (있는) 힘을 다하다

只要你开口，我一定尽力帮助你。
네가 입을 열기만 하면, 나는 최선을 다해 너를 도울 것이다.

21 **5급** 棒
bàng

(형) (체력, 능력, 성적 등이) 좋다, 뛰어나다

在我们班里，他的功课是最棒的。
우리 반에서 그가 공부를 제일 잘한다.

22 **5급** 心理
xīnlǐ

(명) 심리(상태), 기분

我不能理解现在这些年轻人的心理。
나는 이런 요즘 젊은이들의 심리를 이해할 수 없다.

23 **5급** 价值
jiàzhí

(명) 가치

这些资料的价值超过了我的想象。
이 자료들의 가치는 내 상상을 뛰어 넘었다.

24
5급

荣誉
róngyù

(명) 영예, 영광

我真没想到自己会获得这样的荣誉。

나는 내가 이런 영예를 얻게 될 줄은 생각지 못했다.

25
5급

光荣
guāngróng

(형/명) 영광(스럽다), 영예(롭다)

能够得到这个，我觉得十分光荣。

이 상을 탈 수 있어서 나는 정말 영광스럽다.

26
5급

勇气
yǒngqì

(명) 용기

如果有梦想，就应该鼓起勇气去追求它。

만약 꿈이 있다면 용기를 북돋워서 그것을 추구해야 한다.

27
5급

个性
gèxìng

(명) 개성

你之所以失败，是因为你的设计个性不
够鲜明。

네가 실패한 이유는 네 디자인이 개성이 뚜렷하지 않기 때
문이다.

28
5급

特征
tèzhēng

(명) 특징

在听完别人描述他的面部特征之后，我
就知道这个人是谁了。

다른 사람이 그의 얼굴의 특징을 묘사한 것을 들어보고 나
서, 나는 이 사람이 누군지 알았다.

보카활용포인트

(1) "特征"은 "상징, 지표(象征)"와 비슷한 말로 사물의 "큰 범
위의 특징"을 말한다. : (思想 사상적 / 心理 심리적 / 人物
인물) 特征
(2) "사람이나 사물이 가지고 있는 독특한 점"이란 뜻으로 주로
"작고 구체적인 특징(点)"을 말하는 경우 "特点(tèdiǎn)"을
쓴다.
她有着大眼睛的特点。 그녀는 눈이 큰 특징이 있다.
(3) "사물이 나타내는 독특한 색깔, 색채, 분위기, 스타일(色), 장
점"이란 뜻으로 "特色(tèsè)"를 쓰는데, 사람에게는 거의 쓰
지 않는다.

民族服装很有**特色**。민족 복장은 아주 특색이 있다.
这个节目很有**特色**。이 프로그램은 아주 특색이 있다.
特色(菜/点心) 특색있는 (음식, 과자) / 中国**特色** 중국 스타일, 특색 / 饮食**特色** 음식 특색 / 穿衣**特色** 옷입는 특색, 스타일
(4) "사람이나 사물이 가지고 있는 특별한 성질(性)"을 말하는 경우에는 "**特性**(tèxìng)"을 쓴다. : (金属 금속 / 化学 화학 / 药 약의)**特性**
(5) ① "**民族**(민족)"는 "**特点, 特征, 特色, 特性**" 네 가지 모두 쓸 수 있다.
② "**艺术**(예술), **地理**"는 "**特点, 特征, 特色**" 세 가지 모두 쓸 수 있다.
③ "**性格, 外貌, 气候**"은 "**特点, 特征**"을 둘 다 쓸 수 있음.

差别
chābié

(명) 차이, 구별

同样在一家公司工作，我们的收入差别却很大。
같은 회사에서 근무하지만, 우리는 수입의 차이가 매우 크다.

보카 활용포인트

(1) "**差别**"는 "일치하지 않는다, 격차가 있다"는 뜻이고, 이 경우 "**差别**"와 비슷한 뜻인 "**区别**(차이,구별)"로 바꾸어 쓸 수 없다.
我们两个人的汉语水平差别很大。
우리 두 사람의 중국어 수준 차이는 크다.
(2) ① 둘 이상의 사물을 서로 비교한 후의 "서로 다른 점, 구분, 구별"을 뜻하는 경우에는 "**区别**"를 쓰고, 이 경우 "**区别**"는 명사이다.
这两个词的区别在哪儿？
이 두 단어의 차이점은 어디에 있니?
这两本书的内容没有什么区别。
이 두 책의 내용은 별로 차이가 없다.
② 동사 "구분하다, 구별하다"로 쓰이는 경우 명사인 "**差别**"는 쓸 수 없고, "**区别**"를 쓴다.
长篇区别于中篇和短篇。
장편은 중편과 단편으로 구분한다.

神秘
shénmì

(형/명) 신비(하다), 신비롭다

他那副神秘的样子，又引起了我的好奇心。
그의 신비로운 모습은 또 우리의 호기심을 불러 일으켰다.

31
5급

幻想
huànxiǎng

(명/동) 환상(하다)

每个女孩都曾经幻想自己是白雪公主。
모든 여자 아이들은 모두 자기가 백설 공주라는 환상을 한 적이 있다.

32
5급

平均
píngjūn

(명/형/동) ① 평균(적인), 균등(한)
② 평균하다, 균등히 하다

去年，全市人民的平均收入又增长了一倍。
작년에 모든 시민의 평균 수입이 또 배로 늘었다.

国家希望能够平均发展东西部的经济。
국가에서 동부와 서부의 경제가 균형적으로 발전되기를 희망한다.

33
5급

平等
píngděng

(명/형) 평등(하다), 대등(하다)

作为商人，我们应该平等地对待每一位顾客。
상인으로서 우리는 모든 고객을 똑같이 대우해야 한다.

34
5급

指挥
zhǐhuī

(동/명) 지휘(하다) / 지휘자

在他的指挥下，我们取得了最后的胜利。
그의 지휘 아래 우리는 최후의 승리를 얻었다.

他从小的梦想就是当一名指挥家。
그의 어릴 적 꿈은 지휘가가 되는 것이었다.

35
5급

直
zhí

(형/부) 곧다, 똑바르다 / ① 곧장, 곧바로, 직접
② 줄곧, 끊임없이, 계속해서

沿着这条马路直走，过三个路口就到了。
이 길을 따라 곧장 걸어가서, 골목 세 개를 지나면 바로 도착한다.

这趟火车直通上海，中途不停车。
이 기차는 상해로 직행하고, 중간에 멈추지 않는다.

小孩被突然发生的事故吓得直哭。
어린아이가 갑자기 벌어진 사고에 놀라서 계속 울었다.

关怀
guānhuái

(동/명) 보살피다, 배려하다, 관심을 보이다
/ 관심, 배려, 친절

公司领导特别关怀员工的身体健康。
회사의 윗사람은 사원들의 건강상태를 특별히 보살폈다.

我从他那里得到了从未有过的关怀。
나는 그에게서 여태껏 한 번도 경험하지 못한 배려를 받았다.

> **보카 활용포인트**
> "关怀"는 주로 "윗사람이 아랫사람을, 나이 많은 사람이 나이가
> 어린 사람을 관심을 가지고 잘 보살피다"는 뜻으로 쓴다.

角度
jiǎodù

(명) 각도, 사물을 보거나 생각하는 방향, 관점,
(문제를 보는) 측면, 입장, 각도

有的时候，我们应该换个角度思考问题。
때로는 우리가 관점을 달리해서 문제를 보아야 한다.

理由
lǐyóu

(명) 이유, 까닭

你怎么可以没有任何理由就辞职呢？
너는 어떻게 아무런 이유도 없이 직장을 그만 둘 수 있니?

力量
lìliang

(명) 힘, 능력, 역량

他很有力量，你应该去找他帮忙。
그는 힘이 있으니까, 너는 그에게 도와달라고 찾아가야 한다.

意外
yìwài

(형/명) 의외이다, 뜻밖이다, 상상 밖이다
/ 의외의 사고(재난), 뜻밖의 사고

他对这件事保持沉默，让所有人都感到
很意外。
그는 이 일에 대해 침묵을 지켜서 모든 사람이 뜻밖이라고
생각하게 했다.

5급 신HSK VOCA

他这么晚还没回家，会不会是出了什么意外啊？

그가 이렇게 늦게까지 집에 돌아오지 않는데, 무슨 사고가 난 것이 아닐까?

我意外收到了朋友寄来的包裹。

나는 뜻밖에 친구가 부쳐준 소포를 받았다.

---

41 5급 恐怖
kǒngbù

(명) 공포, 테러

这次的事件已经被认定为恐怖袭击。

이번 사건은 이미 테러 공격으로 인정되었다.

(6) 행동과 판단 IV

☐ 行动 xíngdòng 행동(하다)	☐ 主张 zhǔzhāng 주장(하다)
☐ 行为 xíngwéi 행위	☐ 主观 zhǔguān 주관(적이다)
☐ 非 fēi 과실	☐ 矛盾 máodùn 모순(되다)
☐ 体验 tǐyàn 체험(하다)	☐ 规则 guīzé 규칙(적이다)
☐ 记忆 jìyì 기억(하다)	☐ 议论 yìlùn 의론(하다)
☐ 期待 qīdài 기대(하다)	☐ 辩论 biànlùn 변론(하다)
☐ 反应 fǎnyìng 반응(하다)	☐ 争论 zhēnglùn 쟁론하다
☐ 评价 píngjià 평가(하다)	☐ 优惠 yōuhuì 특혜(의)
☐ 确认 quèrèn 확인(하다)	☐ 主持 zhǔchí 주관하다
☐ 决心 juéxīn 결심(하다)	☐ 争取 zhēngqǔ 쟁취하다
☐ 服从 fúcóng 복종(하다)	☐ 分析 fēnxi 분석(하다)
☐ 抗议 kàngyì 항의(하다)	☐ 谈判 tánpàn 담판하다
☐ 秘密 mìmì 비밀(로하다)	☐ 配合 pèihé 협동하다
☐ 刺激 cìjī 자극(하다)	☐ 协调 xiétiáo 협조하다
☐ 胡说 húshuō 허튼소리(를 하다)	☐ 执行 zhíxíng 실행하다
☐ 废话 fèihuà 쓸데 없는 말(을 하다)	☐ 针对 zhēnduì (문제를) 대하다
☐ 危险 wēixiǎn 위험(하다)	☐ 面对 miànduì (사람을) 마주 보다
☐ 危害 wēihài 해를 끼치다	☐ 反复 fǎnfù 반복하다
☐ 威胁 wēixié 위협(하다)	☐ 思考 sīkǎo 사고하다
☐ 补充 bǔchōng 보충(하다)	☐ 指导 zhǐdǎo 지도하다
☐ 咨询 zīxún 자문하다	

01
5급
行动
xíngdòng

(동/명) 행동(하다), 거동(하다)

既然计划已经定了，我们就马上行动吧。

기왕 계획이 이미 정해졌으니 우리는 바로 행동하자.

02
5급
行为
xíngwéi

(명) 행위

她的行为举止根本不像一个女孩子。

그녀는 행동거지가 전혀 여자 아이 같지가 않다.

보카 활용포인트

"**行动**"은 단순히 "어떤 것을 하기 위해 몸을 움직이는 것 또는 그 동작"을 말하지만, "**行为**"는 "사람이 가치관을 가지고 하는 의식 있는 활동"을 말하므로 "도덕적인 품성, 정신"과 "행동"이 모두 포함된 말이다.

非
fēi

(명) 과실, 잘못, 악행

我这一次真的决定要痛改前非了。

나의 이번에 정말로 지난날의 잘못을 철저하게 고치기로 결심했다.

*痛改 tònggǎi 철저하게 고치다

体验
tǐyàn

(동/명) 체험(하다)

老师经常带学生们去农村体验生活。

선생님은 늘 학생들을 농촌 생활 체험에 데리고 간다.

보카 활용포인트

"**体验**"은 "몸으로 직접 겪은 후, 주위의 사물을 알게 되는 것"을 말한다. : **体验(生活** 생활 / **这种感觉** 이런 느낌 / **这样的经历** 이런 경험 / **事情** 일)
他亲身去农村体验了农民的生活。
그는 직접 농촌에 가서 농민의 생활을 체험하였다.

记忆
jìyì

(동/명) 기억(하다)

因为一场车祸，他失去了所有童年的记忆。

차 사고로 인해, 그는 모든 어린 시절의 기억을 잃어버렸다.

期待
qīdài

(동/명) 기대(하다)

妈妈仍然期待着爸爸总有一天能回来。

엄마는 여전히 아빠가 언젠가는 돌아오실 수 있을 거라고 기대하고 계신다.

反应
fǎnyìng

(동/명) ① 반응(하다)
② (상부나 관련기관에) 보고하다, 알리다

他这次的演讲得到的反应非常好。
그의 이번 강연에서 얻은 반응은 매우 좋았다.

보카 활용포인트

"反应"은 "반응하다"는 뜻으로 "체내 또는 체외의 자극을 받아 사람이나 조직체에서 일어나는 활동"을 말한다. "反应"에는 "화학적, 생리적, 정신적으로 일어나는 변화"가 모두 포함된다.

(1) "反应"은 "구토, 발열, 두통, 복통" 등 체내 또는 체외의 자극을 받아 몸에서 일어나는 증상을 뜻한다.
我吃了药会有些反应。
나는 약을 먹어서 반응이 좀 있을 것이다.

(2) "反应"은 "어떤 일이 사람들의 주의를 끌어서 "의견", "태도", "행동" 등이 나타나게 하는 것"을 뜻한다.
对于这两个明星的结婚，人们的反应非常强烈。
이 두 스타배우의 결혼에 대해, 사람들의 반응은 매우 뜨겁다.

评价
píngjià

(명/동) 평가(하다)

他的这本小说获得了很好的评价。
그의 이 소설은 매우 좋은 평가를 받았다.

确认
quèrèn

(동/명) 확인(하다)

他又确认了一遍自己的名字, 才放下心来。
그는 자기의 이름을 다시 한 번 확인하고 나서야 안심했다.

决心
juéxin

(동/명) 결심(하다)

我下定决心一定要让家人过上好日子。
나는 반드시 가족들이 잘 살 수 있게 하겠다고 결심했다.

服从
fúcóng

(동/명) 복종(하다)

每次有不同意见时，我们都采取少数服从多数的原则。
다른 의견이 있을 때마다, 우리는 다수결의 원칙을 취했다.

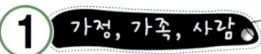
12 5급 抗议
kàngyì

(동/명) 항의(하다)

公司不顾员工的抗议，决定裁员。

회사는 직원들의 항의는 고려하지 않은 채, 감원을 결정했다.

13 5급 秘密
mìmì

(명/형) 비밀(로 하다), 숨기다

我把放在心里多年的秘密告诉了他。

나는 마음속의 수년간의 비밀을 그에게 말했다.

14 5급 刺激
cìjī

(동/명) 자극(하다)

这一不幸的消息，给了他很大的刺激。

이 불행 한 소식은 그에게 큰 자극을 주었다.

15 5급 胡说
húshuō

(동/명) 터무니없는 말(을 하다), 허튼소리(를 하다), 엉터리로 말하다

他这是在胡说，你千万不要相信他的话。

그는 허튼 소리를 하는 거니까 너는 절대 그 사람 말은 믿지 마라.

16 5급 废话
fèihuà

(동/명) 쓸데 없는 말(을 하다), 허튼 소리(를 하다)

既然你不相信，我说的也可能是废话。

어차피 네가 믿지 않기 때문에, 내가 말한 것도 쓸데없는 소리가 될 것이다.

17 5급 危险
wēixiǎn

(형/명) 위험(하다) 🔁 安全 안전하다

女孩子一个人走夜路很危险。

여자아이 혼자 밤길을 걸으면 매우 위험하다.

18 5급 危害
wēihài

(동/명) 해를 끼치다, 해치다 / 위해, 해로움

无节制的生产和消费，严重地危害了地球的环境。

무절제한 생산과 소비는 지구의 환경에 심각한 해를 끼쳤다.

보카 활용포인트

(1) "危险"은 "사람이 다칠 가능성이 있다" 또는 "일이 실패할 가 능성이 있다"는 뜻이다. 주로 "장소", "일", "구체적인 사물"과 함께 호응해서 쓰인다.
(这里 이곳 / 这份工作 이 직업 / 这件事 일 / 任务 임무)
很危险。
(面临 직면하다, 앞에 놓여있다 / 冒着 무릅쓰다 / 脱离 벗 어나다 / 怕 무섭다, 두렵다.걱정하다)危险
危险(物品 물품, 물건 / 的行为 위험한 행위)

(2) ① "危害"는 "건강, 사람, 안전, 이익, 도덕, 일 등을 해치다, 해를 끼치다"는 뜻이다. : 危害(人 사람 / 身体健康 신체 건강 / 生长 성장 / 财产 재산 / 安全 안전 / 社会治安 사회치안 / 公共道德 공중도덕 / 利益 이익/ 事 일)
② "危害"는 "위해, 해, 해독, 해로운 점"라는 뜻의 명사로도 쓸 수 있다 : (带来 가져다 주다, 가져오다 / 遭受 당하다) 危害

威胁
wēixié

(동/명) 위협(하다)

一旦威胁到自己的利益，他就会毫不留情。

일단 자기의 이익을 위협하기만 하면, 그는 가차없을 것이다.

*毫不留情 háobùliúqíng 조금도 사정을 봐주지 않다

补充
bǔchōng

(동/명) 보충(하다), 보완(하다), 보태다

我们的合同里又补充了几条新的规定。

우리 계약서에 또 몇 가지 새로운 규정을 보충했다.

咨询
zīxún

(동/명) 자문하다, 상의하다, 의논하다 / 〈經〉 컨설턴트(consultant)

如果您有什么问题，可以到大厅的服务台去咨询。

만약 무슨 문제가 생기면 로비의 안내 데스크로 가셔서 상담 하실 수 있습니다.

*服务台 fúwùtái 안내 데스크

22 5급 主张
zhǔzhāng

(명/동) 주장(하다), 견해, 의견

他坚持主张自己的观点, 不肯低头。

그는 자기의 관점을 계속 주장하며 고개를 숙이지 않았다.

---

23 5급 主观
zhǔguān

(명/형) 주관(적이다) 客观 객관(적이다)

你不能总是把自己的主观看法强加进来。

너는 늘 자신의 주관적인 생각을 강요해서는 안 된다.

*强加 qiángjiā (의견이나 방법을 받아들이도록 남에게)강요하다, 강압하다

---

24 5급 矛盾
máodùn

(동/명) 모순(되다), 갈등(을 하다)

等你们的意见没有矛盾时, 再来告诉我结果吧。

너희들의 의견에 모순이 없을 때, 그 때 다시 나에게 결과를 알려주러 와라.

---

25 5급 规则
guīzé

(명/형) 규칙(적이다)

一旦规则确立了, 我们就应该遵守它。

일단 규칙이 확립되었다면 우리는 그것을 준수해야 한다.

---

26 5급 议论
yìlùn

(동/명) 의론(하다), 비평하다, 왈가왈부하다

早上上班以后, 大家都在议论着这件事。

아침에 출근한 후에, 모두들 이 일에 대해 왈가왈부하고 있다.

---

27 5급 辩论
biànlùn

(명/동) 변론(하다), 논쟁(하다), 변명(하다)

双方就这一问题展开了辩论。

양측은 이 문제에 관해 논쟁을 전개했다.

---

28 5급 争论
zhēnglùn

(동) 쟁론하다, 논쟁하다

他们为任何一件小事而争论不休。

그들은 어떤 사소한 문제 때문에 쉬지 않고 논쟁한다.

 **优惠**
yōuhuì

(형/명) 특혜(의), 우대(의), 수수료

因为我是常客，所以老板经常给我一些优惠。

내가 단골손님이기 때문에, 사장님께서 자주 나를 우대해 주신다.

 **主持**
zhǔchí

(동) 주관하다, 책임지고 집행하다, 주재하다

如果不是有妈妈主持，这个家恐怕早就垮了。

엄마가 나서서 주관하지 않았다면, 이 집은 벌써 끝장났을 것이다.

 **争取**
zhēngqǔ

(동) 쟁취하다, 얻다, 획득하다, 이룩하다, ~을 목표로 노력하다

他决定不再沉默，去争取自己应该得到的东西。

그는 더이상 침묵하지 않고, 자신이 당연히 받아야 하는 것을 얻기로 결심했다.

> **보카 활용포인트**
> "争取"는 "애써 어떤 것을 얻다 또는 실현하다, 이루다"는 뜻이다. : 争取(胜利 승리 / 时间 시간 / 好机会 좋은 기회 / 奖学金 장학금 / 支持 지지 / 目标 목표)

 **分析**
fēnxi

(동/명) 분석(하다)

别人觉得你的分析很有说服力，但是还是无法说服我。

다른 사람은 너의 분석이 설득력이 있다고 생각하지만, 여전히 나를 설득할 수는 없다.

 **谈判**
tánpàn

(동) 담판하다, 협상하다, 회담하다

中韩两国将举行三天的贸易谈判。

중한 양국은 삼 일간 무역 협상을 진행할 예정이다.

5급 신HSK VOCA

34 5급 配合 pèihé

(동) ① 협동하다, 협력하다 ② 배합하다

这次我们两个人配合得非常完美。
이번에 우리 두 사람이 협력한 것은 아주 완벽했다.

真不愧是名厨，营养配合得非常好。
유명 요리사인 것이 부끄럽지 않게, 영양 배합이 매우 훌륭했다.

*不愧 búkuì …에 손색이 없다 부끄럽지 않다.

我配合他们工作。
나는 그들이 일하는 것에 협력하였다.

> **보카활용포인트**
> "配合"는 "공통된 목표를 가지고 각 방면에서 여러 사람이 일을 나누어 협력해서 임무를 완성하는 것"을 말한다. : 配合(工作 일 / 学习 공부, 학습)

35 5급 协调 xiétiáo

(동) 협조하다, (의견을) 조정하다, 조화하다

我来这里是休息，可不是来协调你们夫妻关系的。
내가 여기에 쉬러 온 것이지, 너희 부부 관계를 화해시키려고 온 것이 아니다.

我们要互相协调，共同完成这份工作。
우리는 서로 협조해서, 다함께 이 일을 완성해야 한다.

36 5급 执行 zhíxíng

(동) 실행하다, 집행하다

我们要坚决执行上级交给的任务。
우리는 상부에서 부여한 임무를 단호하게 실행해야 한다.

*坚决 jiānjué 단호하다

> **보카활용포인트**
> "执行"은 주로 "정책, 법률, 명령, 판결, 계획 등에서 정해진 사항을 실시하다, 실행하다, 집행하다"는 뜻이다. : 执行(政策 정책 / 法律 법률 / 命令 명령 / 判决 판결 / 计划 계획)

37 **5급** 针对
zhēnduì

(동) (문제를) 대하다, (문제에) 대처하다, 맞추다

下面请大家针对这个问题谈一谈自己的看法。

다음은 모두가 이 문제에 대해서 자신의 의견을 이야기 해 주시기 바랍니다.

38 **5급** 面对
miànduì

(동) ① (사람을) 마주 보다, 직접 대면하다
② (주로 부정적인 상황이나 문제 등에) 직면하다, 당면하다, 눈앞에 닥치다, 앞에 놓여있다. (= 面临 miànlín)

三年过去了，我还是无法面对他。

3년이 지났지만, 나는 아직도 그를 마주할 방법이 없다.

面对困难的时候，我们应该学会如何解决问题。

우리는 어려움에 직면했을 때, 어떻게 문제를 해결해야 하는지 배워야 한다.

> **보카 활용포인트**
>
> (1) "针对"는 "문제나 상황에 초점을 맞추다", "문제나 상황에 대해서", "문제나 상황 등을 놓고 보았을 때 (~하다)"는 뜻이다.
> : 针对(问题 문제 / 情况 상황 / 特点 특징)
> (2) ① "面对"는 "사람이나 구체적인 사물을 마주보다, 마주하다"는 뜻으로 구체적인목적어와 함께 쓰며, 이미 사람이나 사물을 보았음을 의미한다.
> : 面对(很多人 많은 사람 / 朋友 친구 / 父母 부모님 / 大海 대해 / 那座山 그 산 / 长江 장강 / 长城 만리장성)
> ② "面对"는 "어떤 상황에 부딪히다"는 뜻으로도 쓰는데, 대부분 "어떤 사람이 어렵거 나 위험한 상황 또는 대응하기 어려운 상황에 직면하다, 처하다, 마주하다"는 뜻이며, 이미 어떠한 일이 닥친 상태를 말한다.
> : 面对(危险 위험 / 危机 위기 / 困难 어려움 / 问题 문제 / 压力 압력, 스트레스 / 威胁 위협 / 挑战 도전)
> ③ "현실을 마주하다, 현실에 직면하다"는 뜻인 경우에는 "面对"만 쓸 수 있다. : 面对现实 현실을 마주하다, 직면하다
> (3) ① "面临(직면하다, 당면하다, 앞에 놓여있다)"는 "어떤 어려운 상황이나 바라지 않는 상황에 직면하다"는 뜻으로 "面对"와 바꾸어 쓸 수 있지만, "面对(마주하다)"가 일이 이미 일어났음을 뜻하는 것에 비해, "面临(직면하다, 당면하다)"은 "어떤 일을 곧 겪게 됨"을 의미한다.

② "面临"은 "어떤 시간이 임박해 오다, ~할 때가 되다, ~을 앞두다"는 뜻으로 쓸 수 있다. : 面临(回国 귀국 / 出国 출국 / 毕业 졸업)

③ 어려움, 위험, 문제, 도전 앞에 놓여있다, 마주 하다는 뜻인 경우 "面对", "面临" 둘 다 쓸 수 있다. : 面对, 面临(困难 어려움 / 危险 위험 / 问题 문제 / 挑战 도전)

(4) "사람이 어떤 태도나 행동으로써 사람이나 사물을 대하다"는 뜻인 경우 "对待(대하다, 대우하다)"를 쓴다.
热情地对待(客人 손님 / 顾客 고객, 손님 / 游客 여행객 / 朋友 친구 / 我 나)
认真对待(对方的意见 상대방의 의견 / 问题 문제)

(5) "맞은편, 정면" 이란 뜻의 명사인 경우 "对面"을 쓴다. : 马路对面 길 건너 편 / 我家对面 우리 집 맞은 편 / 对 맞은 편 상점
对面有一个人走过来。맞은 편에서 한 사람이 걸어 왔다.

39
5급
反复
fǎnfù

(동/부) 반복하다, 되풀이하다, 반복해서, 되풀이 해서

经过反复思考，我决定放弃这个机会。
반복해서 생각해 보고 나서, 나는 이번 기회를 포기하기로 결정했다.

*放弃 fàngqì (주장) 버리다, 포기하다

40
5급
思考
sīkǎo

(동) 사고하다, 생각하다

在做任何事情之前，最好多加思考。
어떤 일을 하기 전에, 많이 생각하는 것이 제일 좋다.

41
5급
指导
zhǐdǎo

(동) 지도하다

老师正在指导学生做实验。
선생님이 학생들이 실험을 하도록 지도하고 있다.

(7) 행동과 판단 Ⅴ

☐ 劝 quàn	권고하다		☐ 对待 duìdài	대우하다
☐ 答应 dāying	응답하다		☐ 对比 duìbǐ	대조하다
☐ 自信 zìxìn	자신하다		☐ 嘱咐 zhǔfù	부탁하다
☐ 集中 jízhōng	집중하다		☐ 无奈 wúnài	부득이하다
☐ 专心 zhuānxīn	전심하다		☐ 讲究 jiǎngjiu	중시하다
☐ 操心 cāoxīn	마음을 쓰다		☐ 保留 bǎoliú	보류하다
☐ 使劲儿 shǐjìnr	힘을 쓰다		☐ 保存 bǎocún	보존하다
☐ 奋斗 fèndòu	분투하다		☐ 保持 bǎochí	지키다
☐ 发挥 fāhuī	발휘하다		☐ 放松 fàngsōng	(긴장을) 늦추다
☐ 表示 biǎoshì	표시하다		☐ 消失 xiāoshī	사라지다
☐ 展开 zhǎnkāi	펴다		☐ 委托 wěituō	위탁하다
☐ 达到 dádào	도달하다		☐ 自愿 zìyuàn	자원하다
☐ 实现 shíxiàn	실현하다		☐ 自动 zìdòng	자발적인
☐ 盼望 pàn wàng	간절히 바라다		☐ 关键 guānjiàn	매우 중요하다
☐ 深刻 shēnkè	깊다		☐ 推荐 tuījiàn	추천하다
☐ 包含 bāohán	내포하다		☐ 启发 qǐfā	깨우쳐주다
☐ 相关 xiāngguān	상관되다		☐ 稳定 wěndìng	안정되다
☐ 处理 chǔlǐ	처리하다		☐ 显得 xiǎnde	~인 것처럼 보이다
☐ 作为 zuòwéi	~로 여기다		☐ 显示 xiǎnshì	뚜렷이 보여주다
☐ 确定 quèdìng	확정하다		☐ 相对 xiāngduì	상대적이다
☐ 发表 fābiǎo	발표하다		☐ 催 cuī	독촉하다, 재촉하다
☐ 提 tí	(말을) 꺼내다		☐ 称 chēng	일컫다
☐ 应付 yìngfù	대응하다		☐ 责备 zébèi	탓하다
☐ 阻止 zǔzhǐ	저지하다		☐ 无数 wúshù	매우 많다
☐ 推辞 tuīcí	사절하다		☐ 否定 fǒudìng	부정(하다)
☐ 克服 kèfú	극복하다		☐ 不见得 bújiàndé	~라고는 할 수 없다

5급 신HSK VOCA

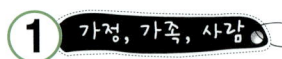

01
5급 劝
quàn

(동) 권고하다, 설득하다, 타이르다

无论你们怎么劝我，我也不会回去。
너희들이 나를 어떻게 설득하더라도, 나는 돌아가지 않을
것이다.

02
5급 答应
dāying

(동) (상대방의 요구를) 들어주다, 응답하다, 허락
하다, 동의하다, 승낙하다

我们请他来参加晚会，他就答应了。
우리는 그에게 이번 파티에 참석하라고 청했고, 그는 승낙
했다.

03
5급 自信
zìxìn

(동) 자신하다, 스스로 믿다
(반) **自卑** zìbēi 열등감을 가지다, 비굴하다

我自信有能力完成这个任务。
나는 이 임무를 완성할 능력이 있다고 자신한다.

04
5급 集中
jízhōng

(동) ① 집중하다 ② 모이다, 모으다

不知为何，大家的目光都集中在他身上。
무엇 때문인지는 모르겠지만, 모두의 시선이 다 그에게 쏠
렸다.

我们应该集中所有人的意见，再做决定。
우리는 모든 사람의 의견을 모은 다음, 다시 결정해야 한다.

05
5급 专心
zhuānxīn

(동) 전심하다, 몰두하다, 전념하다, 온 마음을 다
기울이다, 열중하다

不管学习还是工作，我们都一定要专心。
공부하든 일하든 상관없이, 우리는 반드시 온 마음을 다 기
울여야 한다.

06
5급 操心
cāoxīn

(동) 마음을 쓰다, 마음을 졸이다

这件事我会自己解决，你就不要操心了。
이 일은 내가 혼자 해결할 거니까, 당신은 마음 쓰지 마세요.

07
5급 使劲儿
shǐjìnr

(동) 힘을 쓰다, 힘을 들이다, 힘을 경주하다

她一边哭，一边使劲儿拍打着我的后背。

그녀는 울면서 내 등을 힘껏 쳤다.

08
5급 奋斗
fèndòu

(동) (일정한 목적에 도달하기 위해) 분투하다, 노력하다

我在这家公司奋斗了三年，最后还是被辞退了。

우리가 이 회사에서 삼 년간 노력하며 일했지만, 결국에는 역시 해고를 당했다.

*辞退 cítuì 해고하다

09
5급 发挥
fāhuī

(동) 발휘하다

我知道你还有很多潜力没有发挥出来。

나는 네가 아직도 많은 잠재력을 발휘해내지 못하고 있다는 것을 안다.

10
5급 表示
biǎoshì

(동) ① 표시하다, 나타내다
② 가리키다, 표시하다

他帮了我那么多忙，我却不知道怎么表示谢意。

그는 나를 아주 많이 도와주었는데, 나는 어떻게 그에게 고마움을 표시해야 할 지 모르겠다.

家里灯亮着，就表示她在家。

집안의 불이 켜져 있는 것은 그녀가 집에 있다는 표시이다.

5급 신HSK VOCA

보카 활용포인트

(1) "**发挥**"는 "안에 내재해 있는 힘을 밖으로 나타내 보이다. 표현하다. 발휘하다"는 뜻이다. : **发挥(能力** 능력 / **力量** 힘 / **功能** 기능 / **作用** 작용 / **想象力** 상상력 / **实力** 실력 / **水平**실력)

(2) "자신의 감정, 느낌, 생각 등을 말이나 행동으로 표현하다"는 뜻인 경우 "**表达**(표현하다)"를 쓴다. : **表达(感情** 감정 / **感受** 느낌 / **想法** 생각 / **看法** 견해 / **意见** 의견 / **心里的话** 마음 속의 말)

(3) ① "말이나 행동으로 자신의 생각, 감정, 태도, 입장 등을 표시하다"는 뜻인 경우 "**表示**(표시하다/표시)"를 쓴다. : **表示(感谢** 감사 / **谢意** 감사의 뜻 / **歉意** 유감의 뜻 / **满意** 만족스러움 / **不满** 불만 / **态度** 태도 / **立场** 입장 / **欢迎** 환영/ **自己的意见** 자기의 의견 / **决心** 결심 / **支持** 지지 / **反对** 반대)
表示他们的(立场, 态度)。
그들의 (입장, 태도)를 표시하다

② "**表示**"는 "사물이 어떤 상징적인 의미를 표시하다"는 뜻으로도 쓴다.
红灯表示不让人过马路。
빨간 신호등은 사람에게 길을 건너가지 못하게 하는 것을 표시한다.

③ "**表示**"는 "성의나 정성을 표시하다"는 뜻으로도 쓸 수 있다.
我的好朋友在下个月结婚，我应该有一些表示。
내 친한 친구가 다음 달에 결혼하는데, 나는 당연히 성의 표시가 있어야 한다.

(4) ① "사람이나 사물 안에 본질적으로 가지고 있는 정신, 품성, 성질이나 성격, 특징, 행위 등을 표현하다"는 뜻인 경우 "**表现**(표현하다, 드러내다 / 표현)"을 쓴다. : **表现(精神** 정신 / **精神世界** 정신세계 / **性格** 성격 / **特点** 특징)
故宫表现出中国人民的智慧。
고궁은 중국 사람의 지혜를 표현해냈다.
这就是民主主义精神的表现。
이것이 바로 민주주의 정신의 표현이다.

② "**表现**"은 "사람이 일부러 자신을 남에게 드러내다, 표현하다"는 뜻으로도 쓴다.
小明很喜欢在别人面前表现自己。
小明은 다른 사람 앞에서 자신을 드러내는 것을 좋아한다.
她很善于工作，可是不想表现个人。
그녀는 일을 아주 잘하지만, 개인을 드러내고 싶어 하지 않는다.

展开
zhǎnkāi

11
5급

(동) 펴다, 펼치다, 넓히다, 전개하다

一声枪响，球场上展开了激烈的竞争。
총소리가 울리자 경기장에는 치열한 경쟁이 펼쳐졌다.

*竞争 jìngzhēng 경쟁하다

> **보카활용포인트**
>
> "展开"는 "펼치다, 전개하다"는 뜻으로 뒤에 구체적인 사물 목적어, 추상적인 사물 목적어 둘 다 올 수 있다.
> 展开了(地图 지도 / 画卷 두루마리 그림 / 翅膀 날개 / 眉头 미간)
> (想象 상상 / 联想 연상 / 活动 활동 / 竞赛 시합 / 讨论 토론 / 攻击 공격)

达到
dádào

12
5급

(동) 도달하다, 이르다

为了达到目的，他伤害了所有爱他的人。
목적에 도달하기 위해서, 그는 모든 그를 사랑하는 모든 사람들을 다치게 했다.

> **보카활용포인트**
>
> (1) ① "达到"는 "수량에 도달하다, 수량 가까이 가다" 는 뜻이다.
> : 达到(30% 30퍼센트 / 三分之一 삼분의 일 / 50公斤 50 킬로그램)
> ② "达到"는 "어떤 목표나 정도에 이르다, 도달하다"는 뜻으로 뒤에 추상 목적어를 함께 쓴다. : 达到(目的 목적 / 水平 수준 / 标准 표준, 기준 / 目标 목표 / 目的 목적 / 要求 요구 / 效果 효과 / 满意 만족)
> ③ "임무를 완성하다, 다하다"는 뜻인 경우 "达到"를 쓸 수 없고 "完成"을 쓴다. : 完成任务
> (2) "구체적인 장소에 도착하다, 이르다"는 뜻인 경우 "达到"를 쓸 수 없고 "到达"를 쓴다. : 到达了北京 북경에 도착했다.

实现
shíxiàn

13
5급

(동) (꿈, 이상, 바람 등을) 실현하다, 이루다, 달성하다

(반) 落空 허사가 되다, 물거품이 되다

经过多年的努力，我终于实现了自己的愿望。
수년간의 노력 끝에, 나는 결국 나의 소원을 이뤘다.

*愿望 yuànwàng 희망, 소망, 바람

> **보카 활용 포인트**
> (1) "实现"은 "꿈, 이상, 바람 등 자신이 계획하거나 바라던 것을 실현하다, 이루다"는 뜻이다. 뒤에는 두 글자 명사 목적어와 함께 쓰인다. : **实现**(梦想 꿈 / 理想 이상 / 愿望 바람, 소원 / 计划 계획 / 诺言 약속)
> (2) "제도나 방법을 실행하다"는 뜻인 경우 "实行"을 쓴다. : **实行**(制度 제도 / 方法 방법 / 纲领 강령 / 计划 계획)

 盼望
pàn wàng

(동) 간절히 바라다(원하다), 희망하다, 기다리고 바라다

母亲总是对着窗外发呆，似乎在盼望着什么。

어머니는 늘 창문 밖을 멍하게 바라보시는데, 마치 무언가를 간절히 기다리시는 것 같다.

*发呆 fādāi 멍하다, 멍해지다

深刻
shēnkè

(형) ① 깊다
② 심각하다, 철저하다, 핵심을 찌르다

他的话给我留下了深刻的印象。

그의 말은 무리에게 깊은 인상을 남겼다.

他对这件事的评价十分深刻。

그가 이 일을 매우 철저하게 평가했다.

> **보카 활용 포인트**
> "深刻"는 "깊다, 철저하다"는 뜻으로 "문제에 대해 아주 깊고 많이 알아서 본질까지 도달하다, 이르다 또는 일을 철저하게 하다"는 뜻이다.
> (见解 견해 / 道理 도리 / 印象 인상 / 感受 느낌 / 教训 교훈 / 体会 체득한 것)很深刻 매우 깊다.
> **认识得很深刻。** 철저히 알다
> **深刻地**(检查 철저하게 검사하다 / 分析 분석하다)

 包含
bāohán

(동) 내포하다, 포괄하다, 포함하다

这句话包含了他多年的思念之情。

이 말은 그의 다년간의 그리움의 정을 내포한다.

> **보카활용포인트**
> (1) "包括"은 "내포하다"는 뜻으로 "사상, 뜻, 감정 등 추상적인 것을 안에 가지고 있다, 내재하고 있다"는 의미이고, 뒤에 추상 목적어와 함께 쓴다. : 包含(思想 사상 / 意义 의미, 가치 / 感情 감정 / 心意 마음, 성의 / 意思 뜻)
> (2) "包括"는 "포함하다"는 뜻으로, "열거한 각 부분 또는 중요하게 생각하는 일부분을 포함하다, 가지고 있다"는 의미이고, 주로 구체적인 사물 목적어와 함께 쓴다. : 包括(听力、阅读、书写三个部分 듣기, 독해, 쓰기 세 가지 부분 / 四个方面的内容 네 가지 방면의 내용 / 人 사람 / 国家 국가 / 学生 학생 / 你 너)
> (3) "국가나 사람을 포함하다"처럼 구체적인 목적어가 있는 경우 반드시 "包括"를 쓰지만, "뜻이나 방면을 포함하다, 내포하다"는 뜻인 경우 "包含"와 "包括"를 둘 다 쓸 수 있다. : 包含, 包括(意思 뜻 / 方面 방면)

相关
xiāngguān

(동) 상관되다, 관련되다, 관계하다

我不想再见到和这件事不相关的人。

나는 이 일과 관계 없는 사람을 다시는 만나고 싶지 않다.

> **보카활용포인트**
> "相关"은 "和……相关。"의 형태처럼 "和(= 跟, 与, 同)"와 호응하여 함께 쓴다.

处理
chǔlǐ

(동) ① 처리하다 ② (문제를) 해결하다 ③ 특별한 공정으로 처리하다

我还有很多私人的事情需要处理。

나는 개인적으로 처리해야 할 일들이 아직 많이 있다.

他把所有的问题都留给我处理, 自己却走了。

그는 모든 문제를 나에게 처리하라고 남겨 놓고서, 자기는 가버렸다.

> **보카활용포인트**
> "处理"는 "특별한 공정으로 처리하다"는 뜻으로 "어떤 특정한 방법을 사용해서 어떤 상품을 가공해서 이들이 필요로 하는 성능을 갖도록 하는 것"을 말하는 경우에도 쓸 수 있다.

5급 신HSK VOCA

作为
zuòwéi

(동) ① ~로 하다, ~으로 삼다, ~로 여기다(간
주하다) ② ~의 신분(자격)으로서

**我已经从银行贷款了二十万, 作为创业
的资金。**
나는 이미 은행에서 이십만 위안을 빌려서 사업 창업 자금
을 했다.

这是作为一名公司职员应尽的义务。
이것은 회사 직원으로서 당연히 최선을 다 해야 하는 의무
이다.

보카활용포인트

(1) ① "作为"는 "어떤 신분이나 자격으로(써)~하다"는 뜻이다.
이 경우 문장 맨 앞에 "作为"가 쓰이고, "作为" 뒤의 사람
은 "주어"역할을 한다.
作为家长, 应该好好跟子女沟通。
학부모는 당연히 자녀들과 잘 의사소통을 해야 한다.
作为经理, 要关心职员。
사장으로써 직원에게 관심을 가져야 된다.
② "~을 ~(으)로 삼다, 여기다, 생각하다, 간주하다"는 뜻인
경우, 주로 전치사 "把"와 함께 "把 ~ 作为...."의 형태로
쓴다.
哥哥把爸爸作为自己的榜样。
오빠는 아버지를 자신의 본보기로 삼는다.
我把娃娃作为室内的装饰品。
나는 인형을 실내의 장식품으로 여긴다.

(2) ① "~이 되다, ~으로 변하다"는 뜻으로 "变成 A가 B로 변하
다"과 같은 의미인 경우 "成为 ~이 되다"를 쓴다. : **梦成
为现实** 꿈이 현실이 되다
② "成为"는 "사람이 어떤 신분이 되다" 또는 "명예로운 칭호
를 가지게 되다"는 뜻으로 쓴다. : **成为(艺术家** 예술가 /
演员 배우 / **作家** 작가 / **专家** 전문가 / **运动员** 운동선
수 / **老师** 선생님)

(3) "变成(~(으)로 변하다, ~이 되다)"은 "变(동사) + 成(결과보
어)"의 형태로 "~이 ~으로 겉모습이나 성질이 완전히 변하
다"는 뜻이다.
小女孩变成了大姑娘了。
어린 여자아이가 큰 아가씨로 변했다.
鸡蛋变成了小鸡。 달걀이 병아리가 되었다.
冰变成了水。 얼음이 물로 변했다.
农村已经变成了大都市了。 농촌이 이미 대도시로 변했다.

(4) ① "어떤 직무나 직책을 담당하다, 맡다"는 뜻으로 쓰는 경우
　"当 (담당하다, 맡다, ~이 되다)"을 쓴다. : 当(班长 반장 /
　主任 주임 / 记者 기자)
② "变成(~로 변하다)"는 뜻인 경우 "当"은 쓸 수 없고 "成"
　을 쓴다.
　我们俩后来成了好朋友。
　우리 둘은 나중에 좋은 친구가 되었다.
　他已经成了一名有知名度的大学教授!
　그는 이미 지명도 있는 대학 교수가 되었다.

确定
quèdìng

(동/형) 확정하다, 확실히 결정하다, 확정적이다,
명확하다, 확고하다

我很确定昨天看见的人就是他。
나는 어제 본 사람이 바로 그라는 것을 확신한다.

发表
fābiǎo

(동/명) 발표하다

你们为什么从来不让我发表意见？
당신들은 왜 여태껏 나한테 의견을 발표하도록 하지 않습니
까?

보카활용포인트

(1) "发表"는 "단체 또는 사회에 의견을 발표하다"는 뜻으로 쓰
거나 "신문이나 잡지에 문장, 노래, 그림 등을 발표하다, 싣다"
는 뜻으로 쓴다. : 发表(意见 의견 / 看法 의견, 견해 / 见
解 견해 / 演说 연설 / 声明 성명)
**她在(报纸, 杂志)上发表了自己的(小说 / 论文 / 摄影
作品 / 诗歌)。**
그녀는 (신문, 잡지에)자신의 (소설 / 논문 / 사진작품 / 시가)
를 발표하였다.

(2) "전체, 윗사람, 담당자 등에게 자신의 생각, 주장, 방법을 말
해 주는 것"을 뜻하는 경우 "建议 (건의하다, 제안하다)"를 쓴
다. 주로 전문가가 전체에게 "어떠한 방법"이나 "자신의 주장"
을 제안하는 경우에 많이 쓰인다. : (大夫 의사 / 专家 전문
가 / 老师 선생님 / 我 나) 建议 ~。

(3) "상대방이 알아듣기 쉽도록 자세히 말해주는 것"을 뜻하는 경
우 "说明(설명하다, 말하다)"를 쓴다. "说明"은 흔히 전치사
"向"과 함께 쓰여, "向....说明 (...한테 설명하다)"의 형태로
쓸 수 있다. : 说明(理由 이유 / 原因 원인 / 事实 사실 /
原理 원리 / 用法 용법 / 问题 문제)

5급 신HSK VOCA

(4) ①는 "전문적이고, 자세히 설명하다"는 뜻인 경우에는 "解释 (설명하다, 변명하다)"를 쓰고, 단순히 "말하다"는 뜻인 경우에는 "解释"를 쓸 수 없다. : (专家 전문가 / 科学家 과학자 / 医生 의사 / 律师 변호사) 解释~。
她详细地解释了好几次。
그녀는 상세하게 여러 번 설명을 했다.
② "변명하다, 해명하다"는 뜻인 경우에는 "解释만 쓸 수 있다. : 解释 (误会 오해 / 每天迟到的原因 매일 지각하는 원인)。

提
tí

(동) ① (말을) 꺼내다, 이야기하다, 언급하다 ② (손에) 들다, 쥐다 ③ (아래에서 위로) 끌어올리다, 높이다 ④ (기일을) 앞당기다 ⑤ 제시하다, 제기하다, 제출하다

他已经知道错了，你就别再提那件事了。
그가 이미 잘못을 알았으니까, 너도 더이상 그 일을 언급하지 말아라.

她手里提着一个篮子出去了。
그녀는 손에 바구니를 들고 나갔다.

在这个地区，人们都是从井里提水。
이 지역에서 사람들은 모두 우물에서 물을 긷는다.

我们提前三天就完成了所有任务。
우리는 3일 앞당겨서 모든 임무를 완성했다.

大家对这个计划有什么意见都可以提出来。
모두 이 계획에 대해 무슨 의견이 있으시면 말씀하셔도 됩니다.

보카 활용포인트
(1) "提"는 문제, 의견, 방법 등을 제기하다, 말하다, 내(놓)다"는 뜻으로 쓴다. : 提(问题 문제 / 意见 의견 / 看法 견해 / 建议 건의, 제안 / 抗议 항의 / 方法 방법 / 措施 시책, 대책, 방법 / 方案 방안 / 优点 장점을 말하다 / 缺点 단점을 말하다)
(2) "提"는 "구체적인 물건을 들다"는 뜻으로 쓴다. : 提(包 가방 / 东西 물건 / 箱子 상자)

(3) "提"는 "수준이나 등급 등을 끌어 올리다"는 뜻으로 쓴다. :
提(升 진급시키다, 등용하다 / 级 등급이 오르다, 순위가 올
라가다 / 干 승진되다)

23
5급 应付
yìngfù

(동) 대응하다, 대처하다

他不知道如何应付目前这种情况。

그는 어떻게 현재 이런 상황에 대처해야 할지 몰랐다.

24
5급 阻止
zǔzhǐ

(동) 저지하다, 가로막다

父母虽然很担心我，但是并没有阻止我
出国。

부모님께서 나를 걱정하시지만, 그러나 결코 내가 출국하는
것을 막지는 않으신다.

25
5급 推辞
tuīcí

(동) 사절하다, 거절하다, 사양하다, 사퇴하다

几家公司请他去工作，他都推辞了。

몇몇 회사에서 그를 스카우트하려고 했지만, 그는 모두 거
절했다.

(1) "推辞"는 "임명, 초청, 선물 등을 거절하다, 사절하다"는 뜻이
고, 뒤에 목적어를 쓸 수 없다. : 我对(邀请 초청, 초대 / 任
命 임명 / 选我当班长 나를 반장으로 뽑은 것 / 礼物 선
물)推辞了。
(2) 뒤에 목적어를 쓰는 경우 "拒绝 (거절하다)"를 쓴다. : 我拒
绝了他的邀请。나는 그의 초대를 거절했다.

26
5급 克服
kèfú

(동) 극복하다, 참고 견뎌서 이겨내다

我有信心能够克服眼前的一切困难。

나는 눈앞의 모든 어려움을 극복할 수 있다는 자신감이 있다.

27
5급 对待
duìdài

(동) ① (다른 사람을) 대하다, 대우하다
② 접대하다

从一个人对待父母的态度，就能看出他的品质。

혼자서 부모를 대하는 태도에서 그의 인품을 볼 수 있다.

他可是对我们非常重要的客人，你要好好对待他。

그는 우리에게 매우 중요한 손님이니까, 너는 그를 잘 접대해야 한다.

28
5급
对比
duìbǐ

(동) (사람을 비교하거나 사물의 우열 등을) 대조하다, 대비하다, 비교하다

经过对比之后，我选择了一家大公司。

비교해 보고나서, 나는 한 대기업을 선택했다.

29
5급
嘱咐
zhǔfù

(동) 분부하다, 당부하다, 부탁하다, 알아듣게 말하다

出国之前，妈妈再三嘱咐我要好好照顾自己。

출국하기 전에, 엄마는 건강을 잘 돌보라고 여러 번 당부하셨다.

30
5급
无奈
wúnài

= 无可奈何
wúkěnàihé

(형) 어찌 할 도리가 없다, 부득이하다, 할 수 없다

我这么做也实在是出于无奈，请你不要生气了。

제가 이렇게 하는 것은 정말로 어쩔 수 없는 것이니, 화내지 말아 주세요.

> **보카 활용 포인트**
> (1) "어쩔 수 없이, 하는 수 없이"라는 뜻의 부사로 쓰는 경우 "只好, 只能, 只得, 不得不, 不得已, 无可奈何, 没办法, 无法" 등을 쓸 수 있다.
> (2) "방법이 없다, 부득이하다, 어쩔 도리가 없다"는 뜻의 서술어로 쓰는 경우 "没办法, 不得已, 无可奈何"를 쓸 수 있다.

31 | 5급
讲究
jiǎngjiu

＝重视 zhòngshì

(동) 중시하다, 중히 여기다, 신경을 쓰다

他这个人太讲究面子，所以总是吃亏。

그는 너무 체면을 중시하는 사람이라서, 항상 손해를 본다.

*吃亏 chīkuī 손해를 보다

---

32 | 5급
保留
bǎoliú

(동) ① 보류하다 ② 남기다 ③ 보존하다

如果大家有意见请暂时保留，我们下次再讨论。

여러분께서 의견이 있으시면 잠시 보류하여 주시고, 다음에 다시 토론합시다.

他的藏书大部分都捐给了学校，自己只保留了一部分。

그는 장서 대부분을 학교에 기증하였고, 자신에게는 일부분만 남겨두었다.

这间屋子，还保留着当年的样子。

이 집은 아직 당시의 모습을 보존하고 있다.

> **보카 활용 포인트**
>
> (1) "保留"는 "보존하다"는 뜻으로 "어떤 사물을 원래의 상태를 변하지 않게 간직하다"는 뜻인 경우 "保存"과 바꾸어 쓸 수 있다. : 保留, 保存(东西 물건 / 珍贵邮票 진귀한 우표 / 父母用过的家具 부모님께서 쓰신 적이 있는 가구 / 古迹 명승지)
> (风格 스타일 / 样子 모습 / 生活习惯 생활습관)
> (2) "保留"는 "의견이나 결정 등을 잠시 처리하지 않고 남겨두다, 보류하다"는 뜻으로 주로 추상사물에 쓰인다. : 保留(意见 의견 / 决定 결정 / 看法 견해, 생각 / 允许 허락, 동의)

---

33 | 5급
保存
bǎocún

(동) 보존하다, 간수하다.

这些东西都是我们家世世代代保存下来的。

이 물건들은 모두 우리 집 대대로 보존되어 내려온 것이다.

보카활용포인트

(1) ① "保存"은 "중요하고 값진 물건이나 정신 등을 손상되거나 변화가 생기지 않게 원래대로 계속 잘 간직하다, 보존하다, 간수하다"는 뜻이다. : 保存(珍贵文物 진귀한 문물 / 这幅画 이 그림 / 文化遗产 문화유산 / 古迹 명승지)
② "사물을 잘 보존하다, 간직하다"는 뜻인 경우 "保存""과 "保留"를 쓰고 "保管"은 쓸 수 없다. : 保存, 保留(优良传统 훌륭한 전통 / 实力 실력 / 自己 자신 / 美好的回忆 아름다운 추억)
(2) "保存"은 "구체적인 물건이나 사물 등을 잘 보관하고 관리하다"는 뜻으로 쓴다. 이 경우 "保管"과 바꾸어 쓸 수 있다. : 保存, 保管(新鲜蔬菜 신선한 야채 / 食粮 식량 / 东西 물건 / 药品 약품)

保持
bǎochí

(동) 지키다, 유지하다.

这里是公共场合，请保持安静。
이곳은 공공 장소이니 조용히 해 주세요.

보카활용포인트

(1) ① "保持(지키다, 유지하다)"는 "원래 가지고 있는 좋은 것을 계속 지키다, 유지하다"는 뜻이고, 뒤에 구체적인 물건이나 사물 목적어는 올 수 없다. : 保持(传统 전통 / 风格 풍격, 스타일 / 卫生 위생 / 清洁 청결 / 良好的关系 좋은 관계 / 世界纪录 세계기록 / 很好的习惯 좋은 습관 / 光荣的称号 영광스러운 칭호, 호칭 / 高水平 높은 수준) 保护(文物 문물) → 구체적인 사물 목적어인 경우 "保护"를 쓴다.
② "保持"는 "조용한 상태를 유지하다"는 뜻으로도 쓰인다. : 保持沉默 침묵을 지키다 / 保持安静 조용히 하십시오
(2) 노력을 통해서 나쁘게 변하지 않도록 계속 유지해 나아가다, 지켜 나아가다"는 뜻인 경우 "维持(유지하다)"를 쓴다. : 维持(生活 생활 / 生命 생명 / 秩序 질서 / 统治 통치 / 社会 사회 / 局面 국면, 상황)
(3) ① "힘들고 어려운 상황 속에서도 자신의 의견이나 주장, 입장, 태도를 포기하지 않고 끝까지 계속해 나가다"는 뜻인 경우 "坚持(견지하다, 끝까지 버티다, 고수하다, 고집하다, 지속하다)"를 쓴다. : 坚持(意见 의견 / 主张 주장 / 态度 태도 / 立场 입장 / 原则 원칙 / 真理 진리 / 大方向 큰 방향)
② "坚持"는 뒤에 "동사 목적어"가 올 수 있다. : 坚持(做下去 끝까지 해 나아가다 / 上课 수업을 지속하다 / 长跑 장거리 달리기)

(4) ① "어떤 상황, 동작, 사물 등이 끊임없이 일정 시간 동안 계속되다, 지속되다"는 뜻인 경우 "**持续**(지속하다, 계속 이어지다)"를 쓴다. "**持续**"는 사람 주어는 올 수 없으며, 뒤에 주로 시량보어 형태가 온다. : **持续了**(**三年** 삼 년 / **一段时间** 일정 시간 / **很长时间** 오랜 시간)

② "**持续**"는 서술어가 있는 경우에는 그 앞에서 부사어로 쓰여 "지속적으로, 계속해서"의 뜻으로도 쓰인다. : **持续**(**增长** 신장하다 / **增加** 늘다, 증가하다 / **增产** 증산하다)

(5) "오래 지속되다, 유지하다"는 뜻으로 "**持久**"도 쓸 수 있는데, "**持久**"는 "어떤 상황이 오랫동안 지속되다"는 뜻의 형용사이므로 형용사 서술어 또는 명사 앞에서 관형어로 쓸 수 있지만 직접 부사어로는 쓸 수 없으며 뒤에 목적어도 올 수 없다. 서술어 앞에 부사어로 쓰이는 경우에는 반드시 "**持续地** + 서술어"의 형태로 써야 한다. : (**关系** 관계 / **婚姻** 혼인 / **时间** 시간 / **情况** 상황 / **战争** 전쟁 / **传统** 전통) **持久了**.
持久的(**和平** 평화 / **战争** 전쟁 / **打算** 장기적인 계획 / **领导力** 지도력 / **友谊** 우정)
持久(**力** 지구력 / **战** 장기전)
持久地(**坚持下去** 끝까지 지속해 나가다 / **保存下去** 보존해 나가다)

35
5급

放松
fàngsōng

(동) (긴장을) 늦추다, 느슨하게 하다, (근육을) 이완시키다

(반) **抓紧** 꽉 쥐다, 단단히 잡다, 힘을 들이다

加了一星期的班, 今天终于可以放松一下了。

일주일 동안 야근을 했고, 오늘 드디어 좀 한가해졌다.

본가 활용포인트

(1) "**放松**"은 "사물에 대해 신경을 쓰는 것 또는 정신적으로 긴장을 늦추다, 풀다"는 뜻이다. : **放松**(**紧张** 긴장 / **警惕** 경계 / **肌肉** 근육 / **全身** 전신)

(2) ① "정신적으로 부담을 느끼지 않고 긴장하지 않다"는 뜻인 경우 "**轻松** (가볍다, 홀가분하다, 수월하다)"를 쓴다.
心情轻松愉快 마음이 가볍고 즐겁다
轻松的(**生活** 홀가분한 생활 / **音乐** 가벼운 음악)

② "하는 일이 수월하다, 간단하다, 어렵지 않다"는 뜻인 경우 "**轻松**"을 쓰고, "**放松**"은 쓸 수 없다. : (**工作** 일 / **任务** 임무 / **作业** 숙제) **很轻松**.

36 5급 消失 xiāoshī

(동) 사라지다, 없어지다, 소실하다, 점점 없어지다(줄어들다)

当我回头找他的时候，他已经消失在人群中了。

내가 고개를 돌려 그를 찾았을 때, 그는 이미 사람들 속으로 사라지고 없었다.

37 5급 消灭 xiāomiè

(동) 소멸하다, 없어지다, 멸망하다, 섬멸하다

他用一个团就消灭了敌人一个师。

그는 한 연대를 사용해서 적군 한 사단을 섬멸했다.

 보카 활용 포인트

(1) "消失"는 "점점 줄어들어 가다, 점점 없어져 가다"는 뜻이다.
: (文化遗产 문화유산 / 珍贵动物 진귀한 동물 / 珍贵植物 진귀한 식물 / 血色 혈색) 消失了。
(2) ① "消灭"는 "소멸하다"는 뜻으로 "완전히 없어진 상태(灭)"를 말하고, 이 경우 뒤에 목적어를 쓸 수 없다.
许多古生物已经消灭了。
많은 고생물은 이미 소멸했다.
② "消灭"가 "어떤 사물을 완전히 소멸시키다, 없애다, 근절하다"는 뜻으로 쓰이는 경우 뒤에 구체적인 목적어, 추상적인 목적어를 둘 다 쓸 수 있다. : 消灭(敌人 적 / 害虫 해충 / 传染病 전염병 / 蚊子 모기)
(文盲 문맹 / 差别 차별 / 贫困 가난, 빈곤 / 交通事故 교통사고 / 阶段 계급, 계층 / 不合理的制度 불합리한 제도)
(3) "오해, 갈등, 선입견, 의심 등 부정적인 감정을 없애다, 풀다"는 뜻인 경우 "消除"를 쓴다. : 消除(误会 오해 / 矛盾 갈등, 모순 / 成见 선입견 / 怀疑 의심)

38 5급 委托 wěituō

(동) 위탁하다, 의뢰하다, 맡기다

小李委托我给他家里人带个信儿。

小李는 나에게 그의 가족에게 편지를 갖다 주라고 맡겼다.

39 5급 自愿 zìyuàn

(동) 자원하다
 强迫 강요하다, 강제로 시키다

这次的培训虽然收费，但是大家可以自愿参加。

이번 훈련은 유료이지만, 모두가 자원해서 참가할 수 있다.

> **보카활용포인트**
> "自愿"은 "스스로 원하다(自己愿意)"는 뜻이다.

40
5급
自动
zìdòng

(형) 자발적인, 주체적인

每次我有事，这个善良的小伙子都自动帮忙。

내가 일이 있을 때마다, 이 착한 젊은이는 자발적으로 도와준다.

41
5급
关键
guānjiàn

(형) 매우 중요하다, 결정적이다, 절대 절명의

现在事情已经进行到了最关键的阶段。

이번 일은 이미 가장 중요한 단계까지 진행 되었다.

42
5급
推荐
tuījiàn

(동) 추천하다, 추거하다

经过老师的推荐，我找到了一个非常好的工作。

선생님의 추천으로 나는 아주 좋은 직장을 구했다.

> **보카활용포인트**
> "推荐"은 "상대방에게 적절한 대상을 알려주어 그것을 선택하게 하다"는 뜻이다.

43
5급
启发
qǐfā

(동/명) ① 깨우쳐주다, 계몽(하다), 불러일으키다
② (사물을) 계발(하다)

这次的设计受到了一个小游戏的启发。

이번 설계로 작은 오락이 계발 되었다.

> **보카활용포인트**
> (1) "자세히 설명하여 상대방이 어떤 것을 깨닫게 해주는 것"을 말한다. : 启发(人 사람 / 人们的思想 사람들의 사상 / 大家 모두)

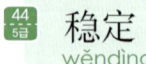
(2) "启发"는 명사로도 쓸 수 있다.
老师的话对我很有启发。
선생님의 말씀은 나에게 많은 깨우침이 되었다.
受到了启发 깨우침을 받았다.

44
5급
稳定
wěndìng

(형/동) 안정되다, 가라앉다, 변동이 없다 / 안정
시키다, 가라앉히다

반 动荡 dòngdàng 동요하다

失去亲人之后，她的情绪很不稳定。
가족을 잃은 후 그녀는 정서가 매우 불안했다.

 보카활용포인트

(1) ① "稳定"은 "물가나 정서 등이 변동 폭이 적거나 또는 변동
이 없어서 안정되다"는 뜻이다. :(物价 물가 / 情绪 정서/
局势 정세, 상태 / 血压 혈압 / 病情 병세 / 水位 수위)
很稳定.
② "稳定"은 동사 "안정시키다"는 뜻으로도 쓰고, 이 경우 뒤
에 목적어를 함께 쓴다. : 稳定(物价 물가 / 情绪 정서,
기분 / 价格 가격 / 思想 사상 / 社会秩序 사회질서)
(2) "생활 또는 사람의 마음이 정상적이고 굴곡 없이 편안한 상태
가 지속되어 안정되다"는 뜻인 경우 "安定"을 쓰고, 대부분
뒤에 목적어를 함께 쓰지 않는다. : (生活 생활 / 心情 마음 /
人心 사람의 마음 / 国内 국내)很安定.
(3) "사회, 일이 안정되다"는 뜻인 경우 "稳定"과 "安定"을 둘
다 쓸 수 있다. : 社会, 工作很(稳定, 安定).

45
5급
显得
xiǎnde

(동) ～인 것처럼 보이다, ～인 것처럼 생각되다

他已经五十多岁了，可是还是显得很
年轻。
그는 이미 50여 살이 되었지만, 아직도 매우 젊어 보이는
것 같다.

46
5급
显示
xiǎnshì

(동) 뚜렷하게 나타내 보이다, 뚜렷이 보여주다,
과시하다

他没有打电话回来，显示任务失败了。
그가 전화를 주지 않은 것은, 그의 임무가 실패한 것을 분명
히 보여준다.

相对
xiāngduì

(형/동) 상대적이다, 상대적인 / 서로 대립이 되다

人与人之间的关系是相对的，你对他好，他也会对你好。

사람과 사람 사이의 관계는 상대적이라서, 네가 그에게 잘해야 그도 너에게 잘할 것이다.

催
cuī

(동) (행동이나 일을) 독촉하다, 재촉하다, 다그치다

每次回老家，父母都催我早点结婚。

매 번 고향에 돌아올 때마다, 부모님께서는 나에게 빨리 결혼하라고 재촉하신다.

称
chēng

(동) ① 부르다, 일컫다 ② 말하다, 진술하다 ③ 칭송하다, 칭찬하다 ④ 무게를 달다

他总是喜欢称自己为诗人。

그는 항상 자신을 시인이라고 부른다.

大家都称他这个人小气。

모두 그가 째째하다고 말한다.

大家都对我们的表演连声称好。

모두들 계속해서 우리의 공연을 칭찬했다.

*连声 liánshēng 계속해서, 잇달아
*称好 chēnghǎo 칭찬하다

他的英雄事迹一直被后人称颂。

그의 영웅적인 사적은 후대 사람들에게 계속 칭송을 받았다.

他在水果店称了二斤苹果。

그는 과일 가게에서 사과 두 근을 달았다.

责备
zébèi

(동) 책하다, 탓하다, 책망하다, 꾸짖다

(반) 包涵 bāohan 너그럽게 용서하다, 양해하다 / 原谅 용서하다, 양해하다

因为那件事，父亲责备了自己一辈子。

이 일로 인해 아버지께서 평생 자신을 탓하셨다.

51
5급

无数
wúshù

(형) ① 무수하다, 매우 많다
    ② 잘 모르다, 확실히 알지 못하다

在无数次的吵架之后，他们终于离婚了。
수없이 많은 말다툼 끝에, 그들은 결국 이혼했다.

在结果没有出来之前，谁都心中无数。
결과가 나오기 전에는, 누구도 확실히 알 수 없는 것이다.

*心中无数 xīnzhōngwúshù 어떤 상황인지 전혀 모르다, 전
혀 예측할 수 없다

52
5급

否定
fǒudìng

＝否认 fǒu rèn

(동) 부정(하다), 부인하다, 반대하다, 취소(하다)
반 肯定 긍정(하다)

他看也没看，就否定了我的计划。
그는 보지도 않고 내 계획을 반대했다.

53
5급

不见得
bújiàndé

(동) (그러나) 반드시 ~라고는 볼 수 없다, ~라
고는 할 수 없다, (그러나) ~라고는 생각되
지 않다.

**即使花了很多钱买礼物给我，我也不见
得开心。**
큰돈 들여 나에게 선물을 사준다고 해서 내 기분이 꼭 좋아
진다고 할 수는 없다.

(8) 감정표현

☐ 孤单 gūdān	외롭다	☐ 可怕 kěpà	두렵다
☐ 寂寞 jìmò	적막하다	☐ 不耐烦 búnàifán	못 참다
☐ 急忙 jímáng	급하다	☐ 不得了 bùdéliǎo	매우 심하다
☐ 良好 liánghǎo	양호하다	☐ 坚决 jiānjué	단호하다
☐ 朴素 pǔsù	소박하다	☐ 疯狂 fēngkuáng	미쳐 날뛰다
☐ 地道 dìdao	본고장의	☐ 诚恳 chéngkěn	간절하다
☐ 乐观 lèguān	낙관적이다	☐ 谨慎 jǐnshèn	신중하다
☐ 老实 lǎoshi	솔직하다	☐ 刻苦 kèkǔ	몹시 애쓰다
☐ 麻烦 máfan	귀찮다	☐ 老 lǎo	오래되다
☐ 疲劳 píláo	피로하다	☐ 光明 guāngmíng	밝다
☐ 坏 huài	나쁘다	☐ 狡猾 jiǎohuá	교활하다
☐ 恶劣 èliè	열악하다	☐ 耐烦 nàifán	인내하다
☐ 艰巨 jiānjù	어렵고 힘들다	☐ 能干 nénggàn	유능하다
☐ 不安 bùān	불안하다	☐ 陌生 mòshēng	생소하다
☐ 迫切 pòqiè	절실하다	☐ 模糊 móhu	모호하다
☐ 悲观 bēiguān	비관(적이다)	☐ 偶然 ǒurán	우연한
☐ 慌张 huāngzhāng	당황하다	☐ 匆忙 cōngmáng	다급하다
☐ 惭愧 cánkuì	부끄럽다	☐ 平静 píngjìng	평온하다
☐ 骄傲 jiāoào	거만하다	☐ 必然 bìrán	필연(적이다)
☐ 了不起 liǎobuqǐ	대단하다	☐ 必要 bìyào	필요(하다)
☐ 灵活 línghuó	민첩하다	☐ 糊涂 hútú	애매하다
☐ 呆 dāi	(머리가) 둔하다	☐ 豪华 háohuá	호화롭다
☐ 好奇 hàoqí	호기심이 많다	☐ 单纯 dānchún	단순하다
☐ 可靠 kěkào	믿을 만 하다	☐ 单调 dāndiào	단조롭다
☐ 嫩 nèn	부드럽다	☐ 客观 kèguān	객관(적이다)
☐ 明确 míngquè	명확하다	☐ 坚强 jiānqiáng	굳세다
☐ 明显 míngxiǎn	뚜렷하다	☐ 片面 piànmiàn	단편(적이다)
☐ 倒霉 dǎoméi	운수가 사납다	☐ 过敏 guòmǐn	지나치게 예민하다
☐ 难看 nánkàn	보기 싫다	☐ 紧(张) jǐn	(사람이) 긴장하다

01
5급
孤单
gūdān
= 寂寞

(형) 외롭다, 쓸쓸하다, 고독하다

离开家自己生活以后，我总是感到很孤单。

집을 떠나 혼자 생활한 후에 나는 항상 외로움을 느꼈다.

02
5급
寂寞
jìmò

(형) 적막하다, 적적하다, 외롭다, 쓸쓸하다

到这里以后，我交了很多新朋友，一点儿也不寂寞。

이 곳에 오고 나서, 나는 새 친구들을 많이 사귀어서 하나도 외롭지 않다.

03
5급
急忙
jímáng

(형) 급하다, 바쁘다, 분주하다

听说公司里有事，他急忙穿上衣服跑了出去。

회사에 일이 있다는 얘기를 듣고, 그는 급하게 옷을 입고 뛰어 나갔다.

04
5급
良好
liánghǎo

(형) 양호하다, 좋다, 훌륭하다

这对我们来说是一个良好的开始。

이것은 우리에게 있어서 좋은 시작이다.

05
5급
朴素
pǔsù

(형) 소박[검소]하다, 화려하지 않다

(반) 豪华 사치스럽다, 호화롭다

他虽然很有钱，但是穿着十分朴素。

그는 부자이지만, 아주 소박하게 입는다.

06
5급
地道
dìdao

(형) ① 순수하다, 진짜의, 본고장의, 명산지의
② (일이나 재료의 질이) 알차다, 질이 좋다

我们应该去吃一吃地道的北京小吃。

우리는 북경 본고장의 간식을 먹어봐야 한다.

他干的活儿很地道，我们经常找他。

그가 일을 제대로 해내서 나는 자주 그를 찾는다.

(1) "地道"는 "진정한, 제대로 된, 순수한, 표준적인, 정통인"의 뜻으로 "말이나 일 등을 아주 잘 한다"는 뜻이다.
他说一口地道的中国话。 그는 정통 중국어를 구사한다.
他的北京话说得很地道。 그는 정통 북경어를 한다.
这家四川饭馆菜的味道挺地道的。
이 사천요리 식당의 음식 맛은 아주 정통이다.
(2) "본 고장에서 생산하는 토종 산물"을 말한다.
这是地道的北京烤鸭。
이것은 본 고장의 북경 오리구이이다.

07
5급

乐观
lèguān

(형) 낙관하다, 낙관적이다
(반) 悲观 비관하다, 비관적이다

我一直都保持着非常了乐观的心态。
나는 줄곧 낙관적인 마음을 유지하고 있다.

*心态 xīntài 심리상태

08
5급

老实
lǎoshi

(형) ① 솔직하다, 정직하다 ② 성실하다, 점잖다

老实说，我从来没想过你会有今天的成绩。
솔직히 말해서, 나는 너에게 오늘의 결과가 있으리라고 생각한 적이 없었다.

他是个老实人，你不要欺负他。
그는 성실한 사람이니, 너는 그를 얕봐서는 안 된다.

*欺负 qīfu 얕보다, 업신여기다, 괴롭히다

老实说 솔직히 말하면

09
5급

麻烦
máfan

(형) 귀찮다, 성가시다, 번거롭다
(동) 귀찮게(번거롭게) 하다, 성가시게 굴다, 부담을 주다, 폐를 끼치다

这件事太麻烦了，我可不想管。
이 일은 너무 번거로워서 나는 관여하고 싶지 않아.

自己能做的事情，我绝不麻烦别人。
내가 할 수 있는 일이면, 나는 절대로 다른 사람을 귀찮게
하지 않는다.

10 / 5급 疲劳
píláo
= 疲困, 困倦

(형) 피로하다, 노곤하다, 지치다
坐了两天的火车，我现在感到很疲劳。
이틀 동안 기차를 탔더니 나는 지금 매우 피곤하다.

> **보카활용포인트**
> "疲(pí)" "困(kùn)" "倦(juàn)" 등과 같은 글자가 있으면 모두
> "피로하다, 지치다"는 뜻이다. : 疲劳[= 疲困(píkùn) / 疲倦
> (píjuàn) / 困倦(kùnjuàn)]

11 / 5급 坏
huài

(형) 나쁘다, 좋지 않다 (반) 好 좋다
人的一些坏习惯是很难改变的。
사람의 나쁜 습관들은 고치기 매우 어렵다.

12 / 5급 恶劣
èliè

(형) 아주 나쁘다, 열악하다
在这么恶劣的环境中工作，十分危险。
이렇게 열악한 환경에서 일하는 것은 대단히 위험하다.

13 / 5급 艰巨
jiānjù

(형) 어렵고 힘들다
这次的任务十分艰巨，可是希望你不会
让我们失望。
이번 임무는 매우 어렵지만, 네가 우리를 실망시키지 않았
으면 좋겠다.

14 / 5급 不安
bùān

(형) 불안하다, 편안하지 않다
(반) 安定 안정되다
做了那件事之后，他的内心一直很不安。
그 일을 하고 나서, 그는 내심 계속 매우 불안하다.

 迫切
pòqiè

(형) 절실하다, 절박하다

保护环境是一个十分迫切的问题。

환경보호는 매우 절실한 문제이다.

 悲观
bēiguān

(형/명) 비관(적이다), 비관(하다)

반 乐观 낙관(적이다)

你不能总是这么悲观，要相信自己。

너는 자신을 믿어야지, 이렇게 항상 비관적이면 안된다.

 慌张
huāngzhāng

(형) 당황하다, (어쩔 줄 몰라) 허둥대다

你做了什么坏事了，怎么这么慌张。

너는 무슨 나쁜 일을 했길래 이렇게 당황하는 거냐.

 惭愧
cánkuì

(형) 부끄럽다, 수치스럽다

我没有完成任务，感到很惭愧。

나는 임무를 완수하지 못해서 부끄럽게 여겨졌다.

 骄傲
jiāoào

(형) ① 거만하다, 교만하다, 뽐내다
② 자랑스럽(게 여기)다

반 谦虚 겸허(겸손)하다

虚心使人进步，骄傲使人落后。

겸손함은 사람을 진보하게 하고 교만함을 사람을 퇴보시 킨다.

我为祖国的传统文化感到骄傲。

나는 조국의 전통문화가 자랑스럽다.

 了不起
liǎobuqǐ

(형) 대단하다, 보통이 아니다, 뛰어나다, 훌륭하다

他就那么了不起么？你们为什么那么喜欢他？

그가 그렇게 대단하니? 너희들은 왜 그렇게 그를 좋아하는 거야?

5급 신HSK VOCA

21
5급
灵活
línghuó

(형) ① (행동이나 동작이) 민첩하다, 재빠르다, 날쌔다, 날렵하다, 원활하다 ② (일 처리 하는 것이) 융통성이 있다, 탄력적이다 ③ (머리가) 영리하다, 똑똑하다, 총명하다

他虽然八十岁了，但是腿脚还十分灵活。
그는 여든 살이지만, 발걸음은 여전히 빠르다.

我们在学习知识的同时，也应该学会如何灵活运用它。
우리는 지식을 배우는 동시에, 어떻게 그것을 융통성 있게 사용할지도 배워야 한다.

这些小孩子的脑筋都十分灵活。
이 어린 아이들은 머리가 아주 똑똑하다.

22
5급
呆
dāi

(형) ① (머리가) 둔하다, 우둔하다, 미련하다, 멍청하다 ② 무표정하다, 멍하다, 어리둥절하다

他从小就有点呆，但是心地很善良。
그는 어려서부터 약간 아둔했지만, 마음은 아주 착하다.

我经常看到她对着以前的照片发呆。
나는 항상 그녀가 예전의 사진을 보며 멍하게 있는 것을 본다.

23
5급
好奇
hàoqí

(형) 호기심이 많다
(동) 신기한 것(유별난 것)을 좋아하다

孩子们很好奇，什么事都想问个明白。
아이들은 호기심이 많아서 무슨 일이든 다 분명히 물어 보고 싶어한다.

24
5급
可靠
kěkào
= 能相信

(형) 믿을 만 하다, 믿음직하다, 믿을 수 있다

我说过他这个人很不可靠，你不能相信他。
내가 그는 믿을 만한 사람이 아니라고 말한 적 있잖니. 너는 그를 믿어서는 안돼.

 嫩
nèn

(형) ① 부드럽다, 연(약)하다, 여리다
② (음식 등이) 무르다, 말랑말랑하다

春天到了，柳树发出了嫩芽。
봄이 오자 버드나무에 새싹이 났다.

这肉片炒得很嫩，你多吃一点儿。
고기가 부드럽게 볶아졌으니 많이 드세요.

26
5급
明确
míngquè

(형/동) 명확하다, 확실하다, 분명하다 / 명확하게
하다

目前对方的目的还不是很明确。
지금 상대방의 목적이 아직 매우 명확한 것은 아니다.

27
5급
明显
míngxiǎn

(형) 뚜렷하다, 분명하다, 분명히 드러나다

他的态度已经十分明显了，你应该明白了。
그는 태도가 이미 매우 분명하니, 네가 이해해야 한다.

> **보카활용포인트**
>
> (1) ① "**明确**"는 "명확하다"는 뜻으로 "어떤 일이나 사실을 매우
> 분명히 알고 있어서 확실하다" 는 뜻이다. : (**目标** 목표 /
> **指标** 지표, 목표 / **方向** 방향 / **态度** 태도 / **任务** 임무 /
> **意见** 의견 / **答复** 대답, 회답)很明确。
> ② "**明确**"가 동사로 쓰이면 "명확하게 하다, 분명하게 하다"는
> 뜻으로 뒤에 목적어와 함께 쓴다. : 明确(**目标** 목표 / **指
> 标** 목표, 지표 / **态度** 태도 / **观点** 관점 / **意见** 의견)
> (2) "**明显**"은 "분명히 밖으로 드러나서 쉽게 사람들의 눈에 잘
> 보이거나 느낄 수 있는 것"을 말한다. : (**问题** 문제 / **水平提
> 高得** 수준이 향상된 것이)很明显。
> 明显的(**成绩** 뚜렷한 성적 / **变化** 변화 / **提高** 향상 / **进
> 步** 진보, 발전)
> 最近我的儿子很明显地长高了。
> 최근 우리 아들은 아주 분명히 키가 컸다.

28
5급
倒霉
dǎoméi

(형) 운수가 사납다, 재수 없다
(동) 재수 없는 일을 당하다

认识他之后，我一直都很倒霉。
그를 알고 나서, 나는 계속 재수가 없다.

你这样傻得相信别人，总有一天会倒霉。
네가 이렇게 어리숙하게 다른 사람을 믿다가는 언젠가는 나쁜 일을 당할 것이다.

*傻 어리석다, 우둔하다, 멍청하다

29
5급

难看
nánkàn

(형) 보기 싫다, 꼴이 사납다(흉하다)
(반) 好看 보기 좋다, 근사하다

我的头发都快掉光了，真难看。
내 머리가 곧 대머리가 되려고 해서 정말 흉하다.

30
5급

可怕
kěpà

(형) 두렵다, 무섭다, 끔찍하다

现在大家都在这里，没有什么可怕的。
지금 모두 여기에 있으니 어떤 두려운 것도 없다.

31
5급

不耐烦
búnàifán

(형) 못 참다, 귀찮다, 성가시다, 견디지 못하다

你快去吧，他已经等得不耐烦了。
그는 이미 더 이상 기다리는 것을 못 견뎌 할 거야, 네가 빨리 가봐.

32
5급

不得了
bùdéliǎo

(형) ① 매우 심하다   ② 큰일났다, 야단났다

我最近忙得不得了，没时间去玩儿。
나는 요즘 너무 바빠서, 나가 놀 시간이 없다.

不得了了，小张出车祸了!
큰일 났어, 샤오장이 차사고가 났어!

*祸 huò 화, 재앙, 사고

> **보카 활용포인트**
> "不得了"는 "매우 ~하다"는 뜻으로 "서술어+得+不得了"
> 처럼 정도보어 형태로 쓰는 경우가 많다. 이 경우 "不得
> 了(bùdéliǎo)"는 "了不得(liǎobudé)", "很", "要命
> (yàomìng)", "要死(yàosǐ)", "不行了(bùxíngle)" 등과 바
> 꾸어 쓸 수 있다. : 我累得不得了。나는 매우 피곤하다.

坚决
jiānjué

(형) 결연하다, 단호하다, 강경하다

开会的时候，总经理坚决反对这项计划。

회의를 할 때, 총 매니저가 이 계획에 강경하게 반대했다.

> **보카활용포인트**
> (1) "坚决"는 "태도, 주장, 행동 등이 매우 확실해서 한 치의 망설임도 없는 것"을 말한다. : (态度 태도 / 主张 주장 / 行动 행동)很坚决。
> (2) "입장, 주장, 의지 등을 분명히 하다"는 뜻으로 동사로 쓰는 경우 "坚决"를 쓸 수 없고, "坚定"을 쓴다. : 坚定(立场 입장 / 主张 주장 / 信念 신념 / 意志 의지)

 疯狂
fēngkuáng

(형) 미쳐 날뛰다, 발광하다, 광분하다, 미친듯하다

这些女孩追星的行动实在太疯狂了。

이 여자 아이들이 스타를 쫓는 행동은 정말 미친듯하다.

 诚恳
chéngkěn

(형) 성실하다, 간절하다

(반) 狡猾 jiǎohuá 교활하다, 간사하다 / 虚伪 xūwěi 거짓(이다), 진실(하지 못하다), 위선(적이다)

看你态度诚恳，我就原谅你这一次。

네 태도가 간절한 것을 봐서, 내가 너를 이번 한번만 봐주겠다.

> **보카활용포인트**
> "诚恳"은 "말이나 태도가 아주 간절하고 진지하다" 또는 "정중하다, 공손하다"는 뜻이다. : (态度 태도 / 话说得 말하는 것)很诚恳。
> 诚恳的(邀请 정중한 초청·초대 / 意见 진지한 의견 / 态度 진지한 태도)
> 接受诚恳的邀请 정중한 초청을 받아들이다
> 提出了诚恳的意见 진지한 의견을 받아들이다

 谨慎
jǐnshèn

(형) 신중하다, 조심하다

这次的工作十分重要，我们一定要十分谨慎。

이번 일은 매우 중요해서, 우리는 반드시 아주 신중해야 한다.

"谨慎"은 " 일, 말, 행동 등을 할 때 조심성 있다"는 뜻으로 "慎重 shèn zhòng", "小心 xiǎo xīn"과 동의어이다. : (做事 일을 하는 것 / 这件事 이 일)要谨慎一下。
谨慎地(说 말하다 / 处理 처리하다 / 做 하다)

37 5급 刻苦 kèkǔ

(형) 고생하다, 몹시 애를 쓰다, 노력하다

他从小学习就十分刻苦。

그는 어려서부터 공부했고, 매우 노력을 했다.

38 5급 老 lǎo

(형) ① 오래되다 ② 진부하다, 낡다
(부) ① 늘, 항상 ② 매우, 아주

昨天, 我和几个老朋友见了面。

어제 나는 오랜 친구 몇 명과 만났다.

这座房子太老了, 已经没法住人了。

이 집은 너무 낡아서, 이미 사람이 살 방법이 없다.

搬家到很远的地方以后, 他老迟到。

아주 먼 곳으로 이사하고 나서, 그는 늘 지각을 한다.

"老"가 "매우, 아주"라는 뜻의 정도의 의미를 가진 부사로 쓰이는 경우, 한 글자 형용사 앞에 쓰고, 정도부사와 함께 쓸 수 없다.
老(长 아주 길다 / 远 아주 멀다 / 高 아주 높다 / 大 아주 크다)
老很(长 아주 길다 / 远 아주 멀다 / 高 아주 높다 / 大 아주 크다)(×)

39 5급 光明 guāngmíng

(형) 밝다, 희망이 있다, 유망하다 (명) 광명, 빛

我们要相信自己的前途是十分光明的。

우리는 우리의 장래가 아주 밝다고 믿어야 한다.

*前途 qiántú 앞길, 전망

他的出现, 让我在黑暗中看到了一线光明。

그의 출현은 우리에게 암흑 속에서 한줄기 빛을 보게 했다.

40 5급 狡猾 jiǎohuá

(형) 교활하다, 간사하다
(반) 诚恳 성실하다, 간절하다

这是一个十分狡猾的商人。
이 사람은 매우 교활한 상인이다.

41 5급 耐烦
nàifán

(형) 인내하다, 번거로움을 잘 참아내다

面对长辈，不要显出不耐烦的样子。
어른을 대할 때, 못 참겠다는 표정을 보여서는 안 된다.

*样子 yàngzi 표정, 모습, 안색

42 5급 能干
nénggàn

(형) 유능하다, 능력(재능)이 있다, 뛰어나다
(반) 无能 무능하다

他是我所有助手中最能干的。
그는 내 모든 조수 중에서 가장 유능하다.

43 5급 陌生
mòshēng

(형) 생소하다, 낯설다, 눈에 익지 않다

我来到这个陌生的城市，开始了新生活。
나는 이 낯선 도시에 와서 새 생활을 시작했다.

44 5급 模糊
móhu

(형/동) 모호하다, 뚜렷하지 않다, 애매하게 하다,
흐리게 하다, 혼동하게 하다

我对他的印象已经十分模糊了。
나의 그에 대한 인상은 이미 흐릿해졌다.

45 5급 偶然
ǒurán

(형) 우연한, 우연하다 (반) 必然 필연(적이다)

你能取得这样的成绩，绝不是偶然的。
네가 이런 성적을 받을 수 있는 것은 절대로 우연이 아니다.

我在偶然的机会找到了理想的工作。
나는 우연한 기회에 이상적인 직장을 찾았다.

46 5급 匆忙
cōngmáng

(형) 다급하다, 총망하다, 매우 바쁘다

他走的时候很匆忙，忘了带手机了。
그가 갈 때 매우 다급해서, 핸드폰을 두고 갔다.

平静
píngjìng

(형) ① 평온하다, 평정하다
② (태도,감정이) 조용하다, 차분하다
반 激动 (감정이) 격하게 움직이다, 흥분하다

他的到来, 使平静地山村热闹起来。
그가 온 것은 조용한 산골을 떠들썩하게 했다.

从医院回来后, 他的心一直不能平静。
병원에서 돌아오고 나서, 그의 마음은 계속 차분할 수 없었다.

必然
bìrán

(형/명) 필연(적이다)　(부) 필연적으로, 반드시

这一切都是必然的结果。
이 모든 것은 필연적인 결과이다.

他今天来, 必然是有原因的。
그가 오늘 온 것은 반드시 원인이 있다.

必要
bìyào

(형/명) 필요(하다)　**반** 多余 쓸데없는, 필요없는

我想我们没必要讨论这件事了。
나는 우리가 이 문제를 토론할 필요가 없다고 생각한다.

> **보카활용포인트**
>
> (1) ① "必然"은 "반드시 일어나는 것"을 말하는 형용사이다. 서술어로 쓰는 경우에는 반드시 "是必然的"의 형태로 쓴다. : 必然的(结果 결과 / 产物 산물 / 联系 관계 / 现象 현상 / 规律 법칙, 규칙, 규율)
> 这是必然的趋势 이 것은 필연적인 추세이다
> 这个结果是必然的。이 결과는 필연적인 것이다.
> ② "必然"은 "필연적으로, 반드시"라는 뜻의 부사로도 쓸 수 있다. : 必然(成功 성공하다 / 失败 실패하다 / 落后 뒤떨어지다, 낙오되다 / 会好 좋아질 것이다)
> (2) ① "반드시 있어야 된다, 없어서는 안 된다"는 뜻의 형용사로 쓰는 경우 "必要(필요하다, 필요)"를 쓴다. "必要"는 "需要"와 같은 뜻이지만, 형용사이므로 뒤에 목적어가 올 수 없다.
> 这样做是十分必要的。
> 이렇게 하는 것은 매우 필요하다.
> 首先解释也很必要。
> 우선 설명하는 것도 매우 필요하다.
> 必要的条件 필요 조건
> 需要的措施 필요한 시책, 대책

② "必要"는 "필요"라는 뜻의 명사로도 쓸 수 있는데, 이 경우 "有必要~", "没(有)必要~"의 형태로 쓴다.
老师(没)有必要批评他。
선생님께서 그를 혼낼 필요가 있다(없다).

(3) ① "需要(필요로 하다)"는 "당연히 있어야 되거나 반드시 있어야 된다" 는 것을 뜻하는 동사이다. 사람과 사물 목적어 모두 올 수 있다. 또한 목적어 자리에는 명사/대명사, 문장이나 절, 동사를 모두 쓸 수 있으며 정도 부사도 함께 쓸 수 있다. : 需要(人 사람 / 东西 물건 / 材料 재료 / 工具 도구, 공구 / 房子 집 / 调查 조사 / 帮助 도움 / 休息 휴식 / 治疗 치료 / 讨论 토론)
② "需要"는 "필요, 수요, 요구, 욕구"라는 뜻의 명사로도 쓸 수 있는데, "어떤 사물에 대한 요구나 욕망"을 뜻한다. : (生活 생활 / 用户 사용자, 가입자 / 工作 일 / 儿童 어린이)的需要

(4) ① "반드시 ~해야 된다(一定要)"란 뜻의 부사인 경우 "必须"를 쓴다. : 必须(工作 일하다 / 好好学习 잘 공부하다 / 参加 참가하다 / 解决 해결하다 / 有 있다)
② "必须"의 부정형식은 "~할 필요가 없다"는 뜻의 "不必(bùbì)" 또는 "无须(wúxū)"를 쓴다.
离上课时间还有十分钟呢, 你不必着急。
수업시간까지는 아직 10분이나 남았으니 너는 조급해 할 필요가 없다.

糊涂
hútú

(형) ① 애매하다, 분명하지 않다, 모호하다
② 어리둥절하다, 흐리멍텅하다, 얼떨떨하다

老师越解释, 我就越糊涂。
선생님께서 설명을 하실수록 우리는 이해가 점점 더 안되었다.

豪华
háohuá

(형) ① (생활이) 호화롭다, 사치스럽다
② (건축, 장식, 설비, 기물 등이) 화려하고 웅장하다
(반) 朴素 소박하다, 화려하지 않다

他们家富了好几代, 生活一直很豪华。
그들 집은 대대로 부자여서, 생활이 줄곧 호화로웠다.

这家饭店的装修十分豪华。
이 음식점의 인테리어가 매우 화려하다.

*装修 zhuāngxiū 인테리어(하다)

52 5급 单纯 dānchún
(형) 단순하다　(부) 오로지, 단순히, 순전히
(반) 复杂 복잡하다

他是一个思想单纯的孩子。
그는 생각이 단순한 아이다.

他们只是单纯地追求数量。
그들은 그저 오로지 양을 쫓을 뿐이다.

53 5급 单调 dāndiào
(형) 단조롭다, 변화가 없다
(반) 丰富 풍부하다, 많다

这几年你的生活如此单调，应该改变一
下了。
이 몇 년 동안 네 생활이 너무 단조로워서, 변화를 좀 줘야
한다.

54 5급 客观 kèguān
(형/명) 객관(적이다)　(반) 主观 주관(적이다)

我希望你能客观地看这个问题。
나는 네가 객관적으로 이 문제를 보기를 바란다.

55 5급 坚强 jiānqiáng
(형) (사람의 의지 등이) 굳세다, 꿋꿋하다, 완강
하다, 강경하다
(반) 薄弱 bóruò 박약하다

他的意志十分坚强，无论如何也不会
投降。
그는 의지가 아주 강해서 어쨌든 항복하지 않을 것이다.

*投降 tóuxiáng 항복하다, 투항하다

56 5급 片面 piànmiàn
(형/명) 일방(적이다), 단편(적이다), 한쪽, 단독
(반) 全面 전면(전반)적이다

我们不能轻信你的片面之词。
우리는 경솔하게 너의 단편적인 말을 믿을 수 없다.

*轻信 qīngxìn 쉽게 믿다, 경솔하게 믿다

过敏
guòmǐn

(형/명) 지나치게 예민하다, 과민하다
(명) 알러지(allergy)

你太过敏了，这件事和你一点儿关系也没有。
네가 지나치게 예민한데, 이 일은 너랑 아무 관계도 없어.

我一喝酒就会过敏，所以从来不喝酒。
나는 술을 마시기만 하면 알러지 반응이 생겨서, 여태껏 술을 마신 적이 없다.

紧 (张)
jǐn(zhāng)

(형) ① (사람이) 긴장하다 ② (시간이나 물건 등 구체적인 사물이) 부족하다 ③ (공부 또는 일하는 것이) 바쁘다 ④ (관계가) 나쁘다, 긴장되다 ⑤ (옷이나 신발 등이) 꽉 죄다, 작다
(반) 薄弱 bóruò 박약하다

面试的时候，我非常紧张。
면접을 볼 때, 나는 너무 긴장되었다.

时间很紧(张)，我们必须加快速度。
시간이 부족하니 우리는 반드시 속도를 더 내야 한다.

快要考试了，他的学习很紧(张)。
곧 시험이라서 그는 공부하느라 매우 바쁘다.

那件事之后，他们的关系紧张了起来。
그 사건 후에 그들의 관계는 나빠지기 시작했다.

这双鞋太紧了，我穿不进去。
이 신발은 너무 작아서, 내가 신을 수 없다.

2 가정생활

□ 起床 qǐchuáng	일어나다	□ 梦 mèng	꿈
□ 洗 xǐ	씻다	□ 躺 tǎng	(드러)눕다
□ 刷牙 shuāyá	이를 닦다	□ 客人 kèrén	손님
□ 睡觉 shuìjiào	잠을 자다	□ 结婚 jiéhūn	결혼하다

01 3급
起床
qǐchuáng

(동) 일어나다
반 就寝 jiùqǐn 취침하다 / 睡觉 잠을 자다
都8点了，我弟弟该起床了，可是他还没起床。
벌써 여덟 시야, 내 남동생은 일어날 때가 되었는데도 아직도 안 일어났어.

02 3급
洗
xǐ

(동) 씻다
你每天回到家就要把手洗干净。
너는 매일 집에 돌아오면 손을 깨끗하게 씻어야 한다.

*干净 gānjìng 깨끗하다

03 3급
刷牙
shuāyá

(동) 이를 닦다
我们每天早晚都要刷牙。
우리는 매일 아침 저녁으로 이를 닦아야 해.

04 3급
睡觉
shuìjiào

(동) 잠을 자다
他到十二点钟才睡觉。
그는 12시가 되어서야 잠을 잔다.

*~钟 zhōng ~시, ~시간

05 3급
梦
mèng

(명) 꿈
祝你做好梦。좋은 꿈 꾸세요.

躺
tǎng

(동) (드러)눕다

现在我想躺在床上休息一下。

나 지금 침대에 누워서 좀 쉬고 싶어요.

客人
kèrén

(명) 손님 (반) 主人 주인

今天晚上有很多客人要来了。

오늘 저녁에 손님이 아주 많이 오신다.

结婚
jiéhūn

(동) 결혼하다

**你周围的朋友们都结婚了，你什么时候
结婚啊?**

네 주위의 친구들은 다 결혼했는데 너는 언제 결혼할거니?

*周围 zhōuwéi 주위, 주변

(1) 가정생활 I

☐ 牙膏 yágāo	치약	☐ 钥匙 yàoshi	열쇠
☐ 毛巾 máojīn	수건	☐ 垃圾桶 lājītǒng	쓰레기통
☐ 镜子 jìngzi	거울	☐ 塑料袋 sùliàodài	비닐봉지
☐ 家具 jiājù	가구	☐ 盒子 hézi	작은 상자
☐ 沙发 shāfā	소파	☐ 市场 shìchǎng	시장
☐ 工具 gōngjù	공구	☐ 信用卡 xìnyòngkǎ	신용카드
☐ 刀 dāo	칼	☐ 加油站 jiāyóuzhàn	주유소
☐ 洗衣机 xǐyījī	세탁기	☐ 日记 rìjì	일기
☐ 窗户 chuānghu	창문		

---

01 4급

牙膏
yágāo

(명) 치약

我偶尔用盐代替牙膏刷牙。
난 가끔 치약 대신 소금으로 이를 닦는다.

*偶尔 ǒu'ěr 이따금

---

02 4급

毛巾
máojīn

(명) 수건, 타올

他买了袜子，毛巾，背包以及其他很多东西，来为旅行做准备。
그는 여행준비로 양말, 수건, 배낭 및 여러 가지 물건을 샀다.

---

03 4급

镜子
jìngzi

(명) 거울

她对着镜子理顺头发，涂了口红。
그녀는 거울을 보고 머리를 매만지고 립스틱을 발랐다.

*理顺 lǐshùn 매만지다
*涂 tú 바르다. 칠하다
*口红 kǒuhóng 립스틱

家具
jiājù

(명) 가구

我们搬进新家后，把所有家具的位置都换了。

우리는 새 집으로 이사한 후 가구의 위치를 모두 바꾸었다.

*位置 wèizhi 위치

沙发
shāfā

(명) 소파

她清扫完家里之后，常常躺在沙发上看电视。

그녀는 집안 청소를 끝내고 나서 항상 소파에 누워 TV를 본다.

*清扫 qīngsǎo 청소하다

工具
gōngjù

(명) 도구, 공구

剩下的东西还有用处，把它们放在工具箱里，好好保管。

남은 것은 쓸데가 있으니 공구 상자에 잘 보관해 놓아라.

*剩下 shèngxia 남다
*用处 yòngchu 용도

刀
dāo

(명) 칼

他买来了铅笔，圆珠笔，小刀等学习用品。

그는 연필, 볼펜, 칼 같은 학용품을 구입했다.

*用品 yòngpǐn 용품

洗衣机
xǐyījī

(명) 세탁기

他不知道怎样使用洗衣机，让我给他说明新买的洗衣机的使用方法。

그는 세탁기 사용 방법을 몰라서 나에게 새로 산 세탁기 사용법에 대한 설명을 부탁했다.

4급 신HSK VOCA

窗户
chuānghu

(명) 창문

请把窗户关紧，不然会从外面进来很多冷风。

창문을 꼭 닫아주세요. 안 그러면 밖에서 찬바람이 많이 들어와요.

*关紧 guānjǐn 꼭 닫다
*不然 bùrán 그렇지 않으면

 钥匙
yàoshi

(명) 열쇠

我公寓的门由以前的使用钥匙改为了使用密码的数字门锁。

내 아파트 대문은 기존의 열쇠 대신 비밀 번호를 사용하는 디지털 도어 록[digital door lock]으로 바꿨어.

*改为 gǎiwéi ~(으)로 변하다[바뀌다]
*门锁 ménsuǒ (대문)자물쇠, 잠금장치

 垃圾桶
lājītǒng

(명) 쓰레기통, 휴지통

玻璃瓶一定要扔在绿色的垃圾桶里。

유리병은 꼭 녹색 쓰레기통에 버리세요.

*玻璃瓶 bōlipíng 유리병
*扔 rēng 던지다

 塑料袋
sùliàodài

(명) 비닐봉지

妈妈把许多水果装进了塑料袋里。

어머니께서 비닐봉지에 여러 과일을 담으셨다.

*装 zhuāng 담다

 盒子
hézi

(명) 작은 상자

您知道这个小盒子的用途吗？

당신은 이 작은 상자의 용도를 아세요?

*用途 yòngtú 용도

14
4급

市场
shìchǎng

(명) 시장

在混杂的市场街道上，我把钱包弄丢了，该怎么办呀？

난 복잡한 시장 거리에서 지갑을 잃었어요. 어떻게 해야 하나요?

*混杂 hùnzá 뒤섞(이)다
*街道 jiēdào 거리

15
4급

信用卡
xìnyòngkǎ

(명) 신용카드

您是用现金支付，还是用信用卡支付？

현금으로 지불하실거예요? 신용카드로 하실 거예요?

*支付 zhīfù 지불하다. 내다

16
4급

加油站
jiāyóuzhàn

(명) 주유소

该加油了，去机场的路上有加油站吗？

기름을 넣어야 되는데, 공항가는 길에 주유소가 있나요?

17
4급

日记
rìjì

(명) 일기

如果学生们养成写学习日记的习惯，就会在下次考试中取得高分。

학생들이 학습일기를 쓰는 습관을 기르면, 다음 시험에서 높은 점수를 받을 수 있을 것이다.

*养成 yǎngchéng (습관을) 기르다
*取得 qǔdé 취득하다
*高分 gāofēn 높은 점수

(2) 가정생활 Ⅱ

□ 响 xiǎng	소리나다, 울리다	□ 无聊 wúliáo	무료하다, 재미없다
□ 醒 xǐng	(잠, 술등이) 깨다	□ 打扰 dǎrǎo	(남의 일을) 방해하다
□ 躺 tǎng	(드러)눕다	□ 火 huǒ	불
□ 理发 lǐfà	이발하다	□ 抽烟 chōuyān	담배를 피우다
□ 打扮 dǎban	단장하다, 치장하다	□ 轻 qīng	(무게가) 가볍다
□ 寄 jì	(우편으로) 부치다	□ 深 shēn	깊다
□ 发 fā	보내다	□ 窄 zhǎi	(폭이) 좁다
□ 收 shōu	(편지 등을) 받다	□ 厚 hòu	두텁다
□ 受到 shòudào	받다	□ 硬 yìng	단단하다
□ 困 kùn	피곤하다	□ 宽 kuān	(폭이) 넓다
□ 困难 kùnnan	곤란하다, 힘들다, 어렵다	□ 软 ruǎn	부드럽다
□ 穷 qióng	가난하다	□ 使用 shǐyòng	사용하다
□ 吵 chǎo	말다툼하다	□ 丢 diū	잃다

01
4급
响
xiǎng

(동) 소리나다, 울리다

我们刚到家, 电话就响了
우리가 막 집에 도착했을 때 전화가 울렸다.

02
4급
醒
xǐng

(동) (잠, 술등이) 깨다

早晨我一醒, 就问妈妈我昨晚是几点回来的。
아침에 잠이 깨자마자 엄마에게 내가 어젯밤 몇시에 집에 들어왔는지를 물었다.

*早晨 zǎochén 이른 아침

03
4급
躺
tǎng

(동) (드러)눕다

躺着看看报纸, 听听音乐, 真的好舒服啊。
누워서 신문을 보거나, 음악을 들으니 정말로 편안하다.

 **理发**
lǐfà

(동) 머리를 깎다, 이발하다

你昨天理发了呀, 真的好帅啊。

너 어제 이발했구나, 정말로 멋지다.

 **打扮**
dǎban

(동) 치장하다, 단장하다, 화장하다

她外出打扮时, 总是最注重她的头发。

그녀는 외출할 때 머리치장에 가장 많이 신경을 쓴다.

*注重 zhùzhòng 중점을 두다, 중시하다
*总是 zǒngshì 줄곧

 寄
jì

(동) (우편으로) 부치다, 보내다

希望你收到我寄的信后, 能马上联系我。

내가 보낸 편지를 받았으면 바로 연락하길 바란다.

*联系 liánxì 연락하다

 发
fā

(동) 보내다, 부치다

我马上就把公司的文件用航空邮件发过去。

회사 서류를 지금 바로 항공우편으로 보내겠습니다.

 收
shōu

(동) (편지나 팩스 등을) 받다

如果您收到我发的传真, 请马上打电话告知我们。

제가 보낸 팩스를 받으셨으면 바로 우리에게 전화로 알려주세요.

*传真 chuánzhēn 팩스
*告知 gàozhī 알리다, 알려주다

 受到
shòudào

(동) 받다

韩国总统访问中国的时候, 受到了最高的待遇。

한국 대통령이 중국을 방문했을 때, 최고의 대우를 받았다.

보카 활용포인트
(1) "收"는 "구체적인 것을 받다"는 뜻임.
  : 收到了 (一封信 편지 한 통 / 电报 전보 / 包裹 소포)
(2) 주로 "추상적인 것을 받다"는 뜻인 경우에는 "受 shòu"를 씀
  : 受 (欢迎 환영 / 称赞 칭찬 / 表扬 칭찬, 표창 / 关注 관심 / 批评 비평 / 苦 고생을 하다 [= 累, 罪] / 罚 벌 / 教育 교육)

 困
kùn

(형) 피곤하다, 지치다

您这周忙得一天也没休息，一定很困(乏)吧!

이번주는 하루도 쉬는 날이 없이 바쁘시다니 피곤하시겠군요.

*困乏 kùnfá 피곤하다

 困难
kùnnan

(형) 곤란하다, 어렵다, 힘들다

说起来容易，实践起来却非常困难。

말하는 것은 쉽지만 실제로 행하는 것은 매우 어렵다

*实践 shíjiàn 실천하다
*却 què ～지만, ～하지만

 穷
qióng

(형) 가난하다, 궁하다

虽然他很穷，但他不是一个爱说谎话的人。

비록 그는 생활이 가난하지만 거짓말을 할 사람은 아니에요.

*谎话 huǎnghuà 거짓말

 吵
chǎo

(동) 말다툼하다, 입씨름하다

我当时很生气就和她吵了起来，可是回到家里我就后悔了。

나는 그 때 당시 화가 나서 그녀와 말다툼했지만, 집에 돌아가서 바로 후회하였다.

*当时 dāngshí 그 때

 无聊
wúliáo
= 没意思

(동) 무료하다, 지루하다, 심심하다

不要整天无聊得呆在家里，出去见见朋友，购购物，怎么样？

하루종일 집에 무료하게 있지 말고, 밖에 나가서 친구들도 만나고, 쇼핑도하는 것이 어떠니?

*购物 gòuwù 물건을 구입하다

15
4급

打扰
dǎrǎo
= 麻烦 máfan

(동) (남의 일을) 방해하다, (남의 일에) 지장을 주다, 폐를 끼치다

他正在学习，别去打扰他。

그가 공부하고 있는데 방해하지 마라.

16
4급

火
huǒ

(명) 불

饭菜都做好后，关掉火放五分钟。

음식이 다 되었으면, 불을 끄고 5분간 두세요.

*关掉 guāndiào 꺼버리다

17
4급

抽烟
chōuyān
= 吸烟 xīyān

(동) 담배를 피우다, 흡연하다
(반) 戒烟 담배를 끊다, 금연하다

因为和她分手了，他每天都喝酒抽烟。

그는 그녀와 헤어졌기 때문에, 매일 술을 마시고 담배를 피웠다.

*分手 fēnshǒu 헤어지다

18
4급

轻
qīng

(형) (무게가) 가볍다 (반) 重 무겁다

这个手机和以前的款式比起来，又小又轻。

이 휴대폰은 이전 모델보다 작고 가볍다.

*款式 kuǎnshì 스타일, 타입, 양식, 디자인

19
4급

深
shēn

(형) (깊이, 정도 등이) 깊다 (반) 浅 얕다

他对孩子们的感情很深。

그는 아이들에 대한 애정이 아주 깊다.

20
4급 窄
zhǎi

(형) (폭이) 좁다　⊕ 宽 넓다

道路很窄，骑自行车一定要小心。

도로가 좁으니 자전거 타는데 조심해야 한다.

21
4급 厚
hòu

(형) (두께가) 두텁다, 두껍다　⊕ 薄 báo 얇다

天气这么冷，你为什么没有把衣服穿得厚厚的？

너는 이렇게 추운날 왜 옷을 두껍게 입지 않았니?

22
4급 硬
yìng

(형) 단단하다, 딱딱하다, 굳다　⊕ 软 부드럽다

馒头被烤得非常硬。

만두가 매우 딱딱하게 구워졌어요.

23
4급 宽
kuān

(형) 넓다

这条马路比那条马路更宽。

이 길은 저 길보다 더 넓다.

*马路 mǎlù 찻길, 대로

24
4급 软
ruǎn

(형) 부드럽다

这件衣服的布料非常软，穿起来十分舒服。

이 옷의 옷감이 아주 부드러워서 입기에 매우 편안하다.

*布料 bùliào 천, 옷감

25
4급 使用
shǐyòng

(동) 사용하다

开车时使用手机真的非常危险。

운전 중 휴대폰을 사용하면 정말로 위험하다.

*使用 shǐyòng 사용하다　*危险 wēixiǎn 위험하다

26
4급 丢
diū

(동) 잃다, 잃어버리다

昨天我在商场购物时丢了信用卡。

어제 백화점에서 쇼핑중에 제 신용카드를 잃어버렸어요.

*商场 shāngchǎng 백화점, 쇼핑센타

(3) 가정생활 Ⅲ

□ **整理** zhěnglǐ	정리하다	□ **出生** chūshēng	태어나다
□ **收拾** shōushi	수습하다, 꾸리다	□ **减肥** jiǎnféi	다이어트하다
□ **节约** jiéyuē	절약하다	□ **生活** shēnghuó	생활(하다)
□ **养成** yǎngchéng	(습관을) 기르다	□ **聊天** liáotiān	한담하다
□ **试** shì	시험 삼아 해보다	□ **流行** liúxíng	유행하다
□ **合适** héshì	적합하다, 알맞다	□ **行** xíng	걷다
□ **适合** shìhé	적합하다, 알맞다	□ **约会** yuēhuì	약속하다
□ **负责** fùzé	책임을 지다	□ **年龄** niánlíng	연령, 나이
□ **责任** zérèn	책임	□ **职业** zhíyè	직업
□ **骗** piàn	속이다, 기만하다	□ **租** zū	임차하다
□ **接受** jiēshòu	받다, 받아 들이다	□ **拉** lā	잡아 당기다
□ **交** jiāo	사귀다, 교제하다	□ **墙** qiáng	벽
□ **联系** liánxì	연락하다, 연결하다	□ **修** xiū	수리하다
□ **请客** qǐngkè	한턱 내다	□ **挂** guà	(못, 고리 등에) 걸다

4급 신HSK VOCA

---

01 4급 **整理**
zhěnglǐ

(동) 정리하다, 정돈하다

你要整理好资料准备上课。
너는 자료를 잘 정리해서 수업할 준비를 해라.

*资料 zīliào 자료

---

02 4급 **收拾**
shōushi

(동) ① 정리하다, 치우다, 꾸리다 ② 수리하다
③ 혼내주다, 벌을 주다

我丈夫明天要出差，我帮他收拾行李。
내 남편은 내일 출장가려고 해서 내가 짐 싸는 것을 도와주
었다.

보카 활용 포인트
(1) "整理"는 "질서정연하고 깨끗하게 정리하다"는 뜻임. : 整理
(房间 방 / 阳台 베란다 / 桌子 책상 / 资料 자료 / 听课
笔记 수업내용 필기한 것)

把东西整理好 물건을 잘 정리하다
(2) "收拾"는 주로 "챙기다, 수습하다, 치우다"는 뜻으로 씀
  : 收拾(书包 책가방 / 房间 방 / 桌子 책상 / 行李 짐 / 床
  铺 침대시트 / 碗筷 밥그릇과 젓가락)
(3) "사람을 혼내주다, 벌을 주다"는 뜻인 경우 "收拾"를 씀
  (= 整治 zhěngzhì)
  要收拾收拾那个人 그 사람을 좀 혼내주려고 하다
(4) "물건을 수리하다, 고치다"는 뜻으로 쓰는 경우 "收拾"를 쓰
  는데, 구어적인 색채가 매우 강함. (= 修理 xiūlǐ)
  王师傅曾经收拾过我的自行车。
  왕 기사는 내 자전거를 수리한 적이 있으시다.
  电视坏了，你给我收拾一下吧。
  TV가 고장났으니, 네가 좀 고쳐주라.

---

03 4급 节约
jiéyuē

(동) 절약하다　반 浪费 낭비하다

我们每天节约一点点的话，以后就会存
下很多钱。

우리가 매일 조금씩 절약하면 나중에 돈을 많이 모을 수 있
을 것이다.

*存 cún 저축하다. 모으다

---

04 4급 养成
yǎngchéng

(동) 기르다

请养成每天早晨喝葡萄汁的习惯。

아침마다 포도쥬스를 마시는 습관을 길러 보세요.

> **보카 활용포인트**
>
> (1) "养成"은 "습관을 기르다"는 뜻임 : ~习惯
> (2) "식물, 인재, 흥미, 습관, 감정 등을 기르다, 육성하다"는 뜻인
>   경우 "培养 péiyǎng"을 씀 : 培养(植物 식물/ ~树苗 나
>   무, 묘목 / ~花草 화초 / ~人才 인재 / ~兴趣 흥미 / ~习
>   惯 습관 / ~感情 감정)
> (3) "동물을 기르다, 사육하다"는 뜻인 경우에는 "饲养 sìyǎng"
>   을 씀 : 饲养(动物 동물 / 鸭子 오리)

---

05 4급 试
shì

(동) 시험 삼아 해보다, 시도하다

这个工作挺适合你的，要不要试一试啊？

이 일은 너에 적합한 것 같은데 좀 해 볼래?

06 4급

合适
héshì

(형) 적합하다, 알맞다

腿好疼, 看来需要长时间站立的事情不
适合我。

다리가 아파서 오래 서 있어야 하는 일은 제게 적합하지 않
은 것 같네요.

*站立 zhànlì 서다, 서 있다

 07 4급

适合
shēnr

(동) 적합하다, 알맞다
(반) 不合 맞지 않다, 부당하다

这件紧身儿衣服很适合她穿, 显得她身
材很好。

이 타이트한 옷은 그녀에게 딱 맞아서, 그녀 몸매가 좋아보
인다.

*紧身儿 jǐn shēnr 몸에 꽉끼는
*显 xiǎn 드러내다, 보이다

> **보카 활용포인트**
>
> 형용사 "合适"는 뒤에 목적어가 올 수 없지만, 동사 "适合"는
> 목적어가 올 수 있음.
> 没有适合穿的衣服了。 맞는 옷이 없다.
> 适合公司使用。 회사에서 사용하기에 적합하다.
> 我们俩很合适。 우리 둘은 잘 어울린다.

 08 4급

负责
fùzé

(동) 책임을 지다

一旦说了要做, 你就要负责到底。

일단 하겠다고 했으면, 넌 끝까지 책임을 져야 한다.

*一旦 yídàn 일단 ~한다면
*到底 dàodǐ 끝까지 ~하다

 09 4급

责任
zérèn

(명) 책임

这次事情的失败, 我们所有人都有责任。

이번 일이 실패한 것은 우리 모두 책임이 있다.

4급 신HSK VOCA

> **보카 활용포인트**
> (1) 동사 "책임을 지다"는 뜻인 경우 "负责", "负责任 fùzérèn",
>   "负担 fùdān 责任"이라고 씀
> (2) 명사 "책임"이라는 뜻인 경우 "责任"을 씀 : 负责任 책임을
>   지다 / 责任重大 책임이 중대하다 / 尽到责任 책임을 다
>   하다

10
4급
骗
piàn

(동) 속이다, 기만하다

你这种做法是骗不了我的。

너의 이런 수법으로는 나를 속일 수 없어.

*做法 zuòfǎ (일처리, 물건 만드는) 방법

11
4급
接受
jiēshòu

(동) (선물 등을) 받다, (상대방의 요구나 의견 등
을) 받아들이다

我们接受她提出的要求。

우리는 그녀가 제안한 요구를 받아들였다.

*提出 tíchū 제출하다, 제의하다

> **보카 활용포인트**
> "接受"는 기본적으로 "거절하지 않고 받아들이다"는 뜻임.
> (1) ① 상대방의 요구, 조건, 의견 등을 받아들이다: 接受(要求
>   요구 / 意见 의견)
>   ② 비평, 시련,교훈 등을 받아들이다 : 接受(批评 비평, 꾸지
>   람 / 考验 시련 / 教训 교훈)
>   ③ 선물, 유산 등을 받다: 接受(礼物 선물 / 遗产 유산)
> (2) "우편으로 물건을 받다, 전화를 받다"는 뜻인 경우 "接受"를
>   쓸 수 없고 "收(到)", "接收", "接到" 등을 씀
>   我接到了朋友的一封信。
>   나는 친구의 편지 한 통을 받았다.
>   我接到了爸爸从公司打来的电话。
>   나는 아버지께서 회사에서 거신 전화를 받았다.

12
4급
交
jiāo

(동) 사귀다, 교제하다

我一点也不想和他交朋友。

난 그와 사귀고 싶은 마음이 전혀 없어요.

보카활용포인트
我和他(打交道, 交际, 交往, 往来, 来往, 接触)
나는 그와 교제하다, 사귀다, 왕래하다

| 13 4급 | 联系
liánxì | (동) 연락하다, 연결하다
为什么最近联系你这么难?
요즘 왜 이렇게 너와 연락하기가 어려우니? |

| 14 4급 | 请客
qǐngkè | (동) 한턱 내다, 한턱 쏘다
今天我请客, 大家下班后都留下吧。
제가 한턱 쏠 테니, 퇴근 후에 모두 남아주세요. |

| 15 4급 | 出生
chūshēng | (동) 태어나다
他虽然出生在上海, 但是是在北京长大的。
그는 상해에서 출생했지만 북경에서 자랐어요. |

| 16 4급 | 减肥
jiǎnféi | (동) 다이어트하다
以前太胖了, 我正在减肥。我瘦了吗?
예전에 살이 너무 쪄서, 지금은 다이어트 중이야. 나 살빠졌어? |

| 17 4급 | 生活
shēnghuó | (동/명) 생활(하다)
她领了工资后, 先把一部分钱存进银行。
그녀는 월급을 타면 먼저 일부를 은행에 저축한다.

*领 lǐng 수령하다. 받다
*工资 gōngzī 월급 |

| 18 4급 | 聊天
liáotiān | (동) 한담하다, 잡담하다
我们正坐在沙发上聊天。
우리는 소파에 앉아 대화를 나누고 있다.

*沙发 shāfā 소파 |

19
4급
流行
liúxíng

= 时髦 shímáo,
兴 xīng

(동) 유행하다
 不兴 bùxīng / 过时 유행이 되지 않다, 유행
이 지나다

这件衣服在女学生之间非常流行。
이 옷은 여학생들 사이에서 크게 유행하고 있다.

20
3급
行
xíng

(동) 걷다, 가다

从这里步行到学校需要多长时间?
여기에서 학교까지 걸어서 가면 시간이 얼마나 걸려?

21
3급
约会
yuēhuì

(동) 약속하다

明天我女朋友过生日，我和她约会。
내일 내 여자친구가 생일이라 나는 그녀와 약속을 했다.

> **보카 활용포인트**
> "둘이 함께 함"을 나타내는 경우 전치사 "和(=跟, 与, 同)을 쓴
> 다. 따라서 "约会"는 "和....约会"의 형태로 쓰이고, 뒤에 목적
> 어가 올 수 없다.

22
3급
年龄
niánlíng

(명) 나이, 연령

请把姓名、年龄、性别、联系电话，都
写在这张纸上。
이름, 나이, 성별, 연락처를 모두 이 종이에 적어주세요.

23
3급
职业
zhíyè

(명) 직업

选择一个适合自己的职业是非常重要的。
자기에 알맞은 직업을 선택하는 것은 매우 중요하다.

*选择 xuǎnzé 선택하다

24
3급
租
zū

(동) ① 임대하다, 빌리다
② 빌려주다, 임대하다, 세놓다, 세 주다

她在附近租了一间很大的房子。
그녀는 근처에 매우 큰 집을 임대했다.

*附近 fùjìn 부근, 근처

这个房间已经出租给别人了。

이 방은 이미 다른 사람한테 세를 주었다.

拉
lā

(동) 끌다, 잡아 당기다 推 밀다

他把她拉过来紧紧地抱住。

그는 그녀를 바싹 끌어안았다.

*紧紧 jǐnjǐn 바싹 다가가 있다, 꼭 끼다

墙
qiáng

(명) 담, 벽

挂在那边墙上的画, 您是什么时候买的?

저쪽 벽에 걸린 그림은 언제 사신 거예요?

修
xiū

(동) 수리하다

修理厨房的人的电话号码是多少呢?

주방을 수리하는 사람의 전화번호가 뭐죠?

挂
guà

(동) (못, 고리 등에) 걸다

请你把这件衣服挂在衣架上。

이 옷을 옷걸이에 걸어주세요.

*衣架 yījià 옷걸이

5급 신HSK VOCA

2 가정생활

(1) 가정생활 I

☐ 地区 dìqū	지역		☐ 项链 xiàngliàn	목걸이
☐ 家务 jiāwù	집안 일		☐ 戒指 jièzhi	반지
☐ 嘉宾 jiābīn	내빈		☐ 围巾 wéijīn	목도리
☐ 隔壁 gébì	이웃		☐ 手套 shǒutào	장갑
☐ 阳台 yángtái	베란다		☐ 包裹 bāoguǒ	소포
☐ 人生 rénshēng	인생		☐ 短信 duǎnxìn	짧은 편지
☐ 简历 jiǎnlì	약력		☐ 信封 xìnfēng	편지 봉투
☐ 机会 jīhuì	기회		☐ 枕头 zhěntou	베개
☐ 恋爱 liàn'ài	연애		☐ 梳子 shūzi	빗
☐ 婚姻 hūnyīn	결혼		☐ 套 tào	커버
☐ 婚礼 hūnlǐ	결혼식		☐ 火柴 huǒchái	성냥
☐ 宴会 yànhuì	연회		☐ 蜡烛 làzhú	양초
☐ 娱乐 yúlè	오락		☐ 汽油 qìyóu	휘발유
☐ 鞭炮 biānpào	폭죽		☐ 重量 zhòngliàng	중량
☐ 宝贝 bǎobèi	귀염둥이		☐ 肥皂 féizào	비누
☐ 事物 shìwù	사물		☐ 扇子 shànzi	부채
☐ 礼物 lǐwù	선물		☐ 玩具 wánjù	장난감

01 5급 地区
dìqū

(명) 지역, 지구

每个地区过年的风俗都不一样。
지역마다 모두 명절을 지내는 풍속이 다르다.

02 5급 家务
jiāwù

(명) 가사, 집안일

在这个家里, 所有的家务都是她一个人做。
이 집에서 모든 집안일은 그녀 혼자 한다.

03
5급
嘉宾
jiābīn

(명) 훌륭한 손님, 내빈, 게스트

十分感谢您来做我们这次节目的嘉宾。

우리의 이번 프로그램 게스트로 와 주셔서 대단히 감사합니다.

04
5급
隔壁
gébì

(명) 이웃, 이웃집, 옆방

他家隔壁住着一对十分善良的夫妇。

그의 집 이웃에 매우 선량한 부부가 살고 있다.

05
5급
阳台
yángtái

(명) 베란다, 발코니

她把平时不用的物品都放到了阳台上。

그녀는 평소에 사용하지 않는 물건을 모두 발코니에 두었다.

06
5급
人生
rénshēng

(명) 인생

每个人的人生中都会有许多困难。

사람마다 인생에는 수많은 어려움이 있을 것이다.

07
5급
简历
jiǎnlì

(명) 약력, 이력(서)

会场上，可以看到许多手里拿着简历的
年轻人。

회의장에서 이력서를 손에 든 수많은 젊은이들을 볼 수 있다.

08
5급
机会
jīhuì

(명) 기회

机会总是一闪而过的，我们应该牢牢抓
住每一次机会。

기회는 언제나 순식간에 지나가 버리므로 우리는 매번 기회
를 꽉 잡아야 한다.

09
5급
恋爱
liàn'ài

(명) 사랑, 연애

看她最近的样子，就知道她正在恋爱之中。

그녀의 최근의 모습을 보면, 그녀가 연애하는 중임을 알 수
있다.

10
5급
婚姻
hūnyīn

(명) 혼인, 결혼

每对新婚夫妇都对婚姻充满着期待和
向往。

모든 신혼부부들은 결혼에 대해 기대와 동경으로 가득 차
있다.

11
5급
婚礼
hūnlǐ

(명) 결혼식, 혼례

婚礼之后, 新娘和新郎直接去度蜜月了。

결혼식을 하고 나서, 신부와 신랑은 곧바로 신혼여행을 갔다.

12
5급
宴会
yànhuì

(명) 연회

为了庆祝儿子从美国回来, 他们举办了
一个盛大的宴会。

아들이 미국에서 돌아온 것을 축하하기 위해서 그들은 성대
한 파티를 열었다.

13
5급
娱乐
yúlè

(명) 오락, 즐거움

今天他的心情很不好, 不想参加任何娱
乐活动。

오늘 그는 기분이 안 좋아서, 어떤 오락 활동에도 참가하고
싶지 않다.

14
5급
鞭炮
biānpào

(명) ① (크고 작은) 폭죽의 총칭 ② 줄 폭죽

鞭炮与锣鼓齐鸣, 一对新人向我们走来。

폭죽과 징과 북이 함께 울리자, 신혼부부 한 쌍이 우리를 향
해 걸어 왔다.

*锣鼓 luógǔ 징과 북
*新人 xīnrén 신혼 부부
*鸣 míng 소리가 나다, 소리를 내다

放鞭炮, 是中国春节的传统习俗。

폭죽을 터트리는 것은 중국 설날의 전통 풍습이다.

宝贝
bǎobèi

(명) ① 보배, 보물, 귀중한 물건
② 귀염둥이 [어린 아이에 대한 애칭]

这可是个宝贝，有多少钱也买不到的。
이것은 귀중한 물건이라서, 돈이 얼마가 있더라도 살 수 없다.

自从生了宝贝女儿之后，夫妻俩的生活
开始忙碌起来。
귀염둥이 딸을 낳은 후부터, 부부의 생활은 바빠지기 시작
했다.

*忙碌 mánglù 바쁘다

---

16 5급
事物
shìwù

(명) 사물

一切事物都有其发展的客观规律。
모든 사물에는 발전하는 객관적인 법칙이 있다.

---

17 5급
礼物
lǐwù

(명) 선물, 예물

今年生日，我又收到了很多生日礼物。
올해 생일에도 나는 많은 생일 선물을 받았다.

---

18 5급
项链
xiàngliàn

(명) 목걸이

他亲手给自己的女朋友戴上了这条项链。
그는 손수 자기 여자 친구에게 이 목걸이를 걸어 주었다.

---

19 5급
戒指
jièzhi

(명) 반지

他拿出戒指向女朋友求婚，却遭到了拒绝。
그는 반지를 꺼내 여자 친구에게 프러포즈를 하였지만, 거
절당했다.

---

20 5급
围巾
wéijīn

(명) 목도리, 스카프

天气很冷，他不得不戴上了围巾。
날씨가 매우 추웠기 때문에, 그는 어쩔 수 없이 목도리를 했다.

21 5급 手套
shǒutào

(명) ① 장갑　② (야구 따위의) 글러브의 총칭

外边那么冷, 你出去时一定要戴上手套。

바깥이 아주 추우니까, 너는 나갈 때 반드시 장갑을 껴야 한다.

22 5급 包裹
bāoguǒ

(명) 소포, 보따리

他收到了一个从国外寄来的包裹。

그는 해외에서 부쳐온 소포를 받았다.

23 5급 短信
duǎnxin

(명) 짧은 편지, (핸드폰) 문자 메시지

现在的年轻人都喜欢发短信。

요즘의 젊은이는 모두 문자 (메시지)를 많이 보낸다.

24 5급 信封
xìnfēng

(명) 편지 봉투

信封里的钱, 我一点也没动过, 都还给了他。

나는 편지 봉투 안의 돈을 조금도 손대지 않고, 모두 그에게 돌려 주었다.

25 5급 枕头
zhěntou

(명) 베개

她把日记藏在了枕头下面。

그녀는 일기를 베게 밑에 숨겨 두었다.

26 5급 梳子
shūzi

(명) (머리 빗는) 빗

我进去的时候, 她正在用梳子梳头。

내가 들어갔을 때, 그녀는 마침 빗으로 머리를 빗고 있었다.

27 5급 套
tào

(명) 커버, 덮개

她给自己家的所有电器都做了一个套子。

그녀는 자기 집의 모든 가전제품에 커버를 만들어 씌웠다.

28
5급

火柴
huǒchái

(명) 성냥

他划了一根火柴, 给自己点了一根烟。

그는 성냥을 그어서 자기 담배에 불을 붙였다.

29
5급

蜡烛
làzhú

(명) 초, 양초

他一口气吹灭了生日蛋糕上的所有蜡烛。

그는 단숨에 생일 케이크의 모든 촛불을 다 껐다.

30
5급

汽油
qìyóu

(명) 휘발유, 가솔린(gasoline)

在半路上, 汽车没有汽油了。

길을 가는 도중에 자동차의 기름이 떨어졌다.

31
5급

重量
zhòngliàng

(명) 중량, 무게

这个箱子的重量并没有我想像的那样沉。

이 상자의 무게는 내가 생각한 만큼 그리 무겁지는 않다.

32
5급

肥皂
féizào

(명) 비누

小时候, 我们都喜欢用肥皂水吹泡泡。

어릴 때 우리는 모두 비누 방울 부는 것을 좋아했다.

33
5급

扇子
shànzi

(명) 부채

夏天的时候, 大家经常拿着扇子在树底下聊天。

여름에는 모두가 자주 부채를 들고 나무 아래서 이야기를 나눈다.

34
5급

玩具
wánjù

(명) 장난감, 놀이감, 완구

他家有一个专门为孩子放玩具的房间。

그의 집에는 아이들을 위한 장난감 방이 있다.

5급 신HSK VOCA

(2) 가정생활 Ⅱ

☐ 文具 wénjù	문구	☐ 钢铁 gāngtiě	강철
☐ 胶水 jiāoshuǐ	풀	☐ 管子 guǎnzi	관, 호스
☐ 剪刀 jiǎndāo	가위	☐ 绳子 shéngzi	새끼,(노)끈
☐ 夹子 jiāzi	집게	☐ 铃 líng	벨
☐ 日用品 rìyòngpǐn	일용품	☐ 手工 shǒugōng	수공
☐ 书架 shūjià	책꽂이	☐ 影子 yǐngzi	그림자
☐ 电池 diànchí	건전지	☐ 滴 dī	물방울
☐ 磁带 cídài	테이프	☐ 锅 guō	솥, 냄비,
☐ 充电器 chōngdiànqì	충전기	☐ 包子 bāozi	찐빵
☐ 空调 kōngtiáo	에어컨	☐ 罐头 guàntou	통조림
☐ 木头 mùtou	목재	☐ 营养 yíngyǎng	양분
☐ 键盘 jiànpán	건반, 키보드	☐ 毛病 máobìng	(개인의) 결점
☐ 名牌 míngpái	유명 상표	☐ 盆 pén	대야, 화분
☐ 收据 shōujù	영수증	☐ 灰尘 huīchén	먼지
☐ 壶 hú	주전자, 술병	☐ 卫生间 wèishēngjiān	화장실
☐ 盖 gài	덮개	☐ 厕所 cèsuǒ	화장실,변소
☐ 固体 gùtǐ	(딱딱한) 고체	☐ 谜语 míyǔ	수수께끼

01 5급 文具 wénjù

(명) 문방구, 문구

每次开学之前，妈妈会给我买许多文具。
매번 개학 전에, 엄마는 나에게 많은 학용품을 사주신다.

02 5급 胶水 jiāoshuǐ

(명) 풀 , 고무풀

晚上加班，眼睛上就像涂了胶水，睁都睁不开。
저녁에 야근했더니 눈에 풀을 바른 것처럼 눈이 떠지지도 않는다.

03
5급
剪刀
jiǎndāo

(명) 가위

她一生气就用剪刀剪掉了自己的长发。
그녀는 화가 나서 가위로 자기의 긴 머리를 잘라버렸다.

04
5급
夹子
jiāzi

(명) 집게, 클립, 폴더, 머리핀, 덫

我用夹子把几张纸夹起来。
나는 클립으로 종이 몇 장을 집어 두었다.

他买了几个老鼠夹子放在家里。
그는 쥐덫을 몇 개 사서 집안에 두었다.

05
5급
日用品
rìyòngpǐn

(명) 일용품, 일상용품

每次出国，我都要带上所有必须的日用品。
매번 해외에 나갈 때마다 나는 모든 필요한 일용품을 가져
간다.

06
5급
书架
shūjià

(명) 책꽂이

家里的书太多了，所以又买了一个书架。
집안의 책이 너무 많아서 책꽂이를 하나 더 샀다.

07
5급
电池
diànchí

(명) 건전지

刚才我手机的电池没电了，所以没接到
你的电话。
방금 나는 핸드폰 배터리가 나가서, 네 전화를 못 받았어.

这台录音机需要两节五号电池 。
이 녹음기는 5호 건전지 두 개가 필요하다.

08
5급
充电器
chōngdiànqì

(명) 충전기

出去旅行时，他把手机充电器忘在了家里。
여행갈 때, 그는 핸드폰 충전기를 가지고 나가는 것을 깜빡
했다.

09
5급
磁带
cídài

(명) (자기) 테이프

他找到了一盘丢失了多年的录音磁带。
그는 잃어버린 지 수 년이 된 녹음 테이프를 찾았다.

10
5급
空调
kōngtiáo

(명) 에어컨(디셔너)

这个房间已经安上了空调。
이 방에는 이미 에어컨을 설치했다.

11
5급
木头
mùtou

(명) ① 나무, 목재 ② 멍청하고 꽉 막힌 사람

这些漂亮的艺术品都是用木头制成的。
이 멋진 예술품들은 모두 나무로 만든 것이다.

他简直就是一块木头，说什么也没用。
그는 정말로 꽉 막힌 사람이라서, 무슨 말을 해도 소용이 없다.

12
5급
键盘
jiànpán

(명) (피아노, 풍금, 타이프라이터 등의) 건반, 키보드

她的双手在钢琴的键盘上起舞。
그녀의 두 손은 피아노 건반 위에서 춤을 추었다.

13
5급
名牌
míngpái

(명) 유명 상표, 이름난 상표

他给她买了许多名牌服装，可是她一件也没穿过。
그는 그녀에게 명품 옷을 많이 사주었지만, 그녀는 한 벌도 입어 본 적이 없다.

14
5급
收据
shōujù

(명) 영수증, 인수증

买东西的时候，我经常忘记开收据。
물건을 살 때, 나는 자주 영수증 받는 것을 잊어 버린다.

15
5급
壶
hú

(명) 주전자, 술병, 단지

生活中离不开盆、碗、壶等用具。
생활하는 데 그릇, 공기, 주전자 등의 용품은 없어서는 안 된다.

16
5급 盖
gài

(명) 덮개, 뚜껑

这个盖子太小, 扣不上去。

이 뚜껑은 너무 작아서 덮을 수가 없다.

17
5급 固体
gùtǐ

(명) (딱딱한) 고체

很多固体垃圾都无法处理。

많은 고체 쓰레기들을 처리할 방법이 없다.

18
5급 钢铁
gāngtiě

(명) ① 강철
　　 ② 굳세거나 억센 것도 "강철"에 비유함

这几年来, 中国的钢铁产量正在不断增加。

최근 몇 년 동안 중국의 강철 생산량은 끊임없이 증가하고
있다.

他的意志像钢铁一样坚强。

그의 의지는 강철처럼 강하다.

19
5급 管子
guǎnzi

(명) 관, 호스, 파이프, 튜브

刚换的新管子就又漏水了。

방금 교체한 새 파이프에서 또 물이 샌다.

20
5급 绳子
shéngzi

(명) 새끼, 끈, 밧줄

他把洗完的衣服晾在绳子上。

그는 세탁한 옷을 줄에 걸어 햇볕에 말렸다.

21
5급 铃
líng

(명) 방울, 종, 벨

铃响之后, 所有的学生都冲出了教室。

종이 울리고 나서, 학생들이 모두 교실 밖으로 뛰어나갔다.

22
5급 手工
shǒugōng

(명) 수공, 수예, 손으로 하는 공예

这件手工制品十分精巧。

이 수공제품은 매우 정교하다.

影子
yǐngzi

(명) ① (물체가 빛을 받아 생기는) 그림자
　　② (거울이나 수면에 비치는) 모습

他站在阳光下，看着自己的影子发呆。
그는 태양 아래 서서, 자신의 그림자를 바라보며, 멍하게 있었다.

看着水里的影子，她觉得那根本不是自己。
물에 비친 그림자를 보니, 그녀는 전혀 자신이 아닌 것처럼 여겨졌다.

 滴
dī

(명) 한 방울씩 떨어지는 액체, 물방울
(동) (빗방울 등 액체가) 한 방울씩 떨어지다 [떨어뜨리다]

水滴从屋檐流到窗台，又流到地上。
물방울이 처마에서 창문턱으로 떨어지고 또 지면으로 떨어졌다.

我每天至少要滴三次眼药水。
나는 매일 최소한 안약을 세 번은 넣어야 한다.

 锅
guō

(명) 솥, 냄비, 가마 [가열용의 기구]

一会儿工夫，他们就把锅里的饭都吃光了。
잠깐 동안에, 그들은 솥 안의 밥을 모두 먹어 치웠다.

 包子
bāozi

(명) (소가 든) 찐빵

镇上一家小吃店的包子非常好吃。
읍내에 한 분식집의 만두는 정말 맛있다.

*镇 zhèn　(장이 서는) 읍, 읍내

 罐头
guàntou

(명) 깡통, 통조림

他们工厂正在生产鱼罐头。
그들의 공장에서는 생선통조림을 생산하고 있다.

营养
yíngyǎng

(명/동) 양분, 영양(을 섭취하다)

为了补充营养，恢复健康，他每天都吃很多补品。

영양을 보충하고, 건강을 회복하기 위해서, 그는 매일 보조 식품을 많이 먹는다.

毛病
máobing

(명) ① (개인의) 결점, 결함, 약점, 흠, 나쁜 버릇
② (물건 등의) 고장, (일의) 실수 ③ (질)병

他生气就摔东西的毛病怎么也改不掉。

화가 나면 물건을 던지는 그의 버릇은 어떻게 해도 고칠 수가 없다.

您给我看看这台电脑出了什么毛病了。

저한테 이 컴퓨터에 무슨 고장이 났는지 좀 보여주세요.

我这是老毛病又犯了，休息一会儿就好了。

내 고질병이 또 도진 거라서, 잠깐 쉬면 곧 괜찮아진다.

盆
pén

(명) 대야, 화분 [입구는 넓고 바닥은 좁은 원형의 그릇을 말함]

不知什么时候，他的桌上多出了一盆水仙花。

언제인지 모르게, 그의 책상에 수선화 화분 하나가 더 생겼다.

灰尘
huīchén

(명) 먼지

从外面回来时，她满身都是灰尘。

밖에서 돌아 왔을 때, 그녀는 온 몸이 먼지투성이였다.

卫生间
wèishēngjiān

(명) 화장실, 세면장 등의 총칭

这套房子卫生间的设计很不合理。

이 집의 화장실은 설계가 매우 비합리적이다.

33 5급	厕所 cèsuǒ	(명) 화장실
		刚才他还说急着上厕所，这一会儿人就不见了。
		방금 전에 그가 화장실이 급하다고 하더니, 지금 사람이 안 보인다.

34 5급	谜语 míyǔ	(명) 수수께끼
		每次朋友聚会的时候，都有猜谜语的习惯。
		매번 친구들이 모이면, 수수께끼 놀이를 하는 습관이 있다.

(3) 가정생활 Ⅲ

☐ 交际 jiāojì	교제(하다)		☐ 锁 suǒ	자물쇠(를 잠그다)
☐ 嫁 jià	시집가다		☐ 粘贴 zhāntiē	(풀 따위로) 붙이다
☐ 娶 qǔ	장가가다		☐ 洒 sǎ	뿌리다
☐ 离婚 líhūn	이혼하다		☐ 砍 kǎn	(도끼 등으로) 찍다
☐ 装饰 zhuāngshì	치장(하다)		☐ 戒烟 jièyān	금연(하다)
☐ 纪念 jìniàn	기념(하다))		☐ 燃烧 ránshāo	연소(하다)
☐ 等待 děngdài	기다리다		☐ 烫 tàng	데다, 화상 입다
☐ 等候 děnghòu	기다리다		☐ 光滑 guānghuá	매끄럽다
☐ 打听 dǎting	알아보다		☐ 吐 tǔ / tù	말하다, 털어놓다 / 구토하다
☐ 乖 guāi	얌전하다		☐ 怪不得 guàibude	어쩐지
☐ 逗 dòu	웃기다		☐ 欣赏 xīnshǎng	감상하다
☐ 干活儿 gànhuór	일을 하다		☐ 失眠 shīmián	잠을 못 자다
☐ 打工 dǎgōng	아르바이트를 하다		☐ 歇 xiē	쉬다, 휴식하다
☐ 搬 bān	운반하다		☐ 休闲 xiūxián	한가하게 지내다
☐ 关闭 guānbì	닫다		☐ 受伤 shòushāng	상처를 입다
☐ 摆 bǎi	진열하다		☐ 烂 làn	썩다
☐ 盖 gài	덮다		☐ 臭 chòu	(냄새가) 고약하다

01 5급	交际 jiāojì

(동/명) 교제(하다)

语言是人类交际和沟通的工具。

언어는 인류의 교제와 소통의 수단이다.

---

02 5급	嫁 jià

(동) (여자가 남자에게) 시집가다, 시집보내다

🔄 **娶** (남자가 여자에게) 장가가다, 장가들다

嫁到这个家三年来，不知道和婆婆吵了
多少次架。

이 집에 시집 온 삼년 동안 시어머니와 얼마나 말다툼을 했
는지 모른다.

---

03 5급	娶 qǔ

(동) (남자가 여자에게) 장가들다, 장가가다

他梦想着娶一个又漂亮又能干的老婆。

그는 예쁘고 능력이 있는 아내에게 장가를 드는 망상에 빠
져있다.

---

04 5급	离婚 líhūn

(동) 이혼하다 🔄 **结婚** 결혼하다

父母离婚后，会给孩子造成很大的影响。

부모가 이혼하고 나면, 아이들에게 좋지 않은 영향을 많이
줄 것이다.

---

05 5급	装饰 zhuāngshì

(동/명) 치장(하다), 장식(하다), 장식품

虽然她的屋子很简陋，但是她还是把屋
子进行了装饰。

그녀의 집은 매우 누추하지만, 그녀는 계속해서 집을 수리
했다.

*简陋 jiǎnlòu (가옥·설비 등이) 초라하다, 빈약하다, 누추하다.

---

06 5급	纪念 jìniàn

(동/명) 기념(하다), 기념(품)

这次活动是为了纪念建国六十周年。

이번 행사는 건국 60주년을 기념하기 위한 것이다.

07 5급 等待 děngdài

(동) 기다리다

由于无望的等待，已经使她对生活失去了信心。

가망 없는 기대로 인해, 이미 그녀는 생활에 대해 자신감을 잃어버렸다.

08 5급 等候 děnghòu

(동) 기다리다

所有士兵都已经准备好，正在等候上级的命令。

모든 사병들은 이미 준비를 다 마치고 상부의 명령을 기다리고 있다.

> **보카활용포인트**
>
> (1) ① "等待"는 "어떤 사람이 사람, 사물, 상황 등이 나타나기를 기다리다"는 뜻이다. 구체적인 목적어, 추상적인 목적어 둘 다 쓸 수 있다.
> 　　等待(人 사람 / 时间 시간 / 情况 상황)
> ② "等待"는 "기대하고 바라다"는 뜻으로도 쓸 수 있다.
> (2) ① "等候"는 대부분 "구체적인 대상을 기다리다"는 뜻이다. :
> 　　等候(人 사람 / 朋友 친구 / 妈妈 엄마 / 老师 선생님 /
> 　　汽车 차 / 出发 출발 / 毕业 졸업 / 分配 분배, 배분)
> ② "추상적인 것을 기다리다"는 뜻인 경우에는 "等待"를 쓰며, "어떤 일을 기대하고 바라다"는 뜻도 포함하고 있다. :
> 　　老师等待我的英语水平的提高。
> 　　선생님께서는 나의 영어수준이 향상되는 것을 기다리신다.
> 　　他等待着我们的成功。
> 　　그는 우리의 성공을 기다린다.

09 5급 打听 dǎting

(동) (소식, 상황 등을) 물어보다, 알아보다

经过多方打听，我们终于找到了他的住所。

다방면으로 알아보고 나서, 우리는 마침내 그가 사는 곳을 찾아냈다.

10 5급 乖 guāi

(형) (어린이가) 말을 잘 듣다, 얌전하다, 착하다

看到这么乖的孩子，我们都很心疼。

이렇게 말 잘듣는 아이를 보고서, 우리는 몹시 귀여워 했다.

| 11
5급 | 逗
dòu | (동) (우스개 소리로) 웃기다, 농담하다, 장난치
다, 희롱하다, 집적거리다 |

他正拿着玩具逗孩子玩。
그는 장남 감을 들고 아이를 웃기며 놀았다.

| 12
5급 | 干活儿
gànhuór | (동) (육체적인) 일을 하다 |

他这个人只知道干活儿，对别的事都不
关心。
그는 노동할 줄이나 알지 다른 일에는 관심이 없다.

| 13
5급 | 打工
dǎgōng | (동) 아르바이트를 하다 |

我用自己打工的钱买了一台电脑 。
나는 스스로 아르바이트 한 돈으로 컴퓨터 한 대를 샀다.

| 14
5급 | 搬
bān | (동) ① 운반하다, 옮기다
② 이사하다, 옮겨 가다 |

我们都希望能把小说里的故事搬到舞
台上。
우리는 모두 소설 속의 이야기를 무대 위에 옮길 수 있기를
희망한다.

我们去找到他的时候，他早就搬走了。
우리가 그를 찾으러 갔을 때 그는 이미 이사를 가버렸다.

| 15
5급 | 关闭
guānbì | (동) ① (문이나 창문을) 닫다
② (공장이나 상점이) 파산하다, 문을 닫다,
영업을 중지하다 |

这间屋子的门窗都紧紧关闭着，又闷又热。
이 집의 창문이 모두 꽉 닫혀 있어서 갑갑하고 덥다.

这家公司已经关闭好几年了。
이 회사는 이미 문을 닫은 지 여러 해 되었다.

摆
bǎi

(동) ① 진열하다, 배치하다 ② 드러내다, 뽐내다, ～한 척하다 ③ 흔들다

他把一家人的照片摆在了最明显的地方。
그는 온가족의 사진을 가장 눈에 잘 띄는 곳에 두었다.

他爱吹牛，总是摆出一副有钱人的样子。
그는 허풍떨기를 좋아하고 언제나 돈 있는 사람 행세를 한다.

*吹牛 chuīniú 허풍떨다

吊灯被风吹得来回乱摆，很危险。
샹들리에가 바람에 왔다갔다 심하게 흔들려서 매우 위험하다.

*吊灯 diàodēng 샹들리에

盖
gài

(동) ① 덮다, 씌우다 ② 집을 짓다 ③ 도장을 찍다

睡觉的时候，你一定要把被子盖好，否则容易感冒。
잠잘 때에, 이불을 잘 덮으세요. 그렇지 않으면 감기 걸리기 쉬워요.

这座房子已经盖了三十年了。
이 집은 이미 지어진 지 30년이 되었다.

他们在合同上盖上了各自的印章。
그들은 계약서에 각자의 도장을 찍었다.

锁
suǒ

(동/명) 자물쇠(를 잠그다, 채우다)

外出的时候，千万不要忘了锁门。
외출할 때 절대로 문을 잠그는 것을 잊지 마세요.

粘贴
zhāntiē

(동) (풀 따위로) 붙이다, 바르다

这里禁止在墙上粘贴小广告。
이곳은 벽에 전단지를 붙이는 것을 금지하고 있다.

20 / 5급 洒
sǎ

(동) (물처럼 액체로 된 것을) 뿌리다, 살포하다,
흩뜨리다, 엎지르다

他一不小心，杯子里的红酒全洒到身上。
그는 잘못해서 잔속의 포도주를 모두 몸에 엎질렀다.

花盆里的花儿没水了，需要洒点水。
화분의 꽃에 물이 말라서, 물을 좀 뿌려 주어야 한다.

21 / 5급 砍
kǎn

(동) (도끼 등으로) 찍다, 패다

他把自己家门前的大树砍倒了。
그는 자기 대 문 앞의 큰 나무를 베었다.

22 / 5급 戒烟
jièyān

(동/명) 금연(하다), 담배를 끊다
(반) 抽烟 / 吸烟 담배를 피우다, 흡연하다

每次见到爸爸，我都劝他戒烟，可是都
失败了。
아빠를 볼 때마다 우리는 담배를 끊으시라고 권하지만, 늘
실패했다.

23 / 5급 燃烧
ránshāo

(동/명) 연소(하다), 불에 타다

这场森林大火燃烧了三天三夜。
이 삼림의 큰 불은 꼬박 3일 밤낮으로 탔다.

24 / 5급 烫
tàng

(동) ① (불이나 끓은 물 따위에) 데다, 화상 입다
② (끓는 물에 술을) 데우다, 중탕하다
③ (머리를) 파마하다
④ 다리다, 다리미질하다

他前两天被开水烫伤了，至今还在住院。
그는 이틀 전에 뜨거운 물에 화상을 입어서 아직도 병원에
입원해 있다.

每次喝酒之前，他都让妻子把酒烫一烫。
매번 술을 마시기 전에, 그는 늘 아내에게 술을 좀 데우라고
한다.

昨天我整整烫了三个小时的头发。

어제 나는 꼬박 3시간동안 파마했다.

她把明天一家人要穿的衣服都烫好后
才睡觉。

그녀는 내일 온 가족이 입을 옷을 다 다린 후에야 잠을 잔다.

25
5급
光滑
guānghuá

(형) (물체의 표면이) 매끄럽다, 반들반들하다, 반
질반질하다, 윤기가 돌다

由于经常清扫和保养，家里的地面十分
光滑。

항상 청소하고 손질해서 집안의 바닥이 아주 반질반질하다.

26
5급
吐
tǔ / tù

(동) ① (자신의 의지와 관계없이)토하다, 구토하
다, 게우다 ② (입 혹은 이음매에서)길게 내
뽑다(드러내다), 나오다 ③ 말하다, 털어놓다

看见这些东西，他就恶心要吐(tù)。

이 물건들을 보니 그는 속이 역해서 토하고 싶었다.

我就知道他这个人狗嘴里吐(tǔ)不出象
牙来。

나는 그의 더러운 입에서 좋은 말이 나올 수 없다는 것을 알
겠다.

*狗嘴吐不出象牙 gǒuzuǐtǔbuchūxiàngyá 나쁜 사람에게
서 좋은 말이 나올 수 없다

在大家的劝导下，她终于把所有的不满
都吐(tù)出来了。

모든 사람의 권유로 그녀는 결국 모든 불만을 털어놓았다.

27
5급
欣赏
xīnshǎng

(동) ① 감상하다
     ② 좋아하다, 좋다고 여기다 (= 喜欢)

他站在窗前，欣赏着外面的风景。

그가 창문 앞에 서서 바깥 풍경을 감상하고 있다.

他很欣赏这个建筑的独特风格。

그는 이 건물의 독특한 풍격을 좋아한다.

28
5급
失眠
shīmián

(동) 잠을 못 자다, 잠을 이루지 못하다
(명) 불면(증)

因为白天的事情，她昨晚又失眠了。

낮의 일 때문에, 그녀는 저녁에 잠을 이루지 못했다.

他患失眠已经快两年了，怎么也治不好。

그는 불면증에 걸린 지 이미 2년째가 되었는데, 어떻게 해도 고칠 수 없다.

29
5급
歇
xiē

(동) ① 쉬다, 휴식하다 (= 休息 xiūxi)
　　② 멈추다, 정지하다

今天是周末，你怎么不在家歇着?

오늘은 주말인데 너는 왜 집에서 쉬지 않니?

比赛进入了中场休息阶段，观众的叫喊
声终于歇了下来。

경기가 중간 휴식 시간에 들어가자 드디어 관중의 함성소리가 멈추었다.

30
5급
休闲
xiūxián

(동) ① 한가하게 지내다
　　② 묵히다, 휴한(휴경)하다

登山、钓鱼等，都是很好的休闲活动。

등산, 낚시 등은 모두 매우 좋은 여가 활동이다.

今年, 他在这片休闲地上种了一些红薯。
올해 그는 휴경지에 고구마를 심었다.

 受伤
shòushāng

(동) 상처를 입다, 부상을 당하다

上次出车祸受伤之后, 他已经很久没开
车了。
지난 번 차사고로 부상을 당한 후에 그는 이미 오랫동안 운
전을 하지 않았다.

 烂
làn

(형) ① 썩다, 부패하다
　　② 흐물흐물하다, 물렁물렁하다

弟弟偷偷藏起来的苹果都烂了。
동생이 몰래 숨겨둔 사과가 다 썩었다.

牛肉已经煮得很烂了, 我们可以吃了。
소고기가 이미 부드럽게 삶아져서 이제 먹을 수 있어.

 臭
chòu

(형) ① (냄새가) 고약하다, 역겹다, 구리다
　　② (사람이) 평판이 나쁘다, 역겹다, 추악하다

他身上的味道实在是臭不可闻。
그는 체취가 정말로 냄새를 맡을 수가 없을 정도로 고약하다.

经过这件事, 他们彻底把自己名声搞臭了。
이 일을 통해 그들은 완전히 자신들의 명성에 먹칠을 하였다.

 怪不得
guàibude

(형) 탓할 수 없다, 책망할 수 없다, 나무랄 수 없다
(부) 어쩐지

怪不得我一直打不通电话, 原来他把手
机丢了。
어쩐지 계속 전화가 안 돼, 알고보니 그가 휴대폰을 잃어버
렸어.

3 의식주

3급 신HSK VOCA

(1) 衣

색상

☐ 白 bái	희다, 하얗다	☐ 绿 lǜ	녹색의
☐ 黑 hēi	검다, 까맣다	☐ 蓝 lán	푸르다
☐ 红 hóng	붉다	☐ 黄 huáng	노랗다

---

01 / 3급

白
bái

(형) 희다, 하얗다

今天的雪下得真大，树上都白了。
오늘 눈이 정말 많이 와서 나무가 다 하얗게 되었어.

---

02 / 3급

黑
hēi

(형) 검다, 까맣다, 어둡다, 어두컴컴하다

天色变黑了，好像要下雨了。
하늘이 어두컴컴해진 것이, 곧 비가 많이 올 것 같다.

*好像 hǎoxiàng　마치 ~ 와 같다
*要~了　곧 ~ 하려고 하다.

---

03 / 3급

红
hóng

(형) 붉다

中国人最喜欢红色。
중국 사람들은 붉은 색을 가장 좋아한다.

---

04 / 3급

绿
lǜ

(형) 녹색의

今天她穿着绿色的裙子。
오늘 그녀는 녹색 치마를 입고 있다.

---

05 / 3급

蓝
lán

(형) 푸르다

张美华的眼睛就像蓝天一样蓝。
장메이화의 눈은 푸른 하늘처럼 푸르다.

06 / 3급

黄
huáng

(형) 노랗다

红、黄、蓝都是我喜欢的颜色。

빨강, 노랑, 파랑 모두 내가 좋아하는 색깔이다.

*颜色 yánsè 색깔

 의복

☐ 裤子 kùzi	바지	☐ 衬衫 chènshān	셔츠
☐ 裙子 qúnzi	치마	☐ 颜色 yánsè	색깔
☐ 帽子 màozi	모자	☐ 号 hào	(옷, 신발) 사이즈
☐ 鞋 xié	신발		

01 / 3급

裤子
kùzi

(명) 바지

最近男孩子们爱穿这种裤子。

요즘 남학생들은 이런 종류의 바지를 즐겨 입는다.

*穿 chuān 입다

02 / 3급

裙子
qúnzi

(명) 치마

你今天穿的裙子真好看。

네가 오늘 입은 치마는 정말 예쁘다.

03 / 3급

帽子
màozi

(명) 모자

出去的时候，你一定要戴上帽子。

외출할 때 너는 모자를 꼭 써야한다.

*戴 dài 쓰다, 착용하다.

04 / 3급

鞋
xié

(명) 신발

这双黑色的运动鞋多少钱？

이 검정색 운동화는 얼마예요?

05 3급 衬衫 chènshān

(명) 셔츠

你怎么穿了红色的衬衫! 今天有什么事吗?
빨간색 와이셔츠를 입었구나! 오늘 무슨 날이니?

06 3급 颜色 yánsè

(명) 색깔

你女朋友最讨厌什么颜色?
네 여자친구는 어떤 색을 가장 싫어하니?

*讨厌 tǎoyàn 싫어하다

07 3급 号 hào

(명) 옷이나 신발 사이즈

这种类型的衣服有大号的吗?
이런 종류의 옷으로 L사이즈 있나요?

*类型 lèixíng 유형, 종류

 의복관련 표현

☐ 买 mǎi	(물건 등을) 사다	☐ 新 xīn	새롭다
☐ 戴 dài	(모자,안경) 쓰다	☐ 拿 ná	잡다
☐ 穿 chuān	(옷을)입다	☐ 有 yǒu	있다
☐ 换 huàn	교환하다, 바꾸다		

01 3급 买 mǎi

(동) (물건 등을) 사다 **반** 卖 팔다

你今天有空陪我逛街吗? 我想买一套衣服。
나 옷 한 벌을 사고 싶은데 너 오늘 나랑 쇼핑하러 갈 시간 있니?

戴
dài

(동) (모자, 안경 등을) 쓰다, 착용하다

我从小就开始戴眼镜了。

나는 어려서부터 안경을 썼어요.

*从小 cóngxiǎo 어린 시절부터

 穿
chuān

(동) (옷을) 입다, (신발을) 신다

这件衣服可以试穿一下吗?

이 옷 한번 입어봐도 됩니까?

*试穿 shìchuān 입어보다

 换
huàn

(동) 교환하다, 바꾸다

我昨天买的运动鞋可以换吗?

어제 산 이 운동화를 바꿔 줄 수 있나요?

 新
xīn

(형) 새롭다　(반) 旧 낡다, 오래되다

我是新搬来的王美。

저는 새로 이사 온 왕메이입니다.

*搬 bān 이사하다

 拿
ná

(동) (손으로) 잡다, 쥐다, 들다

他一听下课的铃声, 就拿着书包跑出
去了。

그는 수업이 끝나는 종소리가 나자마자, 곧바로 책가방을
손에 들고 뛰어나갔다.

*铃声 língshēng 종소리

 有
yǒu

(동) 있다

我们学校总共有600名学生和30名老师。

우리 학교에는 전체 600명의 학생들과 30명의 선생님들이
있다.

*总共 zǒnggòng 모두, 합쳐서

(2) 食

음식관련

☐	米 mǐ	쌀	☐	茶 chá	차
☐	米饭 mǐfàn	쌀밥	☐	啤酒 píjiǔ	맥주
☐	面条儿 miàntiáor	국수	☐	咖啡 kāfēi	커피
☐	面包 miànbāo	빵	☐	糖 táng	설탕, 사탕
☐	牛奶 niúnǎi	우유	☐	杯子 bēizi	잔
☐	蛋糕 dàngāo	케익	☐	盘子 pánzi	큰 접시
☐	菜 cài	요리, 채소	☐	筷子 kuàizi	젓가락
☐	鸡蛋 jiānjīdàn	계란	☐	菜单 càidān	메뉴판

01
3급
米
mǐ

(명) 쌀

这种米做饭很好吃。

이런 쌀로 밥을 하면 정말 맛있다.

02
3급
米饭
mǐfàn

(명) 쌀밥

韩国人一般都喜欢吃米饭。

한국인은 주로 쌀밥을 먹는 것을 좋아한다.

03
3급
面条儿
miàntiáor

(명) 국수

我们吃完面条之后去喝杯茶吧。

우리 국수를 다 먹고 난 후, 녹차 한잔 합시다.

04
3급
面包
miànbāo

(명) 빵

我今天的早点是牛奶加面包。

나의 오늘 아침 식사는 우유에 빵이다.

*加 jiā 더하다, 덧붙이다

3급 신HSK VOCA

05 3급 牛奶
niúnǎi

(명) 우유

早上喝一杯牛奶对身体很好。

아침에 우유를 한 잔 마시면 건강에 아주 좋다.

---

06 3급 蛋糕
dàngāo

(명) 케익

祝你生日快乐! 我给你买了蛋糕。

생일 축하합니다! 당신을 위해 케익을 사왔습니다.

---

07 3급 菜
cài

(명) 요리, 채소

中国人喜欢韩国菜。

중국인들은 한국요리를 좋아한다.

---

08 3급 鸡蛋
jiānjīdàn

(명) 계란

妈妈给我煎个鸡蛋。

엄마가 나에게 계란 후라이를 하나 해 주셨다.

*煎鸡蛋 jiān jīdàn 계란을 부치다, 계란 후라이를 하다

---

09 3급 茶
chá

(명) 차

中国茶的种类有很多。

중국차의 종류는 많습니다.

---

10 3급 啤酒
píjiǔ

(명) 맥주

下班后，我们去喝杯啤酒吧。

우리 퇴근 후에 맥주 한잔 하러 갑시다.

---

11 3급 咖啡
kāfēi

(명) 커피

我觉得咖啡和牛奶一起喝的话味道更好。

나는 커피와 우유를 같이 마시면 맛이 더욱 좋다고 생각한다.

*味道 wèidao 맛

糖 táng	(명) 설탕, 사탕

这糖有巧克力味儿。

이 사탕은 초콜릿 맛이 난다.

*巧克力 qiǎokèlì 초콜릿
*味儿 wèi(r) 맛

杯子 bēizi	(명) 잔

我想买两个漂亮的咖啡杯。

저는 예쁜 커피잔 두 개를 사려고 합니다.

盘子 pánzi	(명) 큰 접시

你绿色盘子里的是什么东西?

너의 녹색 접시 안에 있는 것은 뭐니?

筷子 kuàizi	(명) 젓가락

美国人不习惯用筷子。

미국인은 젓가락 사용에 익숙하지 않다.

*习惯 xíguàn 습관이 되다, 익숙해지다

菜单 càidān	(명) 메뉴판

这个菜单是用中文写的, 我看不懂。

이 메뉴판은 중국어로 되어 있어서, 봐도 모르겠어요.

 음식관련 표현

☐ 吃 chī	먹다		☐ 渴 kě	목이 마르다
☐ 喝 hē	마시다		☐ 新鲜 xīnxiān	신선하다
☐ 饱 bǎo	배부르다		☐ 好吃 hǎochī	맛있다
☐ 饿 è	배고프다		☐ 点 diǎn	(음식을) 주문하다

01 **3급**	**吃** chī	**(동) 먹다** **我最喜欢吃巧克力冰淇淋。** 저는 초콜렛 아이스크림을 가장 좋아해요. *冰淇淋 bīngqílín 아이스크림
02 **3급**	**喝** hē	**(동) 마시다** **您是喝咖啡还是喝苹果汁?** 커피 드실래요? 아니면 사과 주스 드실래요? *苹果汁 píngguǒzhī 사과쥬스
03 **3급**	**饱** bǎo	**(형) 배부르다** **我饱了, 一点也吃不下了。** 배가 불러서 조금도 못먹겠어요.
04 **3급**	**饿** è	**(형) 배고프다** **妈妈, 我饿死了, 快点做饭吧。** 엄마 저 배고파 죽겠어요. 빨리 밥해 주세요.
05 **3급**	**渴** kě	**(형) 목이 마르다** **今天早上去跑步了, 跑完之后口很渴。** 오늘 아침에 조깅을 하러 갔더니, 뛰고 나서 목이 몹시 말랐다. *跑步 pǎobù 조깅하다, 달리다
06 **3급**	**新鲜** xīnxiān	**(형) 신선하다, 싱싱하다** **刚来上海的时候, 张明觉得什么都很新鲜。** 막 상해에 왔을 때 장밍은 모든 것이 다 신선하게 느껴졌다.

07 3급	好吃 hǎochī

(형) 맛있다

这种西瓜又好吃又便宜。

이 수박은 맛있고 가격도 싸다.

*西瓜 xīguā 수박

08 3급	点 diǎn

(동) (음식을) 주문하다

我们想点菜，请给我一份菜单。

우리 주문하려고 하니, 메뉴판 좀 가져다 주세요.

(3) 住居

 주거

☐ 家 jiā	집		☐ 灯 dēng	전등
☐ 房间 fángjiān	방		☐ 照相机 zhào xiàng jī	카메라
☐ 门 mén	문		☐ 伞 sǎn	우산
☐ 厨房 chúfáng	주방		☐ 电梯 diàntī	엘리베이터
☐ 东西 dōngxi	물건		☐ 空调 kōng tiáo	에어컨
☐ 钟 zhōng	시계		☐ 冰箱 bīngxiāng	냉장고
☐ 手表 shǒubiǎo	손목시계		☐ 电视 diànshì	TV, 텔레비젼
☐ 眼镜 yǎnjìng	안경		☐ 节目 jié mù	프로, 프로그램

01 3급	家 jiā

(명) 집

我新搬的家离我的公司很近，每天上班很方便。

새로 이사한 우리 집은 회사에서 가까워서 매일 출근하기 편리하다.

房间
fángjiān

(명) 방

你刚才打扫房间的时候没有看见我的钱包吗?

네가 방금 방 청소할 때, 내 지갑을 못 봤니?

*打扫 dǎsǎo 청소하다　　*钱包 qiánbāo 지갑

 门
mén

(명) 문

咱们走这个门进去吧。

우리 이 문으로 들어갑시다.

 厨房
chúfáng

(명) 주방

妈妈已经在厨房做饭了。

엄마께서 이미 주방에서 음식을 만드셨다.

 东西
dōngxi

(명) 물건

这种东西只是大, 但不贵。

이런 물건은 크기만 할 뿐, 비싸지 않습니다.

 钟
zhōng

(명) ① 시간, 시각 ② 시계

我们还有十分钟就上课了。

우리는 10분 더 있으면 수업을 시작한다.

这个钟停了, 需要换电池。

이 시계는 멈췄어. 건전지를 갈아야 해.

*电池 diànchí 건전지

 手表
shǒubiǎo

(명) 손목시계

我的手表出毛病了, 每天慢5分。

손목시계가 망가져서 매일 5분씩 느려요.

*出毛病 chūmáobing 고장이 나다, 망가지다

眼镜
yǎnjìng

(명) 안경

你的眼镜真漂亮, 在哪儿买的?

네 안경 참 예쁘다. 어디에서 샀니?

灯
dēng

(명) 등, 전등

上海的夜景很漂亮, 有各种颜色的灯。
상해의 야경이 정말 예뻐요. 여러가지 색깔의 등이 있어요.

*夜景 yèjǐng 야경

 照相机
zhàoxiàngjī

(명) 사진기, 카메라

她把她的照相机忘在了家里。
그녀는 자신의 카메라를 집에 두고 왔다.

 伞
sǎn

(명) 우산

听说明天会下雨, 不要忘了带雨伞出门。
내일 비가 온다고 하니, 우산을 챙겨 외출하는 것을 잊지 말아라.

*听说 tīngshuō (듣자 하니) ~라고 한다
*出门 chūmén 외출하다

 电梯
diàntī

(명) 엘리베이터

请坐电梯到2楼来。
엘리베이터를 타고 2층으로 올라 오세요.

 冰箱
bīngxiāng

(명) 냉장고

冰箱里有水, 你去拿出来喝吧。
냉장고 안에 물이 있으니, 꺼내드세요.

*拿出来 ná chūlai 꺼내다, 내놓다

 空调
kōngtiáo

(명) 에어컨

办公室里好热, 请快点开空调吧。
사무실이 너무 더우니, 빨리 에어컨을 켜주세요.

 电视
diànshì

(명) TV, 텔레비전

最近中国人很喜欢看韩国的电视剧。
요즘 중국인들은 한국 TV 드라마를 좋아합니다.

16
3급
节目
jiémù

(명) 프로, 프로그램

昨天那个关于饮食的节目你看了吗?我
觉得比较有趣。

어제 음식에 관한 그 프로그램 봤어? 비교적 재미있더라.

*关于 guānyú ~에 관한, ~에 관해

 주거관련 표현

☐ 住 zhù	살다, 거주하다	☐ 关 guān	(문을) 닫다
☐ 放 fàng	두다, 놓다		

01
3급
住
zhù

(동) 살다 반 搬 운반하다, 옮기다

我以前住的地方离公司很远。

내가 이전에 살던 곳은 회사에서 너무 멀었어요.

02
3급
放
fàng

(동) 두다, 놓다

这件事你不必放在心上。

당신은 이 일을 마음에 두지 마세요.

03
3급
关
guān

(동) (문을) 닫다

我今天早上去上班的时候没有关上房
间的窗户。

나는 오늘 아침에 출근할 때 방의 창문을 닫지 않았다.

*房间 fángjiān 방
*窗户 chuānghu 창문

3 의식주

☐	**食品** shípǐn	식품	☐	**咸** xián	짜다
☐	**味道** wèidao	맛	☐	**苦** kǔ	쓰다
☐	**饺子** jiǎozi	만두	☐	**辣** là	맵다
☐	**饼干** bǐnggān	비스킷	☐	**酸** suān	시다
☐	**巧克力** qiǎokèlì	초콜릿	☐	**袜子** wàzi	양말
☐	**饮料** yǐnliào	음료수	☐	**戴** dài	(안경, 모자 등을) 쓰다
☐	**瓶子** píngzi	병	☐	**脱** tuō	(옷을) 벗다
☐	**汤** tāng	탕	☐	**擦** cā	닦다
☐	**盐** yán	소금	☐	**脏** zāng	더럽다
☐	**尝** cháng	맛을 보다			

4급 신HSK VOCA

01
4급

食品
shípǐn

(명) 식품

这种食品是最有益于健康的吗?

이런 식품이 건강에 제일 좋은 식품인가요?

*有益 yǒuyì 유익하다
*于 yú ~에

02
4급

味道
wèidao

(명) 맛

喜欢甜的味道的话，多加点糖。

단 맛을 원하면 설탕을 더 추가하세요.

03
4급

饺子
jiǎozi

(명) 만두, 교자

我最喜欢肉馅的饺子了。

나는 고기가 들어있는 만두를 가장 좋아한다.

*肉馅 ròuxiàn (고기만두의) 속

04
4급

饼干
bǐnggān

(명) 과자, 비스킷

他一次就给孩子们买了三包饼干。

그가 한번은 아이들에게 비스킷을 세 봉지를 사주었다.

---

3 의식주 · **207**

05
4급

巧克力
qiǎokèlì

(명) 초콜릿

我能吃一块巧克力蛋糕吗?
초콜릿 케이크 한 조각을 좀 먹어 봐도 됩니까?

*蛋糕 dàngāo 케이크

06
4급

饮料
yǐnliào

(명) 음료수

冰箱里有很多种饮料。
냉장고 안에는 여러 종류의 음료수가 있어요.

07
4급

瓶子
píngzi

(명) 병

请你把牛奶倒进小瓶子里。
당신이 우유를 작은 병에 부어주세요.

08
4급

汤
tāng

(명) 탕

今天的汤怎么这么咸啊。
오늘 국이 어쩌면 이렇게 짜니?

09
4급

盐
yán

(명) 소금

盐适当地放点就可以了, 如果放得太多的话, 就咸了。
소금 좀 적당히 넣으세요. 많이 넣으면 짜요.

*适当 shìdàng 적당하다

10
4급

尝
cháng

(동) 맛을 보다

你尝一下, 看看糖放得够不够。
설탕이 충분히 들어갔는지 맛을 한번 보세요.

11
4급

咸
xián

(형) 짜다 (반) 淡 싱겁다

咸的东西不要吃太多, 不然有害健康。
짠 음식을 많이 드시지 마세요. 안 그러면 건강에 해롭습니다.

苦
kǔ

(형) 쓰다 (반) 甜 달다

那个黑咖啡太苦了，完全不能喝，您有糖吗?

저 블랙커피는 너무 써서 조금도 마실 수가 없어요. 설탕 있나요?

 辣
là

(형) 맵다

这道菜太辣了，眼泪都要流出来了。

이 음식은 너무 매워서 눈물이 나오려고 해요.

*眼泪 yǎnlèi 눈물

 酸
suān

(형) 시다, 시큼하다

牛奶变质了，味道好像变酸了。

우유가 변질되서 시큼한 맛이 나는 것 같아요.

*变质 biànzhì 변질되다

 袜子
wàzi

(명) 양말

去旅行时，最好多带一些袜子和内衣。

여행갈 때는 양말과 속옷을 여러 벌 가져가는 것이 좋다.

 脱
tuō

(동) (옷을) 벗다 (반) 穿 입다

如果你觉得热就把衣服脱了，然后去洗澡。

만약 더우면 옷을 벗고 샤워를 하세요.

*然后 ránhòu 그런 후에, 그 다음에

 戴
dài

(동) (머리, 얼굴, 가슴, 팔, 손 등에) 쓰다, 착용하다

很多人戴着有色眼镜看事情。

많은 사람이 색안경을 끼고 사건을 바라본다.

보카 활용포인트

戴(帽子 모자 / 眼镜 안경 / 戒指 반지 / 项链 목걸이 / 手套 장갑 / 手表 시계를 차다 / 口罩 마스크)

4급 신HSK VOCA

擦
cā

(동) 닦다

爸爸把他的皮鞋擦得很干净。

아빠는 구두를 매우 깨끗하게 닦으셨다.

 脏
zāng

(형) 더럽다 반 净 깨끗하다, 청결하다

你赶紧把孩子的脏衣服脱掉，给他换干
净的衣服穿。

넌 빨리 이 아이의 더러운 옷을 벗기고, 깨끗한 옷으로 갈아
입혀라.

*赶紧 gǎnjǐn 재빨리
*脱掉 tuōdiào 벗다

☐ 青 qīng	푸르다		☐ 海鲜 hǎixiān	해산물
☐ 紫 zǐ	자주 빛(의)		☐ 零食 língshí	간식
☐ 鲜艳 xiānyàn	산뜻하고 아름답다		☐ 点心 diǎnxin	간식
☐ 皮鞋 píxié	구두		☐ 小吃 xiǎochī	간단한 음식, 스낵
☐ 系领带 jìlǐngdài	넥타이를 매다		☐ 油炸 yóuzhá	기름에 튀기다
☐ 服装 fúzhuāng	옷, 복장		☐ 煎 jiān	기름에 지지다
☐ 牛仔裤 niúzǎikù	진스, 청바지		☐ 煮 zhǔ	삶다, 익히다
☐ 丝绸 sīchóu	비단, 실크		☐ 炒 chǎo	(기름에) 볶다
☐ 披 pī	(겉옷을) 걸치다		☐ 酒吧 jiǔbā	(서양식) 술집
☐ 食物 shíwù	음식, 음식물		☐ 叉子 chāzi	양식용 포크
☐ 口味 kǒuwèi	구미, 맛		☐ 餐厅 cāntīng	식당
☐ 闻 wén	냄새를 맡다		☐ 矿泉水 kuàngquánshuǐ	광천수
☐ 清淡 qīngdàn	담백하다		☐ 勺子 sháo zi	(좀 큰) 국자
☐ 淡 dàn	싱겁다		☐ 公寓 gōngyù	아파트
☐ 倒 dào	붓다		☐ 屋子 wūzi	방
☐ 米饭 mǐfàn	쌀 밥		☐ 客厅 kètīng	(큰)응접실
☐ 馒头 mántou	만두		☐ 卧室 wòshì	침실
☐ 烤鸭 kǎoyā	(통)오리구이		☐ 地毯 dìtǎn	카펫
☐ 豆腐 dòufu	두부		☐ 窗帘 chuānglián	창문 커튼
☐ 辣椒 là jiāo	고추		☐ 玻璃 bōli	유리
☐ 小麦 xiǎomài	소맥, 밀		☐ 抽屉 chōuti	서랍
☐ 酱油 jiàngyóu	간장		☐ 被子 bèizi	이불
☐ 醋 cù	식초		☐ 布 bù	천
☐ 粮食 liángshi	양식		☐ 棉花 miánhua	면사

5급 신HSK VOCA

01
5급

青
qīng

(형) 푸르다

他穿这件青色的衣服看起来很成熟。

그가 이 파란색 옷을 입으니 매우 성숙해 보인다.

02
5급

紫
zǐ

(명/형) 보라색, 자색, 자주 빛(의)

她十分喜欢紫色，家里所有的东西都是
紫色的。

그녀는 보라색을 매우 좋아해서 집안의 모든 물건이 모두
보라색이다.

03
5급

鲜艳
xiānyàn

(형) 화려하다, 산뜻하고 아름답다, 밝고 곱다

这件衣服的颜色太鲜艳了，我不能穿。

이 옷의 색깔이 너무 화려해서 나는 못 입겠다.

04
5급

皮鞋
píxié

(명) 구두

这里的皮鞋每一双都很漂亮，我不知道
该买哪一个。

이곳의 구두는 다 예뻐서 나는 어떤 것을 사야 할지 모르
겠어.

05
5급

系领带
xìlǐngdài

(동) 넥타이를 매다

他穿了一件非常整齐的衬衫，但是没系
领带。

그는 상당히 깔끔한 와이셔츠를 입었지만 넥타이는 매지 않
았다.

06
5급

服装
fúzhuāng

(명) 옷, 복장

这次的春夏服装展览会非常成功。

이번 춘하복 의류 전람회는 크게 성공할 것이다.

07
5급

牛仔裤
niúzǎikù

(명) 진스, 청바지

不知从什么时候开始，牛仔裤成了年轻人必不可少的东西。

언제부터 시작되었는지 모르겠지만, 청바지는 젊은이들에게 반드시 있어야 하는 물건이 되었다.

08
5급

丝绸
sīchóu

(명) 비단, 실크

最近，丝绸料子的衣服非常受欢迎。

최근에, 실크 재질의 옷이 아주 인기가 있다.

09
5급

披
pī

(동) (겉옷을) 걸치다, 두루다

她只披了一件薄薄的外衣就出了门。

그녀는 아주 얇은 겉옷만을 걸치고 밖으로 나갔다.

10
5급

食物
shíwù

(명) 음식, 음식물

出差之前，我给小狗准备了充足的食物。

출장가기 전에 나는 강아지를 위해 충분한 먹이를 준비해 두었다.

11
5급

口味
kǒuwèi

(명) 구미, 맛

这家餐厅的东西很有名，但却不符合我的口味。

이 음식점의 요리는 매우 유명하지만, 내 입맛에는 맞지 않는다.

12
5급

闻
wén

(동) 냄새를 맡다

刚一进门，我就闻到了玫瑰花的味道。

문에 막 들어섰을 때 나는 장미꽃 향기를 맡았다.

13
5급

清淡
qīngdàn

(형) 담백하다

我喜欢比较清淡的食物。

나는 비교적 담백한 음식을 좋아한다.

淡
dàn

(형) 싱겁다 (반) 咸 짜다

他不喜欢太咸的食物，喜欢吃淡淡的食物。

그는 너무 짠 음식을 싫어하고, 아주 싱거운 음식 먹는 것을 좋아한다.

最近感冒了，所以吃什么东西都感觉很淡。

최근에 감기가 걸려서 무슨 음식을 먹든지 모두 맛이 없게 느껴진다.

倒
dào

(동) 붓다

由于一喝酒就醉，他不得不背着客人把酒倒在了地上。

술을 마셨다 하면 바로 취하기 때문에, 그는 어쩔 수 없이 손님 몰래 술을 바닥에 쏟았다.

馒头
mántou

(명) 만두

经过一个星期的努力，我终于学会了做馒头的方法。

일주일 간의 노력 끝에, 나는 마침내 만두 만드는 방법을 배웠다.

烤鸭
kǎoyā

(명) (통)오리구이

北京烤鸭是北京最著名的特产，很多外国人都特别喜欢。

북경 오리구이는 북경에서 가장 유명한 특산물로 많은 외국인들이 모두 좋아한다.

豆腐
dòufu

(명) 두부

豆腐是中国一种很古老的传统食品，有很高的营养价值。

두부는 중국에서 아주 오래된 전통 음식으로 영양가가 매우 높다.

| 19
5급 | **辣椒**
làjiāo | **(명)** 고추
四川人喜欢吃辣椒，所以四川菜大部分都很辣。
사천사람들은 고추를 즐겨 먹기 때문에, 사천요리는 대부분 모두 맵다. |

| 20
5급 | **小麦**
xiǎomài | **(명)** 소맥, 밀
小麦是世界上分布最广泛的粮食作物。
밀은 세계에서 가장 광범위한 지역에 분포된 곡류작물이다.
*粮食作物 liángshizuòwù 곡류작물 (밀, 쌀, 보리 등을 통칭하는 말) |

| 21
5급 | **酱油**
jiàngyóu | **(명)** 간장
酱油吃多了，会对健康造成伤害。
간장을 많이 먹으면 건강에 해로울 수 있다.
*造成 zàochéng 조성하다, 야기하다, 초래하다, 발생시키다. |

| 22
5급 | **醋**
cù | **(명)** 식초
最近，果醋成了非常受欢迎的减肥饮料。
최근 과일식초는 매우 인기가 있는 다이어트 음료가 되었다. |

| 23
5급 | **粮食**
liángshi | **(명)** 곡물, 곡식, 양식
粮食是我们生存的基础, 我们要珍惜粮食。
양식은 우리들 생존의 기초가 되므로, 우리들은 양식을 아껴야 한다.
*珍惜 zhēnxī 소중히 여기다. 아끼다 |

| 24
5급 | **海鲜**
hǎixiān | **(명)** 해산물
这家饭店的海鲜真的非常好吃。
이 음식점의 해산물은 정말 아주 맛있어. |

5급 신HSK VOCA

25 **5급** 零食
língshí

(명) 간식, 군것질 거리

因为爱吃零食，我一直都瘦不下来。

나는 군것질 하는 것을 좋아하기 때문에 계속 살이 빠지지 않는다.

26 **5급** 点心
diǎnxin

(명) 간식, 딤섬, 디저트

妈妈做的点心非常好吃，所以朋友们都喜欢到我家来玩。

엄마가 해주는 간식은 아주 맛있어서, 친구들 모두 우리 집에 와서 노는 것을 좋아한다.

27 **5급** 小吃
xiǎochī

(명) 간단한 음식, 스낵

既然来了，就一定要尝尝当地最有名的小吃。

이왕 왔는데 이곳에서 가장 유명한 음식을 맛봐야지.

28 **5급** 油炸
yóuzhá

(동) 기름에 튀기다

油炸食品对健康很不好，我们应该少吃一点儿。

기름에 튀긴 음식은 건강에 아주 안 좋으니, 우리는 좀 적게 먹어야 해.

29 **5급** 煎
jiān

(동) ① 기름에 지지다
② (약, 차 등을) 달이다, 졸이다

我很喜欢吃用油煎的饺子 。

나는 군만두 먹는 것을 매우 좋아한다.

煎中药有许多方法，如果煎煮不当，反而会损害健康。

한약을 달이는 것에는 많은 방법이 있다. 제대로 달이지 않으면, 오히려 건강을 해칠 수 있다.

30 5급	煮 zhǔ	**(동)** 삶다, 익히다 **我真的不会做饭, 甚至连煮鸡蛋都做不好。** 나는 정말 밥을 할 줄 몰라, 심지어 계란 삶는 것 조차 잘 못해.
31 5급	炒 chǎo	**(동)** (기름에) 볶다 **你把这个菜放到锅里炒一下儿, 然后放些食盐就可以吃了。** 네가 이 음식을 프라이팬에 넣고 좀 볶다가, 소금을 약간 넣어서 먹으면 돼.
32 5급	酒吧 jiǔbā	**(명)** (서양식) 술집, 바 **他心情不好的时候, 喜欢到酒吧喝酒。** 그는 기분이 안 좋을 때 바에 가서 술 마시는 것을 좋아한다.
33 5급	叉子 chāzi	**(명)** (양식용) 포크 **我是第一次吃西餐, 不知道叉子怎么用。** 나는 처음 양식을 먹는 거라서 포크를 어떻게 사용하는지 모르겠어.
34 5급	餐厅 cāntīng	**(명)** 식당 **市郊有专为休养者服务的餐厅。** 교외에 전문적으로 휴양 온 사람들을 위해 운영하는 식당이 있다. *休养 xiūyǎng 요양하다, 휴양하다
35 5급	矿泉水 kuàngquánshuǐ	**(명)** 광천수, 생수 **我只喝矿泉水就可以了。** 나는 생수만 마시면 돼.

5급 신HSK VOCA

勺子
sháozi

(명) 국자, 조금 큰 숟가락

由于他喝汤的时候不用勺子，被爸爸批评了。

그는 국을 마실 때 숟가락을 사용하지 않아서 아빠께 혼났다.

公寓
gōngyù

(명) 아파트

被公司开除以后，他每天都呆在自己的公寓里不出门。

그는 회사에서 해고되고 나서, 매일 자신의 아파트에만 있고 외출을 하지 않는다.

屋子
wūzi

(명) ① 방 ② 집

我在这里住了十年了，所以这间屋子里有很多美好的回忆。

나는 여기에서 10년째 살고 있다. 그래서 이 집에는 아름다운 추억이 많다.

客厅
kètīng

(명) (큰)응접실, 거실

我把新买的花放在了客厅里。

나는 새로 산 꽃을 거실에 두었다.

卧室
wòshì

(명) 침실

我的卧室的装修都是自己亲手设计的。

내 침실의 인테리어는 내가 직접 설계한 것이다.

*装修 zhuāngxiū 인테리어를 하다, 내부를 꾸미다, 내장공사를 하다.

地毯
dìtǎn

(명) 카펫

由于外面下雨了，他进来之后，在地毯上留下了一排脚印。

밖에 비가 왔기 때문에, 그가 들어오고 나서 카페트에 한 줄로 발자국이 생겼다.

窗帘
chuānglián

(명) 커튼

为了改变心情，我把家里的窗帘换成了粉红色。

기분을 전환하기 위해서 나는 집안의 커튼을 분홍색으로 바꾸었다.

玻璃
bōli

(명) 유리

家里有小孩子，所以都不用玻璃的东西。

집에는 어린 아이가 있어서 우리는 유리로 된 물건을 사용하지 않는다.

抽屉
chōuti

(명) 서랍

回到家以后，他发现自己放在抽屉里的钱不见了。

집에 도착한 후에 그는 자기가 서랍 안에 둔 돈이 없어진 것을 알게 되었다.

被子
bèizi

(명) 이불

因为我很晚才回家，他生气地躲在被子里，不理我。

내가 매우 늦게 집에 돌아왔기 때문에, 그는 화가 나서 이불 속에 들어가서는 나를 본체만체했다.

布
bù

(명) 천

这件衣服的布料是我最喜欢的。

이 옷의 옷감은 내가 가장 좋아하는 것이다.

棉花
miánhua

(명) 면화, 목화, 면, 솜

中国的新疆省生产棉花。

중국의 신장성에서 면화를 생산한다.

4 수와 양, 쇼핑과 돈

(1) 수

□ 零 líng	0		□ 七 qī	7
□ 一 yī	1		□ 八 bā	8
□ 二 èr	2		□ 九 jiǔ	9
□ 两 liǎng	둘		□ 十 shí	10
□ 三 sān	3		□ 百 bǎi	100
□ 四 sì	4		□ 千 qiān	1000, 천
□ 五 wǔ	5		□ 万 wàn	10000, 만
□ 六 liù	6			

★ 二 èr 2과 两 liǎng 둘

二은 일반적인 숫자 2 또는 순서 2번째란 뜻으로 쓰이고, 两은 주로 짝을 이루는 사물을 셀 때, 또는 양사 앞에 쓰인다.

(2) 수량

□ 多 duō	(수량이) 많다		□ 小 xiǎo	(크기가) 작다
□ 短 duǎn	(길이가) 짧다		□ 长 cháng	(길이가) 길다
□ 大 dà	(크기가) 크다		□ 久 jiǔ	오래다, (시간이) 길다
□ 少 shǎo	(수량이) 적다			

01 3급

长 cháng

(형) (길이가) 길다 (반) 短 짧다

这把尺很长很结实。

이 자는 길이가 길고 튼튼하다

*结实 jiēshi 튼튼하다, 견고하다

02 **3급**	久 jiǔ

(형) 오래다, (시간이) 길다

我离开北京已经很久了。

북경을 떠난 지가 이미 오래 되었다.

(3) 쇼핑과 돈

□ 商店 shāngdiàn	상점	□ 花 huā	(돈을) 쓰다
□ 借 jiè	빌리다	□ 贵 guì	(가격이) 비싸다
□ 包 bāo	싸다, 싸매다		

01 **3급**	商店 shāngdiàn

(명) 상점

这个商店的东西卖的最便宜。

이 상점은 물건을 가장 싸게 파는 곳입니다.

02 **3급**	借 jiè

(동) 빌리다, 빌려주다　**반** 还 huán 갚다

先借我500块吧，我明天还给你。

저에게 500원 빌려주시면 내일 갚을게요.

03 **3급**	包 bāo

(동) ① (종이나 천으로) 싸다, 싸매다
　　② 전적으로 책임지다

小姐，请帮我把这个礼物包起来。

아가씨, 이 선물을 포장해주세요.

你放心吧，这件事情包在我身上。

안심해요, 이 일은 제가 책임질게요.

04 **3급**	花 huā

(동) (돈을) 쓰다

他买这台笔记本电脑花了不少钱。

그는 이 노트북을 사느라 많은 돈을 썼다.

*笔记本电脑 bǐjìběn diànnǎo 노트북 컴퓨터

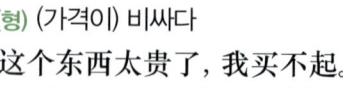

05
3급

貴
guì

(형) (가격이) 비싸다

这个东西太贵了，我买不起。

이 물건은 너무 비싸서 나는 살 수가 없다.

*买不起 mǎibùqǐ 돈이 없거나 비싸서 살 수 없다

4 수와 양, 쇼핑과 돈

(1) 수량, 쇼핑과 돈 I

☐ 数量 shùliàng	수량		☐ 奖金 jiǎngjīn	상금
☐ 数字 shùzì	숫자		☐ 顾客 gùkè	고객, 손님
☐ 价格 jiàgé	가격		☐ 售货员 shòuhuòyuán	판매원
☐ 质量 zhìliàng	품질, 질		☐ 顺序 shùnxù	순서
☐ 人民币 rénmínbì	인민폐			

4급 신HSK VOCA

01 4급 数量 shùliàng

(명) 수량

中国人口的数量在不断增加。

중국 인구수가 계속 늘어가고 있다.

02 4급 数字 shùzì

(명) 숫자

请从一到十中选出一个数字来。

일에서 십까지 중에서 한 가지 숫자를 고르세요.

*选出 xuǎnchū 뽑다

03 4급 价格 jiàgé
= 价钱 jiàqian

(명) 가격

这本书的价格很便宜, 只要十五块钱。

이 책은 가격이 아주 싸. 15 위엔밖에 안해.

04 4급 质量 zhìliàng

(명) 품질, 질

这个商品价格最低, 质量最好。

이 상품은 가격이 제일 싸면서 품질은 제일 좋다.

05 4급 人民币 rénmínbì

(명) 인민폐

请帮我把人民币兑换成韩币。

인민폐를 한국돈으로 바꿔주세요.

*兑换 duìhuàn 환전하다

奖金
jiǎngjīn

(명) 상금

你想想怎样才能更好地使用你获得的奖金。

당신이 상금으로 받은 돈을 어떻게 사용하는 것이 더 좋은지 생각해 보세요.

*获得 huòdé 얻다, 획득하다

顾客
gùkè

(명) 고객, 손님

我们要让商场吸引更多的顾客。

우리는 상가가 더 많은 고객을 끌 수 있게 만들어야 합니다.

*商场 shāngchǎng 시장, 상가, 백화점

我认为我们商场可以保有很多的顾客。

저는 우리 백화점이 많은 고객들을 유치할 수 있을 것이라 생각합니다.

*保有 bǎoyǒu 보유하다, 가지다

售货员
shòuhuòyuán

(명) 판매원

这个店的售货员服务态度很好，受到顾客的欢迎。

이 상점 판매원의 서비스 태도가 뛰어나서 손님들이 좋아한다.

*服务 fúwù 서비스하다
*态度 tàidu 태도

顺序
shùnxù

(명) 순서

上公车的时候，我们要按照顺序排队上车。

버스를 탈 때 우리는 순서대로 줄서서 타야 한다.

*排队 páiduì 줄서다

☐	逛 guàng	쇼핑하다	☐ 富 fù	부유하다
☐	打折 dǎzhé	할인하다	☐ 所有 suǒyǒu	모든
☐	免费 miǎnfèi	무료로 하다	☐ 满 mǎn	꽉 차다
☐	购物 gòuwù	물건을 구입하다	☐ 许多 xǔduō	대단히 많은
☐	做 生意 zuò shēngyi	장사를 하다	☐ 缺少 quēshǎo	모자라다
☐	赚 zhuàn	(돈을) 벌다	☐ 增加 zēngjiā	(수량이) 증가하다
☐	浪费 làngfèi	낭비하다	☐ 增长 zēngzhǎng	(~%가) 신장하다
☐	算 suàn	(숫자를) 계산하다	☐ 减少 jiǎnshǎo	감소하다
☐	省 shěng	아끼다, 절약하다	☐ 超过 chāoguò	초과하다, 넘다
☐	剩 shèng	남다	☐ 来得及 láidejí	~할 시간이 된다
☐	丰富 fēngfù	풍부하다	☐ 来不及 láibují	미처~하지 못하다

4급 신HSK VOCA

01 4급
逛
guàng

(동) 쇼핑하다

我一周逛一次超市。

난 일주일에 한 번은 슈퍼마켓에 가서 쇼핑한다.

02 4급
打折
dǎzhé

(동) 할인하다

如果您使用现金结算的话，还可以为您打折。

만약 현금으로 계산하신다면 할인해 드리겠습니다.

*结算 jiésuàn 결산하다

> **보카 활용포인트**
>
> 打八折 20% 할인 　　　 打六折 40% 할인

03 4급
免费
miǎnfèi

(동) 무료로 하다

买电脑，带免费打印机。

컴퓨터를 사면, 프린터기를 무료로 준다.

04 4급 购物
gòuwù

= 购买 gòumǎi,
买 mǎi

(동) 물건을 구입하다 (반) 销售 팔다, 판매하다

我喜欢在网上购物。
나는 인터넷 쇼핑몰에서 물건 구입하는 것을 좋아한다.

05 4급 做生意
zuò shēngyi

= 做买卖
zuò mǎimai

(동) 장사를 하다

他很会做生意, 现在已经是一个大公司
的老板了。
그는 장사를 아주 잘해서 이미 큰 회사의 사장이 되었다.

*老板 lǎobǎn 사장

06 4급 赚
zhuàn

= 挣 zhèng

(동) (돈을) 벌다

他每个假期都在打工赚学费。
그는 방학 때마다 아르바이트를 해서 학비를 번다.

*打工 dǎgōng 아르바이트하다

> **보카 활용 포인트**
> 赚钱 (=挣钱) 돈을 벌다 赚多少钱? 얼마 벌었니?

07 4급 浪费
làngfèi

(동) 낭비하다, 허비하다
(반) 节省, 节约 절약하다, 아끼다

今天早晨上班时间堵车, 浪费了我好几
个小时。
오늘 아침 출근시간에 차가 막혀서 몇 시간을 낭비했다.

*堵车 dǔchē 교통이 꽉 막히다

> **보카 활용 포인트**
> "浪费"는 "인력, 물력, 시간 등을 합당하게 사용하지 않거나 무
> 절제하게 사용하는 것"을 말함 : 浪费 (时间 시간 / 水 물 / 资
> 源 자원 / 人力 인력 / 物力 물력)
> 浪费的习惯 낭비하는 습관

算
suàn

(동) (숫자를) 계산하다, 셈하다

你把药拿到这里结算就可以了。

약을 가져 오셔서 여기에서 계산하시면 됩니다.

算日子 날짜를 세다

 省
shěng

(동) 아끼다, 절약하다

他省下钱给女朋友买了礼物。

그는 돈을 아껴서 여자친구의 선물을 샀다.

보카활용포인트
省着点儿用 좀 아껴서 쓰다

 剩
shèng

(동) 남다

这次考试太简单了，做完后还剩好多时间。

이번 시험은 너무 쉬워서 다 풀고 나서 시간이 많이 남았다.

보카활용포인트
剩下 남기다

 丰富
fēngfù

(형) 풍부하다

반 单调 단조롭다 / 贫乏 부족(하다), 결핍(되다)

他经验非常丰富，不熟悉的事情也能做得很好。

그는 경험이 풍부해서 익숙하지 않은 일도 잘 처리한다.

*熟悉 shúxī 익숙하다, 잘 알다

보카활용포인트
(1) "丰富"는 "종류나 수량이 많음"을 뜻하고 구체적인 것, 추상적인 것에 모두 쓰임 : (种类 종류 / 知识 아는 것 / 经验很 경험 / 维生素 비타민 / 营养 영양) 很丰富.
丰富的资源 풍부한 자원
(2) "물질적, 경제적으로 넉넉하다, 풍부하다"는 뜻인 경우에는 "丰富"를 쓸 수 없고, "富裕" 또는 "富有"를 씀 :

人们的生活很富裕。
사람들의 생활이 매우 부유하다(넉넉하다).
(3) "재능, 능력, 예술성이 풍부하다, 뛰어나다"는 뜻인 경우에는
    "丰富"를 쓸 수 없고, "高", "强", "好" 등을 씀 :
能力很强 능력이 뛰어나다
有着很高的写作才能。
아주 훌륭한 글쓰기 재능을 가지고 있다.
艺术性很强 예술성이 매우 뛰어나다.

 富
fù

(형) 재산이 많다, 부유하다

他出生在一个富裕的家庭, 从小就很幸福。
그는 부유한 가정에 태어나서, 어려서부터 행복했다.

*富裕 fùyù 부유하다

 所有
suǒyǒu

(형/동) 모든, 일체의 / 소유하다

在我的家乡, 所有的人都会放风筝。
우리 고향에서는 모든 사람이 연을 날릴 줄 안다.

*放风筝 fàng fēngzheng 연을 날리다

보카 활용포인트

(1) "所有"는 명사나 대명사 앞에서 수식을 해주는 관형어로 쓰
    이고, 이 경우 "的"를 써도 되고 안 써도 상관없음.
    ① 所有(的) + 주어 + 也/都 ~.
       所有(的)人都喜欢看这部电影。
       모든 사람들은 다 영화보는 것을 좋아한다.
       所有一切(的)东西都带走了。
       일체 모든 물건을 다 가져갔다.
    ② 주어 + 동사 + 所有(的) + 목적어.
       他们俩用完了所有(的)钱。
       그들 둘은 모든 돈을 다 썼다.
(2) 동사 "소유하다"는 뜻으로도 쓸 수 있고, 이 경우, "归....所有
    (~의 소유가 되다)"는 뜻으로 쓰이는 경우가 많음.
    那辆自行车现在归我所有。
    그 자전거는 지금은 내 소유가 되었다.

14 / 4급 满
mǎn

(형) 꽉차다, 가득차다

早晨上班时间地铁里挤满了人，动都动
不了。

아침에 출근할 때 지하철 안은 사람들로 만원이라 움직일
수도 없다.

*挤满 jǐmǎn 가득차다, 꽉차다

---

15 / 4급 许多
xǔduō

(형) (대단히) 많은

她有许多话想说，一时却什么也说不出来。

그녀는 하고 싶은 말이 너무 많아서 오히려 갑자기 어떤 말
도 나오지 않았다.

*一时 yìshí 일시적으로, 짧은시간

"许多"는 명사 또는 대명사 앞에서 수식을 하는 관형어로 쓰이
고, 이 경우 "的"를 쓰지 않음
(1) 许多 + 주어 + (也/都) ~ 。
吃晚饭后，许多人都来公园散步。
저녁식사 후에 많은 사람들은 모두 공원에 산책나온다.
(2) 동사 + 许多 + (목적어) 。
教室里有许多同学。 교실에는 많은 학우들이 있다.
有许多人来动物园玩。
많은 사람들이 동물원에 놀러왔다.
类似的例子老师举了许多。
비슷한 예문을 선생님께서 많이 들어 주셨다.
我今天有许多要做的作业。
나는 오늘 해야 되는 숙제가 무지무지 많다.
(3) "许多"는 서술어로 쓰일 수 없고, "很"을 씀.
我要干的事还很多。 내가 해야되는 일은 아직도 많다.
(4) "许多"는 정도보어 "得"와 함께 쓸 수 없고, "很"을 씀.
她的话说得很多。 그녀는 말을 많이 했다.

---

16 / 4급 缺少
quēshǎo

(동) 모자라다, 부족하다

他是在一个缺少父爱的家庭中成长起
来的。 그는 부모의 사랑이 부족한 가정에서 자랐다.

*成长 chéngzhǎng 성장하다, 자라다

不可缺少 없어서는 안 된다, 반드시 필요하다, 필수 불가결하다 (= 不能缺少)

 增加
zēngjiā

(동) (수량이) 증가하다, 더하다

今年大学毕业生的人数比去年增加了很多。
올해 대학 졸업생 수가 작년보다 많이 늘어났다.

"增加"는 "수량을 늘(리)다, 증가하다"는 뜻임.
增加(收入 수입 / 体重 체중 / 产量 생산량 / 工资 월급 / 定额 정원, 정액 / 节目 프로(그램) / 次数 횟수 / 营养 영양)

 增长
zēngzhǎng

(동) 신장하다, 증가하다, 성장하다, 향상하다, 높아지다

2009年中国GDP增长了8.7%。
2009년에 중국의 GDP가 8.7% 성장했다.

(1) "增长"은 "〜 % 증가하다, 늘다"는 뜻으로 쓰임.
　增长 (10% / 百分之三十 30% / 六倍多 여섯 배 정도)
(2) "提高(향상시키다, 향상되다, 높아지다, 넓히다, 증가시키다)"
　의 뜻으로 쓰는 경우에는 "增长"을 씀.
　增长(才干 능력, 재간 / 知识 지식, 아는 것 / 勇气 용기 /
　希望 희망 / 见识 식견, 시야)
　(产量 생산량 / 知识 지식, 아는 것 / 收入 수입)增长。
(3) "횟수가 늘다"는 뜻으로 쓰는 경우에는 "增长"을 쓸 수 없고,
　"增加"를 씀
　没来上课的次数不断地增加。
　학교에 나오지 않은 횟수가 계속해서 늘었다.
(4) "체력을 증강시키다, 강화하다"의 뜻으로 쓰는 경우에는 "增长"을 쓸 수 없고, "增强"을 씀.
　我每周登山一次, 增强了我的体质。
　나는 매주 등산을 한 번해서 체력이 강화되었다.

 减少
jiǎnshǎo

(동) 감소하다, 줄(이)다
(반) 增多 많아지다, 증가하다

由于经济危机，人们的收入减少了很多。

경제 불황으로 사람들의 수입이 많이 감소했다.

*危机 wēijī 위기

> **보카활용포인트**
> "减少"는 "수량이 감소하다, 줄(이)다"는 뜻으로 "增加"의 반대말임.

20
4급

超过
chāoguò

(동) 초과하다, 넘다

(반) 不及 미치지 못하다 / 不如 ~만 못하다

乘客的随身行李不能超过10公斤。

승객들의 수하물은 10Kg이 넘으면 안됩니다.

*随身行李 suíshēnxíngli 수하물

> **보카활용포인트**
> "超过"는 "어떤 사물 뒤에서 그것을 따라잡다, 뛰어넘다, 초과하다, 넘다" 는 뜻임.
> (1) 대부분 목적어 자리에는 "수량" 또는 "구체적인 사물 또는 확실히 가리킬 수 있는 사람"을 씀.
> 　校长的演讲已经超过了一个小时。
> 　교장선생님의 연설은 이미 한 시간이 넘었다.
> 　她超过了(很多对手 많은 경쟁자, 상대 / 我们 우리)
> (2) "~보다 뛰어나다, ~보다 많다"는 뜻인 경우에는 뒤의 목적어 자리에 "추상적인 사물이나 확실히 가리킬 수 없는 사람"이 나올 수 도 있음.
> 　上个月的生产成本超过了原来的计划。
> 　지난달 생산 원가는 원래 계획을 초과했다.
> 　我的汉语水平远远超过了他们。
> 　내 중국어 수준은 그들을 훨씬 뛰어 넘었다.

21
4급

来得及
láidejí

(동) 늦지 않다, ~할 시간이 있다, ~할 시간이 되다

(반) 来不及 미치지 못하다, 손쓸 틈이 없다

电影还有一个小时才上映，现在出发也来得及。

영화가 한 시간 더 있어야 시작되니까 지금 출발해도 늦지 않아.

보카 활용포인트

(1) "来得及"는 "정해진 기간 내에 어떤 일을 할 시간이 있다"는 뜻이고, 주로 부사 "还", "都", "也"와 함께 쓰이며, 동사 목적어가 올 수 있음. "来不及"는 "来得及"의 반대말임.
现在报名还来得及 신청하여도 늦지 않다 / **还没来得及准备** 미처 준비를 못했다 / **没有来得及见面** 만나볼 시간이 없다 / **时间太紧张了, 来不及通知你。** 시간이 너무 없어서 너에게 알릴 겨를이 없었다. / **后悔也来不及了** 후회해도 늦었다 / **来不及通知** 통지할 겨를이 없다

(2) "来得及"와 "来不及"는 관형어로 쓸 수 없고, "有空"을 씀.
有空的时候, 我们一起去商店买东西吧。
시간이 있을때, 우리 함께 상점에 물건 사러 가자.

4 수와 양, 쇼핑과 돈

☐ 财产 cáichǎn	재산, 자산	☐ 充分 chōngfèn	충분하다, 넉넉하다
☐ 零钱 língqián	잔돈	☐ 计算 jìsuàn	계산(하다)
☐ 费用 fèiyong	지출	☐ 结账 jiézhàng	계산하다
☐ 账户 zhànghù	(은행의) 계좌	☐ 发票 fāpiào	영수증(을 끊다)
☐ 柜台 guìtái	계산대	☐ 贷款 dàikuǎn	(돈을) 대출하다
☐ 硬币 yìngbì	경화, 금속화폐	☐ 付款 fùkuǎn	돈을 지불하다
☐ 其余 qíyú	나머지, 남은 것	☐ 退 tuì	반환하다
☐ 体积 tǐjī	부피, 체적	☐ 等于 děngyú	~와 같다
☐ 人民币 rénmínbì	인민폐	☐ 涨 zhǎng	(값이) 오르다
☐ 支票 zhīpiào	수표	☐ 缩小 suōxiǎo	축소하다, 줄이다
☐ 现金 xiànjīn	현금	☐ 请求 qǐngqiú	청구(하다)
☐ 零钱 língqián	잔돈	☐ 销售 xiāoshòu	팔다, 판매하다
☐ 挣钱 zhèngqián	돈을 벌다	☐ 罚款 fákuǎn	벌금(을 내다)
☐ 消费 xiāofèi	소비(하다)	☐ 巨大 jùdà	거대하다
☐ 节省 jiéshěng	아끼다, 절약하다	☐ 多余 duōyú	여분의
☐ 缺乏 quē fá	모자라다	☐ 次要 cìyào	이차적인
☐ 不足 bùzú	부족하다		

01
5급
财产
cáichǎn

(명) 재산, 자산

那个富翁把自己所有的财产都捐给了慈善机构。

그 부자는 자신의 모든 재산을 모두 자선단체에 기부하였다.

02
5급
零钱
língqián

(명) ① 작은 돈, 잔돈 ② 용돈 ③ (급여 이외의) 잔 수입

如果坐公共汽车出去的话，一定要带好零钱。

만약 버스를 타고 가려고 한다면, 반드시 잔돈을 가지고 가야 한다.

他把两个月的零钱都攒了下来，给妈妈买了生日礼物。

그는 2개월 치 용돈을 모두 모아서, 엄마께 생신 선물을 사드렸다.

除了工资以外的零钱，也足够我们生活了。

월급 이외의 용돈만 가지고도 우리가 생활하기에 충분하다.

---

03 5급

费用
fèiyong

(명) 지출, 비용, 요금

这次聚餐的费用是总经理付的。

이번 회식 비용은 사장님이 내시는 거야.

---

04 5급

账户
zhànghù

(명) (은행의) 구좌, 계좌

他把公司的钱转移到了自己的私人银行账户。 그는 회사의 돈을 개인 은행 구좌로 옮겼다.

*转移 zhuǎnyí 옮기다, 바꾸다, 변경하다, 전이하다

---

05 5급

柜台
guìtái

(명) 계산대, 카운터

大家都吃饱了，却没有人去柜台付钱。

모두가 배부르게 먹었지만, 카운터에 가서 돈을 내는 사람은 없었다.

---

06 5급

硬币
yìngbì

(명) 동전, 금속화폐

最近小额的纸币都被硬币取代了。

최근에 작은 액수의 지폐는 모두 동전으로 바뀌었다.

---

07 5급

其余
qíyú

(명) 나머지, 남은 것

钱我先还了一部分，其余的再想办法吧。

나는 우선 돈의 일부를 바꿨어. 나머지는 다시 방법을 생각해 보자.

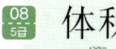
体积
tǐjī

(명) 부피, 체적

祖冲之是世界上第一个计算出球的体积的人。

조충지는 세계에서 제일 먼저 지구의 부피를 계산해 낸 사람이다.

*体积 tǐjī 부피 체적

人民币
rénmínbì

(명) 인민폐, 중국 화폐(돈)

请帮我把美元换成人民币。

달러를 인민폐로 바꿔주세요.

支票
zhīpiào

(명) 수표

我们这里只收现金, 不收支票。

여기에서는 현금만 받고 수표는 받지 않습니다.

现金
xiànjīn

(명) 현금

您是用现金支付, 还是刷卡?

현금으로 계산하시겠습니까? 아니면 카드로 계산하시겠습니까?

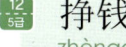
挣钱
zhèngqián
= 赚钱

(동) 돈을 벌다

不少大学生一边上学, 一边打工挣钱。

많은 대학생들은 학교 다니면서, 아르바이트를 해서 돈을 번다.

消费
xiāofèi

(동/명) 소비(하다)

近年来, 人们的消费水平正在不断提高。

최근 들어서 사람들의 소비 수준은 계속해서 높아지고 있다.

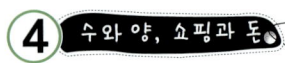

节省
jiéshěng
= 节约

(동) 아끼다, 절약하다 (반) 浪费 낭비하다

他是一个非常善良的人，把节省下来的钱都捐给了灾区。

그는 매우 선량한 사람이라서 아껴둔 돈을 모두 재해지역에 기부하였다.

15
5급
缺乏
quēfá

(동) 부족하다, 모자라다, 결핍되다

他这个人缺乏自信心，所以总是低着头。

그는 자신감이 부족한 사람이야. 그래서 항상 고개를 숙이고 다녀.

16
5급
不足
bùzú

(형) 부족하다, 모자라다

我们大家一起讨论一下这个计划还有什么不足的地方。

우리 모두 함께 이 계획에 또 어떤 부족한 점이 있는지 토론을 좀 해보자.

充分
chōngfèn

(형) (추상적인 사물이) 충분하다, 넉넉하다
(부) 충분히, 완전히, 십분
(반) 短缺 결핍(하다), 부족(하다)

这次的事情，我已经做好了充分的准备。

이번 일은 내가 이미 충분히 준비를 해 놓았어.

> **보카활용포인트**
> (1) ① "充分(충분하다)" 의 주어는 대부분 추상적인 사물이 온다. : (准备 준비 / 理由 이유 / 分析 분석 / 讨论 토론 / 信心 자신감) 很充分.
> ② "充分"은 동사 서술어 앞에서 부사어로도 쓸 수 있다 : 充分(准备 준비하다 / 调查 조사하다 / 说明 설명하다 / 休息 쉬다 / 利用 이용하다)
> (2) "충분하다"는 뜻으로, 주어가 "구체적인 것"이 오면 "充足"를 쓴다. "充足 chōngzú (충분하다)"는 "필요한 것이 더 이상 필요 없을 정도로 많이 있다, 충분하다"는 뜻의 형용사이다. : (经费 경비 / 东西 물건 / 营养 영양 / 阳光 햇볕 / 维生素 비타민) 很充足.

(3) ① "가득 차 있다, 어디든지 다 있다, 충분히 가지고 있다"는 뜻인 경우 동사 "充满(충만하다)"을 쓴다. 이 경우 반드시 뒤에 목적어가 와야 하는데, 주로 추상적인 목적어가 온다. 또한 "充满"은 부정부사 "不", "没" 등과 함께 쓸 수 없고 반드시 긍정형태로 써야 한다. : 充满了(信心 자신감 / 力量 힘 / 幻想 환상 / 节日气氛 명절 분위기 / 热情 열정 / 向往 동경, 그리움)

② "充满"은 "어떤 장소에 소리나 냄새로 가득 차다, 충만하다", "눈에 눈물로 가득 차다"는 뜻으로도 쓰인다. : 充满了(声音 소리 / 笑声 웃음소리 / 气味 냄새) / 眼里充满了泪水 눈에 눈물로 가득 차다 / 泪水充满了 [뒤에 목적어가 와야 함]

(4) "힘이나 빗물 등이 넘쳐흐를 정도로 많다, 왕성하다"는 뜻인 경우, 형용사 "充沛(왕성하다, 넘쳐흐르다)"를 쓴다. : (精力 힘, 정력 / 体力 체력 / 雨水 빗물, 비) 很充沛。

18
5급
计算
jìsuàn

(동/명) ① 계산(하다) ② 계획하다

因为计算方法出了问题，我们遭受到了巨大的损失。
계산 방법에서 문제가 생겼기 때문에 우리는 엄청난 손실을 보게 되었다.

他正计算着如何说谎，对方就来找他了。
그는 어떻게 거짓말 할지 생각해 보고 있는데, 상대방이 마침 그를 찾아왔다.

19
5급
结账
jiézhàng

= 买单

(동) 계산하다

今天我请客，吃晚饭后，我结帐!
오늘은 내가 한턱 쏠게. 저녁식사 하고 나서 내가 계산한다!

20
5급
发票
fāpiào

(동/명) 전표, 영수증(을 끊다)

买东西之后，我们一定要保存好发票。
우리는 물건을 산 다음 영수증을 잘 보관해야 한다.

21
5급
贷款
dàikuǎn

(동) (돈을) 대출하다, 차입하다
(명) 대부금, 대여금, 차관

반 **还款** huánkuǎn 돈을 갚다

**这次向银行申请的贷款，我看一点把握
也没有。**

이번에 은행에 대출을 신청했지만, 내가 보기에는 가능성이
하나도 없는 것 같다.

*把握 bǎwò 가망. 자신. 믿음. 가능성

---

22 5급　付款 fùkuǎn
= 付钱

(동) 돈을 지불하다, 돈을 내다

**在我们店里买东西，有多种付款方式供
您选择。**

우리 상점에서 물건을 사시면 손님이 선택하실 수 있는 여
러가지 지불 방식이 있습니다.

---

23 5급　退 tuì

(동) ① (샀던 물건 을) 무르다, 반환하다
② 물러나다, 물러서다, 후퇴(퇴각)하다

**我们公司的任何商品都可以在三天内
退换。**

우리 회사의 모든 상품은 3일내에 환불과 교환이 가능합니다.

**因为这里很危险，所以警察让围观的人
向后退。**

이곳은 아주 위험하기 때문에, 경찰이 구경꾼들에게 뒤로
물러서도록 했다.

---

24 5급　等于 děngyú

(동) ~와 같다, 맞먹다

你这么做等于给我们带来了更多的麻烦。

네가 이렇게 하는 것은 우리에게 훨씬 더 많은 골칫거리를
안겨주는 것과 같아.

---

25 5급　涨 zhǎng

(동) ① 물이 붇다, (수위가) 높아지다
② (값이) 오르다

由于下了一整天的暴雨，海水涨起来了。

하루 종일 폭우가 내렸기 때문에, 해수면이 높아졌다.

暴雪过后，蔬菜的价格已经涨了三倍了。
폭설이 내리고 나서, 야채 가격은 벌써 세배나 올랐다.

26 / 5급 缩短 suōduǎn

(동) 단축하다, 줄이다 (반) 延长 연장(하다)

由于公司接了一个新的工程，我的休息时间大大缩短了。
회사에서 새로운 공사를 맡았기 때문에, 내 휴식시간은 크게 줄어들었다.

27 / 5급 缩小 suōxiǎo

(동) 축소하다, 줄이다
(반) 扩大 확대하다, 넓히다

既然已经有了目标，我们就应该缩小调查范围。
이미 목표가 생겼으니까 우리는 조사범위를 축소해야 한다.

(1) "길이, 거리, 시간 등을 단축하다, 줄이다"는 뜻인 경우 "缩短 suōduǎn"을 쓴다. : 缩短(时间 시간 / 长度 길이 / 距离 거리 / 期限 기한 / 差距 격차)
(2) "缩小"는 "범위나 면적 등을 축소하다"는 뜻으로 "扩大 kuòdà(확대하다, 넓히다)"와 반대말이다. : 缩小(范围 범위 / 面积 면적 / 影响 영향 / 区域 지역 / 差距 격차)

28 / 5급 请求 qǐngqiú

(동/명) 청구(하다), 부탁(하다)

我请求老板能再给我一次机会，但是他拒绝了。
나는 사장에게 한번만 더 기회를 달라고 부탁했지만, 그는 거절하였다.

29 / 5급 销售 xiāoshòu
= 卖

(동) 팔다, 판매하다

节日期间，商场所有的商品都打折销售。
명절기간에 시장의 모든 물건은 할인판매를 하였다.

30 5급 罚款
fákuǎn

(동/명) 벌금(을 내다), 과태료(를 부과하다)

酒后驾车，不仅仅是罚款那么简单。
음주운전은 벌금 내는 것만으로는 부족하다.

31 5급 巨大
jùdà

(형) 거대하다, 크다
(반) 微小 매우 작다, 미미(극소)하다

他的话使我受到了巨大的鼓舞，我决定振作起来。
그의 말은 나에게 커다란 격려가 되었고, 나는 분발하기로 결정하였다.

*振作 zhènzuò 분발하다, 분발하게 하다, 힘을 내다.

32 5급 多余
duōyú

(형/명) ① 여분(의), 나머지(의)
(반) 短缺, 短少 부족하다, 모자라다
② 쓸데없는, 필요 없는, 군더더기의
(반) 必要, 必需 필요하다

农民们会把多余的粮食卖给国家。
농민은 남아도는 식량을 나라에 팔 수 있다.

在这个家里，我觉得自己是一个多余的人。
나는 이 집에서 내가 쓸모 없는 사람인 것처럼 여겨진다.

33 5급 次要
cìyào

(형) 이차적인, 부차적인, 다음으로 중요한
(반) 主要 주요하다, 주로, 대부분

对我来说，除了工作以外，一切都是次要的。
나는 일 하는 것을 제외한 모든 것은 부차적인 것이라고 생각한다.

5 여가생활과 시간

(1) 취미와 여행

☐	爱好 àihào	취미	☐	宾馆 bīnguǎn	호텔
☐	音乐 yīnyuè	음악	☐	护照 hùzhào	여권
☐	电影 diànyǐng	영화	☐	地图 dìtú	지도
☐	运动 yùndòng	운동	☐	照片 zhàopiàn	사진
☐	行李箱 xínglixiāng	트렁크	☐	体育 tǐyù	체육, 스포츠

01
3급
爱好
àihào

(명) 취미

我的爱好是游泳和跳舞。
나의 취미는 수영과 무용입니다.

*跳舞 tiàowǔ 무용하다

02
3급
音乐
yīnyuè

(명) 음악

我在听中国音乐。 나는 중국 음악을 듣고 있다.

03
3급
电影
diànyǐng

(명) 영화

今晚没事儿，我们去看电影吧。
오늘 저녁에 아무 일 없으면 우리 영화보러 가요.

04
3급
运动
yùndòng

(명) 운동

每天运动对身体好。 매일 운동해야 건강에 좋다.

05
3급
行李箱
xínglixiāng

(명) 짐, 트렁크

请你把我的行李箱搬到宾馆大门前面。
제 짐을 호텔 문 앞에 옮겨주세요.

*搬 bān 옮기다

06
3급
宾馆
bīnguǎn
= 饭店 fàndiàn

(명) 호텔

你们打算在哪个宾馆住?
어떤 호텔에 묵기로 예약했나요?

07
3급
护照
hùzhào

(명) 여권

我的护照丢了, 真不知道怎么办才好!
나는 여권을 분실해서 정말 어떻게 해야 좋을지 모르겠다.

08
3급
地图
dìtú

(명) 지도

去中国旅行的时候, 地图是必需品。
중국 여행을 갈 때는 지도가 꼭 필요합니다.

*必需品 bìxūpǐn 필수품

09
3급
照片
zhàopiàn
= 相片 xiàngpiàn

(명) 사진

这张照片里我没照好。
이 사진에 나는 잘 안나왔어.

10
3급
体育
tǐyù

(명) 체육, 스포츠

他喜欢运动, 经常看体育节目。
그는 운동을 좋아해서 늘 스포츠 프로를 본다.

(2) 시간 I

☐ 近来 jìnlái	요즘		☐ 以前 yǐqián	이전
☐ 现在 xiànzài	지금		☐ 以后 yǐhòu	그 후
☐ 过去 guòqù	과거		☐ 刚才 gāngcái	방금

01
3급
近来
jìnlái
= 最近 zuìjìn

(명) 요즘, 최근

近来经常看的外国电影是什么?
요즘 자주 보는 외국영화는 뭐니?

02 3급	**现在** xiànzài = 眼前 yǎnqián	**(명)** 지금, 현재 **我们现在要出发去看电影了。** 우리는 지금 영화보러 출발하려고 해요.
03 3급	**过去** guòqù	**(명)** 과거 **这是我女朋友过去的照片。** 이것이 내 여자 친구의 과거 사진이야.
04 3급	**以前** yǐqián	**(명)** 이전 **我以前住的地方离公司很远。** 내가 이전에 살던 곳은 회사에서 아주 멀었어.
05 3급	**以后** yǐhòu	**(명)** 그 후, 이후, 다음에 **她昨天感冒很严重, 吃了药以后好了很多。** 그는 어제 감기가 심했는데 약을 먹은 이후에 많이 나아졌다. *严重 yánzhòng 심각하다, 위독하다, 심하다
06 3급	**刚才** gāngcái	**(명)** 방금, 조금 전, 아까 **我刚才就到了, 你什么时候来?** 나 방금 도착했는데 넌 언제 오니?

(3) 시간 Ⅱ

☐	年 nián	해, 년	☐	早上 zǎoshang	아침
☐	后年 hòunián	내후년	☐	上午 shàngwǔ	오전
☐	周末 zhōumò	주말	☐	中午 zhōngwǔ	정오
☐	今天 jīntiān	오늘	☐	下午 xiàwǔ	오후
☐	明天 míngtiān	내일	☐	晚上 wǎnshang	저녁

01
3급
年
nián

(명) 해, 년

今年是最冷的一年。 올해가 가장 추운 해입니다.

02
3급
后年
hòunián

(명) 내후년

我打算后年去北京大学念书。
나는 내후년에 북경대학교로 유학 갈 예정입니다.

03
3급
周末
zhōumò

(명) 주말

你周末一般都做什么？
주말에 보통 무엇을 하세요?

04
3급
今天
jīntiān

(명) 오늘

今天去哪儿吃？ 오늘 어디에 가서 먹나요?

05
3급
明天
míngtiān

(명) 내일

明天是我妻子的生日，我想给她买个礼物。
내일이 아내의 생일이어서, 나는 그녀에게 선물을 사주고
싶어요.

06
3급
早上
zǎoshang

(명) 아침

韩国人早上吃米饭。
한국사람은 아침에 쌀밥을 먹어요.

07
3급
上午
shàngwǔ

(명) 오전

我一定会在明天上午给你发邮件的。
내가 내일 오전에 너한테 메일 꼭 보낼게.

*发邮件 fā yóujiàn 이메일 보내다

08
3급
中午
zhōngwǔ

(명) 정오

今天的天气真奇怪，中午比早上更冷。
오늘 날씨 정말 이상하네, 정오가 아침보다 더 추워.

*奇怪 qíguài 이상하다

244

<table>
<tr><td>09
3급</td><td>下午
xiàwǔ</td><td>

(명) 오후

听说今天下午会下大雨，出门时一定要带上雨伞。

오후에 많은 비가 내린다고 하니, 나갈 때 우산을 꼭 휴대하세요.
</td></tr>
<tr><td>10
3급</td><td>晚上
wǎnshang</td><td>

(명) 저녁

晚上吃完饭来我们家玩吧。

저녁에 밥 먹고 우리 집에 놀러와라!
</td></tr>
</table>

(4) 시간 Ⅲ

☐ **月** yuè	월, 달		☐ **小时** xiǎoshí	시간
☐ **日** rì	일		☐ **点** diǎn	~시
☐ **星期** xīngqī	주, 요일		☐ **分钟** fēnzhōng	분(간)
☐ **号** hào	일			

<table>
<tr><td>01
3급</td><td>月
yuè</td><td>

(명) (날짜의) 월, 달

这个月我们在哪里见面好呢？

이번달에 우리 어디서 만나는 것이 좋을까?
</td></tr>
<tr><td>02
3급</td><td>日
rì</td><td>

(명) 날, 일

我预定了5月16日去北京的飞机票。

5월 16일에 북경가는 비행기표를 예약했어요.

*预定 yùdìng 예약하다
</td></tr>
<tr><td>03
3급</td><td>星期
xīngqī</td><td>

(명) 주, 요일

下个星期三你有时间吗？那天是我的生日。

다음 주 수요일에 너 시간 있니? 그날이 내 생일이야.
</td></tr>
</table>

04 3급	**号** hào	**(명) 일** 你父母的结婚纪念日是几月几号? 네 부모님의 결혼기념일은 몇월 몇일이니?

05 3급	**小时** xiǎoshí	**(명) 시간** 我每天抽出三个小时学习汉语。 나는 매일 3시간씩 할애하여 중국어 공부를 합니다. *抽出 chōuchū　(시간을) 내다, 뽑아내다

06 3급	**点** diǎn	**(명) 시간단위(～시)** 那个百货商店的开门时间是上午11点。 그 백화점의 개점 시간은 오전 11시입니다.

07 3급	**分钟** fēnzhōng	**(명) 분(간)** 你怎么现在才来, 我已经在这里等了你 20分钟了。 넌 왜 지금 오니? 여기서 널 20분 동안 기다렸잖아.

(5) 여가생활과 시간 관련 표현

☐ 跳舞 tiào wǔ	춤을 추다		☐ 比赛 bǐsài	시합하다
☐ 旅游 lǚ yóu	여행하다		☐ 表演 biǎoyǎn	공연하다
☐ 游泳 yóu yǒng	수영하다		☐ 画 huà	(그림을) 그리다
☐ 游览 yóulǎn	관광하다		☐ 跑步 pǎobù	달리다
☐ 唱歌 chànggē	노래하다		☐ 踢 足球 tī zúqiú	축구를 하다
☐ 打 dǎ	(운동 등을) 하다		☐ 迟到 chídào	늦다
☐ 爬山 páshān	등산하다			

01 3급 跳舞 tiàowǔ

(동) 춤을 추다

她看到男朋友和别的女生一起跳舞，生气了。

남자친구가 다른 여자와 춤추는 것을 보고, 그녀는 화가 났다.

*女生 nǚshēng 비교적 젊은 여성

02 3급 旅游 lǚyóu

= 旅行

(동) 여행하다

夏天天气太热，不适合旅游。

여름은 날이 너무 더워서 여행하기가 쉽지 않다.

*适合 shìhé 적합하다, 알맞다

03 3급 游泳 yóuyǒng

(동) 수영하다

我为了减肥，每天在游泳。

나는 다이어트를 위해 매일 수영을 한다.

*减肥 jiǎnféi 다이어트하다

04 3급 游览 yóulǎn

(동) 관광하다

放暑假的时候，你和我一起去张家界游览一回怎么样?

너 여름 휴가 때, 나와 함께 장가계로 관광하지 않을래?

*游览 yóulǎn 유람하다

05 3급 唱歌 chànggē

(동) 노래하다

她唱歌跳舞都很好。

노래하는 것이나 춤추는 것이나 그녀는 모두 잘한다.

06 3급 打 dǎ

(동) (운동 등을) 하다

我们去体育馆打篮球怎么样?

우리 체육관으로 농구하러 가는 거 어떠니?

*体育馆 tǐyùguǎn 체육관

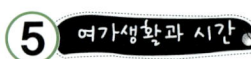

07
3급

爬山
pá shān

(동) 등산하다, 산에 오르다

即使明天下大雪，我也要去爬山。

설령 내일 눈이 많이 온다 하더라도 나는 등산을 갈 것이다.

*即使 jíshǐ 설령 ~하더라도

08
3급

比赛
bǐsài

(동) 시합하다

在和日本队足球比赛中，韩国队赢了。

일본팀과의 축구시합에서 한국팀이 이겼어요.

*赢 yíng 이기다

09
3급

表演
biǎoyǎn

(동) 공연하다

今天下午在体育馆有魔术表演。

오늘 오후 체육관에서 마술 공연이 있어요.

*魔术 móshù 마술

10
3급

画
huà

(동) (그림을) 그리다

他画了一些花草，看起来很自然。

그가 화초를 그렸는데 진짜 같아요.

11
3급

跑步
pǎobù

(동) 달리다

长时间跑步之后就会感到口渴。

장시간 달리고 나면 갈증을 느낄 것이다.

12
3급

踢足球
tī zúqiú

(동) 축구를 하다

我小时候天天踢足球。

나는 어렸을 때 맨날 축구를 했다.

13
3급

迟到
chídào

(동) 지각하다, 늦다

我今天睡懒觉，上学迟到了。

오늘 늦잠을 자서, 학교에 지각했다.

*睡懒觉 shuì lǎnjiào 늦잠자다

☐ 京剧 jīngjù	경극	☐ 大使馆 dàshǐguǎn	대사관
☐ 演出 yǎnchū	공연(하다)	☐ 签证 qiānzhèng	비자
☐ 座位 zuòwèi	자리, 좌석	☐ 世纪 shìjì	세기
☐ 参观 cānguān	참관하다	☐ 现代 xiàndài	현대
☐ 乒乓球 pīngpāngqiú	탁구	☐ 将来 jiānglái	장래, 장차
☐ 羽毛球 yǔmáoqiú	베드민턴	☐ 当时 dāngshí	(그때) 당시
☐ 网球 wǎng qiú	테니스	☐ 最后 zuìhòu	최후, 맨마지막
☐ 赢 yíng	이기다	☐ 后来 hòulái	나중에, 이후에
☐ 输 shū	지다	☐ 其次 qícì	다음, 그 다음
☐ 散步 sàn bù	산보하다	☐ 提前 tíqián	(시간을) 앞당기다
☐ 弹 钢琴 tán gāngqín	피아노를 치다	☐ 推迟 tuīchí	(시간을) 늦추다
☐ 导游 dǎo yóu	가이드	☐ 准时 zhǔnshí	정확한 시간, 정각

4급 신HSK VOCA

01 4급 京剧 jīngjù

(명) 경극

我昨天晚上去看京剧了。
나는 어제 저녁에 경극을 보러 갔다.

02 4급 演出 yǎnchū

(동/명) 공연(하다), 상연(하다)

他现在正在上海大剧院演出话剧。
그는 지금 상해 대극장에서 연극을 공연하고 있다.

*话剧 huàjù 연극

03 4급 座位 zuòwèi

(명) 자리, 좌석

地铁里没有座位, 我只能站着。
지하철에 좌석이 없어서 우리는 어쩔 수 없이 서 있다.

04 4급 **参观**
cānguān

(동) ① 참관하다, 견학하다 ② 참여하다, 참석하다 ③ (의견을) 제시하다, 발표하다

我们参观这次展览会，得到了很好的经验。
우리는 이번 전시회를 참관해서, 아주 좋은 경험을 했다.

*展览会 zhǎnlǎnhuì 전람회

> **보카활용포인트**
> (1) "参观"은 "어떤 장소를 직접 가보다, 견학하다"는 뜻임. : 参观(学校 학교 / 工厂 공장 / 博物馆 박물관 / 故宫 고궁)
> (2) "활동에 참가하다" 또는 "어떤 조직이나 단체에 들어가다" 는 뜻인 경우에는 "参观"을 쓸 수 없고, "参加"를 써야 함. : 参加(活动 활동 / 比赛 시합 / 考试 시험 / 作家协会 작가협회 / 会议 회의)

05 4급 **乒乓球**
pīngpāngqiú

(명) 탁구

我觉得跟朋友们一起打乒乓球很有意思。
난 친구들과 함께 탁구하는 것이 아주 재미있다고 생각해.

06 4급 **羽毛球**
yǔmáoqiú

(명) 배드민턴

韩国羽毛球队战胜了印尼羽毛球队，获得了金牌。
한국 배드민턴팀이 인도네시아팀을 이기고 금메달을 땄어요.

*印尼 Yìnní 인도네시아
*战胜 zhànshèng 싸워이기다. 전승하다

07 4급 **网球**
wǎngqiú

(명) 테니스

她与其在家里看电视，倒不如出去打网球。
그녀는 TV를 보기 보다는 테니스를 치고 싶어한다.

*与其 yǔqí ～이기보다는

08 4급 **赢**
yíng

(동) 이기다 (반) 输 지다

我国足球队以二比一赢了美国队。
우리나라가 축구팀이 2대1로 미국팀을 이겼다.

09
4급
输
shū

(동) 지다

万一我们输了，我们该怎么办呢?

만약 우리가 지면, 우리는 어떻게 하지?

*万一 wànyī 만약에

10
4급
散步
sànbù

(동) 산책하다, 산보하다

我每天吃过晚饭后，就要出去散半个小时步。

우리는 매일 저녁 식사 후 나가서 30분 동안 산책하려고 한다.

11
4급
弹 钢琴
tán gāngqín

(동) 피아노를 치다

她从小就喜欢弹钢琴，会弹很多名曲。

그녀는 어려서부터 피아노 치는 것을 좋아해서 많은 명곡 작품을 칠 줄 안다.

*名曲 míngqǔ 명곡

12
4급
导游
dǎoyóu

(명) 가이드, 관광 안내원

一个人去北京旅游的时候，需要一个好导游。

혼자서 북경을 여행할 때는 좋은 가이드가 반드시 필요하다.

*旅游 lǚyóu 여행하다

13
4급
大使馆
dàshǐguǎn

(명) 대사관

我丢了签证，要去大使馆，请问大使馆怎么走?

제가 비자를 잃어버려서 대사관에 가야하는데 대사관은 어떻게 갑니까?

14
4급
签证
qiānzhèng

(명) 비자

我要办签证，如果你有时间，请陪我去大使馆好吗?

비자를 하려고 합니다. 시간이 되시면 저를 데리고 가주시겠어요?

15
4급
世纪
shìjì

(명) 세기

21世纪是科技飞速发展的新世纪。

21세기는 과학기술이 급속히 발전하는 새로운 세기이다.

*飞速 fēisù 매우 빠르다, 급속하다

16
4급
现代
xiàndài

(명) 현대

随着现代社会的发展，人们的生活水平也提高了。

현대 사회의 발전에 따라 사람들의 생활 수준도 높아졌다.

17
4급
将来
jiānglái

(명) 장래, 장차, 앞으로

他的儿子将来想当一名大学教授，请老师多多关照。

그의 아들은 장래에 대학교수가 되고 싶어 하는데 선생님께서 많이 도와주세요.

18
4급
当时
dāngshí

(명) (그때) 당시

我们当时一直听到关于他的消息。

우리는 그때 줄곧 그에 관한 소식을 들었다.

*关于 guānyú ～에 관해서

19
4급
最后
zuìhòu

(명) 최후, 맨마지막

这是今年的最后一次考试。

이것이 올해 마지막 시험이다.

20
4급
后来
hòulái

(명) 나중에, 이후에(～했다)

她前年在北京工作，后来调到上海去工作了。

그녀는 재작년에 북경에서 일했고 이후에 상해로 옮겨가서 일했다.

*调 diào 옮기다, 이동하다

보카활용포인트

(1) "后来"는 "과거의 어떤 시간" 또는 "어떤 일이 일어난 다음의
    시간"을 뜻하고, 반드시 이미 일어난 과거의 일에 씀:
    **她从小就对音乐很感兴趣, 后来成了一名很有名的
    音乐家。**
    그녀는 어릴때부터 음악에 관심이 많았는데, 나중에 유명한 음
    악가가 되었다.
(2) 아직 일어나지 않은 미래의 일인 경우에는 "后来"를 쓸 수
    없고, "以后 이후에, 나중에 (~할 것이다)"를 써야 함. : **毕
    业以后, 我就可以找工作了。** 졸업하고 나면 나는 직장
    을 구할 수 있다.

其次 qícì

(명) 다음, 그 다음

她首先要买上课的教材, 其次再买词典。

그녀는 우선 수업 교재를 사야 하고, 그 다음에 사전을 사야
한다.

*首先 shǒuxiān 가장 먼저, 맨 먼저

提前 tíqián

(동) (시간이나 기한을) 앞당기다 **(반)** 推迟 늦추다

**公司交给我们的任务, 我们提前三天就
完成了。**

우리는 회사에서 우리에게 준 임무를 우리가 3일 앞당겨 완
수했다.

*任务 rènwu 임무

推迟 tuīchí

(동) (시간이나 기한을) 늦추다

明天有大雨, 运动会只好推迟了。

내일 비가 많이 온다고 해서 운동회가 미뤄질 수 밖에 없
었다.

보카활용포인트

"提前"은 "예정된 시간이나 기한을 앞당기다"는 뜻이고, "推迟"
는 "예정된 시간이나 기한을 미루다, 연기하다"는 뜻임. :
提前 (完成 완성하다 / 毕业 졸업하다 / 准备 / 召开 열다,
소집하다 / 一个小时 한 시간 / 三天 삼일 / 一个月 한 달)
时间提前了 시간이 앞당겨지다 / 日期提前了 날짜가 앞당
겨지다

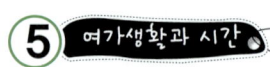

 准时
zhǔnshí

(명) 정확한 시간, 정각

下这么大的雨，没想到你还真准时到了。

비가 이렇게 많이 오는데 네가 시간 맞춰 도착할 줄은 생각지도 못했다.

5 여가생활과 시간

(1) 여가생활

☐	俱乐部 jùlèbù	클럽	☐	明星 míngxīng	스타
☐	冠军 guànjūn	우승(자), 1등	☐	字幕 zìmù	(영화 따위의) 자막
☐	开幕式 kāimùshì	개막식	☐	象棋 xiàngqí	장기
☐	决赛 juésài	결승전	☐	钓 diào	낚다, 낚시질하다
☐	教练 jiàoliàn	코치	☐	划船 huáchuán	(노 등으로) 배를 젓다
☐	排球 páiqiú	배구(공)	☐	滑冰 huábīng	스케이트를 타다
☐	球迷 qiúmí	구기의 팬	☐	预订 yùdìng	예약(하다)
☐	太极拳 tàijíquán	태극권	☐	游览 yóulǎn	유람(하다)
☐	频道 píndào	〈電〉채널	☐	缩短 suōduǎn	단축하다, 줄이다
☐	连续剧 liánxùjù	연속극, 드라마	☐	业余 yèyú	여가의, 근무시간 외의
☐	动画片 dònghuàpiàn	만화영화			

5급 신HSK VOCA

01
5급
俱乐部
jùlèbù

(명) 클럽

为了锻炼身体，我加入了健身俱乐部。

체력을 단련하기 위해 나는 헬스동아리에 가입했다.

02
5급
冠军
guànjūn

(명) 우승(자), 1등, 우승자, 우승팀

这次足球比赛，我们队又是冠军。

이번 축구대회에서 우리 팀이 또 우승이다.

03
5급
开幕式
kāimùshì

(명) 개막식, 개회식

各国领导都参加了北京奥运会的开幕式。

각국의 지도자들이 모두 북경 올림픽의 개막식에 참석하였다.

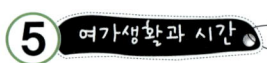

04 5급 **决赛**
juésài

(명) 결승전

经过几轮的奋战，他终于进入了决赛。

몇 차례의 고군분투 끝에 그는 결국 결승전에 올라갔다.

*奋战 fènzhàn 고군분투하다, 분전하다

---

05 5급 **教练**
jiàoliàn

(명) 코치

在教练的带领下，我们的水平有了很大提高。

코치의 인솔 하에, 우리들의 수준은 매우 크게 향상되었다.

---

06 5급 **排球**
páiqiú

(명) 배구(공)

排球是我业余生活不可缺少的一部分。

배구는 내 여가 생활에 없어서는 안 되는 일부분이다.

*业余生活 yèyúshēnghuó 여가생활

---

07 5급 **球迷**
qiúmí

(명) (야구, 축구 등의) 구기광, 구기의 팬

我是一个足球迷，国家队的每一场比赛我都要去现场加油。

나는 축구팬으로서 국가 대표팀의 모든 경기현장에 가서 응원하려고 한다.

---

08 5급 **太极拳**
tàijíquán

(명) 태극권

清晨，公园里有很多老人在打太极拳。

새벽에 공원에는 태극권을 하는 많은 노인들이 있다.

---

09 5급 **频道**
píndào

(명) 〈電〉채널

我和姐姐总是为了争频道而吵架。

나와 언니는 언제나 TV 채널을 차지하려고 싸운다.

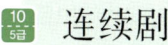

10
5급

连续剧
liánxùjù

(명) 연속극, 드라마

我不喜欢出门，平时总是在家里看电视连续剧。

나는 외출하는 것을 좋아하지 않아서, 평소에는 늘 집에서 TV 연속극을 본다.

11
5급

动画片
dònghuàpiàn

(명) 만화영화

我虽然已经不是小孩子了，但是仍然喜欢看动画片。

나는 이미 어린아이는 아니지만, 여전히 만화영화를 보는 것을 좋아한다.

12
5급

明星
míngxing

(명) 스타, 인기 배우나 운동 선수

第一次见到自己喜欢的明星，我高兴得说不出话来。

처음으로 내가 좋아하는 스타를 봐서, 나는 말이 안 나올 정도로 너무 기뻤다.

13
5급

字幕
zìmù

(명) (영화 따위의) 자막

电视节目通常都会为聋哑人准备字幕。

TV프로그램에서는 보통 청각장애인들을 위해서 자막을 준비한다.

14
5급

象棋
xiàngqí

(명) 장기

爷爷退休之后，经常和以前的老朋友一起下象棋。

할아버지는 은퇴하신 후에 자주 예전의 오랜 친구와 함께 장기를 두신다.

15
5급

钓
diào

(동) 낚다, 낚시질하다

爸爸是一个钓鱼高手，我的技术都是他教给我的。

아빠는 낚시 고수이시다. 내 기술도 모두 아빠가 가르쳐 주신 것이다.

5급 신HSK VOCA

16 **划船**
huáchuán

(동) (노, 등으로) 배를 젓다　(명) 카누, 보트

星期天，爸爸会带着全家一起去划船。

일요일에 아빠는 온 가족을 데리고 함께 보트를 타러 갈 것이다.

17 **滑冰**
huábīng

(동) 스케이트를 타다, 얼음을 지치다
(명) 스케이팅

由于我是在寒冷的北方长大的，所以我的滑冰技术很棒。

나는 추운 북쪽 지방에서 자랐기 때문에, 스케이팅 기술이 매우 뛰어나다.

18 **预订**
yùdìng

(동/명) 예약(하다), 주문(하다), 예약주문(하다)

节假日去旅行的人特别多，所以一定要提前预订旅馆。

명절이나 휴일에 여행을 가는 사람이 매우 많기 때문에, 반드시 미리 여관을 예약해야 한다.

*节假日 jiéjiàrì 명절과 휴일

19 **游览**
yóulǎn

(동/명) 유람(하다), 관광하다, 여행하다

来北京的第一天，我们游览了故宫和长城。

북경에 온 첫날 우리는 자금성과 만리장성을 관광했다.

20 **业余**
yèyú

(형) 여가의, 근무시간 외의

即使工作再累，我们也应该好好地享受业余时间。

설령 일이 더 피곤하다고 하더라도, 우리는 여가시간을 잘 누려야 한다.

21 **缩短**
suōduǎn

(동) 단축하다, 줄이다　延长 늘이다, 연장하다

由于工作太忙，她缩短了休息的时间。

일이 매우 바쁘기 때문에, 그녀는 쉬는 시간을 줄였다.

(2) 시간

☐ 古代	gǔdài	고대		☐ 程序	chéngxù	순서
☐ 近代	jìndài	근대, 근세		☐ 目前	mùqián	지금, 목전
☐ 朝代	cháodài	왕조의 연대		☐ 未来	wèilái	미래, 멀지 않은 장래
☐ 公元	gōngyuán	서기, 기원		☐ 夜	yè	밤, 밤중
☐ 从前	cóngqián	종전, 이전		☐ 傍晚	bàngwǎn	저녁 무렵
☐ 当代	dāngdài	당대		☐ 时刻	shíkè	시각, 시간
☐ 期间	qījiān	기간		☐ 时期	shíqī	시기
☐ 年代	niándài	연대		☐ 时代	shídài	시기
☐ 最初	zuìchū	최초		☐ 礼拜天	lǐbài tiān	일요일
☐ 日期	rìqī	(특정한) 날짜		☐ 钟	zhōng	시간, 시
☐ 日程	rìchéng	일정		☐ 度过	dùguò	(시간을) 보내다
☐ 日历	rìlì	달력, 일력		☐ 以来	yǐlái	~이래, ~동안
☐ 如今	rújīn	지금, 현재		☐ 过期	guòqī	기한을 넘기다
☐ 元旦	yuándàn	(양력) 설날		☐ 事先	shìxiān	사전
☐ 除夕	chúxī	섣달 그믐날(밤)		☐ 平常	píngcháng	평소
☐ 中旬	zhōngxún	중순		☐ 时尚	shíshàng	그 시대의 유행

01 5급 古代
gǔdài

(명) 고대

古代的人才选拔标准和现代有很大的不同。

고대의 인재선발 기준은 현재와 매우 다르다.

02 5급 近代
jìndài

(명) 근대, 근세

近代以来，人类的文明有了飞跃的发展。

근대 이래로, 인류의 문명은 비약적인 발전이 있었다.

03 5급 朝代
cháodài

(명) 왕조의 시대, 한 왕조가 통치하는 연대

西安是中国历史上十二个朝代的都城。

서안은 중국 역사상 12개 왕조의 수도였다.

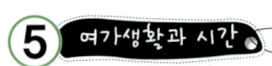

04 5급 公元 gōngyuán
(명) (서양 달력에서의) 서기, 기원

地球诞生于公元前46亿年。
지구는 기원전 46억년에 생겼다.

*诞生 dànshēng 생기다, 나오다

---

05 5급 从前 cóngqián
= 以前
(명) 종전, 이전

如果能回到从前，我绝对不会这样做。
예전으로 돌아갈 수 있다면, 나는 절대로 그렇게 하지 않을 것이다.

---

06 5급 当代 dāngdài
(명) 당대, 그 시대, 현시대

他是中国当代最著名的艺术家。
그는 중국 당대의 가장 저명한 예술가이다.

---

07 5급 期间 qījiān
(명) 기간

春节期间，全国上下出现了一片喜气的景象。
설날 연휴기간에는 전국이 기쁨으로 가득한 모습이다.

---

08 5급 时期 shíqī
(명) ① 시기, 시절 (= 时代 shídài)
② 특정한(정해진) 때, 기간

他在少年时期是一个非常内向的孩子，现在却变成了一个外向的人。
그는 소년시절에 매우 내성적인 아이였는데 지금은 매우 외향적인 사람으로 변했다.

文艺复兴时期的文学艺术作品在全世界都有着深远的影响。
문예부흥기 때의 문학예술작품은 전 세계에 깊은 영향을 끼치고 있다.

时代
shídài

(명) ① (개인의 일생 중의 한) 시기, 시절 (= 时期 shíqī) ② (역사상의) 시대 ③ 당시, 현대, 당대의 흐름

我的少年时代是在爷爷家度过的, 所以和父母不太亲近。
나는 소년시절을 할아버지 댁에서 보내서 부모님과 별로 친밀하지 않다.

今年, 又出土了许多新石器时代的文物。
올해 또 많은 신석기 시대의 문물을 출토하였다.

虽然才不到三十岁, 但是我已经感觉自己跟不上时代了。
겨우 30세도 채 되지 않았지만 나는 이미 내가 시대를 따라가지 못한다고 느낀다.

年代
niándài

(명) 연대, 시기, 시대

19世纪四五十年代, 她曾经是家喻户晓的明星。
19세기 4, 50년대에 그녀는 벌써 모두가 다 아는 유명 인사였다.

*家喻户晓 jiāyùhùxiǎo 집집마다 다 알다. 사람마다 다 알다.

(1) ① "期间"은 "어떤 특정하게 정해진 기간 내"이라는 뜻이다.
: (大会 대회 / 节日 명절 / 放假 방학 / 留学 유학 / 学习 학습 / 在国外 해외에 있는/ 春节 설날)期间
② 구체적인 시간을 가리키는 경우 "时间"을 씀 : 开放时间 :
五月一日至二十八日。
개방 시간: 5월1일부터 28일까지
③ "계속 지금까지 이어지는 일정 시간"을 말하는 경우에는 "期间"을 쓸 수 없고 "时间"을 써야 한다. :
我很长时间没给爸爸打电话了。
나는 아주 오랫동안 아빠께 전화를 못 드렸다.
(2) ① "时代"는 "한 사람의 일생 중 일정 기간 동안의 시기"를 말하고, 이 경우 "时期"와 바꾸어 쓸 수 있다. : (童年 어린 / 儿童 어린 / 青少年 청소년 / 青年 청년) 时代, 时期

② "时代"는 "역사적으로 본 어떤 시기"를 말한다. 이 경우
"时期"와 바꾸어 쓸 수 있으나, "时代(시대)"는 비교적
긴 시간으로 나눈 기간을 말하고, "时期(시기)"는 "时代"
보다 짧은 시간으로 나눈 기간을 말한다. : (封建 봉건 /
五四 5·4운동/ 春秋战国 춘추전국/ 文艺复兴 문예)
时代, 时期
③ "시대적인 추세" 또는 "정보시대"라고 쓰는 경우에는 "时
代"만 쓸 수 있다. : 时代潮流 시대적인 추세 / 信息时
代 정보 시대
(3) ① 보통 "구체적인 특징이 있는 시기"을 말하는 경우에는 "时
期"를 쓴다. : (困难 어려운 / 危险 위험 / 非常 비상 /
建设 건설 / 发展 발전)时期
② 아주 짧은 시간은 "时期"를 쓸 수 없고 "时候(때)"를 써야
한다. : 暑假的时候, 休息的时候, 感冒的时候
(4) 한 세기 가운데 10년 단위로 말하는 경우 "年代"를 쓴다. : 70
年代 70년대 / 80年代 80년대 / 90年代 90년대 ......

最初
zuìchū

(명) 최초, 처음, 맨 먼저, 맨 처음

**我做这个工作最初的目的只是挣钱，但
现在我爱上了这个工作。**

내가 이 일을 하게 된 처음 목적은 단지 돈을 버는 것이었지
만, 지금 나는 이 일을 좋아하게 되었다.

日期
rìqī

(명) (특정한) 날짜, 기간

**这些论文必须在老师规定的日期内上
交，否则就会不及格。**

이 논문은 반드시 선생님이 정한 기한 내에 제출해야 하며
그렇지 않으면 불합격이다.

日程
rìchéng

(명) 일정

**去日本出差的三天，日程排得满满的，
根本没时间游玩。**

일본에 출장 간 삼일동안, 일정이 빡빡하게 짜여 있어서 놀
러 돌아다닐 시간이 없다.

*游玩 yóuwán 한가히 거닐다. 돌아다니며 구경하다. 유람하다

 日历
nìlì

(명) 달력, 일력 (달력 중에서 매일 한 장씩 뜯어 내는 달력을 말함)

看到日历上的日期，他才想起来今天是
自己的生日。

달력의 날짜를 보고 나서야 그는 오늘이 자기 생일이라는 것이 생각이 났다.

 如今
rújīn
= 现在, 目前

(명) 지금, 현재

事到如今，你还不承认自己的错误，真
是太令人伤心了。

일이 이렇게 되었는데, 너는 아직도 자기 잘못을 인정하지 않고 있으니 정말 가슴 아픈 일이다.

 元旦
yuándàn

(명) (양력) 설날, 새해, 정월 초하루

由于工作很忙，元旦那天我还在公司加班。

일이 너무 바빠서, 정월 초하루에도 나는 회사에서 초과근무를 했다.

 除夕
chúxī

(명) 섣달 그믐날(밤)

在外国的中国留学生们通常一起过除夕。

외국에 있는 중국 유학생들은 보통 함께 섣달 그믐날을 함께 보낸다.

 中旬
zhōngxún

(명) 중순

这个月中旬，我们公司要招聘一批新员工。

이번 달 중순에 우리 회사에서 신입사원을 여러 명 채용 하려고 한다.

 程序
chéngxù

(명) 순서, 단계, (수속) 절차

只要严格地按照程序进行，我们肯定能
够成功。

순서에 따라 철저하게 진행하기만 하면, 우리는 분명 성공할 수 있다.

5급 신HSK VOCA

目前
mùqián
= 现在 xiànzài

(명) 지금, 현재, 목전

目前为止，大部分人仍然不能接受克隆技术。

현재까지, 대부분의 사람들은 여전히 유전자 복제 기술을 받아들이지 못하고 있다.

*克隆 kèlóng 클론, 유전자 복제

未来
wèilái

(명) 미래, 멀지 않은 장래

如果人类继续这样污染环境，未来将会一片黑暗。

인류가 계속 이렇게 환경을 오염시켜 나간다면, 미래는 장차 암담해질 것이다.

夜
yè

(명) 밤, 밤중

我喜欢安静，所以总是在夜里学习和工作。

나는 조용한 것을 좋아해서, 항상 밤에 공부하거나 일을 한다.

傍晚
bàngwǎn

= 黄昏 huánghūn

(명) 저녁 무렵, 해질 무렵

傍晚，当最后一缕阳光消失的时候，我们分手了。

해질 무렵, 마지막 한 가닥 햇살이 사라져 갈 때 우리는 헤어졌다.

*缕 lǚ 줄기, 오리, 가닥 [실 같이 가는 것을 셀 때]

时刻
shíkè

(명) 시각, 시간
(부) 시시각각, 늘, 언제나, 항상

（= 时时刻刻, 每时每刻）

在这个激动人心的时刻，我们迎来了新的一年。

사람의 마음을 감동시키는 이 시간에, 우리는 새로운 한 해를 맞이했다.

如果你喜欢一个人，就会时刻都在心里想着他。

만약 네가 한 사람을 좋아한다면, 마음 속에 늘 그가 생각날 것이다.

礼拜天
líbàitiān

= 星期天, 星期日

(명) 일요일

每个礼拜天我们都去养老院和孤儿院做义工。

일요일마다 우리는 양로원과 고아원에 가서 자원봉사활동을 한다.

*义工 yìgōng 자원봉사활동, 자원봉사자

钟
zhōng

(명) 시간, 시

都12点了，儿子还没回家，电话也打不通。

벌써 12시가 되었는데 아들이 아직 집에 안 들어왔고, 전화도 안 된다.

度过
dùguò

(동) (시간, 날, 세월을) 보내다, 지내다, 넘기다

在他的陪伴下，我度过了人生中最痛苦的日子。

그가 함께 해 주어서 나는 인생에 가장 고통스런 시간을 넘겼다.

*陪伴 péibàn 함께하다, 동무가 되다, 동행하다, 동석하다, 모시다

以来
yǐlái

(명) ～이래, ～동안

改革开放以来，中国人民的生活发生了翻天覆地的变化。

개혁개방 이래 중국인의 생활에 근본적인 변화가 일어났다.

*翻天覆地 fāntiānfùdì 하늘과 땅이 뒤집히다, 큰 변화가 일어나다, 근본적으로 바뀌다

 过期
guòqī

(동) 기한을 넘기다, 기일이 지나다
(반) **按期** 기한대로, 제때에

银行贷款的还款日期已经过期了，我们必须想办法了。

은행 대출의 상환 기한이 이미 지났어. 우리는 반드시 방법을 생각해야 해.

 事先
shìxiān

(명) 사전

无论事情多么紧急，你都应该事先通知我们。

일이 얼마나 급하든지 상관없이, 너는 먼저 우리에게 통보해야 한다.

 平常
píngcháng

(명) 평소, 평시 [부사어로 쓰임]
(형) 보통이다, 일반적이다, 평범하다

他这个人平常不太喜欢说话，但是做事情却非常认真。

그는 평소에 말하는 것을 별로 좋아하지 않지만, 일하는 것은 매우 열심히 한다.

他的话虽然平常，但意义却很深刻。

그의 말은 평범하지만 뜻이 매우 깊다.

 时尚
shíshàng

(명) 그 시대의 유행, 당시의 풍조, 시대적 풍모

她是当今时尚的代表，她的穿着总是非常受人瞩目。

그녀는 요즘 시대 유행의 대표이다, 그녀의 의상은 언제나 사람들의 주목을 받는다.

*瞩目 zhǔmù 주목, 각광

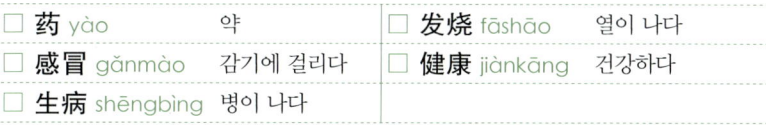

건강

☐ 药 yào　　　　약	☐ 发烧 fāshāo　　　열이 나다
☐ 感冒 gǎnmào　　감기에 걸리다	☐ 健康 jiànkāng　　건강하다
☐ 生病 shēngbìng　병이 나다	

---

01 3급

药
yào

(명) 약

吃了这个药，感冒会好一点的。

이 약을 드시고 나면 감기가 좀 나아질 거에요.

---

02 3급

感冒
gǎnmào

= 着凉 zháoliáng

(동) 감기에 걸리다

多穿点衣服，以防感冒。

감기 걸리지 않도록 옷을 많이 입으세요.

---

03 3급

生病
shēngbìng

= 得病 débìng

(동) 병이 나다

听说女儿生病了，现在好点了吗?

딸이 병났다고 들었는데 지금은 괜찮나요?

---

04 3급

发烧
fāshāo

(동) 열이 나다

医生，我发烧了，头也很疼。

의사선생님, 전 열이 나고 머리도 아파요.

---

05 3급

健康
jiànkāng

(형) 건강하다

他每天早晨去健身房做运动，身体非常健康。

그는 매일 아침마다 헬스장에서 운동을 해서 몸이 매우 건강하다.

건강

☐ 大夫 dàifu	의사		☐ 性别 xìngbié	성별
☐ 护士 hùshi	간호사		☐ 力气 lìqi	힘
☐ 肚子 dùzi	배, 복부		☐ 压力 yālì	스트레스
☐ 血 xiě / xuè	피		☐ 精神 jīngshén	정신
☐ 汗 hàn	땀		☐ 动作 dòngzuò	동작, 행동
☐ 生命 shēngmìng	생명		☐ 咳嗽 késou	기침을 하다
☐ 死 sǐ	죽다		☐ 打针 dǎzhēn	주사를 놓다(맞다)

01
4급
大夫
dàifu

(명) 의사

那位大夫治好了很多病人。

그 의사는 수많은 병자들을 치료했다.

02
4급
护士
hùshi

(명) 간호사

我去了趟医院，护士先给我量了一下体温。

기침이 너무 심해서 병원에 갔더니 먼저 간호사가 내 체온을 쟀다.

*体温 tǐwēn 체온

03
4급
肚子
dùzi

(명) 배, 복부

孩子肚子疼，妈妈去药店给他买药。

아이가 배가 아파서 엄마가 약국에서 약을 사왔다.

*药店 yàodiàn 약국

04
4급
血
xiě / xuè

(명) 피

发生什么事了，您在流血呀。

무슨 일이에요, 당신 피가 나잖아요.

보카활용포인트

"血"는 "xiě"와 "xuè"로 발음되는데, 보통 단 음절인 경우에는 "xiě"로 발음하고, 이 음절이 이상인 경우에는 "xuè"로 발음 됨. "流血"의 경우 "流血牺牲 iúxuèxīshēng(피를 흘리며 희생 하다)"을 제외하고 모두 "liúxiě"로 발음함. :
流血[liúxiě] 피를 흘리다
英雄和士兵在战场上流血(liúxuè)牺牲。
영웅과 사병은 전쟁터에서 피를 흘리며 희생했다.
血压 [xuèyā] 혈압 / 血液 [xuèyè] 혈액 白血病

汗
hàn

(명) 땀

早晨做做运动, 出了些汗, 心情也变得
好多了。

아침에 운동을 해서 땀을 좀 흘리면 기분도 아주 좋아져요.

生命
shēngmìng

(명) 생명

如果不小心的话, 你可能会有生命危险。

조심하지 않으면 너는 생명 위험이 있을 것이다.

*危险 wēixiǎn 위험

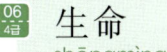

死
sǐ

(동) 죽다 **(반)** 活 살다 / 生 태어나다

小时候我养的小狗死掉了, 我非常伤心。

어렸을 때 내가 키우던 강아지가 죽어버려서 나는 너무 슬펐다.

*동사 + 掉(diào) –해버리다
*死掉 죽어버리다

性别
xìngbié

(명) 성별

最近有一些孩子, 只看外表的话, 根本
分不出他们的性别。

요즘 몇몇 아이들은 겉모습만 봐서는 도무지 성별을 구분할
수 없다.

*外表 wàibiǎo 겉모양, 외모
*根本 도무지, 전혀, 아예

09 / 4급 **力气** lìqi

(명) 힘

跑完5000米后，他一点力气也没有了。

5000미터를 달린 후에 그는 힘이 하나도 안남아 있었다.

10 / 4급 **压力** yālì
= 负担

(명) 압력, 부담, 짐, 스트레스

现在的高中生学习压力很大。(=负担很重)

요즘 고등학생들은 공부 스트레스가 너무 크다.

11 / 4급 **精神** jīngshén

(명) 정신

运动不仅有益于身体健康，还有益于精神健康。

운동하는 것은 신체 건강에 좋을 뿐만 아니라 정신 건강에도 좋아요.

*不仅~ bù jǐn ～뿐만 아니라
*有益于~ yǒuyìyú ～에 도움이 되다, 좋다

12 / 4급 **动作** dòngzuò

(명) 동작, 행동

我不知道他那奇怪的动作，代表了什么。

나는 그의 이상한 행동을 이해할 수 없었다.

13 / 4급 **咳嗽** késou

(동) 기침을 하다

她咳嗽的声音很大，吓了我一跳。

그녀의 기침소리가 정말 커서 내가 깜짝 놀랐다.

14 / 4급 **打针** dǎzhēn

(동) 주사를 놓다, 주사를 맞다

我不怕吃苦药，却非常害怕打针。

나는 쓴 약은 참고 먹을 수 있지만, 주사 맞는 것은 상당히 싫어해요.

☐ 救护车 jiùhùchē	응급차	☐ 打喷嚏 dǎpēnti	재채기를 하다
☐ 内科 nèikē	내과	☐ 呼吸 hūxī	호흡(하다)
☐ 手术 shǒushù	수술	☐ 健身房 jiànshēnfáng	헬스장
☐ 着凉 zháoliáng	감기에 걸리다	☐ 晕 yūn	(머리가) 어지럽다
☐ 治疗 zhìliáo	치료(하다)		

01
5급
救护车
jiùhùchē

(명) 응급차, 앰블런스차

幸亏邻居及时叫来了救护车, 他才保住
了性命。

다행히 이웃에서 제때에 응급차를 불러서, 그는 생명을 건
졌다.

*保住 bǎozhù 유지하다, 지켜내다

02
5급
内科
nèikē

(명) 내과

经过几年的不懈努力, 他终于成为了一
名优秀的内科医生。

몇 년간 끊임없이 노력한 끝에 그는 결국 훌륭한 내과 의사
가 되었다.

*不懈 búxiè 게으르지 않다, 꾸준하다

03
5급
手术
shǒushù

(명) 수술

虽然只是一个小手术, 但是他还是十分
担心。

단지 작은 수술이기는 하지만, 그는 여전히 매우 걱정이 되
었다.

着凉
zháoliáng
= 感冒

(동) 감기에 걸리다

昨天天气有点儿冷, 他着凉了, 现在躺在床上起不来了。

어제 날씨가 좀 추워서 그는 감기에 걸렸고, 지금 침대에 누워서 일어나지 못한다.

治疗
zhìliáo

(동/명) 치료(하다)

经过一段时间的治疗, 他的病情有了明显的好转。

일정 기간의 치료를 받고서 그의 병세는 확연하게 호전되었다.

*明显 míngxiǎn 뚜렷하다. 확연히 드러나다
*好转 hǎozhuǎn 호전되다. 좋아지다

打喷嚏
dǎpēnti

(동) 재채기를 하다

为了防止传染, 请在打喷嚏时遮住口鼻。

전염되는 것을 막기 위해서, 재채기 할 때에는 입과 코를 가려주세요.

*遮住 zhēzhù 막다. 가리다

呼吸
hūxī

(동/명) 호흡(하다), 숨(을 쉬다)

这种病发病之后, 会使人呼吸困难, 甚至休克。

이런 병은 발병한 후에 호흡이 곤란해지고, 심지어는 쇼크가 오기도 한다.

*休克 xiūkè 쇼크

健身房
jiànshēnfáng

(명) 헬스장

为了保持身体健康, 我每个星期去三次健身房。

신체를 건강하게 유지하기 위해서, 나는 매주 세 차례 헬스장에 간다.

272

晕
yūn

(형/동) (머리가) 어지럽다, 어질어질하다 / 기절하다, (배나 차를 탈 때) 멀미하다

昨天晚上没有休息好，今天早上有点头晕。
어젯밤에 잘 쉬지 못해서 오늘 아침에 좀 어지럽다.

我晕船，我们还是坐飞机去中国吧。
나는 배멀미를 하니까 역시 우리 비행기 타고 중국에 가는 게 낫겠어.

계절, 날씨, 자연, 환경

(1) 계절 날씨

계절 날씨

☐ 季节 jìjié	계절	☐ 冬 dōng	겨울
☐ 天气 tiānqì	날씨	☐ 秋 qiū	가을
☐ 春 chūn	봄		

---

01 3급

季节
jì jié

(명) 계절

春天是她最喜欢的季节。
봄은 그녀가 가장 좋아하는 계절이다.

---

02 3급

冬
dōng

(명) 겨울

北京的冬天比首尔冷得多。
북경의 겨울은 서울보다 훨씬 춥다.

---

03 3급

天气
tiānqì

(명) 날씨

今年夏天上海的天气怎么样?
올해 여름 상해의 날씨는 어때요?

---

04 3급

秋
qiū

(명) 가을

秋天来了。 / 秋天快要来了。
가을이 왔다. / 가을이 곧 오려고 한다.

*快要~了 kuàiyào ~ le 곧~하려고 하다

---

05 3급

春
chūn

(명) 봄

在中国有春夏秋冬四个季节。
중국에는 봄, 여름, 가을, 겨울 4계절이 있다.

274

 날씨 표현

☐	刮风 guāfēng	바람이 불다	☐ 晴 qíng	맑다
☐	下雨 xiàyǔ	비가 내리다	☐ 热 rè	덥다
☐	下雪 xiàxuě	눈이 내리다	☐ 阴 yīn	흐리다
☐	冷 lěng	춥다, 쌀쌀하다	☐ 大 dà	(눈, 비가) 많이 내리다

---

01 / 3급
刮风
guāfēng

(동) 바람이 불다
明天是阴天，还会刮风。
내일은 날이 흐리고 바람이 불 것이다.

---

02 / 3급
下雨
xiàyǔ

(동) 비가 내리다, 비가 오다
听说今天会下雨，出门的时候不要忘记带上雨伞。
오늘 비가 온다고 하니 외출할 때 잊지 말고 우산을 가져가거라.

*忘记 wàngjì 잊다
*带 dài 가지다, 몸에 지니다

---

03 / 3급
下雪
xiàxuě

(동) 눈이 내리다
今天下了很大的雪，地上都变白了。
오늘 눈이 너무 많이 내려서, 땅 위가 모두 하얗게 되었다.

---

04 / 3급
冷
lěng

(형) 춥다, 쌀쌀하다 (반) 热 덥다, 뜨겁다
最近天气很冷，请小心感冒。
요즘 날씨가 추우니 감기 조심하세요.

---

05 / 3급
晴
qíng

(형) 맑다 (반) 阴 흐리다
明天上午晴，但下午会转阴。
내일 오전에는 맑겠지만 오후에는 흐려지겠습니다.

*转 zhuǎn (상황이) 바뀌다

| 06
3급 | 热
rè | (형) 덥다 (반) 冷 춥다
天气太热了, 想喝可乐。
날씨가 너무 더워서 콜라 마시고 싶어요. |

| 07
3급 | 阴
yīn | (형) 흐리다
天气很阴, 好像要下雨了。
날이 흐린 것이, 비가 올 것 같다. |

| 08
3급 | 大
dà | (형) (눈, 비가) 많이 내리다, (바람이) 세다
(반) 小 적게 내리다, 약하다
今天外面的风很大, 连走路都吃力。
바람이 너무 세게 불어서 걷기도 힘들다.

*连~都 lián ~ dōu ~ 조차
*吃力 chīlì 힘이 들다 |

(2) 자연 Ⅰ

□ 动物 dòngwù	동물		□ 冰 bīng	얼음
□ 猫 māo	고양이		□ 雪 xuě	눈
□ 羊肉 yángròu	양고기		□ 水 shuǐ	물
□ 熊猫 xióngmāo	팬더		□ 云 yún	구름
□ 狗 gǒu	개		□ 月亮 yuèliang	달
□ 马 mǎ	말		□ 太阳 tàiyang	태양
□ 鱼 yú	물고기		□ 河 hé	강
□ 鸟 niǎo	새		□ 地球 dìqiú	지구
□ 环境 huánjìng	환경			

 3급 신HSK VOCA

01 3급	**动物** dòngwù

(명) 동물

中国人最喜欢的动物是熊猫。

중국인들이 가장 좋아하는 동물은 팬더입니다.

---

02 3급	**猫** māo

(명) 고양이

她养了两只猫，就像养自己的孩子一样。

그녀는 고양이 2마리를 자기 아이처럼 기른다.

*养 yǎng 기르다

---

03 3급	**羊肉** yáng ròu

(명) 양고기

中国人爱吃羊肉。

중국사람들은 양고기를 즐겨 먹는다.

---

04 3급	**熊猫** xióngmāo

(형) 팬더

那个熊猫玩具非常漂亮。

저 팬더 인형은 정말 예뻐요.

*玩具 wánjù 장난감, 인형

---

05 3급	**狗** gǒu

(명) 개

这狗不咬人，别怕它。

이 개는 물지 않으니, 무서워하지 마라.

*咬 yǎo 물다

---

06 3급	**马** mǎ

(명) 말

像马、牛、羊、猫、狗这样的动物孩子们都很喜欢。

아이들은 모두 말, 소, 양, 고양이, 개와 같은 동물을 좋아해요.

---

07 3급	**鱼** yú

(명) 생선, 물고기

这条鱼很新鲜。 이 생선은 매우 싱싱하다.

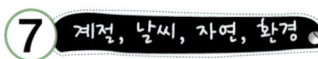
08 3급	鸟 niǎo	**(명)** 새 **孩子们喜欢听鸟叫。** 아이들은 새 소리를 듣는 것을 좋아합니다.

09 3급	环境 huánjìng	**(명)** 환경, 주위상황 **这儿环境挺好，有草地，有小牛。** 이곳의 환경은 매우 좋아. 풀밭도 있고, 송아지들도 있어.

10 3급	冰 bīng	**(명)** 얼음 **天气热的时候，冰水是最好的。** 날씨가 더울 때는 얼음 물이 가장 좋아요.

11 3급	雪 xuě	**(명)** 눈 **今天的雪下得真大。** 오늘 눈이 정말 많이 왔다.

12 3급	水 shuǐ	**(명)** 물 **请给我一杯热开水。** 따뜻한 물 한잔 주세요. *开水 kāishuǐ 끓인 물

13 3급	云 yún	**(명)** 구름 **今天的云很多看不见太阳。** 오늘 구름이 많아 태양을 볼 수가 없다.

14 3급	月亮 yuèliang	**(명)** 달 **她的脸就像月亮一样漂亮。** 그녀의 얼굴은 달처럼 예쁘다.

15 3급	太阳 tàiyang	**(명)** 태양, 해 **太阳落山的时候，这里的风景非常美丽。** 해가 질 때의 풍경은 매우 아름답다. *太阳落山了 tàiyangluòshānle (태양이) 지다, 해가 산 너머 로 졌다

16
3급 河
hé

(명) 강

天气太冷了, 河都冻住了。

날이 너무 추워서 강이 모두 얼었다.

*冻住 dòngzhù 얼다. 얼어붙다

17
3급 地球
dìqiú

(명) 지구

我们要努力保护地球环境。

우리는 열심히 지구 환경을 보호해야 한다.

*保护 bǎohù 보호하다

(3) 자연 II

☐ 花园 huāyuán	정원		☐ 水果 shuǐguǒ	과일
☐ 花 huā	꽃		☐ 苹果 píngguǒ	사과
☐ 草 cǎo	풀		☐ 葡萄 pútáo	포도
☐ 树 shù	나무		☐ 西瓜 xīguā	수박
☐ 开 kāi	피다, 열다		☐ 香蕉 xiāngjiāo	바나나
☐ 长 zhǎng	성장하다, 자라다			

01
3급 花园
huāyuán

(명) 화원, 꽃밭, 정원

她的花园里有很多很漂亮的花。

그녀의 정원에는 예쁜 꽃들이 아주 많아요.

02
3급 花
huā

(명) 꽃

你最喜欢什么花? 넌 무슨 꽃을 가장 좋아하니?

03 **草**
3급 cǎo

(명) 풀

在这里有很多有香味的绿色的草。

이곳에는 향기로운 녹색 풀이 많습니다.

*香味 xiāngwèi 향기, 향내

---

04 **树**
3급 shù

(명) 나무

昨天晚上下了很大的雪，树上都白了，非常漂亮。

어제 밤에 눈이 많이 내려서 나무가 모두 하얗게 되어 정말 예쁘다.

---

05 **开**
3급 kāi

(동) 피다

春天的时候会有很多迎春花开放。

봄이 되면 노란 개나리 꽃이 많이 핍니다.

*迎春花 yíngchūnhuā 개나리
*花开了 꽃이 피었다

---

06 **长**
3급 zhǎng

(동) 성장하다, 자라다

我们的花园里长了好多草。

우리 정원에 풀이 많이 자랐어요.

---

07 **水果**
3급 shuǐguǒ

(명) 과일

我喜欢吃水果，尤其是苹果。

나는 과일 먹는 것을 좋아하는데, 특히 사과를 좋아한다.

*尤其 yóuqí 특히, 더군다나

---

08 **苹果**
3급 píngguǒ

(명) 사과

我家附近的市场里，苹果、葡萄、西瓜、香蕉等什么水果都有。

우리 집 근처 시장에는 사과, 포도, 수박, 바나나 등 과일이라면 뭐든지 다 있다.

| 09
3급 | **葡萄**
pútáo | **(명)** 포도
我们这儿有葡萄汁。 여기에 포도쥬스 있어요. |

| 10
3급 | **西瓜**
xīguā | **(명)** 수박
这西瓜好甜哪! 이 수박은 아주 달아요!
*甜 tián 달다 |

| 11
3급 | **香蕉**
xiāngjiāo | **(명)** 바나나
请问, 这些香蕉怎么卖?
이 바나나 어떻게 파시나요? |

계절, 날씨, 자연, 환경

☐ 地球 dìqiú	지구	☐ 温度 wēndù	온도
☐ 海洋 hǎiyáng	바다, 해양	☐ 冬 dōng	겨울
☐ 空气 kōngqì	공기	☐ 暖和 nuǎnhuo	따뜻하다
☐ 污染 wūrǎn	오염(시키다), 오염되다	☐ 凉快 liángkuài	서늘하다
☐ 保护 bǎohù	보호하다	☐ 森林 sēnlín	삼림
☐ 湿润 shīrùn	축축하다, 습윤하다	☐ 植物 zhíwù	식물
☐ 阳光 yángguāng	햇빛	☐ 叶子 yèzi	나뭇잎
☐ 亮 liàng	환하다	☐ 西红柿 xīhóngshì	토마토
☐ 暗 àn	어둡다, 캄캄하다	☐ 成熟 chéngshú	(무르)익다
☐ 风景 fēngjǐng	풍경, 경치	☐ 猪 zhū	돼지
☐ 美丽 měilì	아름답다	☐ 猴子 hóuzi	원숭이
☐ 气候 qìhòu	기후	☐ 狮子 shīzi	사자
☐ 干燥 gānzào	(기후가) 건조하다	☐ 老虎 lǎohǔ	호랑이

---

01 4급 地球 dìqiú

(명) 지구

如果地球上没有水和空气，我们就不能生存。

만약 지구상에 물과 공기가 없다면, 우리는 생존할 수 없을 것이다.

---

02 4급 海洋 hǎiyáng

(명) 바다, 해양

海洋里有丰富的地下资源。

바다에는 풍부한 지하자원이 있다.

*资源 zīyuán 자원

---

03 4급 空气 kōngqì

(명) 공기

室内空气不太好，请打开门。

실내 공기가 안 좋으니 문을 좀 열어주세요.

04 4급	污染 wūrǎn

(동/명) 오염(시키다), 오염되다

吸烟会污染环境，而且不利于健康。

흡연은 주변 환경을 오염시키고, 건강에도 좋지 않습니다.

*不利于 bùlìyú ~에 좋지 않다, 도움이 되지 않다

环境污染 환경오염 / 空气污染 공기오염 /
水污染 수질오염 / 噪音zàoyīn污染 소음공해

---

05 4급	保护 bǎohù

(동) 보호하다

为了保护山林，两个月内禁止登山。

산림을 보호하기 위하여 2달 동안 등산을 금지합니다.

*禁止 jìnzhǐ 금지하다

(1) "保护"는 "사람(= 자기 자신, 다른 사람, 구체적인 신체기관을 모두 포함), 동물, 식물, 자연, 환경, 장소, 문물, 기타 사물 등을 잘 보살펴서 해를 입지 않도록 하는 것"을 뜻하고 일반적으로 "보호하다"는 뜻인 경우에는 모두 "保护"를 씀.
: 保护(人 / 自己 / 别人 / 眼睛 / 动物 / 植物 / 森林 / 自然 / 环境 / 名胜古迹 / 文物 .....)
(2) "보호하다, (보장하다)"는 뜻으로 "추상적인 큰 범위"에 쓰는 경우에 "保障 bǎozhàng"을 씀.
: 保障(生命安全 생명 / 财产 재산 / 世界和平 세계평화 / 自由 자유 / 权利 권리 / 改革的顺利进行 개혁의 순조로운 진행 / 经济发展 경제발전 .....)
(3) "군대, 군인들이 국방을 보호하다"는 뜻으로는 "保护"를 쓸 수 없고, "保卫 bǎowèi"를 써야 함.
: 我国的军队总是保卫着祖国的边防。

---

06 4급	湿润 shīrùn

(형) (땅이나 공기 등이) 축축하다, 습윤하다

中国的南方气候很湿润，那里女性的皮肤比较好。

중국 남방은 기후가 습윤해서 그곳 여성들의 피부가 비교적 좋다.

*皮肤 pífū 피부

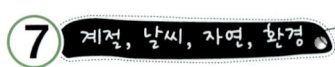
07
4급 阳光
yángguāng

(명) 햇빛

春天的阳光很温暖, 应该多出去散步。

봄날 햇빛이 따뜻하니, 자주 나가서 걸어야 한다.

08
4급 亮
liàng

(형) (밝기가) 밝다, 환하다

打开灯后, 房间就亮了起来。

스위치를 켜니 순식간에 방안이 환해졌다.

09
4급 暗
àn

(형) (밝기가) 어둡다, 캄캄하다

房间里很暗, 看不清她的表情。

방안이 어두워서 그녀의 표정을 잘 볼 수 없다.

*表情 biǎoqíng 표정

10
4급 风景
fēngjǐng
= 景色 jǐngsè

(명) 풍경, 경치

这里的风景美得就像一幅画, 吸引了全国各地的人来观光。

이곳의 풍경이 한 폭의 그림처럼 아름다워 전국 각지의 사람들이 관광하러 온다.

11
4급 美丽
měilì

(형) 아름답다

她的眼睛非常美丽, 只看一眼就无法忘记。

그녀의 눈은 매우 아름다워서 한번 보면 잊을 수가 없다.

> **보카 활용포인트**
> "美"는 기본적으로 "아름답다, 예쁘다, 보기 좋다"는 뜻임.
> (1) ① "美丽"는 "사람(= 여자), 경치 등 이 아름답다"는 뜻임.
> : 美丽的姑娘 아름다운 아가씨 / 风景美丽 경치가 아름답다 / 美丽的容貌 아름다운 용모
> ② "美丽"는 흔히 "사물의 성질이나 사람의 도덕적인 품성이 훌륭하고, 고상함"을 형용하는 경우에도 씀.
> : 美丽、动人的传说 아름답고 감동적인 전설 / 美丽的灵魂 아름다운 영혼 / 我们的青春有多美丽啊! 우리들의 청춘은 얼마나 아름다운가!
> (2) "예쁘다, 아름답다, 보기좋다"는 뜻인 경우 일반적으로 "漂亮"은 모두 쓸 수 있음.
> ① "남자가 예쁘다, 멋지다"는 뜻인 경우에도 "漂亮"을 쓸 수 있음 : (那个小伙子 그 젊은이 / 这件衣服 이 옷 / 那辆汽车 그 자동차)很漂亮。

② "매우 훌륭하다, 일반 적인 것을 뛰어넘다"는 뜻인 경우에
도 "漂亮"만 쓸 수 있음 :
他球进得很漂亮。 그는 불을 아주 잘 넣는다. /
打球打得很漂亮。 그는 공을 매우 잘 찬다. /
小李写字写得很漂亮。 샤오리는 글씨를 아주 잘 쓴다.
(3) "소리가 아름답다, 듣기좋다(= 好听)" 는 뜻인 경우에는 "美
妙 měimiào" 또는 "优美 yōuměi"를 씀 :
声音很(美妙, 优美)。 목소리가 매우 아름답다. /
钢琴弹得很(美妙, 优美)。
피아노 치는 소리가 매우 듣기 좋다.
(4) "물건, 건물, 장식 등이 외관상 보기 좋다, 아름답다"는 뜻인
경우에는 "美观 měiguān"을 쓰고, 漂亮과 바꾸어 쓸 수
있지만 사람한테는 美观을 쓸 수 없음 : (工艺品 공예품 /
东西 물건 / 衣服 옷 / 商品包装 상품포장 / 房间布置得
방을 꾸며 놓은 것)很美观。
(5) "추상적인 것이 아름답다, 좋다, 훌륭하다"는 뜻인 경우에는
"美好 měihǎo"를 씀.
: (生活 생활 / 未来 미래)很美好。 / 美好的(愿望 바람 /
前途 장래, 미래 / 世界 세계 / 民主主义建设 민주주의 건
설 ....) 美丽的世界 아름다운 세계

气候
qìhòu

(명) 기후

中国很大，所以各个地方的气候差异也

很大。 중국은 넓어서 각 지방 기후의 차이도 크다.

*差异 chāyì 차이

보카 활용포인트

(1) "气候"는 "눈, 비, 바람 등의 대기 상태와 관련된 한 지역의
총괄적인 기상 상태"를 말함 : 气候(炎热 무덥다, 찌는 듯하
다 / 寒冷 몹시 춥다 / 干燥 건조하다 / 湿润 습(윤)하다 /
温和 (=温暖) 온화하다, 따뜻하다 / 不正常 비정상이다, 이
상하다) / 大陆性气候 대륙성 기후 / 观察气候变化 기후
변화를 관찰하다 / 对这儿的气候感到很适应。이곳 기
후가 아주 알맞다고 여기다

(2) "气温(기온)"은 "대기 중의 온도"를 말함 : 气温(高 높다 /
低 낮다 / 下降 내려가다 / 升高(=上升) 올라가다 / 回升
다시 오르다

(3) "温度(온도)"는 "춥고 더운 정도"를 말함.
: 室内温度(高 높다 / 低 낮다 / 升高(上升)了 올라가다
/ 正常 정상이다) / 测量温度 온도를 측정하다 / 降低温
度 온도를 내리다

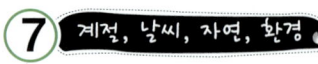

(4) "天气"는 "일정한 지역 또는 일정한 시간 내의 그날의 기상 상태, 일기"를 말함.
: 天气 (很好 좋다/ 不好 나쁘다(= 糟糕) / 凉 서늘하다 / 热 덥다 / 温暖 따뜻하다 / 寒冷 / 转晴了 개었다 .....) / 恶劣的天气 열악한 날씨, 나쁜 날씨 / 不习惯这儿的天气 이 곳의 날씨에 익숙하지 않다 / 天气预报 일기예보 ....
(5) "气象"은 "눈,비,바람,안개, 구름, 기온 등 대기 가운데서 일어나는 모든 자연적, 물리적 현상"을 말함
: 观测气象 기상을 관측하다 / 气象台 기상대 / 气象卫星 기상 위성 / 这里(天气 / 气候)很冷。

13
4급

干燥
gānzào

(형) (기후가) 건조하다

对不起，房间内空气太干燥了，我老是咳嗽。

죄송해요. 방안의 공기 너무 건조해서 늘 기침이 나요.

14
4급

温度
wēndù

(명) 온도, 기온

今天的温度很低，应该多穿一点衣服。

오늘 기온이 매우 낮으니 옷을 좀 더 입어야 한다.

15
4급

冬
dōng

(명) 겨울

哈尔滨的冬天非常寒冷，是中国最冷的地方。

하얼빈의 겨울은 매우 춥고 중국에서 가장 추운 지방이다.

*哈尔滨 Hā'ěrbīn 하얼빈, 중국 헤이룽쟝(黑龙江)성의 도시이름

16
4급

暖和
nuǎnhuo

(형) 따뜻하다, 온화하다

昨天下雪以后，天气突然变暖和了。

어제부터 눈 내린 후에 날씨가 갑자기 따뜻해졌다.

17
4급

凉快
liángkuài

(형) 서늘하다, 선선하다

今天很凉快，心情真舒畅啊！

오늘 서늘하니 정말 기분 상쾌하구나!

*舒畅 shūchàng 상쾌하다. 홀가분하다

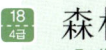 森林
sēnlín

(명) 삼림

如果走进森林的深处，可能会迷路。

삼림 속에 깊이 들어가면 길을 잃게 될 지도 몰라.

*深处 shēnchù 깊숙한 곳

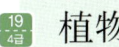 植物
zhíwù

(명) 식물

这种植物即使在寒冷的地方也能很好
地生长。

이런 식물은 추운 곳에서도 잘 자란다.

*即使 jíshǐ (설사) ~ 하더라도

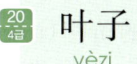 叶子
yèzi

(명) 나뭇잎

树的叶子也开始慢慢地变黄了。

나뭇잎도 천천히 노랗게 물들어 가기 시작했다.

西红柿
xīhóngshì

(명) 토마토

西红柿新鲜吗？怎么卖？

토마토가 싱싱합니까? 어떻게 팔아요?

成熟
chéngshú

(형/동) 무르익다, 익다 / (적당한 시기나 정도에)
이르다

橘子成熟了，由以前的绿色变成了现在
的黄色。

귤이 익으니 이전의 녹색에서 노란색으로 변했다.

> **보카 활용포인트**
> (1) "成熟"는 "사람, 동·식물, 과실 등 생물체의 발육상태가 완
> 전히 다 되어 무르익은 상태"를 말함 : 水果都已经成熟
> 了。과일이 이미 익었다. / 这个小女孩子变成了成熟
> 的大姑娘了。이 어린 여자아이는 성숙한 큰 아가씨로 변
> 했다.
> (2) "조건, 기회, 기획, 의견, 생각, 상황 등이 결점이나 부족한 점
> 이 없이 완벽한 정도에 이른 것"을 뜻하는 경우에도 "成熟"
> 를 쓸 수 있음.

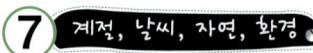

(条件 조건 / 意见 의견 / 思想 생각) **不成熟** 갖추어지지
않다. 미숙하다
(规划 기획 / 计划 계획) **很成熟** 다 갖추어 지다. 무르익,
때가 되다
(机会/时机)**成熟了，我们就应该行动了。** (기회 / 시기)
가 무르익었으니 우리는 행동해야 된다.

(3) "어떤 일이나 행동을 자주해서 기술에 정통하고 경험이 몸
에 배어있어 매우 능숙한 것"을 말하는 경우에는 "**熟练**
shúliàn"을 써야 함.
: (动作 동작/ 技术 기술 / 工作 일) **很熟练。**
(钢琴弹得 피아노 치는 것 / 开车 운전하는 것 / 电脑操
作 컴퓨터 다루는 것) **很熟练。**
熟练地运用三门外语。 능숙하게 3개 국어를 사용한다.

猪
zhū

(명) 돼지

与猪肉和鸡肉相比，牛肉的价格比较贵。
돼지고기나 닭고기와 비교할 때 쇠고기는 가격이 비싼 품목
이다.

*与(=和)~相比 yú(＝hé)~xiāngbǐ ～와 비교해 볼 때

猴子
hóuzi

(명) 원숭이

孩子们在动物园里看到了各种各样的
猴子，非常开心。
아이들은 동물원에 놀러가서 여러 종류의 원숭이를 보고 즐
거워했다.

狮子
shīzi

(명) 사자

狮子白天睡觉，晚上活动。
사자는 낮에는 자고, 밤에 활동한다.

老虎
lǎohǔ

(명) 호랑이

老虎是国家一级保护动物。
호랑이는 국가의 일급 보호 동물이다.

계절, 날씨, 자연, 환경

(1) 계절, 날씨, 자연, 환경 I

☐	大象 dà xiàng	코끼리	☐	桔子 júzi	오렌지, 귤
☐	狼 láng	이리	☐	桃 táo	복숭아
☐	老鼠 lǎoshǔ	쥐	☐	梨 lí	배(나무)
☐	鸽子 gēzi	비둘기	☐	蔬菜 shūcài	채소
☐	蜜蜂 mìfēng	꿀벌	☐	玉米 yùmǐ	옥수수
☐	蛇 shé	뱀	☐	竹子 zhúzi	대(나무)
☐	兔子 tùzi	토끼	☐	土豆 tǔdòu	감자
☐	毛 máo	(동식물의) 털, 깃털	☐	蝴蝶 húdié	나비
☐	宠物 chǒngwù	애완동물	☐	黄瓜 huángguā	오이
☐	翅膀 chìbǎng	(새나 곤충의) 날개	☐	收获 shōuhuò	수확하다
☐	品种 pǐnzhǒng	품종	☐	开放 kāifàng	(꽃이) 피다
☐	果实 guǒ shí	과실	☐	培养 péi yǎng	배양하다

01 5급 大象 dàxiàng

(명) 코끼리

我们这儿从来没见过大象。

우리가 있는 이곳에서는 여태껏 코끼리를 본 적이 없다.

02 5급 狼 láng

(명) 이리

长期以来人为的大量捕杀，使得狼在我国的分布区域大为缩小。

오랜 동안의 인위적인 대량 살생은 우리나라에서 이리의 분포지역을 크게 축소시켰다.

*捕杀 bǔshā 잡아죽이다

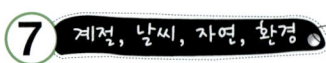
 老鼠
lǎoshǔ

(명) 쥐

老鼠是最令我讨厌的动物。

쥐는 내가 가장 혐오하는 동물이다.

 鸽子
gēzi

(명) 비둘기

盛大的节日期间, 通常都放飞鸽子。

성대한 명절기간에, 보통 비둘기를 날려 보낸다.

*放飞 fàngfēi (새나 연을) 날리다, 날려 보내다

 蜜蜂
mìfēng

(명) 꿀벌

蜜蜂经常被人们用来当做勤劳的象征 。

꿀벌은 언제나 사람들에게 부지런함의 상징으로 사용된다.

*勤劳 qínláo 부지런하다, 근면하다
*象征 xiàngzhēng 상징(하다)

 蛇
shé

(명) 뱀

其实蛇并不是非常可怕的动物。

사실 뱀은 결코 그렇게 무서운 동물이 아니다.

 兔子
tùzi

(명) 토끼

草丛里跳出来一只兔子。

수풀 속에서 토끼가 한 마리 뛰어 나왔다.

*草丛 cǎocóng 수풀

 毛
máo

(명) (동식물의) 털,깃털

这件衣服是羊毛的, 非常保暖。

이 옷은 양털로 된 것으로 매우 따뜻하다.

*保暖 bǎonuǎn 보온하다

宠物
chǒngwù

(명) (개나 고양이 따위의) 애완동물

现在一些宠物的地位甚至比人还高。

요즘 몇몇 애완동물들의 지위는 심지어 사람보다도 더 높다.

翅膀
chìbǎng

(명) (새나 곤충의) 날개 또는 날개같이 생긴 것

这条消息犹如插了翅膀，在全国传播开来。 이 소식이 마치 날개를 단 것처럼 전국에 전해졌다.

*犹如 yóurú ~ 와 같다
*插 chā 꽂다, 삽입하다, 달다

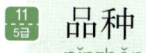
品种
pǐnzhǒng

(명) 품종

为了人类的生存，我们必须培养出新品种的水稻。
인류의 생존을 위해서, 우리는 반드시 신품종의 벼를 배양해 내야 한다.

*水稻 shuǐdào 벼

果实
guǒshí

(명) ① 과실, 과일, 열매
② 성과, 수확, 거둬들인 것

树上的果实快要成熟了。
나무의 과일이 곧 익으려고 한다.

我们的艰苦劳动，换来了丰硕的果实。
우리들의 힘든 노동이 풍성한 성과로 변해서 돌아왔다.

*艰苦 jiānkǔ 어렵고 고생스럽다, 고달프다
*丰硕 fēngshuò 크고 많다, 풍성하다

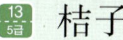
桔子
júzi

(명) 귤

冬季桔子特别多，我喜欢吃桔子，也喜欢冬天。
겨울에 귤이 특히 많다. 나는 귤을 좋아해서 겨울도 좋아한다.

桃
táo

(명) 복숭아(나무), 모양이 복숭아처럼 생긴 것

这里在夏天盛产桃子。
이곳은 여름에 복숭아가 많이 생산된다.

5급 신HSK VOCA

15
5급
梨
lí

(명) 배(나무)

他每年中秋都买点梨、葡萄等水果祭月。

그는 매년 추석에 배, 포도 등의 과일을 사서 달에게 제사를 지낸다.

*祭 jì 제사지내다

16
5급
蔬菜
shūcài

(명) 채소

为了改善居民生活，市政府决定要尽快把蔬菜价格降下来。

주민들의 생활을 개선하기 위해서, 시정부는 최대한 빨리 채소가격을 내리기로 결정했다.

*尽快 jǐnkuài 되도록 빨리

17
5급
玉米
yùmǐ

(명) 옥수수

这块地已经种上玉米了。

이 땅에 이미 옥수수를 심었다.

18
5급
竹子
zhúzi

(명) 대(나무)

竹子在中国画和诗词中十分常见。

대나무는 중국의 그림과 시와 사에서 흔히 볼 수 있다.

19
5급
土豆
tǔdòu

(명) 감자

我们在菜园里种了茄子、黄瓜和土豆。

우리는 채소밭에 가지, 오이 그리고 감자를 심었다.

*茄子 qiézi 가지

20
5급
蝴蝶
húdié

(명) 나비

一对蝴蝶在花丛中翩翩起舞。

한 쌍의 나비가 꽃밭에서 춤추고 있다.

*花丛 huācóng 꽃밭, 화단
*翩翩起舞 piānpiānqǐwǔ 나풀나풀 춤을 추다

21
5급

黄瓜
huángguā

(명) 〈植〉오이

很多人用黄瓜来做面膜。
많은 사람들이 오이로 얼굴 팩을 한다.

*面膜 miànmó 얼굴에 하는 팩

22
5급

收获
shōuhuò

(동) (농작물을) 거두어들이다, 수확하다, 추수하다, 가을 (걷이)하다

秋天是收获的季节。가을은 수확의 계절이다.

他只要坚持下去，就一定会有收获。
그는 꾸준히 해나가기만 하면 분명히 성과가 있을 것이다.

23
5급

开放
kāifàng

(동) ① (꽃이) 피다
② (출입이나 통행을) 개방하다

春天了，各种花都争相开放。
봄이 되어서 여러 가지 꽃이 서로 앞을 다투어 피고 있다.

图书馆的开放时间不是固定的。
도서관 개방 시간은 일정하지 않다.

24
5급

培养
péiyǎng

(동) ① (식물 따위를) 키우다,배양하다 ② (인재 따위를) 기르다, 키우다, 육성하다, 양성하다
③ (흥미, 관심, 습관 등을) 기르다

如果我们继续培养下去，肯定能产生新品种。
우리가 계속 배양해 나간다면, 분명히 신품종을 생산해낼 수 있다.

我们学校以培养全面发展的人才为目标。
우리 학교는 다재다능한 인재를 길러내는 것을 목표로 삼는다.

*全面发展 다재다능하게 성장하다

家长应该培养孩子爱学习的习惯。
학부모는 아이에게 공부하는 것을 좋아하는 습관을 길러 주어야 한다.

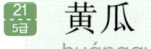
5급 신HSK VOCA

(2) 계절, 날씨, 자연, 환경 Ⅱ

☐ 能源	néngyuán	에너지원	☐ 洞	dòng	동굴
☐ 物质	wùzhì	물질	☐ 池子	chízi	못
☐ 煤炭	méitàn	석탄	☐ 灾害	zāihài	재해
☐ 资源	zīyuán	자원	☐ 地震	dìzhèn	지진
☐ 铜	tóng	구리, 동	☐ 田野	tiányě	전야
☐ 银	yín	은	☐ 预报	yùbào	예보(하다)
☐ 石头	shítou	돌	☐ 雷	léi	천둥, 우레
☐ 宇宙	yǔzhòu	우주	☐ 闪电	shǎn diàn	번개
☐ 形势	xíngshì	형세	☐ 彩虹	cǎihóng	무지개
☐ 地理	dìlǐ	지리, 풍수	☐ 雾	wù	안개
☐ 沙漠	shā mò	사막	☐ 冻	dòng	(물 등이) 얼다
☐ 天空	tiānkōng	하늘	☐ 融化	róng huà	(얼음, 눈이) 녹다
☐ 陆地	lùdì	육지	☐ 晒	shài	햇볕에 말리다
☐ 土地	tǔdì	땅	☐ 吹	chuī	(바람이) 불다
☐ 岛	dǎo	섬	☐ 景色	jǐngsè	경치, 풍치
☐ 沙滩	shātān	백사장	☐ 情景	qíngjǐng	광경, 정경
☐ 岸	àn	기슭, 언덕			

01 5급 能源
néngyuán

(명) 에너지원, 에너지
目前世界性的能源危机非常严重。
현재 세계적인 에너지 위기는 대단히 심각하다.

02 5급 物质
wùzhì

(명) 물질
我们在注重物质生活的同时，也不能
忽视精神生活。
우리는 물질적인 생활을 중시하는 동시에 정신적인 생활도
소홀히 해서는 안 된다.

*注重 zhùzhòng 중시하다
*放松 fàngsōng 느슨하게 하다. 정신적 긴장을 풀다

03
5급

煤炭
méitàn

(명) 석탄

一旦煤炭、石油被用完了，世界将会出现怎样的局面呢？

일단 석탄, 석유를 모두 사용하고 나면, 세계는 어떤 상황이 나타나게 될까?

04
5급

资源
zīyuán

(명) 자원

他们来这里的目的，是因为这里有丰富的资源。

그들이 여기에 온 목적은 이곳에는 풍부한 자원이 있기 때문이다.

05
5급

铜
tóng

(명) 구리, 동

我见到了世界上最大最高的铜制佛像。

나는 세계에서 가장 높은 동제 불상을 보았다.

06
5급

银
yín

(명) 은, 은화(돈) 또는 화폐와 관계가 있는 것

此次展览设金银铜牌奖和优秀奖。

이번 전시회에서는 금·은·동상과 우수상을 배치했다.

07
5급

石头
shítou

(명) ① 돌 ② (가위 바위 보에서) 바위
③ 의문, 문제, 걱정거리

一块石头砸到了他的头。

돌 한 개가 그의 머리를 찧었다.

*砸 zá 으스러뜨리다, 박다, 찧다

孩子们经常用"石头剪刀布"的游戏，来决定一件事情。

아이들은 자주 "가위 바위 보" 놀이로 일을 결정한다.

听了他的话，大家心里的石头终于都落了地。

그의 말을 듣고 나서 모두들 마침내 마음속의 근심을 덜었다.

*石头落了地 근심을 덜다.

08
5급
宇宙
yǔzhòu

(명) 우주

人类迎来了宇宙旅行和航天技术的新时代。

인류는 우주여행과 우주비행기술의 새로운 시대를 맞이하였다.

*航天技术 hángtiānjìshù 우주비행기술

09
5급
形势
xíngshì

(명) 형세, 지세, 정세

目前的国际形势对我们非常不利。

현재의 국제 정세는 우리에게 매우 불리하다.

10
5급
地理
dìlǐ

(명) 지리, 풍수

由于地理和历史条件的不同，每个城市都各有其特色。

지리와 역사조건이 다르기 때문에 모든 도시는 각각의 특색을 가지고 있다.

11
5급
沙漠
shāmò

(명) 사막

他在沙漠里旅行了六个月。

그는 사막에서 6개월 동안 여행하였다.

12
5급
天空
tiānkōng

(명) 하늘, 공중, 천공

她正看着在天空中自由飞翔的小鸟发呆。

그녀는 넋을 놓고 하늘에서 자유롭게 날아다니고 있는 작은 새를 바라보고 있다.

*飞翔 fēixiáng 비상하다
*发呆 fādāi 넋을 잃다(놓다), 멍하다, 얼이 빠지다

 陆地
lùdì

(명) 육지, 뭍

在占地球总面积三分之一的陆地上，布满了大大小小的河流和湖泊。

지구 총면적 3분의 1을 차지하는 육지에는 크고 작은 강과 호수가 가득 널려 있다.

*河流 héliú 강, 하천
*湖泊 húpō 호수

 土地
tǔdì

(명) 땅, 토지, 농토

这片土地就是生我养我的家乡。

이 땅이 바로 내가 나고 자란 고향이다.

 岛
dǎo

(명) 섬

在静静的湖泊中有一座绿色的小岛。

잔잔한 호수 가운데 녹색의 작은 섬 하나가 있다.

 沙滩
shātān

(명) 백사장, 사주, 모래톱

无论高兴或者伤心的时候，我都喜欢在沙滩上奔跑。

기쁘거나 슬플 때와 상관없이, 나는 언제나 모래사장에서 달리는 것을 좋아한다.

*奔跑 bēnpǎo 빨리 달리다. 내달리다

 岸
àn

(명) 기슭, 언덕

他把落水儿童救上了岸，自己却牺牲了年轻的生命。

그는 물에 빠진 아이를 구해 언덕에 올려놓았지만 자신은 젊은 목숨을 희생하고 말았다.

*牺牲 xīshēng (정의를 위해) 희생하다. 자기 목숨을 버리다

 洞
dòng

(명) 구멍, 동굴

村民们在山里发现了一个神秘的洞。

마을 사람들이 산 속에서 신비한 동굴 하나를 발견했다.

5급 신HSK VOCA

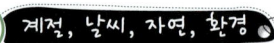

19 5급 池子
chízi

(명) ① 못, 늪 [주로 인공적으로 판 것을 가리킴]
② 욕조

公园的池子里开满了荷花。
공원의 연못 안에 연꽃이 만개하였다.

他发现池子里的水已经满了，赶紧把水龙头关上了。
그는 욕조 안의 물이 이미 가득 찬 것을 보고, 재빨리 수도 꼭지를 잠갔다.

---

20 5급 灾害
zāihài

(명) 재해

严重的洪涝灾害牵动着全国人民的心。
심각한 홍수 재해가 온 국민의 마음에 영향을 미쳤다.

*牵动 qiāndòng 변화시키다. 일부가 전체를 움직이게 하다.

---

21 5급 地震
dìzhèn

(명) 지진

我从报纸上看到了关于这次地震的消息。
나는 신문에서 이번 지진에 관한 소식을 보았다.

---

22 5급 田野
tiányě

(명) 전야, 논 밭과 들(판)

山的那一边，尽是无边无尽的树林和田野。
산의 저쪽 편은 전부 끝이 없는 숲과 들판이다.

*尽是 전부~ 이다

---

23 5급 预报
yùbào

(명/동) 예보(하다)

这次的灾情如此严重，是因为相关部门没有提前预报。
이번 재해 상황이 이렇게 심각한 것은 관련부처에서 미리 예보하지 않았기 때문이다.

*灾情 zāiqíng 재난상황, 재해상황

雷
léi

(명) 천둥, 우레

我听到远处的雷声，才知道要下雨了。
나는 먼 곳의 천둥소리를 듣고 나서, 비가 올 거라는 것을 알게 되었다.

*响雷 xiǎngléi 천둥
*劈 pī 쪼개지다, 갈라지다

 闪电
shǎndiàn

(명/동) 번개(가 번쩍하다)

一道闪电划破了黑暗的夜空。
한 줄기 번개가 어두운 밤 하늘을 갈랐다.

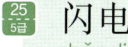 彩虹
cǎihóng

(명) 무지개

傍晚时分，雨停了，天晴了，天边出现了一道美丽的彩虹。
해질 무렵 비가 그치고 날이 개자, 하늘에 아름다운 무지개가 생겼다.

 雾
wù

(명) 안개

因为早上下了大雾，飞机不得不延迟起飞时间。
아침에 짙은 안개가 끼는 바람에, 어쩔 수 없이 비행기 이륙 시간이 연기되었다.

*延迟 yánchí 뒤로 미루다, 연기하다

 冻
dòng

(동) (물 등이) 얼다

这条大河的水从来都没有冻过。
이 큰 강은 이제껏 물이 얼어본 적이 없다.

 融化
róng huà

(동) (얼음, 눈 등이) 녹다, 융해되다

天气变暖了，雪开始融化了。
날씨가 따뜻해져서 눈이 녹기 시작했다.

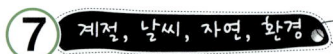

30
5급

晒
shài

(동) 햇볕에 말리다, 햇볕을 쬐다

正午时分，外面的太阳晒得人喘不过气来。

정오 무렵, 바깥의 태양이 숨이 막힐 정도로 뜨겁게 내리쬐었다.

*时分 shífèn 무렵. 때
*喘不过气 chuǎnbúguòqì 숨막히다. 숨못쉬다

31
5급

吹
chuī

(동) ① (바람이) 불다 ② (약속이나 일이) 무효가 되다, 틀어지다 허사가 되다 ③ 큰소리치다, 허풍을 떨다 ④ (주로 남녀 관계에서) 헤어지다

你看看烟的方向，风是从哪儿吹来的。

바람이 어디서 불어오는지, 네가 연기의 방향을 좀 봐봐.

这次双方的合作如果再吹了，我们就没机会了。

이번에 양측의 협력이 무산되어, 우리는 기회가 사라졌다.

他又在大家面前吹了起来。

그는 또 모두들 앞에서 허풍을 떨기 시작했다.

他们两个好了这么多年了，吹不了的。

그들 둘은 이렇게 여러 해 동안 잘 지내고 있는데, 헤어질 수 없어.

32
5급

景色
jǐngsè

(명) 경치, 풍치, 풍경

这里的景色太美了，简直是人间天堂。

이곳의 경치는 매우 아름답고, 그야말로 지상천국이다.

*天堂 tiāntáng 천당. 천국

33
5급

情景
qíngjǐng

(명) 광경, 정경, 장면

我还记得自己第一次和他见面的情景。

나는 내가 처음으로 그를 만났던 장면을 아직도 기억하고 있다.

8 방향, 교통, 공간, 지리

(1) 방향

☐ 东 dōng	동쪽		☐ 里 lǐ	속, 안
☐ 西 xī	서(쪽)		☐ 右边 yòubian	오른쪽
☐ 南 nán	남쪽		☐ 前面 qiánmiàn	앞
☐ 北方 běifāng	북쪽		☐ 中间 zhōngjiān	가운데
☐ 进 jìn	들어가다		☐ 后面 hòumiàn	뒤쪽
☐ 上 shàng	위		☐ 旁边 pángbiān	옆쪽, 곁
☐ 下 xià	아래, 밑		☐ 一边 yìbiān	한쪽, 옆
☐ 外 wài	밖			

01 3급 **东**
dōng

(명) 동쪽

邮局在东边, 银行在西边。
우체국은 동쪽에 있고, 은행은 서쪽에 있어요.

02 3급 **西**
xī

(명) 서(쪽)

我们公司在十字路口的西边。
우리 회사는 사거리에서 서쪽에 있다.

03 3급 **南**
nán

(명) 남쪽

香港在中国的南部。
홍콩은 중국의 남부에 있다.

04 3급 **北方**
běifāng

(명) 북쪽

北方比南方冷很多。
북방이 남방보다 훨씬 추워요.

右边
yòubian

(명) 오른쪽

从十字路口往右拐就是地铁站。
사거리에서 오른 쪽으로 돌면 바로 지하철 역이다.

*十字路口 shízìlùkǒu 사거리
*拐 guǎi 돌다

 前面
qiánmiàn

(명) 앞

前面那个戴着眼镜的人是你的妈妈吗?
앞쪽에 안경 쓴 저 분이 너의 엄마니?

 中间
zhōngjiān

(명) 가운데, 중앙

我坐在他们两人中间。
나는 그들 둘 사이에 앉아있다.

 后面
hòumiàn

(명) 뒤

后面有位置, 你去坐那里吧。
뒤쪽에 자리가 있으니 넌 그곳에 가서 앉거라.

 旁边
pángbiān

(명) 옆, 곁

她旁边的那位男子是她的男朋友。
그녀 옆에 있는 그 남자는 그녀의 남자친구에요.

 一边
yìbiān

(명) 한 쪽, 한 면

玻璃的一边有点儿脏。
유리의 한 쪽이 좀 더럽다.

*玻璃 bōli 유리
*脏 zāng 더럽다

电视机的一边放着中文词典。
TV 옆에 중국어사전이 놓여 있다.

(2) 교통

교통, 거리

☐ 出租车 chūzūchē	택시	☐ 街道 jiēdào	큰길, 거리
☐ 公共汽车 gōnggòngqìchē	버스	☐ 楼 lóu	건물, 빌딩,층
☐ 火车 huǒchē	기차	☐ 机场 jīchǎng	공항
☐ 地铁 dìtiě	지하철	☐ 路 lù	길, 도로
☐ 船 chuán	배	☐ 中国 Zhōngguó	중국
☐ 自行车 zìxíngchē	자전거	☐ 北京 běijīng	북경
☐ 站 zhàn	정거장	☐ 城市 chéngshì	도시
☐ 票 piào	표	☐ 公园 gōngyuán	공원
☐ 司机 sījī	운전사	☐ 银行 yínháng	은행
☐ 地方 dìfang	장소		

01 3급
出租车
chūzūchē

(명) 택시

我不知道去首都机场的路，所以打算打的去。

수도공항 가는 길을 잘 몰라서, 택시를 타고 가려고 합니다.

02 3급
公共汽车
gōnggòngqìchē

(명) 버스

如果要去天安门的话要做7路公共汽车。

천안문에 가시려면 7번 버스를 타셔야 합니다.

*如果~的话 만약 ~ 하려면

03 3급
火车
huǒchē

(명) 기차

火车八点三十分开，我们还来得及。

기차가 8시 반에 출발하니 시간에 맞게 도착할 수 있어요.

*来得及 láidejí 제 시간에 도착할 수 있다

04 3급	**地铁** dìtiě	**(명)** 지하철 我每天坐地铁上班。 저는 매일 지하철을 타고 출근합니다.
05 3급	**船** chuán	**(명)** 배 坐这个船的话，一个小时就能到山东。 이 배를 타면 한 시간이면 산동에 도착할 수 있습니다.
06 3급	**自行车** zìxíngchē	**(명)** 자전거 你每天都是骑自行车上下班的吗？ 너는 매일 자전거를 타고 출퇴근 하니?
07 3급	**站** zhàn	**(명)** 정거장, 정류장 下一站是东大门，请做好下车准备。 다음 역은 동대문역입니다. 내릴 준비하세요. *准备 zhǔnbèi 준비하다
08 3급	**票** piào	**(명)** 표 去北京的飞机票要多少钱？ 북경 가는 비행기 표는 얼마입니까?
09 3급	**司机** sījī	**(명)** 운전사 那个出租车司机服务态度真好，也很有礼貌。 저 택시 운전기사는 서비스 태도가 참 친절하고 예의가 있어요. *服务态度 fúwùtàidù 서비스 태도
10 3급	**地方** dìfang	**(명)** 장소, 곳 这里最好玩的地方是哪里？ 이곳에서 가장 놀기 좋은 곳은 어디입니까?

11
3급
街道
jiēdào

(명) 큰길, 거리

向前开，前面那条街道再向右开。

앞쪽으로 가시다가 앞에 저 거리에서 우회전하세요.

12
3급
楼
lóu

(명) 건물, 빌딩, 층

厕所在3楼的右边。

화장실은 3층 오른 쪽에 있어요.

13
3급
机场
jīchǎng

(명) 공항

我现在去机场接你，你在那里等我吧。

내가 지금 공항으로 너를 마중 나갈 테니, 거기서 기다려.

14
3급
路
lù

(명) 길, 도로

我迷路了，请问这里是哪里？

저는 길을 잃었어요. 여기가 어디인가요?

*迷路 mílù 길을 잃다

15
3급
北京
běijīng

(명) 북경

北京的秋天不冷也不热。

북경의 가을은 춥지도 덥지도 않아요.

16
3급
城市
chéngshì

(명) 도시

这个城市里住着很多韩国人。

이 도시에는 한국 사람들이 많이 살고 있다.

17
3급
公园
gōngyuán

(명) 공원

小姐，为什么公园有两种门票？

아가씨, 왜 공원 입장권이 두 종류에요?

*门票 ménpiào 입장권

18
3급
银行
yínháng

(명) 은행

太早了, 银行还没有开门。
이른 시간이라 은행이 아직 문을 열지 않았다.

 교통, 거리관련 표현

☐ 来 lái	오다		☐ 坐 zuò	(자동차 등을) 타다
☐ 去 qù	가다		☐ 骑 qí	(자전거 등을) 타다
☐ 走 zǒu	걷다		☐ 近 jìn	가깝다
☐ 到 dào	도착하다		☐ 远 yuǎn	멀다
☐ 离开 líkāi	떠나다		☐ 快 kuài	빠르다
☐ 上 shàng	(차)올라 타다		☐ 慢 màn	느리다
☐ 开 kāi	운전하다		☐ 看 kàn	보다
☐ 经过 jīngguò	지나다		☐ 看见 kànjiàn	보다, 보이다
☐ 过去 guòqù	지나가다		☐ 玩儿 wánr	놀다

01
3급
来
lái

(동) 오다

她今天出差了, 没能来开会。
그녀는 오늘 출장가서 회의에 참석 못한다.

02
3급
去
qù

(동) 가다

你去, 还是他去?
당신이 가나요? 아니면 그가 가나요?

03
3급
走
zǒu

(동) 걷다, 걸어가다

吃了饭再走吧! 밥 먹고 다시 갑시다!

04 3급 到 dào
(동) 도착하다
你一到宾馆就给我打电话。
호텔에 도착하자마자 바로 저에게 전화 주세요.

05 3급 离开 líkāi
(동) 떠나다 **반** 来到 오다, 도착하다
我离开家乡已经有10年了。
저는 고향을 떠난 지 이미 10년이 되었어요.

*家乡 jiāxiāng 고향

06 3급 上 shàng
(동) (차에) 올라 타다 **반** 下 (차에서) 내리다
火车马上就要开了, 你快点上车吧。
기차가 곧 출발하려고 하니, 빨리 타세요.

07 3급 开 kāi
(동) (자동차 등을) 운전하다
他开车很快, 这样不安全。
그는 운전을 빨리하는데 이러면 안전하지 않다.

08 3급 经过 jīngguò
(동) 지나다
这辆公共汽车经过天安门吗?
이 버스는 천안문을 지나갑니까?

09 3급 过去 guòqù
(동) 지나가다
刚才他从这里过去了。
방금 그는 여기를 지나갔어요.

10 3급 坐 zuò
(동) (자동차, 비행기, 배 등을) 타다
我坐船去香港。   저는 배를 타고 홍콩에 가요.

11 3급 骑 qí
(동) (자전거, 오토바이, 말을) 타다
很多中学生天天骑自行车去上学。
많은 중고등학생들이 날마다 자전거를 타고 등교한다.

近
jìn

(형) 가깝다 🔄 远 멀다

我家离这里很近。 우리 집은 여기에서 가까워요.

 远
yuǎn

(형) 멀다

走了这么远的路，我很累。
이렇게 먼 길을 걸었더니 난 매우 피곤하다.

 快
kuài

(형) 빠르다

快点起床吃饭，然后去上班。
빨리 일어나서 밥 먹고 출근해야지.

*然后 ránhòu 그 다음에, 그리고 나서

 慢
màn

(형) 느리다

请走慢一点，我们可以看看风景。
우리가 풍경 좀 보게 천천히 걸으세요.

 看
kàn

(동) 보다

我们看了一场电影，然后就回家了。
우리는 영화 한 편을 보고 집에 왔다.

 看见
kànjiàn

(동) 보다, 보이다

我在梦中看见你的女朋友.
나는 꿈속에서 너의 여자 친구를 보았다.

 玩儿
wánr

(동) 놀다

他正在外面玩儿。 그는 밖에서 놀고 있다.

8 방향, 교통, 공간, 지리

교통, 거리관련 표현

☐ 亚洲 yàzhōu	아시아	☐ 周围 zhōuwéi	주위, 둘레
☐ 长江 chángjiāng	장강	☐ 底 dǐ	밑, 바닥
☐ 长城 chángchéng	(만리)장성	☐ 内 nèi	안, 내부, 속
☐ 首都 shǒudū	수도	☐ 对面 duìmiàn	맞은 편
☐ 农村 nóngcūn	농촌	☐ 起飞 qǐfēi	이륙하다
☐ 当地 dāngdì	현지, 그 고장	☐ 乘坐 chéngzuò	타다
☐ 距离 jùlí	거리, 간격	☐ 通过 tōngguò	통과하다, 지나다
☐ 方向 fāngxiàng	방향	☐ 堵车 dǔchē	도로(길)가 막히다
☐ 入口 rùkǒu	입구	☐ 桥 qiáo	다리, 교량

---

01 4급
亚洲
yàzhōu

(명) 아시아
韩国是亚洲经济发展速度最快的国家。
한국은 아시아에서 가장 빠른 경제 발전을 이룩한 나라이다.

*经济发展速度 jīngjì fāzhǎn sùdù 경제 발전 속도

---

02 4급
长江
chángjiāng

(명) 양자강, 장강
长江长6300千米，是世界上第三长河。
장강은 6300km로 세계에서 세 번째로 긴 강이다.

---

03 4급
长城
chángchéng

(명) (만리)장성
长城是我们首先想到的中国文化遗产之一。
만리장성은 우리가 가장 먼저 떠올리는 중국의 문화유산 중 하나이다.

04 4급 首都 shǒudū

(명) 수도

韩国的首都是首尔。 한국의 수도는 서울입니다.

05 4급 农村 nóngcūn

(명) 농촌 (반) 都市 도시

农村只剩下老人们，没有了劳动力。

농촌에는 노인들만 남아서 일할 사람이 없다.

*劳动力 láodònglì 노동력

06 4급 当地 dāngdì

(명) 현지, 그 고장

我想尝尝当地的特色菜。

본 고장의 맛이 나는 음식을 맛보고 싶어요.

*特色 tèsè 특색, 특징

07 4급 距离 jùlí

(명) 거리, 간격

我的观点和他的有距离。

내 관점은 그의 관점과 거리가 있다.

08 4급 方向 fāngxiàng

(명) 방향

看来我们真是走错方向了。

보아하니 우리가 가는 방향이 정말 틀렸나봐.

09 4급 入口 rùkǒu

(명) 입구

这个电影院的入口一共有三个。

그 영화관의 입구는 모두 세 개다.

10 4급 周围 zhōuwéi

(명) 주위, 사방, 둘레

我家周围都是公路。

우리 집 주변은 사방이 도로이다.

11 4급 底 dǐ

(명) 밑, 바닥, 말(末)

这个月底考试成绩将会公布，真紧张啊。

이 달 말에 시험 결과가 발표가 되는데 정말 긴장돼.

 对面
duìmiàn

(명) 맞은 편, 바로 앞(쪽)

我们家就在医院的对面。
우리 집은 병원 바로 맞은편에 있다.

보카활용포인트

马路对面 길 건너 편 / 我家对面 우리 집 맞은 편 / 对面的 商店 맞은 편 상점 / 对面有一个人走过来。 맞은 편에서 한 사람이 걸어 왔다.

起飞
qǐfēi

(동) (비행기가) 이륙하다, 날아 오르다
(반) 降落 착륙하다

今天因为天气的原因，飞机将无法起飞。
오늘 날씨 때문에 비행기가 이륙하지 못할 것이다.

*原因 yuányīn 원인
*无法 wúfǎ ~하지 못하다, ~할 방법이 없다

乘坐
chéngzuò

= 坐

(동) (버스나 기차 등 교통수단에 탈것에) 타다

他每天乘坐地铁上下班。
그는 매일 지하철을 타고 출퇴근을 한다.

您乘坐一路公共汽车到天安门下车。
버스를 타고 천안문에서 내리세요.

通过
tōngguò

(동/전) 통과하다, 지나다, (시험에) 통과하다 /
~을 통해서

火车通过了隧道。 기차가 터널을 통과했다.

*隧道 suìdào 터널

经过不懈的努力，他终于通过了考试。
부지런히 노력을 하여 그는 드디어 시험에 통과했다.

*终于 드디어, 결국
*不懈 búxiè 게으르지 않다, 태만하지 않다

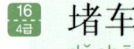

(1) ① "通过"는 "한 쪽 지역이나 장소 끝에서 또 다른 한 쪽 지역이나 장소를 지나가다, 통과하다" 는 뜻임.
  : 通过(大桥 큰 다리, 교량 / 不少山洞 많은 산굴 / 天安门广场 천안문 광장)
  ② "시험, 결의, 제안, 안건, 각종 법안 등이 통과하다" 는 뜻으로도 사용함.
  通过(考试 시험 / 决心 결의 / 提案 제안 / 议案 안건 / 教育法 교육법 / 法律 법률)
  我口试顺利地通过了。
  나는 구술시험에 순조롭게 통과했다. /
  他的毕业论文通过得很顺利。
  그의 졸업 논문은 순조롭게 통과 되었다.
  各项检查都通过了。 여러 가지 검사는 모두 통과했다.
(2) "수단, 방법 등을 통해서 어떤 결과에 도달함"을 뜻하는 경우에도 "通过"를 씀.
  : 我通过电脑得到了不少消息。
  나는 컴퓨터를 통해서 많은 소식을 얻었다.
  通过实际行动, 我们的英语水平有了很大的进步。
  실제 행동을 통해서, 우리의 영어수준은 큰 진보가 있었다.
(3) "과정을 거쳐서 어떤 결과에 도달함"을 뜻하는 경우에는 "通过"를 쓸 수 없고, "经过 jīngguò"를 써야 함.
  经过十几个小时的飞行, 我终于到达了美国。
  수 십 시간의 비행을 거친 후, 나는 결국 미국에 도착했다.

16
4급
堵车
dǔchē

(동) 길이 막히다, 도로가 막히다

路上堵车, 让你们久等了, 真是不好意思!
길이 막혀서 오래 기다리게 했네요. 정말 미안해요!

17
4급
桥
qiáo

(명) 다리, 교량

他们以那座桥为背景, 照了些相片。
그들은 저 긴 다리를 배경으로 사진을 찍었다.

*以A为B A를 B로 삼다
*背景 bèijǐng 배경

(1) 방향, 교통, 거리 관련 표현 Ⅰ

☐	交通 jiāotōng	교통	☐	乘坐 chéngzuò	(탈것에) 타다
☐	高速公路 gāosùgōnglù	고속 도로	☐	车库 chēkù	차고
☐	摩托车 mótuōchē	오토바이	☐	车厢 chēxiāng	차량
☐	卡车 kǎchē	트럭, 화물차	☐	登机牌 dēng jī pái	(비행기) 탑승권
☐	地铁 dìtiě	지하철	☐	登记 dēngjì	등록(하다)
☐	驾驶 jiàshǐ	운전하다	☐	降落 jiàngluò	착륙하다
☐	乘 chéng	타다			

5급 신HSK VOCA

01
5급
交通
jiāotōng

(명) 교통

随着经济发展，这个城市的交通也越来越复杂了。

경제발전에 따라, 이 도시의 교통도 갈수록 복잡해졌다.

02
5급
高速公路
gāosùgōnglù

(명) 고속 도로

清晨，高速公路上发生多起交通事故。

새벽에는 고속도로에서 교통사고가 많이 발생한다.

*清晨 qīngchén 이른아침

03
5급
摩托车
mótuōchē

(명) 오토바이

很多年轻人觉得骑摩托车很自由，但是它很危险。

많은 젊은이들이 오토바이를 타는 것이 자유롭다고 여기지만 매우 위험하다.

04 5급	**卡车** kǎchē

(명) 트럭, 화물차

满载着货物的卡车翻到了桥下。

화물을 가득 실은 트럭이 다리 아래로 떨어져 뒤집혔다.

*满载 mǎnzài 가득 싣다

---

05 5급	**地铁** dìtiě

(명) 지하철

每天上下班的时候，地铁里都十分拥挤。

매일 출퇴근할 때 전철 안은 매우 붐빈다.

*拥挤 yōngjǐ 붐비다, 혼잡하다

---

06 5급	**驾驶** jiàshǐ

(동) (기차, 비행기 등을) 운전하다, 조종하다, 몰다

他的驾车技术很好，但是却没有驾驶执照。

그는 운전을 매우 능숙하게 하지만, 운전면허증은 없다.

*执照 zhízhào 면허증, 허가증

---

07 5급	**乘** chéng

(동) ① (배, 자동차, 비행기 등을) 타다 (= 坐)
　　　② (수학의 연산에서) 곱하다

我们赶时间，所以必须乘最早的班机去。

우리는 시간이 별로 없으니까, 반드시 제일 이른 항공편을 타야 된다.

小学生应该熟练掌握加减乘除的运算法则。

초등학교 학생들은 덧셈, 뺄셈, 곱셈, 나눗셈의 계산법을 자유자재로 할 수 있어야 한다.

*熟练 shúliàn 능숙하다
*掌握 zhǎngwò 숙달하다, 정통하다, 마스터하다
*运算 yùnsuàn 연산하다

---

08 5급	**乘坐** chéngzuò

(동) (탈것에) 타다

乘坐这趟火车的人大部分都是放假回家的学生。

이 기차를 탄 사람들은 대부분 방학을 해서 집에 돌아가는 학생들이다.

09 5급

车库
chēkù

(명) 차고

他家的车库里有很多世界名车。
그의 집의 차고에는 세계의 명차들이 많이 있다.

---

10 5급

车厢
chēxiāng

(명) ① (기차 등의) 차간, 차량 ② (기차 등의) 객실, 화물칸 ③ (자동차의) 트렁크

这辆火车有10节车厢。
이 기차는 열 개의 객차로 되어 있다.

这台轿车车厢的设计十分豪华。
이 승용차의 차량 디자인은 매우 화려하다

*轿车 jiàochē 승용차, 세단
*豪华 háohuá 화려하다, 웅장하다

他把行李扔到车厢里, 头也不回就走了。
그는 짐을 트렁크에 던져 넣고, 고개도 안 돌리고 가버렸다.

---

11 5급

登机牌
dēngjīpái

(명) (비행기) 탑승권

飞机还有十分钟就要起飞了, 可是我的登机牌却不见了。
비행기는 10분만 있으면 곧 이륙하는데, 내 탑승권이 안보였다.

---

12 5급

登记
dēngjì

(동/명) ① 등록(하다)
② 체크인(check-in) (하다)

请想要参加比赛的同学到办公室登记。
대회에 참가하고 싶은 학생은 사무실에 와서 등록해 주시기 바랍니다.

他虽然住在这家旅馆里, 却没有用自己的名字登记。
그는 이 여관에 묵고 있지만, 자기 이름으로 체크인 하지 않았다.

降落
jiàngluò

(동) ① 비행기가) 착륙하다 🔄 起飞 이륙하다
② (가격 따위가) 떨어지다, 내리다

经过十个小时的飞行，飞机终于安全降落了。

열 시간 동안 비행한 끝에, 비행기가 결국 안전하게 착륙했다.

他十分喜欢跳伞，喜欢降落过程中的感觉。

그는 낙하산으로 뛰어내리는 것을 매우 즐기는데, 낙하할 때의 느낌을 좋아한다.

*跳伞 tiàosǎn 낙하산으로 뛰어내리다
*过程 guòchéng 과정

(2) 방향, 교통, 거리관련 표현 Ⅱ

☐ 建筑 jiànzhù	건축(하다)		☐ 一路 yīlù	도중
☐ 古迹 gǔjì	고적		☐ 到达 dàodá	(장소에) 도착하다
☐ 名胜 míngshèng	명승(지)		☐ 迷路 mí lù	길을 잃다
☐ 博物馆 bówù guǎn	박물관		☐ 绕 rào	우회하다
☐ 寺庙 sìmiào	절, 사원		☐ 围绕 wéirào	둘러싸다
☐ 塔 tǎ	탑		☐ 来自 láizì	~에서 오다
☐ 华裔 huáyì	화교의 자녀		☐ 闯 chuǎng	부딪히다
☐ 海关 hǎiguān	세관		☐ 面积 miànjī	면적
☐ 胡同 hútòng	골목		☐ 表面 biǎomiàn	겉
☐ 电台 diàntái	방송국		☐ 薄 báo	얇다
☐ 邮局 yóujú	우체국		☐ 横 héng	가로의, 횡의
☐ 空间 kōngjiān	공간		☐ 斜 xié	기울다
☐ 郊区 jiāoqū	(도시의) 교외지역		☐ 位置 wèizhì	위치
☐ 拐弯 guǎiwān	모퉁이, 방향을 바꾸어 돌다		☐ 浏览 liúlǎn	유람하다,
☐ 弯 wān	굽어진 곳, 모퉁이		☐ 合影 héyǐng	함께 사진을 찍다
☐ 长途 chángtú	먼 거리		☐ 摄影 shèyǐng	촬영(하다)

5급 신HSK VOCA

01
5급
建筑
jiànzhù

(명/동) 건축(하다), 건축물
每个地方的建筑都有不同的风格。
각각의 건축물은 모두 서로 다른 풍격을 지니고 있다.

02
5급
古迹
gǔjì

(명) 고적 [주로 건축물을 가리킴]
旅游的时候，我最喜欢看那些历史悠久的名胜古迹。
나는 관광할 때 역사가 오래된 명승지 보는 것을 가장 좋아한다.

*悠久 yōujiǔ (역사, 문화, 전통, 민족이) 유구하다, 오래되다

03
5급 **名胜**
míngshèng

(명) 명승(지), 명소

这个城市的名胜古迹多得数不过来。

이 도시는 명승지가 셀 수 없을 정도로 많다.

04
5급 **博物馆**
bówùguǎn

(명) 박물관

他十分喜欢古董，可以一整天呆在博物馆里。

그는 골동품을 매우 좋아해서, 하루 종일이라도 박물관에 머물 수 있다.

*古董 gǔdǒng 골동품

05
5급 **寺庙**
sìmiào

(명) 절, 사원

这所寺庙虽然位于大山深处，但是来烧香拜佛的人仍然络绎不绝。

이 절은 비록 큰 산 깊은 곳에 자리하고 있지만, 향을 피우고 불상 앞에서 비는 사람들은 계속해서 끊이지 않는다.

*烧香拜佛 shāoxiāngbàifó 향을 피우고 보살님께 빌다.
*络绎不绝 luòyìbùjué 왕래가 빈번하여 끊이지 않다.

06
5급 **塔**
tǎ

(명) 탑, 탑 모양의 건조물

这座塔已经矗立在这里近千年了。

이 탑은 이미 이곳에서 천년 가까이 우뚝 서 있다.

*矗立 chùlì 우뚝 솟다

07
5급 **华裔**
huáyì

(명) ① 해외에 거주하는 중국인의 후예, 화교의 자녀 ② 중국과 그 인접국

他是美国第一位华裔商务部长。

그는 미국의 첫 번째 화교 상무부장이다.

他是一名华裔商人，心里始终想念着自己的祖国。

그는 화교 상인인데, 마음속으로 한결같이 자신의 조국을 그리워하고 있다.

海关
hǎiguān

(명) 세관

下了飞机，通过海关的那一刻，他觉得自己终于回到了祖国的怀抱。

비행기에서 내리고, 세관을 지나던 그 순간, 그는 자신이 드디어 조국의 품으로 돌아왔다는 것을 실감했다.

*怀抱 huáibào 품, 가슴

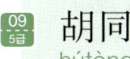
胡同
hútòng

(명) 골목, 작은 거리

北京胡同是北京文化中不可缺少的一部分。

북경의 골목은 북경의 문화 중에서 뺄 수 없는 한 부분이다.

*缺少 quēshǎo 부족하다, 모자라다

电台
diàntái

(명) 방송국

电台正在播放我最喜欢的那一首歌。

라디오 방송에서 내가 가장 좋아하는 노래를 방송하고 있다.

邮局
yóujú

(명) 우체국

即使再忙，我也要去邮局给妈妈寄生日礼物。

더 바쁘다 하더라도, 나는 우체국에 가서 어머니에게 생일 선물을 부쳐드려야 한다.

空间
kōngjiān

(명) 공간, 우주 공간

在这个狭小的空间里，我感觉自己不能呼吸了。

나는 이 협소한 공간에서 숨을 쉴 수가 없음을 느꼈다.

*狭小 xiáxiǎo 협소하다, 좁고 작다
*呼吸 hūxī 호흡하다, 숨을 쉬다

郊区
jiāoqū

(명) (도시의) 교외지역, 시외지역

挣了那么多钱以后, 他打算在郊区买一栋别墅。

그는 돈을 많이 번 후에 교외에 별장 한 채를 살 계획이다.

*别墅 biéshù 별장

 拐弯
guǎiwān

(명) 모퉁이
(동) ① 방향을 바꾸어 돌다, 굽이 돌다
② (생각, 말 등의) 방향을 바꾸다

前面的车在拐弯处突然停了下来。

앞에 있는 차가 커브 길에서 갑자기 멈추어 섰다.

他拐弯儿的时候撞到了对面来的人。

그는 모퉁이를 돌 때 반대편에서 오는 사람과 부딪혔다.

他这个人是个死脑筋, 根本不会拐弯。

그는 융통성이 없는 사람이라서 도통 방향을 바꿀 줄 모른다.

*死脑筋 sǐnǎojin 앞뒤가 꽉 막힌 사람, 융통성이 없는 사람

 弯
wān

(명) 굽어진 곳, 모퉁이
(형) 굽다, 꼬불꼬불하다, 구불구불하다
(동) 구부리다, 굽히다

这根竹竿上有个弯儿。

이 대나무 장대는 위에 구부러진 곳이 있다.

*竹竿 zhúgān 대나무 장대, 죽간

田野里有一条弯弯的小路通向远方。

들판에는 먼 곳으로 통하는 구불구불한 작은 길이 있다.

他从来不向任何人低头弯腰。

그는 여태껏 어떤 사람에게도 굽신거린 적이 없다.

 长途
chángtú

(명) 먼 거리, 장거리, 먼 길

我非常不喜欢长途旅行, 实在是太累了。

나는 장거리 여행을 아주 싫어한다. 정말 피곤하기 때문이다.

5급 신HSK VOCA

17 5급 **一路**
yílù

(명) 도중, 오는 길

一路走来, 我并没有看到什么有趣的事情。

걸어오는 도중에 나는 어떤 흥미 있는 사건도 보지 못했다.

---

18 5급 **到达**
dàodá

(동) (장소에) 도착하다, 도달하다.

飞机将在三个小时后到达目的地。

비행기가 세 시간 후에 목적지에 도착할 예정이다.

---

19 5급 **迷路**
mílù

(동) 길을 잃다, 방향을 잃다

我是个路痴, 连在自己长大的城市也迷路。

나는 길치라 내가 자란 도시에서 조차도 길을 잃어버린다.

*路痴 lùchī 길치

---

20 5급 **绕**
rào

(동) ① 우회하다, 돌아가다
② 둘둘 감(기)다, 빙빙 (감)돌다, 감(싸고)돌다, 휘감다

现在这条路正在维修中, 请绕道通行。

지금 이 도로를 수리하는 중이므로 우회하여 주시기 바랍니다.

*维修 wéixiū 보수하다, 수리하다, 정비하다
*通行 tōngxíng 통행하다, 다니다

他夺得冠军之后, 绕场一周向观众致意。

그는 우승을 한 후에 경기장을 한 바퀴 돌며 관중들을 향해 인사를 하였다.

*绕场 ràochǎng 운동장을 돌다
*致意 zhìyì 관심 · 인사 · 안부의 뜻을 보이다.

---

21 5급 **围绕**
wéirào

(동) ① 둘러싸다, 주위를 돌다 ② (시간이나 일 혹은 문제를) 둘러싸다,~을 중심에 놓다

月球围绕着地球旋转。

달은 지구를 중심으로 돈다.

*旋转 xuánzhuǎn 돌다, 선회하다, 회전하다

围绕着这个问题，大家提出了很多不同的意见。

이 문제를 둘러싸고 모두들 수많은 다른 의견을 제시했다.

---

22 5급 来自 láizì

(동) ~에서 오다, ~로부터 오다

这个古老的传统来自中国。

이 오래된 전통은 중국에서 왔다.

---

23 5급 闯 chuǎng

(동) ① 부딪히다, 충돌하다　② 갑자기 뛰어 들다, 돌입하다　③ 문제를 일으키다

我们正在开会，他突然闯了进来。

우리가 회의를 하고 있는 중에, 그가 갑자기 뛰어 들어왔다.

看你这个样子，我就知道你又闯祸了。

너의 이런 모습을 보고, 나는 네가 또 사고를 쳤다는 것을 알았다.

---

24 5급 面积 miànjī

(명) 면적

我们家房子的面积是130平方米。

우리 집의 면적은 130 평방미터이다.

---

25 5급 表面 biǎomiàn

(명) 겉, 표면, 외견, 외관
(반) 内部, 里边 내부, 안쪽

由于时间太久了，这件东西的表面已经变了颜色。

시간이 매우 오래되었기 때문에 이 물건의 겉면은 이미 색깔이 변했다.

---

26 5급 薄 báo

(형) 얇다　(반) 厚 두껍다

这件衣服看起来很薄，但是其实很暖和。

이 옷은 매우 얇아 보여도, 사실은 매우 따뜻하다.

横
héng

(형) 가로의, 횡의　반 竖 수직(의), 세로(의)

他把宝物藏在房子的横梁上。

그는 보물을 집의 대들보 위에 숨겨 두었다.

*横梁 héngliáng 대들보

 斜
xié

(형) 기울다, 비스듬하다, 비뚤다　(동) 기울(이)다

这根柱子有点儿斜了。 이 기둥은 약간 기울었다.

*柱子 zhùzi 기둥

 位置
wèizhì

(명) ① 위치　② 지위

大家都坐在指定的位置上。

모두들 지정된 위치에 앉아있다.

"五四运动"在中国近代历史中占有重
要的位置。

5·4 운동은 중국 근대 역사에서 중요한 지위를 차지하고
있다.

*占有 차지하다, 점유하다

 浏览
liúlǎn

(동) 대충 훑어보다
반 细看 상세히 보다, 면밀하게 고찰하다

这本书我只浏览了一遍，所以不知道
你说的那些细节。

이 책은 내가 단지 대충 훑어봤을 뿐이라서, 네가 말한 자세
한 부분은 몰라.

*细节 xìjié 상세한 부분, 자세한 사정

 合影
héyǐng

(동) (두 사람이나 여럿이) 함께 사진을 찍다
(명) (여럿이 함께 찍는) 단체 사진

妈妈总是看着我们一家人的合影发呆。

엄마께서는 언제나 우리 가족이 함께 찍은 사진을 멍하게
바라보고 계신다.

*发呆 fādāi 멍하다, 멍해지다

32
5급 摄影
shèyǐng

(동/명) 촬영(하다), 사진을 찍다

由于爱好摄影, 他几乎走遍了世界各地。

사진 찍는 것을 좋아하기 때문에, 그는 거의 세계 각지를 두루 돌아다녔다.

*走遍 zǒubiàn 다 돌아다니다

9 교육과 학습

(1) 학교

☐ 校长 xiào zhǎng	교장	☐ 课 kè	수업
☐ 老师 lǎoshī	선생님	☐ 教室 jiàoshì	교실
☐ 学生 xuésheng	학생	☐ 图书馆 túshūguǎn	도서관
☐ 同学 tóngxué	학우, 급우	☐ 黑板 hēibǎn	칠판
☐ 学校 xuéxiào	학교	☐ 书 shū	책
☐ 年级 niánjí	학년	☐ 铅笔 qiānbǐ	연필
☐ 班 bān	반	☐ 包 bāo	가방

---

01 3급 **校长**
xiàozhǎng

(명) 교장(선생님)

他是你们大学的校长吗?
그가 당신들 대학의 총장님이세요?

---

02 3급 **老师**
lǎoshī

(명) 선생님, 스승

学校有72位老师, 其中5位是男老师。
학교에서 선생님 일흔 두 분이 계시는데, 그 중 다섯 분이 남자교사이다.

*其中 qízhōng 그 중

---

03 3급 **学生**
xuésheng

(명) 학생

这一班有多少学生?
이 반에는 몇 명의 학생이 있나요?

---

04 3급 **同学**
tóngxué

(명) 학우, 급우

教师节那天, 全班同学为王老师准备礼物。
스승의 날, 학급 모든 학생들은 왕선생님을 위해서 선물을 준비했다.

*教师节 jiàoshījié 스승의 날
*准备 zhǔnbèi 준비하다
*礼物 lǐwù 선물

05 3급 学校 xuéxiào

(명) 학교

你在哪个学校上学?
너는 어느 고등학교에 다니니?

06 3급 年级 niánjí

(명) 학년

我弟弟今年小学三年级, 你弟弟呢?
내 남동생은 초등학교 3학년인데, 네 동생은 몇 학년이니?

07 3급 班 bān

(명) 반

我是一年级三班的, 你是几班的?
나는 1학년 3반인데 너는 몇 반이니?

08 3급 课 kè

(명) 수업, 수업과목, 수업시간, 과

我们每天要上六个小时的课。
우리는 하루에 수업이 6시간이 있어요.

09 3급 教室 jiàoshì

(명) 교실

门开了, 张老师走进教室。
문이 열리고 장선생님이 교실로 들어오셨다.

10 3급 图书馆 túshūguǎn

(명) 도서관

最近因为是考试周, 图书馆里人非常多。
오늘 시험기간이라 도서관에 학생들이 엄청 많아요.

*考试周 kǎoshìzhōu 시험기간

11 3급 黑板 hēibǎn

(명) 칠판

数学老师经常用黑板。
수학선생님은 칠판을 많이 사용해요.

12 3급	书 shū	**(명)** 책
		我今天忘记带汉语书了，借我看一下吧。 난 오늘 중국어 책을 안 가져왔어. 책 좀 빌려줘.

13 3급	铅笔 qiānbǐ	**(명)** 연필
		先用铅笔画画。然后用彩笔上色。 먼저 연필로 그림을 그리세요. 그리고 나서 색연필로 칠하세요.

14 3급	包 bāo	**(명)** 가방, 꾸러미
		今天买的包真不错，质量很好，颜色也很漂亮。 오늘 산 가방이 정말 좋구나! 질도 좋고 색상도 예쁘다.

(2) 교육

☐ 学术 xuéshù	학술		☐ 字 zì	글자	
☐ 学问 xuéwen	학문		☐ 问题 wèntí	질문	
☐ 普通话 pǔtōnghuà	표준어		☐ 题 tí	문제	
☐ 字典 zìdiǎn	자전		☐ 成绩 chéngjì	성적	
☐ 数学 shùxué	수학		☐ 水平 shuǐpíng	수준	
☐ 汉语 Hànyǔ	중국어		☐ 意思 yìsi	의미	
☐ 词语 cíyǔ	단어				

01 3급	学术 xuéshù	**(명)** 학술, 아카데미
		我上个星期参加了汉语学术大会。 전 지난주에 중국어 학술총회에 참가했어요.

02 3급 学问 xuéwen
(명) 학문
研究中国学问是很不容易的事情。
중국학문을 연구하는 것은 쉽지 않은 일이다.
*研究 yánjiū 연구하다

03 3급 普通话 pǔtōnghuà
(명) 표준어, 보통화
我们学习汉语的时候要学习普通话。
중국어를 배울 때는 표준어를 배워야 합니다.

04 3급 字典 zìdiǎn
(명) 자전
这本汉语词典的词汇超过了10万个。
이 중국어 사전은 어휘 수가 10만자가 넘어요.
*词汇 cíhuì 어휘

05 3급 数学 shùxué
(명) 수학
大学毕业以后，我想当一名数学老师。
나는 대학 졸업 후에 수학 선생님이 되고 싶다.

06 3급 汉语 Hànyǔ
(명) 중국어
他的汉语说得和中国人一样。
그의 중국어 수준은 중국인과 같다.

07 3급 词语 cíyǔ
(명) 단어, 말, 낱말
这个词语用汉语怎么说？
이 단어를 중국어로 어떻게 말하죠?
当我有不认识的词语的时候，总是使用网络词典。
난 모르는 단어가 있을 때, 항상 인터넷 사전을 사용한다.

328

字
zì

(명) 글자

这个字用汉字写起来很难。
이 글자는 한자로 쓰기가 너무 어려워요.

 问题
wèntí

(명) 질문, 문제

如果有问题就请举手。
질문이 있으면 손을 드세요!

*举手 jǔshǒu 손을 들다

 题
tí

(명) 문제

今天的英语考试题很难。
오늘 영어시험 문제는 어려워요.

 成绩
chéngjì

(명) 성적, 성과

今天是公布高级HSK成绩的日子。
오늘은 고급 HSK 성적을 발표하는 날이야.

*公布 gōngbù 공포하다, 발표하다
*日子 rìzi 날, 날짜

 水平
shuǐpíng

(명) 수준, 정도

我的汉语会话水平和英语的差不多。
중국어 말하기 수준은 영어와 비슷하다.

*差不多 chàbuduō 차이가 별로 없다, 비슷하다

 意思
yìsi

(명) 의미, 뜻

这个单词是什么意思?
이 단어의 뜻은 무엇입니까?

(3) 교육과 학습 관련 표현

☐ 考试 kǎoshì	시험을 치다		☐ 容易 róngyì	쉽다
☐ 听 tīng	듣다		☐ 认识 rènshi	(사람, 글자, 길 등을) 알다
☐ 写 xiě	(글씨나 글 등을) 쓰다		☐ 懂 dǒng	알다
☐ 说 shuō	말하다		☐ 明白 míngbai	이해하다
☐ 教 jiāo	가르치다		☐ 了解 liǎojiě	이해하다
☐ 学 xué	배우다		☐ 重要 zhòngyào	중요하다
☐ 复习 fùxí	복습하다		☐ 清楚 qīngchu	분명하다
☐ 学习 xuéxí	학습하다		☐ 简单 jiǎndān	간단하다
☐ 问 wèn	묻다, 질문하다		☐ 错 cuò	틀리다
☐ 练习 liànxí	연습하다		☐ 忘记 wàngjì	잊어버리다
☐ 结束 jiéshù	끝나다, 마치다		☐ 上课 shàngkè	수업을 하다
☐ 讲 jiǎng	이야기하다		☐ 下课 xiàkè	수업이 끝나다
☐ 难 nán	어렵다			

01 3급 考试 kǎoshì

(동) 시험을 치다

这次期末考试考得怎么样?

이번 기말고사 어떻게 보았니?

*期末 qīmò 기말

02 3급 听 tīng

(동) 듣다

想要学好汉语, 就要经常练习听力。

중국어를 잘하려면 듣기 연습을 많이 해야 한다.

03 3급 写 xiě

(동) (글씨나 글 등을) 쓰다

请在这里写上你的名字。

여기에 당신의 이름을 써주세요.

04 3급 说 shuō

(동) 말하다

这个单词用汉语怎么说?

이 단어를 중국어로 어떻게 말하나요?

*单词 dāncí 단어

05 3급

教
jiāo

(동) 가르치다

王老师教我们汉语。

왕선생님께서는 우리에게 중국어를 가르치세요.

06 3급

学
xué

(동) 배우다

我们很认真地学习汉语。

우리는 열심히 중국어를 배웁니다.

*认真地 rènzhēnde 열심히, 성실히, 진지하게

07 3급

复习
fùxí

(동) 복습하다

今天学的内容一定要复习。

오늘 배운 내용은 꼭 복습해야 한다.

*内容 nèiróng 내용

08 3급

学习
xuéxí

(동) 공부하다, 학습하다

我们一起努力学习HSK的单词吧。

우리 함께 hsk 단어를 열심히 공부하자.

09 3급

问
wèn

(동) 묻다, 질문하다

如果有不知道的, 请来问我。

모르는 것이 있으면 나에게 질문하세요.

10 3급

练习
liànxí

(동) 연습하다

经常练习发音, 说话就能和中国人一样了。

발음 연습을 많이 하면, 중국인처럼 말할 수 있어요.

11 3급

结束
jiéshù

(동) 끝나다, 마치다

期中考试都结束了, 我们可以休息一下了。

중간고사 시험이 모두 끝났으니 우리 이제 쉬어도 되겠어요.

*期中考试 qízhōngkǎoshì 중간고사
*休息 xiūxi 쉬다

12 3급 讲
jiǎng
= 说 shuō

(동) 이야기하다, 말하다

张老师和我们讲了中国的历史。

장선생님께서 우리한테 중국 역사를 이야기 하셨어요.

*历史 lìshǐ 역사

---

13 3급 难
nán

(형) 어렵다 〔반〕 容易 쉽다

这个字真难写。 이 글자는 쓰기가 참 어렵다.

---

14 3급 容易
róngyì

(형) 쉽다

我觉得汉语说起来容易，写起来难。

저는 중국어가 말하기는 쉽지만, 쓰는 것은 어려워요.

---

15 3급 认识
rènshi

(동) (사람, 글자, 길 등을) 알다

认识你非常高兴。

당신을 알게 되어서 매우 기뻐요.

---

16 3급 懂
dǒng

(동) 알다, 이해하다

这个问题你懂不懂?

너 이 문제를 이해했니 못했니?

---

17 3급 明白
míng bai

(동) (몰랐던 것을) 알게 되다, 알다, 이해하다

大家都明白我的话了吗?

모두들 나의 말을 이해했느냐?

---

18 3급 了解
liǎojiě

(동) (어떤 상황 등에 대해) 자세하게 잘 알다, 이해하다

我们不了解这个地方的状况。

우리는 이곳의 상황을 잘 이해할 수가 없어요.

*状况 zhuàngkuàng 상황

19 / 3급 重要 zhòngyào

(형) 중요하다

这里有很重要的资料。
여기에 매우 중요한 자료가 있다.

---

20 / 3급 清楚 qīngchu

(형) 분명하다, 뚜렷하다

她的汉语发音不清楚。
그녀는 중국어 발음이 분명하지 않다.

---

21 / 3급 简单 jiǎndān

(형) 간단하다　(반) 复杂 복잡하다

这件事情不简单。
이 일은 정말 간단하지 않다.

---

22 / 3급 错 cuò

(형) 틀리다　(반) 对 맞다

他发现自己做错了。
그는 자기가 틀렸다는 것을 깨달았다.

*发现 fāxiàn 발견하다, 알아차리다

---

23 / 3급 忘记 wàngjì

(동) 잊다, 잊어버리다

我忘记带钱包来了。
나는 지갑을 가져오는 것을 잊어버렸다.

---

24 / 3급 上课 shàngkè

(동) 수업을 하다

我们几点开始上课?
우리 몇시에 수업 시작하니?

---

25 / 3급 下课 xiàkè

(동) 수업이 끝나다

下课后, 我们在图书馆前面见面吧。
수업 끝나고, 도서관 앞에서 만나자.

(1) 교육과 학습 I

☐	科学 kēxué	과학		☐	中文 zhōngwén	중국어, 중문
☐	艺术 yìshù	예술		☐	文章 wénzhāng	문장
☐	教授 jiàoshòu	(대학)교수		☐	填空 tiánkòng	빈칸을 채우다
☐	博士 bóshì	박사		☐	说明 shuōmíng	설명(하다)
☐	硕士 shuòshì	석사		☐	解释 jiěshì	해석하다, 설명하다
☐	研究生 yánjiūshēng	대학원생		☐	翻译 fānyì	번역하다, 통역하다
☐	小说 xiǎoshuō	소설		☐	熟悉 shúxī	잘 알다, 익숙하다
☐	作者 zuòzhě	저자		☐	成绩 chéngjì	성적. 성과
☐	著名 zhùmíng	저명하다		☐	通知 tōngzhī	통지하다, 알리다
☐	专业 zhuānyè	전공		☐	流利 liúlì	(말이나 글이) 유창하다
☐	语言 yǔyán	언어		☐	优秀 yōuxiù	우수하다, 뛰어나다

01 4급
科学
kēxué

(명) 과학

科学技术的发展方便了我们的生活。

과학 기술의 발달은 생활을 편리하게 해주었다.

02 4급
艺术
yìshù

(명) 예술

我的朋友学的是艺术专业。

내 친구가 배우는 것은 예술 전공이다.

03 4급
教授
jiàoshòu

(명) (대학)교수

张明是中国著名的汉语教授。

장밍은 중국에서 저명한 중국어학 교수입니다.

*著名 zhùmíng 저명하다, 유명하다

博士
bóshì

(명) 박사

我的儿子正在中国的清华大学攻读博士学位。

나의 아들은 중국 청화대학교에서 박사 과정을 공부하고 있습니다.

*攻读 gōngdú 열심히 공부하다, 학문을 파다

05
4급
硕士
shuòshì

(명) 석사

今年我获得了国语学专业的硕士学位。

올해 나는 국어학학과의 석사학위를 받았다.

*获得 huòdé 획득하다, 얻다
*专业 zhuānyè 전공, 전문분야

06
4급
研究生
yánjiūshēng

(명) 대학원생

他的女朋友是中文专业的研究生。

그의 여자 친구는 중국어 전공의 대학원생이다

07
4급
小说
xiǎoshuō

(명) 소설

谁都知道这本小说的名字。

이 소설은 누구나 제목을 알고 있다.

08
4급
作者
zuòzhě

(명) 작자, 필자

这本书的作者给我在书上签了名。

이 책의 작가가 나에게 책에다 싸인해 주었다.

*签名 qiānmíng 서명, 서명하다, 싸인하다

09
4급
著名
zhùmíng

(형) 저명하다, 유명하다

他是写这种爱情小说的著名小说家。

그는 이런 종류의 애정소설을 쓰는 저명한 소설가입니다.

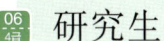

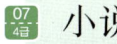

专业
zhuānyè

(명) 전공

到现在我也没有决定选择什么专业，真是头疼啊。

아직도 전공을 무엇으로 정해야 할지 몰라서 머리가 아파.

*选择 xuǎnzé 선택하다

语言
yǔyán

(명) 언어

我对语言方面不感兴趣，但对文学方面十分感兴趣。

나는 언어방면에 흥미가 없고, 문학 분야에 흥미가 많아요.

中文
zhōngwén

(명) 중국어, 중문

你经常买一些中文书读一读吧。

중국어로 된 서적(中文书)을 사서 자주 읽어라.

文章
wénzhāng

(명) 문장

偶然读到的这篇文章在我最困难的时候改变了我的人生。

우연히 읽게 된 이 글이 내가 어려운 시기에 있을 때 인생을 바꾸어 놓았다.

*偶然 ǒurán 우연히

14
4급

填空
tiánkòng

(동) 빈자리를 메우다, 빈칸을 메우다

HSK的填空题真的非常难。

HSK 빈칸 채우는 시험문제는 정말 어려워요.

15
4급

说明
shuōmíng

(동/명) 설명(하다)

那个职员向我说明了新产品的使用方法。

그 직원은 새로 나온 제품의 사용방법에 대해서 설명해 주었다.

16
4급

解释
jiěshì

(동/명) 해설(하다), 해석(하다)

我实在是不明白，您能再解释一遍吗？

도저히 이해가 안 되는데 다시 한번 설명해 주시겠어요?

(1) "说明"은 "상대방이 알아듣기 쉽도록 자세히 말해주는 것"을 뜻하고, 흔히 전치사 "向"과 함께 쓰여, "向~说明(~한테 설명하다)"의 형태로 씀. : 说明(理由 이유 / 原因 원인 / 事实 사실 / 原理 원리 / 用法 용법/ 问题 문제)
请你向大家说明一下这台电脑的使用原理。
네가 모두에게 이 컴퓨터의 사용 원리를 좀 설명해라.

(2) ① "전문적이고, 자세히 설명하다"는 뜻인 경우에는 "解释"를 쓰고, 단순히 "말하다"는 뜻인 경우에는 "解释"를 쓸 수 없음. : (专家 전문가/ 科学家 과학자 / 医生 의사 / 律师 변호사) 解释
她详细地解释了好几次了。
그녀는 상세하게 여러 번 설명을 했다.

② "변명하다, 해명하다"는 뜻인 경우에는 "解释"만 쓸 수 있음. : 解释(误会 오해 / 每天迟到的原因 매일 지각하는 원인)

17
4급

翻译
fānyì

(동) 번역하다, 통역하다

这样的句子真的很难翻译成外语。

이러한 문장은 다른 나라 말로 번역하기가 매우 어렵다.

> **보카활용포인트**
> 做翻译工作 통역일을 보다

熟悉
shúxī

(동) 잘 알다, 익히 알다, 숙지하다
(반) 生疏 생소하다, 낯설다

这个地方我们非常熟悉, 不用担心会迷路。
이 지역 지리는 내가 잘 알고 있으니까 길 잃어버릴 염려 없어.

> **보카활용포인트**
> (1) "熟悉"는 "아주 잘 알다, 상세히 알다"는 뜻의 심리 활동동사로, "很, 非常"등 정도부사의 수식을 받을 수 있음 : 很熟悉(情况 상황/ 那个人 그사람 / 工作 일 / 各项业务 각각의 업무 / 周围的环境 주위환경/ 这里的地形 이곳의 지형 / 学习方法 학습방법 / 操作方法 조작방법 / 他的笔迹 그의 필적…)
> (2) "익숙하게(숙련되게) 글을 쓰다"는 뜻인 경우에는 "熟悉"를 쓸 수 없고, "熟练"을 써야 함 :
> 我现在很熟练地用日语写文章了。
> 나는 지금 아주 숙련되게 일어로 글을 쓴다.

成绩
chéngjì

(명) 성적

这次期中考试, 他的英语成绩有了很大的提高。
그는 이번에 중간고사에서 영어성적이 크게 올랐다.

通知
tōngzhī

(동) 통지하다, 알리다

如果计划改变了, 请马上通知我。
계획이 바뀌시면 언제든지 저에게 알려주시기 바랍니다.

*计划 jìhuà 계획

流利
liúlì

(형) (말이나 글이) 유창하다, 막힘이 없다

他能像中国人那样说一口流利的汉语。
그는 중국인처럼 유창한 중국어를 구사할 수 있어요.

<table>
<tbody></tbody>
</table>

22급 4급	**优秀** yōuxiù	

(형) (품행, 성적, 학문 등이) 우수하다, 뛰어나다

他不但成绩优秀, 而且非常有礼貌。

그는 성적이 우수한데다 예의도 바르다.

(2) 교육과 학습 Ⅱ

☐	**基础** jīchǔ	기초	☐ **毕业** bìyè	졸업하다
☐	**内容** nèiróng	내용	☐ **留学** liúxué	유학하다
☐	**方面** fāngmiàn	방면	☐ **申请** shēnqǐng	신청하다
☐	**方法** fāngfǎ	방법	☐ **报名** bàomíng	(시험에) 신청하다
☐	**范围** fànwéi	범위	☐ **寒假** hánjià	겨울방학
☐	**答案** dá'àn	답안, 해답	☐ **暑假** shǔjià	여름방학
☐	**教育** jiàoyù	교육하다	☐ **放 暑假** fàng shǔjià	여름방학하다
☐	**复习** fùxí	복습하다	☐ **词典** cídiǎn	사전
☐	**预习** yùxí	예습하다	☐ **语法** yǔfǎ	어법, 문법
☐	**阅读** yuèdú	열독하다	☐ **页** yè	페이지, 쪽

01급 4급	**基础** jīchǔ	

(명) 기초

如果想成为有名的运动员, 你必须打下良好的基础。

유명한 운동선수가 되고 싶으면 너는 기초를 잘 다져놓아야 한다.

> **보카 활용포인트**
>
> 打下良好的基础 기초를 잘 닦다 / 巩固基础 기초를 튼튼히 하다 / 基础巩固 기초가 튼튼하다 / 学习基础知识 기초 지식을 배우다

内容
nèiróng

(명) 내용

这本教材的内容非常充实，很受学生们的欢迎。

이 교재는 내용이 충실해서 학생들에게도 인기가 많다.

 方面
fāngmiàn

(명) 방면, 면

张老师在教数学方面很有一手。

장선생님은 수학을 가르치는 방면에서 아주 뛰어나시다.

*有一手 yǒu yī shǒu　수완이 있다, 특기가 있다, 뛰어나다

> **보카활용포인트**
>
> 一方面~, (另) 一方面…。 한편으로 ~하고, 또 한편으로는 …하다
> 我打算下个月到北京去留学, 一方面, 我要学习汉语, 另一方面见中国朋友聊天。
> 나는 다음달에 북경에 유학 갈 예정인데, 한편으로 나는 중국어를 배우고, 또 다른 한편으로 중국 친구를 만나 이야기를 하려고 한다.

 方法
fāngfǎ

(명) 방법

她有与别人不同的学习方法。

그녀는 남다른 학습방법을 가지고 있다.

> **보카활용포인트**
>
> (1) "方法"는 "일을 진행하거나 문제를 해결하기 위해 취하는 방법, 수단, 대책"을 뜻하고, 주로 "행동하는 면"에서의 방법을 말함.
> : (学习 학습 / 工作 일하는 / 管理 관리 / 解决问题的 문제를 해결하는/ 练习 연습 / 复习 복습 / 教学 교학) 方法
> 注意改进学习方法 학습방법을 주의해서 개선하다 /
> 掌握了写作方法 글을 쓰는 방법을 익히다
> (2) ① "방법을 생각하다"는 뜻인 경우 "办法"를 써야 함. : 想办法 방법을 생각하다 / 想出来办法 방법을 생각해 내다 / 想出了个好方法 좋은 방법을 한 가지 생각해 냈다.
> ② "방법이 있다" 또는 "방법이 없다"라고 쓰는 경우 "办法"를 써야 함. : (很)有办法 / 没有办法 생각해 낸 방법
> (3) "方式"는 "말하거나 일을 할 때 취하는 방법과 형식"을 뜻하고, "方法"와 비슷하게 쓰이지만, "생활방식", "생산 방식"이라고 하는 경우에는 "方式"를 써야 함.

: (生活 생활 / 生产 생산 / 说话 말하는) 方式
中国人的生活方式和美国人很不一样。
중국인의 생활 방식은 미국인과 매우 다르다.
(经营 경영/ 管理 관리)方式

05
4급 范围
fànwéi

(명) 범위

她活动范围非常广。
그녀는 활동 범위는 매우 넓다.

06
4급 答案
dá'àn

(명) 답안, 해답

这个问题可真难! 现在告诉我正确答案吧。
이 문제가 정말 어렵네요. 이제 정답을 알려주세요.

07
4급 教育
jiàoyù

(동) 교육하다

从小妈妈就教育我, 要经常帮助他人。
어렸을 때부터 엄마는 나에게 다른 사람들을 자주 도와야
한다고 교육하셨다.

08
4급 复习
fùxí

(동) 복습하다

如果你不想忘记你以前所学过的知识,
那么你就应该每天复习。
만약 배운 지식을 잊지 않으려면 너는 매일 복습해야 한다.

09
4급 预习
yùxí

(동) 예습하다

我们每天要预习课本, 这样更容易接受
第二天要学的东西。
우리는 매일 교과서를 복습해야 한다. 그래야 다음날 배울
내용을 쉽게 이해할 수 있다.

*接受 jiēshòu 받아들이다, 수락하다, 받다

10
4급 阅读
yuèdú

(동) 읽다, 열독하다

新HSK考试中, 我的阅读分数最高。
나는 신hsk에서 독해파트가 점수가 가장 좋다.

*分数 fēnshù 점수

 毕业
biyè

(동) 졸업하다　(반) 入学 입학하다

马上就要毕业了，可是我还没找到工作，心里很不安。

이제 곧 졸업인데, 취업을 못해서 마음이 불안하다.

 留学
liúxué

(동) 유학하다

我希望到美国去留学。

나는 미국에 유학가고 싶다.

 申请
shēnqǐng

(동) 신청하다

幸亏我的英语成绩很好，所以这次申请到了奖学金。

다행히 영어 성적이 좋아서 이번에 장학금을 신청했다.

*幸亏 xìngkuī 다행히
*奖学金 jiǎngxuéjīn 장학금

报名
bàomíng

(동) (시험에) 신청하다, 지원하다, (학원을) 등록하다

虽然这次考试我报了名，但是考试那天我没去。

시험은 신청했는데 시험 당일에 시험 치러 가지 않았다.

为了准备新HSK考试，我在培训班报了名。

신 HSK 시험 준비를 위해 학원을 등록했다.

*培训班 péixùnbān 학원, 집중 양성반

> **보카 활용포인트**
>
> (1) "报名"은 자기의 이름을 관계부처나 주관하는 사람, 단체에 보고하여 어떤 활동이나 단체에 참가하기를 원하는 것을 표시함. : 报名(考试 시험, 培训班 학원 = 补习班 .....)
> 想报名参加足球赛 축구시합에 신청해서 참가하고 싶다

(2) "관련 사항을 특별히 준비한 기록부 상에 써서 필요할 때 열람할 수 있도록 구비해 놓도록 기록하는 것"을 뜻하며, 주로 법률상의 수속을 말하는 경우에는 "登记 dēngjì (등록하다, 등기하다, 신고하다)"를 씀
: 结婚登记 혼인신고 / 户口登记 호적신고 / 住宿登记 거주지 등록, 거주지 신고
登记(财产 재산 / 各种车辆 각종 차량)
(3) "관련 기관, 단체, 학교에서 등록하다"는 뜻인 경우에는 "注册 zhùcè"를 씀. : 注册这个学期 이 번학기를 등록하다 / 注册商标 상표를 등록하다
在管理监督局注册药品 관리 감독국에서 약품을 등록하다

15
4급

寒假
hánjià

(명) 겨울방학

这次寒假，我打算到气候比较温暖的国家去旅行。

이번 겨울 방학에는 따뜻한 나라로 여행을 갈 계획이다.

16
4급

暑假
shǔjià

(명) 여름방학

期末考试一结束，暑假就开始了。

기말고사가 끝나자마자 여름방학이 시작되었다.

17
4급

放 暑假
fàng shǔjià

(동) 여름방학하다

我们学校已经放暑假了，你们学校什么时候放假呀?

우리학교는 이미 여름방학을 했는데, 너희 학교는 언제 방학 하니?

18
4급

词典
cídiǎn

(명) 사전

现在，学生们经常使用电子词典或网络词典。

요즘은 학생들은 전자사전이나 인터넷 사전을 많이 사용한다.

---

19 4급 **语法** yǔfǎ	**(명)** 어법, 문법 **我能明白你写的句子是什么意思，但是 语法错了。** 너가 쓴 이 문장이 무슨 뜻인지는 알겠는데, 문법적으로는 틀렸어.
20 4급 **页** yè	**(명)** (책 등의) 페이지, 쪽 **请把书翻到第50页，读第一段。** 50쪽을 펴서 첫 번째 단락을 읽으세요. *翻 fān (책을) 펴다

(1) 교육과 학습 I

☐ 学术 xuéshù	학술	☐ 作品 zuòpǐn	작품
☐ 古典 gǔdiǎn	고전	☐ 领域 lǐngyù	분야, 영역
☐ 经典 jīngdiǎn	경전	☐ 题目 tímù	제목
☐ 哲学 zhéxué	철학	☐ 提纲 tígāng	대강
☐ 文学 wénxué	문학	☐ 阶段 jiēduàn	단계
☐ 物理 wùlǐ	물리(학)	☐ 概念 gàiniàn	개념
☐ 历史 lìshǐ	역사	☐ 项目 xiàngmù	항목
☐ 神话 shénhuà	신화	☐ 目标 mùbiāo	목표
☐ 化学 huàxué	화학	☐ 程度 chéngdù	수준, 정도
☐ 学问 xuéwen	학문	☐ 成语 chéngyǔ	성어
☐ 真理 zhēnlǐ	진리	☐ 讲座 jiǎngzuò	강의
☐ 理论 lǐlùn	이론	☐ 话题 huàtí	이야기 거리
☐ 论文 lùnwén	논문	☐ 学期 xuéqī	학기
☐ 美术 měishù	미술, 그림, 회화	☐ 课程 kèchéng	커리큘럼
☐ 诗 shī	시, 시가	☐ 逻辑 luójí	논리, 로직
☐ 作文 zuòwén	작문	☐ 系 xì	학과

---

01 5급 学术
xuéshù

(명) 학술

这一论文的发表，给学术界带来了新的
希望。

이 논문의 발표는 학술계에 새로운 희망을 가져다 주었다.

---

02 5급 古典
gǔdiǎn

(명) 고전

我深深陶醉在中国古典文学作品里。

나는 중국의 고전문학 작품에 깊이 도취되었다.

*陶醉 táozuì 도취하다

03 5급	**经典** jīngdiǎn	**(명) 경전** 这篇文章是儒家经典里的代表作。 이 글은 유가경전의 대표작이다.

04 5급	**哲学** zhéxué	**(명) 철학** 他是一个19世纪著名的哲学家。 그는 19세기의 유명한 철학가이다.

05 5급	**文学** wénxué	**(명) 문학** 在文学的世界里，我得到了极大地满足。 나는 문학의 세계에서 커다란 만족을 얻었다.

06 5급	**物理** wùlǐ	**(명) 물리(학), 만물의 이치 (내적 법칙)** 他利用自己丰富的物理知识解决了一个难题。 그는 자신의 풍부한 물리 지식을 이용하여 어려운 문제 하나를 해결하였다.

07 5급	**历史** lìshǐ	**(명) 역사** 许许多多的小人物没有在历史的长河中留下姓名。 수많은 평범한 인물들은 역사의 긴 강물에 이름을 남기지 못했다.

08 5급	**神话** shénhuà	**(명) 신화** 我非常喜欢读关于古典神话的书。 나는 고전 신화에 관한 책 읽는 것을 매우 좋아한다.

09 5급	**化学** huàxué	**(명) 화학** 他正在在学校的化学实验室里做实验。 그는 학교의 화학실험실에서 실험을 하는 중이다.

| 10 5급 | 学问
xuéwen | (명) 학문, 학식, 지식
他总是装作自己很有学问的样子。
그는 항상 자기 학문이 대단한 것처럼 행세한다. |

| 11 5급 | 真理
zhēnlǐ | (명) 진리
通过这次的失败，我才知道他说的话确
实是真理。
이 실패를 통해서 나는 비로소 그가 한 말이 확실한 진리라
는 것을 알게 되었다. |

| 12 5급 | 理论
lǐlùn | (명) 이론 (반) 实际 실제(의) / 实践 실천(하다)
你的这些理论在我这里是行不通的。
너의 이런 이론들은 내가 있는 이곳에서는 통하지 않는다. |

| 13 5급 | 论文
lùnwén | (명) 논문
为了准备毕业论文，他实地考察了近三
个月。
졸업논문을 준비하기 위해서 그는 거의 3개월 동안 현장조
사를 하였다.

*实地考察 shídìkǎochá 현장 조사하다. |

| 14 5급 | 美术
měishù | (명) 미술, 그림, 회화
在美术界，他的大名几乎无人不知。
미술계에서 그의 명성은 거의 모르는 사람이 없다. |

| 15 5급 | 诗
shī | (명) 시, 시가
这位诗人流传下来的诗大概有两千多首。
이 시인이 남긴 시는 대략 2천여 수가 된다. |

| 16 5급 | 作文
zuòwén | (명) 작문
他的作文每次都会得到老师的称赞。
거의 작문은 매번 선생님의 칭찬을 받는다. |

作品
zuòpǐn

(명) 작품

这件是他用了两年时间才完成的作品。
이것은 그가 2년에 걸쳐 완성한 작품이다.

领域
lǐngyù

(명) ① (학술, 사상 범위로서의) 분야, 영역
② 영역 [국가가 주권을 행사할 수 있는 구역을 말함]

在自然科学领域内，没有人能比得上他的成就 。
자연과학 분야에서, 그의 업적과 비교될 수 있는 사람은 없다.

一旦进入中国的领域，就应该遵守中国的法律。
일단 중국의 영역에 들어온 이상, 당연히 중국의 법률을 준수해야 한다.

题目
tímù

(명) ① 제목, 표제, 테마 ② (연습, 시험 따위의) 문제

这次演讲的题目我还没有定下来。
나는 아직 이번 강연의 제목을 정하지 못했다.

这次考试的题目实在是太难了，我肯定不及格。
이번 시험문제는 정말 어려워서, 나는 분명히 합격 못할 거야.

提纲
tígāng

(명) 대강, 개요

为了能够顺利通过考试，老师帮我们整理了提纲。
순조롭게 시험을 통과하기 위해서, 선생님께서 우리가 개요를 정리하는 것을 도와주셨다.

| 21 5급 | **阶段**
jiēduàn | **(명)** 단계, 계단
计划已经进入了决定性的阶段，我们不能放弃。
계획은 이미 결정적인 단계에 들어섰으므로, 우리는 포기할 수 없다. |

| 22 5급 | **概念**
gàiniàn | **(명)** 개념
全球变暖这一概念已经深入人心。
지구의 온난화라는 개념은 이미 사람들의 마음속에 깊이 파고들었다. |

| 23 5급 | **项目**
xiàngmù | **(명)** 항목, 사항, 과제, 프로젝트, 사업
这次的合作项目只能成功，不能失败。
이번의 합작 프로젝트는 성공할 수 밖에 없고, 실패할 리가 없다. |

| 24 5급 | **目标**
mùbiāo | **(명)** 목표
为了完成公司的目标，全体人员都在加班。
회사의 목표를 달성하기 위해서 모든 인원이 다 야근을 하고 있다. |

| 25 5급 | **程度**
chéngdù | **(명)** 수준, 정도
天气虽然冷，但是还没有到不能出门的程度。
날씨가 춥기는 하지만, 아직 외출하지 못할 정도는 아니다. |

| 26 5급 | **成语**
chéngyǔ | **(명)** 성어, 관용어, 속담
成语是中国语言文化中的瑰宝。
성어는 중국 언어 문화의 보배이다.

*瑰宝 guībǎo 진귀한 보물, 보배 |

5급 신HSK VOCA

27 5급 讲座 jiǎngzuò

(명) 강의, 강좌, 연설

这次关于国际政治形势的讲座非常精彩。
이번 국제정치 상황에 대한 강의는 매우 훌륭하다

*精彩 jīngcǎi 뛰어나다. 훌륭하다. 근사하다. 멋지다.

28 5급 话题 huàtí

(명) 이야깃거리, 화제

和朋友们在一起, 永远有聊不完的话题。
친구들과 함께 있으면 끝도 없이 이야깃거리가 생겨난다.

29 5급 学期 xuéqī

(명) 학기

这学期的课很少, 所以大家都感到很轻松。
이번 학기의 수업은 매우 적어서 모두들 수월하게 느꼈다.

30 5급 课程 kèchéng

(명) (교육) 과정, 커리큘럼, 수업과목, 교과목

进入大学后, 学生们可以根据自己的爱好选择课程。
대학에 입학한 후에 학생들은 자신의 기호에 따라 수업을 선택할 수 있다.

31 5급 逻辑 luójí

(명) 논리, 로직

他这个人的逻辑总是与别人不同。
그는 논리가 항상 다른 사람들이랑 다르단 말이야.

32 5급 系 xì

(명) ① 계통, 계열 ② 학과

地球只是太阳系的一颗小行星。
지구는 단지 태양계의 소행성일 뿐이다.

他进入汉语系学习快到一年了。
그는 중국어과에 입학해서 공부한지 곧 1년이 다 되어간다.

(2) 교육과 학습 Ⅱ

☐	班 bān	반	☐	声调 shēngdiào	말투, 톤
☐	班主任 bānzhǔrèn	학급 담임	☐	录音 lùyīn	녹음(하다)
☐	本科 běnkē	본과	☐	意义 yìyì	뜻, 의미
☐	初级 chūjí	초급	☐	核心 héxīn	핵심, 중심
☐	教材 jiàocái	교재	☐	叙述 xùshù	진술(하다)
☐	册 cè	책(자)	☐	提问 tíwèn	질문(하다)
☐	卷 juàn	시험 답안지	☐	辅导 fǔdǎo	개인지도하다
☐	单元 dānyuán	단원	☐	教练 jiàoliàn	코치
☐	记录 jìlù	기록(하다)	☐	教训 jiàoxun	교훈
☐	标点 biāodiǎn	구두점(을 찍다)	☐	发言 fāyán	발언(하다)
☐	试卷 shìjuàn	시험지, 시험 답안	☐	念 niàn	(소리 내어) 읽다
☐	实验 shíyàn	실험(하다)	☐	描写 miáoxiě	묘사(하다)
☐	功夫 gōngfu	노력	☐	省略 shěnglüè	생략(하다)
☐	及格 jígé	(시험에) 합격하다	☐	删除 shānchú	삭제하다
☐	录取 lùqǔ	시험을 보아서 뽑다	☐	抄 chāo	베끼다, 베껴 쓰다
☐	概括 gàikuò	개괄(하다)	☐	体会 tǐhuì	체득(하다)
☐	志愿者 zhìyuànzhě	지원자	☐	宿舍 sùshè	숙사, 기숙사
☐	测验 cèyàn	시험(하다)	☐	橡皮 xiàngpí	(고무) 지우개
☐	语气 yǔqì	말투, 어투	☐	幼儿园 yòuéryuán	유치원, 유아원

5급 신HSK VOCA

---

01 5급 **班**

(명) 반, 조, 단체, 그룹

班里的大小事务都由他一个人来承担。
반의 크고 작은 업무들은 그 혼자서 담당하고 있다.

*承担 chéngdān 맡다, 담당하다, 책임지다.

02 5급 **班主任**
bānzhǔrèn

(명) 학급 담임

班主任和学生们有很深的感情。

학급 담임과 학생들은 깊은 애정이 있다.

*感情 gǎnqíng 감정, 정, 애정, 친근감

---

03 5급 **本科**
běnkē

(명) ① (학교의) 본과   ② (학교의) 주요 학과목

他用自己的钱念完了大学本科。

그는 자신의 돈으로 대학 본과 공부를 모두 마쳤다.

---

04 5급 **初级**
chūjí

(명) 초급

他在学校担任初级汉语老师。

그는 학교에서 초급 중국어 선생님을 담당하고 있다.

*担任 dānrèn 맡다, 담임하다, 담당하다

---

05 5급 **教材**
jiàocái

(명) 교재

这本教材已经用了十年了，该换新的了。

이 교재는 이미 10년 동안 사용하고 있는데, 새로운 것으로 교체할 때가 되었다.

---

06 5급 **册**
cè

(명) 책(자), 간책, 수첩

学校给每位毕业生发了一本毕业纪念册。

학교는 모든 졸업생에게 졸업 기념 책자를 증정했다.

---

07 5급 **卷**
juàn

(명) ① 책, 서적   ② 시험 답안지, 해답지

这部书共有12卷。 이 책은 모두 12권이다.

这次考试他又交了白卷。

이 시험에서 그는 또 백지를 냈다.

---

08 5급 **单元**
dānyuán

(명) ① 단원   ② (교재,건물 등에서) 스스로 형성된 단락, 계통, 단원

这本教材一共分五个单元。

이 교재는 모두 5개 단원으로 나누어져 있다.

记录
jìlù

(명/동) 기록(하다)

他用照相机记录了这一激动人心的历史时刻。

그는 카메라로 사람의 마음을 감동시키는 이 역사적인 순간을 기록했다.

*激动 jīdòng (감정을) 불러일으키다. 감동시키다, 감격시키다.

标点
biāodiǎn

(명/동) 구두점(을 찍다)

写文章的时候, 千万不能乱用标点符号。

글을 쓸 때 절대로 구두점을 함부로 사용해서는 안됩니다.

试卷
shìjuàn

(명) 시험지, 시험 답안

请把姓名写在试卷的上面。

이름을 시험지 위에 쓰세요.

实验
shíyàn

(동/명) 실험(하다)

在经历了无数次的失败之后, 他的实验终于成功了。

무수히 많은 실패를 겪은 후에, 그의 실험은 마침내 성공하였다.

功夫
gōngfu

(명) ① 노력 ② (투자한) 시간 (= 工夫)

为了这次面试, 他下了很大工夫。

이번 면접을 위해서 그는 많은 노력을 했다.

他用了三天功夫就完成了所有的任务。

그는 3일 동안 모든 임무를 완성했다.

及格
jígé

(동) (시험에) 합격하다

这次考试他又没及格。

이번 시험에 그는 또 합격하지 못했다.

15
5급
录取
lùqǔ

(동) (입학시험 등의 합격자를) 선택하여 받아들이다, 시험을 보아서 뽑다

他被名牌大学录取了。
그는 명문대학에 합격했다. (명문대학에서 그를 뽑았다)

16
5급
概括
gàikuò

(동/명) 개괄(하다), 총괄하다, (간단하게) 요약(하다)

请概括一下这篇文章的中心思想。
이 글의 중심사상을 요약해 주세요.

17
5급
志愿者
zhìyuànzhě

(명) 지원자

我曾经作为志愿者到偏僻的山区当过一年老师。
나는 스스로 자원해서 외진 산간 지역으로 가서 일 년 동안 선생님을 한 적이 있다.

18
5급
测验
cèyàn

(동/명) ① 시험(하다), 테스트(하다) ② 기계 또는 다른 방법으로 측정 검사하다

这只是一次小测验，不必那么紧张。
이것은 가벼운 테스트일 뿐이니까, 그렇게 긴장할 필요까지는 없어.

汽车出厂前一定要做好各项测验。
자동차가 출고되기 전에 반드시 각종 검사를 마쳐야 한다.

19
5급
语气
yǔqì

(명) ① 말투, 어투 ② 어기 [진술, 의문, 명령, 감탄 등의 구별을 나타내는 문법의 범주]

听他的语气，好像正在生气。
그의 말투를 들어보니 마치 화가 난 것 같다.

今天我们学习了陈述语气的用法。
오늘 우리들은 어기를 진술하는 용법을 공부했다.

20
5급

声调
shēngdiào

(명) 말투, 톤, 어조, 목소리, 음색, 음조

许多外国人都觉得汉语的声调特别难。

많은 외국인들은 모두 중국어의 성조가 특히 어렵다고 느낀다.

21
5급

录音
lùyīn

(동/명) 녹음(하다), 취입(하다)

我每天都跟着录音读几遍课文。

나는 매일 녹음기를 따라 본문을 몇 번 읽는다.

22
5급

意义
yìyì

(명) 뜻, 의미, 의의, 가치

这两个词的读音相同, 但是意义不同。

이 두 개 단어의 독음은 같지만, 의미가 다르다.

23
5급

核心
héxīn

(명) ① 주요 부분, 핵심, 중심
② (과일의 속에 있는) 씨

他是解决这个问题的核心人物。

그는 이 문제를 해결한 핵심인물이다.

水果的核心是可以吃的。

과일의 씨는 먹을 수 있다.

24
5급

叙述
xùshù

(동/명) 진술(하다), 서술(하다), 설명(하다)

他平静地叙述着自己所经历的一切。

그는 침착하게 자신이 겪은 모든 것을 설명하고 있다.

25
5급

提问
tíwèn

(동/명) 질문(하다) [주로 교사가 학생에게 묻는 것을
말함]

每次有同学向她提问, 她都会非常详细
地回答。

매 번 학생이 그녀에게 질문을 할 때마다, 그녀는 아주 상세
하게 대답을 한다.

5급 신HSK VOCA

26 5급	**辅导** fǔdǎo	**(동)** (학습. 훈련 등을) 도우며 지도하다, 개인지 도하다 经过半年的课外辅导，他的英语水平有 了很大的进步。 6개월 동안 과외 지도를 받고 나서, 그의 영어수준은 크게 향상 되었다.
27 5급	**教练** jiàoliàn	**(명)** 코치 在训练场上，教练总是很严肃。 훈련장에서 코치는 늘 엄숙하다.
28 5급	**教训** jiàoxun	**(명)** 교훈 **(동)** 훈계하다, 타이르다, 꾸짖다 我这样做，就是想让他吸取教训。 내가 이렇게 하는 것은 그가 교훈을 받아들이게 하고 싶어 서이다. *吸取 xīqǔ (교훈이나 경험을) 받아들이다. 얻다.
29 5급	**发言** fāyán	**(명/동)** 발언(하다) 课上，这位同学的发言十分精彩。 수업 중에 이 학생의 발언은 매우 훌륭했다.
30 5급	**念** niàn	**(동/명)** ① (소리 내어) 읽다, 낭독(낭송)하다 (= 朗 读 lǎngdú) ② 공부하다 ③ 생각(하다), 마 음에 두다, 염두(에 두다), 그리워하다, 사 모하다 他每天早上都要念一个小时英文。 그는 매일 아침 한 시간 동안 영어를 소리 내서 읽는다. 他的三个弟弟现在都在念大学。 그의 동생 세 명은 모두 지금 대학에서 공부하고 있다. 即使我们分开了，我也会永远念你。 비록 우리가 헤어지지만, 나는 너를 영원히 그리워 할 거야.

| 31
5급 | 描写
miáo xiě | (동/명) (글, 그림 등에서) 묘사(하다)

这片文章中的对话描写得非常精彩。
이 글 속의 대화 묘사는 매우 훌륭하다. |

| 32
5급 | 省略
shěnglüè | (동/명) 생략(하다)

现在很多过春节的传统都被省略了。
현재 설을 지내는 전통 중에서 많은 부분이 생략되었다. |

| 33
5급 | 删除
shānchú | (동) 삭제하다, 지우다, 빼버리다
(반) 补充, 增补 보충하다

他要将那个人从心里彻底删除。
그는 마음에서 그 사람을 완전히 지워버리려고 한다. |

| 34
5급 | 抄
chāo | (동) (원고, 문서, 단어, 문제, 노래 등을) 베끼다,
베껴서 쓰다

老师经常用抄生词的方式惩罚学生。
선생님은 늘 단어를 베껴 쓰게 하는 방식으로 학생들에게
벌을 준다. |

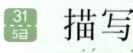

| 35
5급 | 体会
tǐhuì | (동/명) 체득(하다), 직접 체험하여 깨닫다,
이해(하다)

你的痛苦和伤心，我完全体会得到。
나는 너의 고통과 상처를 나는 모두 이해할 수 있다. |

| 36
5급 | 宿舍
sùshè | (명) 숙사, 기숙사

从放学以后，他就一直在宿舍。
하교 후에 그는 줄곧 기숙사에 있다. |

| 37
5급 | 橡皮
xiàngpí | (명) (고무) 지우개

我真希望有一块橡皮能擦掉所有不开
心的回忆。
나는 정말 모든 안 좋은 추억들을 지울 수 있는 지우개가 있
었으면 좋겠다. |

幼儿园
yòuéryuán

(명) 유치원, 유아원

孩子在他的新幼儿园中发展很好。
아이는 그의 새로운 유치원에서 잘 성장했다.

(1) 사회생활 Ⅰ

소개, 인사, 안부

☐	名字 míngzi	이름	☐	可以 kěyǐ	그런대로 괜찮다
☐	姓名 xìngmíng	성명	☐	介绍 jièshào	소개하다
☐	姓 xìng	성이 …이다	☐	告诉 gàosu	알리다, 말하다
☐	叫 jiào	(이름) ~라고 부르다			

01
3급
名字
míngzi

(명) 이름

请您写一下您的名字和电话。
당신의 이름과 전화번호를 써 주세요.

02
3급
姓名
xìngmíng

(명) 성명, 이름

请问您的姓名? 성함이 어떻게 되시죠?

03
3급
姓
xìng

(동) 성이 ~이다

我姓张, 您贵姓? 저는 성이 장씨인데, 당신은요?

04
3급
叫
jiào

(동) (이름이나 호칭을) ~라고 부르다

那个人叫什么? 그 사람을 뭐라고 불러야 되나요?

05
3급
可以
kěyǐ

(형) 좋다, 그런대로 괜찮다

最近身体还可以吧? 요즘 건강하시죠?

06
3급
介绍
jièshào

(동) 소개하다

我向你介绍一下中国的风俗习惯吧。
제가 당신께 중국의 풍속과 관습을 소개해 드릴게요.

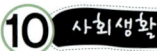

07
3급
告诉
gàosu

(동) 알리다, 말하다

有什么事情的话就快点告诉我。

무슨 일이 있으면 나에게 빨리 알려줘.

*事情 shìqing 일, 사건
*~的话 de huà ~ 하다면

 감사 사과 축하 부탁 요청

☐ 生日 shēngrì	생일		☐ 表示 biǎoshì	표시하다
☐ 祝 zhù	축원하다		☐ 节日 jié rì	명절
☐ 祝贺 zhùhè	축하하다		☐ 谢谢 xièxie	감사하다
☐ 礼物 lǐwù	선물		☐ 对不起 duìbuqǐ	미안하다
☐ 送 sòng	보내다		☐ 没关系 méi guānxi	괜찮아요
☐ 给 gěi	(~에게 …을) 주다		☐ 再见 zàijiàn	또 만나자

01
3급
生日
shēngrì

(명) 생일

祝你生日快乐。생일 축하합니다.

02
3급
祝
zhù

(동) 축원하다, 기원하다

祝你走运。행운이 있길 바래.

*走运 zǒuyùn 행운을 만나다, 운이 좋다

03
3급
祝贺
zhùhè

(동) 축하하다

我生日的时候, 朋友送我卡片为我祝贺。

내 생일 때, 친구들이 카드로 축하해 주었다.

04
3급
礼物
lǐwù

(명) 선물

情人节的时候要送给她什么礼物呢?

발렌타인데이에 그녀에게 무슨 선물을 해야하니?

*情人节 qíngrénjié 발렌타인데이

05 3급 送 sòng
(동) 보내다, 선물하다
结婚纪念日的时候, 爸爸送了妈妈玫瑰。
결혼기념일에 아빠가 엄마에게 장미꽃을 보내셨다.

*纪念日 jìniànrì 기념일
*玫瑰 méigui 장미

06 3급 给 gěi
(동) (〜에게 〜을) 주다
他现在不在, 你给他留个言吧。
그가 지금 없으니, 그에게 메모를 남겨주세요.

*留言 liúyán 메모를 남기다, 메시지를 남기다

07 3급 表示 biǎoshì
(동) 나타내다, 표시하다
我的中国朋友对我来北京表示热烈欢迎。
나의 중국친구가 내가 북경에 온 것에 대해 열렬하게 환영을 표시했다.

08 3급 节日 jiérì
(명) 명절
中国最大的节日就是春节。
중국의 가장 큰 명절은 설이다.

09 3급 谢谢 xièxie
(동) 감사하다
谢谢您的好意。 당신의 호의에 감사합니다.

*好意 hǎoyì 호의, 선의

10 3급 对不起 duìbuqǐ
(동) 미안하다
对不起, 让你久等了。
오래 기다리게해서 죄송해요.

11 3급 没关系 méi guānxi
(동) 괜찮다, 문제없다
没关系, 我自己来做。
괜찮아요, 제가 혼자서 할게요.

12 **3급**	再见 zàijiàn	(동) 또 만나자, 안녕히 계십시오

再见。 안녕.

 부탁, 판단, 요청

☐ 是 shì	…이다		☐ 完 wán	끝내다, 마치다
☐ 在 zài	…에 있다		☐ 完成 wánchéng	완성하다
☐ 希望 xīwàng	희망하다		☐ 要求 yāoqiú	요구하다
☐ 等 děng	기다리다		☐ 决定 juédìng	결정(하다)
☐ 接 jiē	마중하다		☐ 同意 tóngyì	동의하다
☐ 信 xìn	편지		☐ 愿意 yuànyì	바라다, 원하다
☐ 习惯 xíguàn	습관(이 되다)		☐ 遇到 yùdào	우연히 만나다
☐ 关系 guānxi	관계		☐ 做 zuò	하다, 만들다
☐ 兴趣 xìngqù	흥미		☐ 出现 chūxiàn	나타나다
☐ 知道 zhīdào	알다		☐ 见面 jiànmiàn	만나다
☐ 需要 xūyào	필요하다			

01 **3급**	是 shì	(동) …이다

我的位置在这里，你的位置是在那边，快去坐坐。
이쪽은 내 자리이고, 저쪽은 네 자리이니 빨리 앉아라.

02 **3급**	在 zài	(동) …에 있다

张老师不是在图书馆，就是在教室。
장선생님은 도서관에 계시지 않고, 교실에 계신다.

03 **3급**	希望 xīwàng	(동) 바라다, 희망하다

我希望这次HSK考试能取得好成绩。
나는 네가 이번 시험에서 좋은 성적을 받기를 바란다.

 等
dĕng

(동) 기다리다

她差不多等了三个小时。

그녀는 거의 3시간을 기다렸다.

 接
jiē

(동) 마중하다

我坐出租车去机场接朋友。

나는 친구를 마중하러 택시타고 공항에 갔다.

信
xìn

(명) 편지

你能帮我寄一下这个信吗?

제가 이 편지를 부치는 것 좀 도와주실 수 있어요?

 习惯
xíguàn

(명/동) 습관(이 되다), 익숙해지다

我已经改掉了睡懒觉的坏习惯。

나는 이미 늦잠자는 나쁜 습관을 고쳤어요.

 关系
guānxi

(명) 관계, 사이

你不知道他们是爱人关系吗?

당신은 그들이 부부사이인 것을 아세요?

*爱人 àirén 남편 혹은 아내

 兴趣
xìngqù

(명) 흥미, 재미, 관심

我既没有时间也没有兴趣, 不做了。

나는 시간도 없고 관심도 없어서 안하겠다.

*既A 也B A하기도 하고 B하기도 하다

 知道
zhīdào

(동) 알다

一看他的脸色, 我就知道有了好消息。

그의 안색을 보자마자 나는 좋은 소식이 있다는 것을 알았다.

*脸色 liǎnsè 안색
*一A, 就B A 하자마자 B 하다

11
3급

需要
xūyào

(명/동) 필요(하다) / 수요, 욕구

学习汉语需要很大的努力。

중국어를 학습하는 데는 많은 노력이 필요하다.

12
3급

完
wán

(동) 끝내다, 마치다

这种事情很简单, 两个小时就可以完。

이런 일은 간단해서 두 시간이면 바로 끝낼 수 있다.

13
3급

完成
wánchéng

(동) 완성하다, 마치다

你完成了这么难的作业吗?

너 이렇게 어려운 숙제를 다 끝냈니?

*作业 zuòyè 숙제

14
3급

要求
yāoqiú

(명/동) 요구(하다)

我能满足你们的要求。

나는 너희들의 요구하는 것을 만족시킬 수 있다.

*满足 mǎnzú 만족시키다

15
3급

决定
juédìng

(명/동) 결정(하다)

我决定去北京大学留学。

나는 북경대학으로 유학가기로 결정했다.

16
3급

同意
tóngyì

(동) 동의하다   **반** 反对 반대하다

这件事情他不会同意的。

이 일을 그가 동의하지 않을 것이다.

17
3급

愿意
yuànyì

(동) 바라다, 원하다

你愿意去哪个公司上班?

너는 어떤 회사에서 일하기를 원하니?

| 18
3급 | 遇到
yù dào | (동) (길거리 등에서 우연히) 만나다, 마주치다
我在路上遇到了小学同学。
나는 길에서 초등학교 친구를 만났다. |

| 19
3급 | 做
zuò | (동) 하다, 만들다
他说的和做的不一样。
그는 말과 행동이 다르다. |

| 20
3급 | 出现
chūxiàn | (동) 나타나다, 출현하다
雨停了之后，天边出现了彩虹。
비가 그친 후 하늘에 무지개가 나타났다.

*彩虹 cǎihóng 무지개 |

| 21
3급 | 见面
jiàn miàn | (동) 만나다, 대면하다
我们和他有三年没有见面了。
우리는 그와 3년 동안 만나지 못했다. |

(2) 사회생활 Ⅱ

□ 根据 gēnjù	근거하다	□ 举行 jǔxíng	거행하다
□ 文化 wénhuà	문화	□ 办法 bànfǎ	방법
□ 事情 shìqing	일	□ 历史 lìshǐ	역사
□ 世界 shìjiè	세계	□ 变化 biànhuà	변화(하다)
□ 新闻 xīnwén	뉴스	□ 报纸 bàozhǐ	신문
□ 影响 yǐngxiǎng	영향(을 주다)	□ 选择 xuǎnzé	선택하다
□ 有名 yǒumíng	유명하다	□ 故事 gùshi	이야기
□ 自由 zìyóu	자유(롭다)	□ 故乡 gùxiāng	고향
□ 提高 tígāo	향상시키다	□ 机会 jīhuì	기회

01
3급
根据
gēnjù

(동) 근거하다

你根据什么这么说话?
너는 무슨 근거로 이렇게 말하는 거니?

02
3급
文化
wénhuà

(명) 문화

你来韩国之前要多学习韩国文化。
너는 한국에 오기 전에 한국 문화를 많이 공부해야 해.

03
3급
事情
shìqing

(명) 일

我今天要做的事情很多。
내가 오늘 해야 할 일이 너무 많다.

04
3급
世界
shìjiè

(명) 세계

我们不能理解孩子们的世界。
우리는 아이들의 세계를 잘 이해하지 못합니다.

05
3급
新闻
xīnwén

(명) 뉴스

有什么新的新闻吗?   무슨 새로운 뉴스가 있어요?

06
3급
影响
yǐngxiǎng

(동) (주로 좋지 않은) 영향을 주다

喝太多酒会影响身体。
술을 많이 마시면 건강에 안 좋다.

07
3급
有名
yǒumíng

(형) 유명하다

她是在韩国最有名的汉语老师。
그녀는 한국에서 가장 유명한 중국어 선생님이다.

08
3급
自由
zìyóu

(명)(형) 자유(롭다)

学校考试结束以后我们就自由了。
학교시험이 끝나면 우리는 자유로울 수 있다.

提高
tígāo

(동) 향상시키다, 높이다

我现在是高中一年级, 需要提高数学成绩。

나는 지금 고등학교 1학년이라 수학성적을 향상시켜야 한다.

 举行
jǔxíng

(동) 거행하다, 진행하다

会议会在明年的冬天举行。

회의는 내년 겨울에 진행될 것이다.

 办法
bànfǎ

(명) 방법

你有什么解决问题的办法吗?

넌 문제를 해결할 무슨 방법이 있니?

 历史
lìshǐ

(명) 역사

奶奶总是给我讲历史故事。

할머니께서 늘 나에게 역사 이야기를 해주셨어요.

*总是 zǒngshì 늘
*故事 gùshi 이야기, 줄거리

 变化
biànhuà

(명) 변화

今天冬天的天气变化很大。

올 겨울 날씨는 변화가 너무 심하다.

 报纸
bàozhǐ

(명) 신문

不管你多忙, 上班之前看看报纸吧。

당신은 아무리 바쁘더라도 출근하기 전에 신문을 좀 보세요.

*不管 bùguǎn …에 관계없이 …하든지 간에

 选择
xuǎnzé

(동) 선택하다

在韩国的高中里, 选择学习汉语的学生很多。

한국의 고등학교에는 중국어 교과를 선택한 학생이 많다.

故事
gùshi

(명) 이야기

我对中国的故事很感兴趣。

난 중국 이야기에 대해서 흥미가 있다.

 故乡
gùxiāng

(명) 고향

我离开家乡已经五年了，今年一定要回去看一看。

나는 고향을 떠난지 벌써 5년이 되었는데, 올해는 꼭 가 보려고 한다.

 机会
jī huì

(명) 기회

如果能给我一次机会，我一定会努力做的。

저에게 기회를 주시면 열심히 해보겠습니다

*如果 rúguǒ 만약 ~ 하면

(3) 사회생활 Ⅲ

☐ 声音 shēngyīn	(목)소리	☐ 站 zhàn	(일어)서다
☐ 相同 xiāngtóng	(똑)같다	☐ 发现 fāxiàn	발견하다
☐ 用 yòng	쓰다	☐ 打算 dǎsuan	~하려고 하다
☐ 使用 shǐyòng	사용하다	☐ 解决 jiějué	해결하다
☐ 低 dī	낮다	☐ 检查 jiǎnchá	검사하다
☐ 照顾 zhàogù	돌보다		

 声音
shēngyīn

(명) (목)소리

听外面的说话声，就知道是谁来了。

밖에서 말하는 목소리를 들으니, 누가 왔는지 알겠다.

 相同
xiāngtóng
= 一样 yíyàng

(형) (똑)같다

他俩生日相同，真是太巧了。
그들 둘은 우연찮게도 생일이 똑같다.

*巧 qiǎo 공교롭다

 用
yòng

(동) 쓰다

我可以借你的铅笔用一下吗？
제가 당신의 연필을 잠시 빌려 써도 될까요?

 使用
shǐyòng

(동) 사용하다

使用这个词典可以找到不认识的单词。
이 사전을 사용하면 모르는 것을 찾을 수 있다.

*找到 zhǎodào 찾다

 低
dī

(형) 낮다　**반** 高 높다

我比他低一年级。나는 그보다 한 학년 아래다.

 照顾
zhàogù

(동) 돌보다, 보살피다

我妻子出差了，孩子由我来照顾。
아내가 출장 중이어서 제가 아이들을 보살펴야 합니다.

*由 yóu ～는, ～은, ～이, ～가 (동작의 주체 강조)

 站
zhàn

(동) (일어)서다　**반** 坐 앉다

站的时间太长了，他觉得腿有点儿痛。
서 있는 시간이 너무 길어서 다리가 약간 아프다.

 发现
fāxiàn

(동) 발견하다

我刚才打开门的时候发现他就站在门口。
나는 아까 문을 열었을 때, 그가 문밖에 서 있는 것을 발견
했다.

 打算
dǎsuan

(동) ~하려고 하다, ~할 예정이다

今年暑假，我打算去日本旅游。

올해 여름방학에 나는 일본에 여행 가려고 한다.

 解决
jiějué

(동) 해결하다

我们得想个法子解决这个问题。

우리는 이 문제를 해결할 방법을 생각해야 한다.

*法子 fǎzi 방법

 检查
jiǎnchá

(동) 검사하다

**最近我的眼睛很不舒服，我打算去医院
做个检查。**

요즘 눈이 아파서, 병원에 가서 검사를 하려고 해.

4급 신HSK VOCA

10 사회생활

(1) 사회생활 Ⅰ

□ 国际 guójì	국제	□ 热闹 rènao	번화하다
□ 民族 mínzú	민족	□ 乱 luàn	어지럽다
□ 法律 fǎlǜ	법률	□ 适应 shìyìng	적응하다
□ 事情 shìqing	일	□ 成功 chénggōng	성공(하다)
□ 代替 dàitì	대체하다	□ 对 duì	옳다, 맞다
□ 危险 wēixiǎn	위험(하다)	□ 对话 duìhuà	대화
□ 安全 ānquán	안전(하다)	□ 讨论 tǎolùn	토론하다
□ 发生 fāshēng	발생하다	□ 谈 tán	이야기하다

01
4급

国际
guójì

(명) 국제

那个国家的国际地位越来越高。
그 나라의 국제적 지위가 갈수록 높아진다.

02
4급

民族
mínzú

(명) 민족

我们得好好地保护民族文化。
우리는 민족 문화를 잘 보호해야 한다.

03
4급

法律
fǎlǜ

(명) 법률

作为市民来说，大家必须遵守法律。
시민으로서 모두는 반드시 법률을 지켜야 한다.

04
4급

事情
shìqing

(명) 일

你不能来参加会议，到底有什么事情啊?
네가 회의에 참가하러 올 수 없다니 도대체 무슨 일이니?

 代替
dàitì

(동) 대신하다, 대체하다

他真的很有能力，这里没有人能代替他。
그는 정말 능력이 있어. 여기에 그를 대신 할 사람은 없어.

 危险
wēixiǎn

(명/형) 위험(하다) 〔반〕安全 안전하다

那条河很危险，所以不要到那里游泳。
그 강은 매우 위험하니 거기에서 수영하지 마라.

 安全
ānquán

(형/명) 안전(하다)

路很滑，请安全驾驶。
길이 미끄러우니 안전하게 운전하세요.

*滑 huá 미끄럽다
*驾驶 jiàshǐ (기차, 비행기 등을) 조종하다, 운전하다, 몰다

 发生
fāshēng

(동) 발생하다, 생기다, 일어나다

她在心里想象了一下将要发生的事情。
그녀는 마음속으로 다음에 발생할 일을 상상해 보았다.

> **보카 활용 포인트**
>
> (1) ① "发生"은 "원래는 없었던 일, 사고, 사건, 관계 등이 처음 나타난 것"을 뜻함. 목적어 자리에는 주로 추상적인 것을 많이 씀.
> : 发生了(变化 변화/ 事情 일 / 事故 사고 / 事件 사건/ 强烈地震 강렬한 지진 / 兴趣 흥미 / 矛盾 모순, 갈등 / 火灾 화재 / 作用 작용, 기능 / 关系 관계)
> ② "구체적인 장소나 시간에 발생하다, 나타나다, 생기다"는 뜻인 경우, "发生"은 전치사 "在"와 함께 호응하여 쓰임.
> : 这件事发生在(天安门广场 천안문 광장 / 今天下午 오늘 오후 / 去年冬天 작년 겨울)
> (2) ① "원래 있었던 것으로 부터 새로운 어떤 것이 생기다, 발생하다" 는 뜻인 경우 "产生"을 쓰고, 목적어 자리에는 주로 추상적인 것이 많이 옴.
> : 产生了(信心 자신감 / 怀疑 의심)
> ② "사람사이에서 생긴 사랑의 감정" 또는 "새로운 정부, 우수한 인물, 새로운 물질 등이 생겨나다" 는 뜻인 경우에는 "产生"을 쓰고, 주로 앞의 전치사 "对"와 호응하여 함께 쓰이는 경우가 많음.

: 我对小刚产生了(爱情 사랑 / 好感 호감 / 感情 감정)。나는 小刚에 대해서 사랑이 싹텄다.
产生了(新政府 신정부, 优秀人物 우수한 인물, 英雄 영웅, 新物质 새로운 물질)
(3) "변화, 모순, 흥미가 생기다"는 뜻인 경우 "发生"과 "产生"을 둘 다 쓸 수 있음.
: 发生,产生了(变化 변화 / 矛盾 모순 / 兴趣 흥미, 관심)

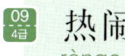

09
4급

热闹
rènao

(형/명/동) 번화하다, 시끌벅쩍하다 / 구경거리, 번화한 장면 / 즐겁게 하다, 흥청거리게 하다, 떠들썩하게 놀다

昨天是春节, 所有的街道都热闹了一整天。
어제가 춘절이라 모든 길거리가 하루 종일 시끌벅쩍 했다.

> **보카 활용 포인트**
> 看热闹 구경을 하다
> 赶热闹 사람이 북적대는 곳으로 구경 가다.
> 凑热闹 왁자지껄하게 놀다
> **我生日的时候, 我们要好好热闹一下。**
> 내 생일 때 우리 잘 좀 놀아보자.

10
4급

乱
luàn

(형) 어지럽다

几天没有清扫, 房间里又脏又乱。
며칠 동안 청소를 안했더니 집안이 온통 더럽고 어지럽다.

我最近心里很乱。
나는 요즘 마음이 어수선하다.

> **보카 활용 포인트**
> "乱"은 부사어로 쓸 수 있는데, 이 경우 "瞎 xiā, 随便 (마구, 함부로, 되는대로)"와 같은 뜻임
> : 不要乱(说话 말하다 / 吃 먹다 / 走 뛰다, 달리다 / 批评别人 다른 사람을 비평하다 / 花钱 돈을 쓰다 ....)

11
4급

适应
shìyìng

(동) 적응하다

他适应不了紧张的学习生活。
그는 빠듯한 학업 생활에 적응하지 못했다.

> **보카활용포인트**
>
> (1) "适应"은 "새로운 환경, 일, 기후 등 실제 상황에 적응하다"
>   또는 "객관적인 요구나 조건에 적응하다" 는 뜻임.
>   : 适应 (新环境 새로운 환경 / 工作 일/ 气候 기후 / 风俗
>   习惯 풍속습관 / 情况 상황/ 需要 필요, 요구)
>   很适应 잘 적응하다 / 不适应 적응하지 못하다
> (2) "입맛이나 사람 등에 적절하다, 적합(부합)하다, 어울리다, 맞
>   다"는 뜻인 경우 "适合"를 씀
>   : 适合(口味 입맛, 구미 / 当老师 선생님이 되는 것 / 年轻
>   人 젊은 사람)
>   这样的工作适合年轻人做。이런 일은 젊은 사람이 하기
>   에 적합하다

---

12 / 4급 成功
chénggōng

(명/동) 성공(하다) **반** 失败 실패(하다)

他终于成功了，我们心里很高兴。
그가 결국 성공해서 우리는 마음속으로 매우 기뻐하였다

---

13 / 4급 对
duì

(형) 옳다, 맞다 **반** 错 틀리다

不要总认为只有你自己是对的。
늘 너만 옳다고 여기지 마라.

---

14 / 4급 对话
duìhuà

(명) 대화

对话以后，两人之间的了解更加深了。
대화 후에 두 사람 간의 이해가 한층 더 깊어졌다.

*更加 gèngjiā 더욱더, 한층

---

15 / 4급 讨论
tǎolùn

(동) 토론하다

我们想讨论一下这个问题。
우리는 이 문제를 토론하려고 합니다.

---

16 / 4급 谈
tán

(동) 말하다, 이야기하다

父母和老师谈了一下儿子成绩的问题。
부모님이 아들의 성적에 대해서 선생님과 이야기 하였다.

---

(2) 사회생활 Ⅱ

☐ 看法 kànfǎ	견해, 보는 관점		☐ 责任 zérèn	책임
☐ 主意 zhǔyi	방법, 생각, 의견		☐ 速度 sùdù	속도
☐ 意见 yìjiàn	의견, 불만, 이의		☐ 降低 jiàngdī	내리다
☐ 重点 zhòngdiǎn	중점, 중요하다		☐ 消息 xiāoxi	소식
☐ 目的 mùdì	목적		☐ 广播 guǎngbō	방송하다
☐ 知识 zhīshi	지식		☐ 报道 bàodào	보도하다
☐ 效果 xiàoguǒ	효과		☐ 停止 tíngzhǐ	정지하다
☐ 结果 jiéguǒ	결과 / 결국, 드디어		☐ 样子 yàngzi	모양
☐ 特点 tèdiǎn	특징		☐ 地址 dìzhǐ	주소
☐ 过程 guòchéng	과정		☐ 杂志 zázhì	잡지
☐ 原因 yuányīn	원인			

01 4급
看法
kànfǎ
= 见解 jiànjiě

(명) 견해, 보는 관점, 생각

对于这个问题, 我的看法和爸爸有些不同。
그 문제에 대해서 나의 견해는 아버지와 좀 달라요.

> **보카 활용포인트**
> (没)有看法 견해가 있다(없다) / 有什么看法? 어떤 견해가 있니? / 我的看法和她的看法一样(不一样)。 내 견해는 그녀의 견해와 같다(다르다) / 我的看法和她一致(不一致)。 내 견해는 그녀의 견해와 일치한다(일치하지 않는다)

02 4급
主意
zhǔyi
= 想法 xiǎngfǎ

(명) 방법, 생각, 의견

不管什么时候, 只要有好主意就告诉我。
언제든지 무슨 좋은 아이디어가 있으면 알려주세요.

> **보카 활용포인트**
> (没)有好主意 좋은 생각이 있다(없다) / 改变了主意 생각을 바꾸었다 / 你的主意不错 네 생각 괜찮다 / 打定主意 생각을 정하다, 결정하다 [= 拿定主意] / 拿不定主意 생각을 결정하지 못하다

意见
yìjiàn

(명) ① 의견 ② 불만, 이의

你对我有什么意见吗? 有的话就直接说吧。

너 나에게 무슨 불만 있니? 있으면 한번 직접 말해 봐.

> **보카활용포인트**
>
> (没)有意见 의견이 있다(없다) / 对他有意见 그한테 불만이 있다 / (没)有反对意见 반대 의견이 있다(없다) / 接受意见 의견을 받아들이다 / 发表意见 의견을 발표하다 / 提(出)意见 의견을 제시하다, 의견을 말하다

重点
zhòngdiǎn

(명) 중점, 중요한 점, 중시해야 할 점
(형) 중요하다, 주요하다

我们公司把重点放在了产品的质量上。

우리 회사는 물건의 품질에 중점을 두고 있어요.

> **보카활용포인트**
>
> 重点(大学 명문대학 / 学校 명문 학교 / 项目 중요(한) 항목 / 工作 중요한 일 / 问题 주요 문제 / 工程 주요 공사 / 发言 주요 발언, 중요한 발언)

目的
mùdì

(명) 목적

一年后, 我们组终于达到了目的, 成为了第一名。

일년 후, 우리 조는 결국 목적을 달성해서 일등이 되었다.

> **보카활용포인트**
>
> 达到目的 목적에 도달하다, 이르다

知识
zhīshi

(명) 지식

我们要每天学习来补充自己的知识。

우리는 매일 배워서 우리의 지식을 키워야 한다.

보카활용포인트
知识丰富 지식이 풍부하다, 아는 것이 많다 / 知识水平 지식 수준, 아는 수준 / 知识界 학술문화계 / 知识阶层 지식 계층 / 知识青年 지식 청년[보통 중학교이상 고등학교 졸업까지의 교육을 받은 청년남녀를 가리킴] / 知识分子 지식인 / 知识竞赛 지식 퀴즈 게임

---

07 4급

效果
xiàoguǒ

(명) 효과

医生给我开的药，我吃了两天，却没有效果。

의사가 처방해준 약을 이틀동안 먹었지만 효과가 없었어요.

*开药 kāiyào 약을 처방하다

---

08 4급

结果
jiéguǒ

(명) 결과 **(접)** 그 결과, 결국, 드디어, 마침내

你这样干下去不会有什么好结果的。

네가 이런 식으로 해 나가는 것은 무슨 좋은 결과가 있을 리 없어.

他努力了三天三夜，结果成功了。

그는 삼일 밤낮으로 노력을 해서, 결국 성공을 했다.

我走遍了很多商店，结果还是没买到给他的礼物。

나는 여러 상점을 두루 돌아다녔지만, 결국 아직도 그에게 줄 선물을 못 샀다.

보카활용포인트
(1) ① "效果"는 "어떤 일이나 행동을 하고 난 후에 생긴 결과"를 말함. : 效果明显 효과가 확실하다 / 效果很好 효과가 좋다 / 见效(果) 효과를 보다 / 取得效果 효과를 얻다 / 达到效果 효과에 도달하다 / 有了良好的效果 좋은 효과가 생기다(= 产生效果) / 收到了很好的效果 좋은 효과를 거두다 / 治疗效果 치료효과
② "음향효과", "조명효과"라고 하는 경우에도 "效果"를 씀. : 音响效果非常好 음향 효과가 아주 좋다 / 灯光效果不太好。조명효과가 별로 좋지 않다 / 录音效果很好 녹음이 아주 잘 되다, 녹음된 상태가 좋다

(2) "나쁜 결과"를 뜻하는 경우에는 "后果 hòuguǒ"를 씀.
: 造成了严重后果 심각한 결과를 초래하다 / 产生了不良后果 나쁜 결과가 생겼다/ 后果将不堪设想 나쁜 결과는 상상조차 할 수 없다 [일이 악화되거나 몹시 위험한 지경에 이름을 뜻함]

(3) ① "장기간 열심히 일한 후에 얻은 좋은 결과"를 말할 때에는 "成果 chéngguǒ (성과)"를 씀.
: (取得 / 获得)成果 성과를 얻다 / 成果(显著 뚜렷하다, 突出 특출나다) / 劳动~ 일의성과
② "成果"는 수량을 셀 수 있어서 수량사와 함께 쓸 수 있음.
: 成果很多。 성과가 많다
③ "成果"는 "좋은 결과"를 뜻하기 때문에 "不良, 不好"과 함께 쓸 수 없고, "이미 일어난 결과"를 말하기 때문에, 동사 "达到(도달하다, 거의 가까이 가다)"와도 함께 쓸 수 없음: 产生了不良效果 좋지 못한 효과가 생기다. 효과가 좋지 않다 / 达到目的 목적에 도달하다

特点
tèdiǎn

(명) 특징

每个国家的饮食都反映了这个国家文化的特点。

각국의 음식을 보면 그 나라 문화의 특징이 잘 드러난다.

보카 활용포인트

(1) "特点"은 "사람이나 사물이 가지고 있는 독특한 점"을 말하고, 주로 "작고 구체적인 특징(点)"을 말함
: 她有着大眼睛的特点。 그녀는 눈이 큰 특징이 있다.

(2) "特征 tèzhēng"은 "상징, 지표(象征)"와 비슷한 말로 사물의 "큰 범위의 특징"을 말함.
: (思想 사상적 / 心理 심리적 / 人物 인물) 特征

(3) "特色 tèsè"은 "사물이 나타내는 독특한 색깔. 색채, 분위기, 스타일(色), 장점"을 말하고, 사람에게는 거의 쓰지 않음.
: 民族服装很有特色。 민족 복장은 아주 특색이 있다.
这个节目很有特色。 이 프로(그램)은 아주 특색이 있다.
特色(菜 / 点心) 특색있는 (음식, 과자) / 中国特色 중국 스타일, 특색 / 饮食特色 음식 특색, 穿衣特色 옷 입는 특색

(4) "特性 tèxìng"은 "사람이나 사물이 가지고 있는 특별한 성질(性)"을 말함. : (金属 금속/ 化学 화학/ 药 약의)的特性

(5) ① "民族(민족)"는 "特点, 特征, 特色, 特性" 네 가지 모두 쓸 수 있음.
② "艺术(예술), 地理"는 "特点, 特征, 特色" 세 가지 모두 쓸 수 있음.
③ "性格, 外貌, 气候"은 "特点, 特征"을 둘 다 쓸 수 있음.

过程
guòchéng

(명) 과정

所有事情的过程都和结果一样重要。
모든 일은 과정이 결과만큼 중요하다.

 原因
yuányīn

(명) 원인

这是他决心去中国留学的直接原因。
이것이 그가 중국유학을 결심한 가장 직접적인 원인이다.

 速度
sùdù

(명) 속도

这条路的最高行驶速度限制在时速80公里。
이 도로는 최고 시속 80km로 속도 제한이 되어 있다.

*行驶 xíngshǐ (차량이) 다니다, 통행하다

4급 신HSK VOCA

降低
jiàngdī

(동) 내리다, 낮추다　(반) 上升 상승하다, 올라가다

商店里降低了笔记本电脑的价格。
상점에서 노트북 컴퓨터의 가격을 낮추었다.

(1) "降低"는 주로 "인위적으로 내리다, 낮추다, 줄이다"는 뜻인 경우에 씀. : 降低(工资 임금 / 成本 원가 / 价格 가격 / 消费 소비 / 温度 온도 / 要求 요구 / 标准 기준)
(2) ① 주로 "저절로 내려가다, 떨어지다, 감소하다, 줄다"는 뜻인 경우에는 "下降 xiàjiàng"을 쓰고, 뒤에 목적어가 올 수 없음. : (成绩 성적 / 视力 시력 / 食欲 식욕 / 气温 기온 / 体温 체온 / 物价 물가 / 血压 혈압)下降了。
　　② "수량이 줄다"는 뜻이거나 "비행기가 착륙하다"는 뜻인 경우에는 "下降"을 씀. : (发病率 발병율 / 交通事故 교통사고 / 买房子的人 집을 구입하는 사람)下降了。
飞机下降了。 비행기가 착륙했다.

 消息
xiāoxi

(명) 소식

最近电视新闻上经常报到关于H1N1甲型流感的消息。
최근 TV 뉴스에서 자주 신종플루에 관한 소식을 보도했다.

15
4급

广播
guǎngbō

(동) 방송하다

现在收音机里正在广播足球比赛。

지금 라디오에서 축구 경기를 방송하고 있다.

16
4급

报道
bàodào

(동) 보도하다

9点的体育新闻报道了昨天高尔夫球比赛的结果。

9시 스포츠 뉴스에서 어제의 골프 대회 결과를 보도하였다.

17
4급

停止
tíngzhǐ

(동) 정지하다, 멈추다, 중지하다

从今晚12点开始, 网银服务暂时停止。

오늘 밤 12시부터 인터넷 뱅킹 서비스를 잠시 중지합니다.

*网银服务 wǎnyínfúwù 인터넷 뱅킹 서비스

因为经济危机, 这家商店停止了营业。

경제 위기 때문에 이 상점은 영업을 정지했다.

18
4급

样子
yàngzi

(명) 모양, 모습

这个孩子的样子很像他的妈妈。

이 아기는 모습이 엄마를 많이 닮았어요.

19
4급

地址
dìzhǐ

(명) 주소

如果您在电话里告诉我您的地址, 我们就把东西给您送过去。

지금 전화로 당신 주소를 알려주시면 물건을 보내드리겠습니다.

20
4급

杂志
zázhì

(명) 잡지

那本杂志每个月免费发送到我家。

그 잡지는 매달 공짜로 우리 집으로 발송이 된다.

21
4급

责任
zérèn

(명) 책임

这次交通事故, 他要承担主要责任。

그는 이번 교통사고에서 주된 책임을 져야 한다.

(3) 사회생활 Ⅲ

☐	祝贺 zhùhè	축하하다	☐	高级 gāojí	고급의, 상급의
☐	感谢 gǎnxiè	감사하다	☐	笑话 xiàohua	유머 / 비웃다
☐	道歉 dàoqiàn	사과하다	☐	开玩笑 kāiwánxiào	농담하다, 웃기다
☐	抱歉 bàoqiàn	미안하게 생각하다	☐	有趣 yǒuqù	흥미가 있다
☐	辛苦 xīnkǔ	고생하다	☐	引起 yǐnqǐ	(주의를) 끌다
☐	握手 wòshǒu	악수하다	☐	干 gàn	~하다
☐	邀请 yāoqǐng	초청하다	☐	弄 nòng	~하다
☐	访问 fǎngwèn	방문하다	☐	成为 chéngwéi	~이(~가), 으로 되다
☐	干杯 gānbēi	건배하다			

01 4급 祝贺 zhùhè

(동) 축하하다

他开了一家新的店铺，我们一起去祝贺他吧。

그가 새로 가게를 열었는데 우리가 같이 가서 축하해주자.

*店铺 diànpù 상점, 가게

02 4급 感谢 gǎnxiè

(동) 감사하다

您这么忙还来帮忙，真的十分感谢。

이렇게 바쁘신데도 와서 도와주니 정말로 대단히 감사합니다.

03 4급 道歉 dàoqiàn

(동) 사과하다

也不是什么大事，没必要道歉。

별로 대단한 일도 아닌데 사과할 필요 없어요.

04 4급 抱歉 bàoqiàn

(동) 미안하게 생각하다, 미안해하다

我很抱歉，让您久等了。

당신을 오래 기다리게 해서 정말 미안해요.

 ### 辛苦
xīnkǔ

(동) (사람이)고생하다, 수고하다
(형) 고되다, 고생스럽다, 수고스럽다

这件工作都完成了，您辛苦了。

이 일을 모두 끝냈군요. 수고하셨어요.

> **보카활용포인트**
> (1) "정신적, 신체적으로 힘들다, 고생하다"는 뜻임.
> **辛苦你了** 고생하셨습니다, 수고하셨습니다
> **我们都很辛苦。** 우리 모두 아주 고생했어요.
> (2) "생활하기 힘들다"는 뜻인 경우 형용사 "艰苦 jiānkǔ"를 써
> 야 함.
> **农村的生活很艰苦。** 농촌의 생활은 매우 힘들다.

 ### 握手
wòshǒu

(동) 악수하다, 손을 잡다

你们为什么打架啊？握手和解，好不好？

너희들 왜 싸웠니? 악수하고 화해하는 것이 어떠니?

邀请
yāoqǐng

(동) 초청하다, 초대하다

他生日那天邀请了很多人来家里举行宴会。

그는 생일날 많은 사람들을 자기 집으로 초청하여 연회를
배풀었다.

> **보카활용포인트**
> (1) "邀请"은 "상대방을 자기가 있는 곳이나 약속 장소로 오도록
> 청하다"는 뜻임.
> **接受邀请** 초청을 받아들이다
> **邀请到中国来** 중국에 오도록 초청하다
> (2) "신분이 비교적 높거나 유능한 사람을 모셔오다, 초청하다"는
> 뜻인 경우에는 "聘请 pìnqǐng (초빙하다)"를 씀
> **聘请(校长** 교장 선생님 **/ 经理** 사장 **/ 专家** 전문가**)**
> (3) "음식을 차려놓고 잔치를 배풀어 손님을 초대하다"는 뜻인 경
> 우에는 "宴请"을 씀.
> **他在饭店邀请了很多客人过生日。**
> 그는 호텔에서 많은 손님들을 초대해서 생일을 쇠었다.

08
4급 访问
fǎngwèn

(동) 방문하다

中国总理在日本访问了三天两夜。

중국의 총리가 2박3일 동안 일본을 방문하였다.

09
4급 干杯
gānbēi

(동) 건배하다

为了我们公司的发展，干杯!

우리 회사의 발전을 위하여 건배!

10
4급 高级
gāojí

(형) 고급의, 상급의

这种法国菜只有在高级的西餐厅才能
品尝到。

이 프랑스 요리는 고급 레스토랑에서나 맛볼 수 있어.

*品尝 pǐncháng 맛보다, 시식하다

11
4급 笑话
xiàohua

(명) 유머, 우스운 이야기
(동) 비웃다, 조롱하다

他很会讲笑话，经常让大家很开心。

그는 유머를 잘 구사해서 늘 모든 사람들을 유쾌하게 한다.

보카활용포인트

出笑话 (주로 무지로 인한 실수로 인해) 웃음거리가 되다, 체
면을 잃다, 창피당하다 [= 闹笑话nàoxiàohuà, 出洋相
chūyángxiàng, 出丑 chūchǒu, 丢脸 diūliǎn, 丢面子
diūmiànzi]

12
4급 开玩笑
kāiwánxiào

(동) 농담하다, 웃기다

她总是把开玩笑的话当真。

그녀는 농담하는 말을 사실로 여겨.

보카활용포인트

别拿我开玩笑了 나를 놀리지 마라
= 别逗我了 bié dòu wǒ le, 别拿我寻开心了

4급 신HSK VOCA

13
4급
有趣
yǒuqù

(동) 재미있다, 흥미가 있다

和朋友一起聊天儿, 真的很有趣。
친구들과 얘기를 나누는 것이 정말 재미있었다.

14
4급
引起
yǐnqǐ

(동) ① (주의를) 끌다,야기하다
② (사건 등을) 일으키다, 초래하다

他引起了所有人的注意。
그는 모든 사람의 주목을 끌었다.

我再说明一下, 免得引起误会。
내가 다시 설명할게, 오해하지 않도록.

 보카활용포인트
(1) "引起"는 "사람의 주의를 끌다" 또는 "일, 현상, 감정, 활동 등
을 야기하다, 야기시키다"는 뜻임
引起人们的(关注 / 重视) 사람들의 (관심/중시)을 끌다 /
引起兴趣 흥미를 불러일으키다
(2) "나쁜 결과나 바라지 않는 상황을 초래하다"는 뜻인 경우 "造
成 zàochéng, 导致 dǎozhì"와 바꾸어 쓸 수 있음
引起(误会 / 怀疑 / 麻烦 / 火灾 / 不良反应 / 疾病)
(오해 / 의심 / 번거로움 / 질병)를 초래하다

15
4급
干
gàn
= 做 zuò

(동) ~하다

你既然说了要干, 就干吧。
넌 하겠다고 했으면 그냥 하는 거야.

16
4급
弄
nòng

(동) ~하다

你到底干什么了, 把衣服弄得这么脏?
넌 도대체 뭘 했길래 이렇게 옷을 더럽혔니?

17
4급
成为
héngwéi

(동) ~이(~가)되다

**自从解决了那件事情以后, 他成为了学
校里最受欢迎的人。**
그 사건을 해결한 이후로 그는 학교에서 가장 인기 있는 사
람이 되었다.

보카 활용 포인트

(1) ① "사람이 어떤 신분이 되다" 또는 명예로운 칭호를 가지게 되다"는 뜻으로도 씀.
成为(艺术家 예술가 / 演员 배우 / 作家 작가 / 专家 전문가 / 运动员 운동선수 / 老师 선생님)
② "**成为**"는 "**变成**(~로 변하다)"의 뜻임.
梦想成为现实 꿈이 현실이 되다

(2) ① "어떤 신분이나 자격으로서 ~하다"는 뜻인 경우 문장 맨 앞에 "**成为**"를 쓸 수 없고, "**作为**"를 써야 하고, 이 경우 "**作为**" 뒤의 사람은 "주어" 역할을 함.
作为家长, 应该好好跟子女沟通。
학부모는 당연히 자녀들과 잘 의사소통을 해야 한다.
作为经理, 要关心职员。
사장으로써 직원에게 관심을 가져야 된다.
② "~을 ~으로 삼다, 여기다, 생각하다, 간주하다"는 뜻인 경우, 주로 전치사 "**把**"와 함께 "**把 ~ 作为**"의 형태로 쓰는 경우가 많음.
哥哥把爸爸作为自己的榜样。
오빠는 아버지를 자신의 본보기로 삼는다.
我把娃娃作为室内的装饰品。
나는 인형을 실내의 장식품으로 여긴다.

(4) 사회생활 Ⅳ

□ 等 děng	기다리다		□ 过 guò	(생일, 명절)지내다
□ 留 liú	머무르다		□ 扔 rēng	던지다
□ 出发 chūfā	출발하다		□ 破 pò	찢어지다
□ 陪 péi	모시다		□ 断 duàn	자르다, 끊다
□ 排列 páiliè	줄을 서다		□ 经济 jīngjì	경제
□ 安排 ānpái	안배하다, 배치하다		□ 发展 fāzhǎn	발전하다,
□ 集合 jíhé	모이다		□ 活动 huódòng	활동(하다)
□ 获得 huòdé	얻다		□ 进行 jìnxíng	진행하다
□ 取 qǔ	가지다		□ 继续 jìxù	계속(하다)
□ 值得 zhíde	~할 만한 가치가 있다		□ 举办 jǔbàn	개최하다

01 4급 等 děng

(동) ① 기다리다 ② ~할 때까지 기다리다, ~하고 난 다음에 (~하다)

等一下! 这种事情现在马上就能完成。
좀 기다려 봐! 이 정도 일은 지금이라도 다 끝낼 수 있어.

我等那个人的邮件回复等了一整天。
나는 그 사람의 이메일 답장을 하루 종일 기다렸다.

 보카활용포인트
"等 + 문장, 절, 동사(구) + (以后), 再/又/也/就/才......"의 형태로 쓰여, "~하고 나서(또, 곧, 비로소)...하다"는 뜻을 나타냄, [시간이나 조건을 나타냄] :
等我吃过晚饭后，再给你打电话。
내가 저녁식사를 하고 나서, 다시 네게 전화를 하겠다.

02 4급 留 liú

(동) 머무르다, 남기다, 남겨두다

你们公司的人都走了，怎么只有你一个人留在这儿呢?
너희 회사 사람들은 모두 떠났는데 왜 너 혼자 여기 남아 있니?

 보카활용포인트
他给我们留下了深刻的印象。
그는 우리에게 깊은 인상을 남겨주었다.
= 他留给我们深刻的印象。

03 4급 出发 chūfā

(동) 출발하다 [뒤에 목적어가 올 수 없음]

因为今天天气不好，所以我们打算明天出发。 오늘의 날씨가 좋지 않아서 내일 출발하려고 해.

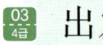 보카활용포인트
从实际出发 현실에서부터 출발하다
从这儿出发 여기에서(부터) 출발하다

陪
péi

(동) 모시다, 수행하다, 동반하다

去那里的路很复杂，你如果真的想去，我陪你去吧。

거기 가는 길이 복잡해. 너가 정말 가고 싶으면 내가 동행해 줄게.

> **보카 활용 포인트**
>
> 陪经理参加会议 사장님을 모시고 회의에 참가하다
> 陪妈妈家里逛街 엄마를 동반하고 쇼핑나가다

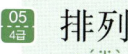 排列
páiliè

(동) 줄을 서다, 배열하다

名字是按照汉语拼音字母的顺序排列的，所以很好找。

이름을 한어병음자모 순으로 배열했더니, 찾기가 쉬워요.

 安排
ānpái

(동) 안배하다, 배치하다, 배정하다, (스케줄을) 조정하다

明天的行程安排是，上午王小姐带大家参观天安门。

내일의 스케줄은 오전에 미스 왕이 여러분들을 모시고 천안문을 관광하는 것입니다.

> **보카 활용 포인트**
>
> (1) ① "排列"는 "일정한 순서에 따라 사물을 배치해 놓은 것"을 말함.
> 排列顺序 순서를 배열하다 / 排列成行 일렬로 늘어서다 / 排列组合 일렬로 조합하다, 일렬로 한데 묶다
> 按顺序排列 순서에 따라 배열하다
> ② "차례대로 어떤 곳에 들어가다(오다)"는 뜻인 경우에는 "排列"를 쓸 수 없음.
> 坐公车时，我们应该要按顺序上车了。
> 버스를 탈 때, 우리는 당연히 순서대로 차에 타야 한다.
> ③ "차례대로 줄을 서서 물건을 사다"는 뜻인 경우 "排列"를 쓸 수 없고, "排队 páiduì (줄을서다)"를 써야 함. :
> 请大家排队买票。
> 모두 줄을 서서 표를 사주시기 바랍니다.

4급 신HSK VOCA

(2) "예술품, 가구 등을 장식을 목적으로 진열해 놓다"는 뜻으로는 동사 "陈设 chén shè(진열하다, 장식하다)"를 씀.
陈设(艺术品 예술품 / 家具 가구)
(3) 보통 "사물, 시간, 일정, 계획, 일, 인원 등을 합리적으로 잘 배치하다, 안배하다"는 뜻인 경우에는 "安排"를 씀.
安排(工作 일 / 活动 활동 / 日程 스케줄 / 时间 시간 / 计划 계획 / 人员 인원 / 房间 방/ 宿舍 기숙사)

07
4급
集合
jíhé

(동) 모이다, 모으다, 집합하다
老师让学生们10分钟以后在操场上集合。
선생님은 학생들에게 10분 후에 운동장에 집합하라고 하셨다.

08
4급
获得
huòdé

(동) (주로 추상적인 것을) 얻다, 획득하다
通过学习这本书，希望大家都能获得好成绩。
이 책을 통해 모두 좋은 성적을 거두시길 바랍니다.

09
4급
取
qǔ

(동) 가지다, 손에 넣다, 받다
现在现金不够，我马上就去取钱。
지금 현금이 부족해요. 제가 얼른 돈 뽑으러 갈게요.

我发现把包忘在教室里了，就又回教室去取了。
나는 가방을 교실에 두고 온 것을 발견하고, 다시 가지러 교실로 돌아갔다.

보카 활용포인트

(1) "**获得**"는 주로 "남에게 추상적인 것을 얻다, 받다, 획득하다"는 뜻인 경우에 씀.
获得了(宝贵的经验 값진 경험 / 称号 호칭 / 机会 기회 / 好评 호평)
(2) 주로 "자신의 노력을 통해 어떤 결과를 얻다" 또는 "노력을 통해 어떤 구체적인 것을 얻다"는 뜻인 경우에는 "**取得**"를 씀.
取得证书 자격증을 취득하다 / **取得**(冠军 우승 / 胜利 승리 / 奖品 상품 / 奖励金 장려금 / 奖学金 장학금 / 好成绩 좋은 성적)

(3) "어떤 좋은 결과나 결실을 거두다" 또는 "상품, 장학금등을 받다, 얻다"는 뜻인 경우에는 "获得"와 "取得"를 모두 쓸 수 있지만 "取得"가 "자신의 노력을 통해 얻는다"는 어감이 훨씬 강함. : 取得, 获得了(成功 성공 / 冠军 우승 / 奖品 상품 / 好成绩 좋은 성적)

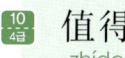

值得
zhíde

(동) ~할 만한 가치가 있다, ~할 만하다

和她拍的这张照片值得珍藏。
그녀와 함께 찍은 이 사진은 소중히 간직할 만해.

*珍藏 zhēncáng 소중히 보존, 보장하다

> **보카 활용포인트**
> "值得"는 뒤에 동사 목적어가 옴. :
> 值得买 살만하다 / 值得效法 본받을 만한 가치가 있다

过
guò

(동) ① (길 등을) 건너다, 지나다 ② (생일, 명절 등을) 지내다, 쇠다 ③ 생활하다, 지내다
(= 过日子)

这里的车很多，过马路的时候要小心。
여기는 차량이 많아서 길을 건널 때 조심해서 건너야 해.

这次也许不能回老家过春节了。
이번에는 설을 쇠러 고향에 가지 못할 것 같아.

你的生日过得好吗? 我忘了，真对不起。
너 생일 잘 지냈니? 깜빡해서 미안하다.

扔
rēng

(동) 던지다, 내버리다

喝完饮料以后，请把空瓶扔在这儿。
음료수를 다 마셨으면 빈병은 여기에 버리세요.

空瓶 kōngpíng 빈병

破
pò

(형) 찢어지다, 파손되다, 해지다

那个钱包用得太久了，结果就破了。
그 지갑을 너무 오래 사용해서 결국 찢어졌다.

14
4급 **断**
duàn

(동) 자르다, 끊다

昨天运动的时候，手表的带子断了。

어제 운동하던 중에 손목시계 줄이 끊어졌다.

*带子 dàizi 띠, 끈, 줄

15
4급 **经济**
jīngjì

(명) 경제

如果经济发展了，文化也会一起发展。

경제가 발전하면 문화도 함께 발전할 것이다.

16
4급 **发展**
fāzhǎn

(동) 발전하다, 발전시키다

随着经济发展，人们的生活也变得越来越方便。

경제발전에 따라 사람들의 생활도 점점 편리해졌다.

> **보카 활용포인트**
> 发展经济 경제를 발전시키다 / 发展新会员 신입 회원을 확충하다 / 发展得很迅速 매우 빠르게 발전하다

17
4급 **活动**
huódòng

(명/동) 활동(하다)

坐了太久，身体很不舒服。我应该出去活动活动了。

오랫동안 앉아 있었더니 몸이 불편하다. 난 나가서 좀 움직여야겠어.

18
4급 **进行**
jìnxíng

(동) 진행하다

我们在会议上进行了热烈的讨论。

우리는 회의에서 열띤 토론을 진행했다.

19
4급 **举办**
jǔbàn

(동) ① 거행하다, 개최하다, 열다
② (과목, 반등을) 개설하다

为了举办这场音乐会，他们做了很多准备工作。

이번 음악회를 개최하기 위해서 그들은 많은 준비 작업을 했다.

보카활용포인트

举办欢迎晚会 환영 파티를 열다 / 举办(奥运会 올림픽 / 展览会 전시회) / 举办讲座 강좌를 열다 / 举办各种课程 각종 학과목을 개설하다

보카활용포인트

(1) "进行"은 뒤의 목적어 자리에 "두 글자 동사 성 어구"가 와야 함. : 进行(讨论 토론(하다) / 调查 조사(하다) / 检查 검사 (하다) / 研究 연구(하다) / 分析 분석(하다))

(2) ① "(진행)하다, 거행하다"는 뜻으로 뒤의 목적어 자리에 "명 사"가 오면 "举行 jǔxíng"을 씀
举行(会议 회의 / 婚礼 결혼식 / 典礼 예식 / 晚会 / 舞会 / 足球赛)
② 동사는 "比赛 시합(하다), 活动 활동(하다), 会谈 회담(하 다)"인 경우에만 "举行"을 씀.

(3) "举办(개최하다, 열다)"은 "举行"과 바꾸어 쓸 수 있지만, "회의를 열다, 진행하다 또는 "예식을 진행하다, 열다"는 뜻인 경우에는 "举办"을 쓸 수 없고, "举行"을 써야 함.
这次会议定于这周三举行。
이번 회의는 이번 주 수요일에 열기로 결정했다.
我们学校今天举行毕业典礼。
우리 학교는 오늘 졸업식을 한다.

(4) "과목, 교과과정 등을 열다, 개설하다[= 开设 kāishè]"는 뜻 인 경우에는 "举办"을 씀.
举办(课程 교과 과정, 커리큘럼 / 课 과목)

4급 신HSK VOCA

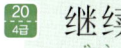
继续
jìxù

(동) 계속하다

虽然她的头很疼，但是也只能继续工作到很晚。

그녀는 머리가 아프지만, 어쩔 수 없이 늦게까지 일을 계속 해야 된다.

보카활용포인트

"继续"는 뒤의 목적어 자리에 동사성 어구가 와야 함.
继续(学习 공부(하다) / 工作 일(하다) / 开会 회의를 열다)

(1) 사회생활 Ⅰ

☐ 日常 rìcháng	일상적인	☐ 幸运 xìngyùn	행운 / 운이 좋다
☐ 接待 jiēdài	(손님을) 접대하다	☐ 碰见 pèngjiàn	우연히 만나다
☐ 迎接 yíngjiē	영접하다	☐ 问候 wènhòu	안부를 묻다
☐ 打交道 dǎjiāodao	교제하다	☐ 孝顺 xiàoshùn	효성스럽다
☐ 打招呼 dǎzhāohu	(가볍게) 인사하다	☐ 询问 xúnwèn	문의하다
☐ 招待 zhāodài	초청하다	☐ 过分 guòfèn	분수에 넘치다
☐ 体贴 tǐtiē	자상하게 돌보다	☐ 失去 shīqù	잃다
☐ 相处 xiāngchǔ	함께 지내다	☐ 耽误 dānwu	(시간을) 지체하다
☐ 分别 fēnbié	헤어지다	☐ 时髦 shímáo	유행(하다)
☐ 告别 gàobié	작별 인사를 하다	☐ 签字 qiānzì	서명하다
☐ 出色 chūsè	특출하다	☐ 不要紧 búyàojǐn	괜찮다
☐ 庆祝 qìngzhù	경축하다	☐ 不好意思 bùhǎoyìsi	부끄럽다
☐ 劳驾 láojià	미안하지만	☐ 有利 yǒulì	유리하다
☐ 沟通 gōutōng	(의사)소통하다	☐ 尊敬 zūnjìng	존경하다
☐ 教训 jiàoxun	꾸짖다	☐ 通常 tōngcháng	일반적이다

---

01 5급 日常 rìcháng

(형) 일상적인, 일상의

手机已经成为了我们日常生活的必需品。

핸드폰은 이미 우리의 일상생활의 필수품이 되었다.

*成为 chéngwéi ~이 되다

接待
jiēdài

(동) (손님을) 접대하다, 응접하다

这次来参加会议的人太多了，我们接待
不过来。

이번 회의에 참가하러 온 사람들이 너무 많아서 우리는 제대로 접대할 수 없다.

招待
zhāodài

(동) 초청하다, 초대하다, 접대하다, 환대하다

主人十分热情地招待了我们。

주인이 매우 친절하게 우리를 접대하였다.

> **보카 활용 포인트**
>
> "接待"와 "招待"는 모두 "사람을 잘 접대하다, 맞이하다"는 뜻의 동사이다. : 接待, 招待(客人 손님 / 来宾 내빈 / 我 나 / 代表团 대표팀) / 他们(热情地 친절하게 / 友好地 우호적으로 / 诚恳地 성실하게)接待, 招待我。

迎接
yíngjiē

(동) 영접하다, 맞이하다

总经理一大早就去机场迎接董事长了。

총지배인이 이른 아침에 공항으로 회장을 영접하러 갔다.

> **보카 활용 포인트**
>
> (1) "迎接"는 "어떤 장소에 가서 손님을 맞이하여 함께 오다"는 뜻이다.
> 我到机场迎接客人。
> 나는 공항에 손님을 영접하러 갔다.
> (2) "어떤 시기가 다가오는 것을 맞(이하)다" 또는 "어떤 일을 맞이하다"는 뜻으로도 쓸 수 있다.
> 迎接(春天的 / 节日的)到来 (봄 / 명절이) 다가오는 것을 맞이하다 / 迎接(胜利 승리 / 挑战 도전)

打交道
dǎjiāodao

(동) 왕래하다, 접촉하다, 교제하다, 상대하다

即使我不喜欢他，为了公司，也得和他
打交道。

내가 그를 좋아하지는 않지만, 회사를 위해서 그와도 상대해야 한다.

 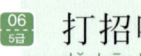

06 5급 **打招呼** dǎzhāohu	**(동)** (가볍게) 인사하다 他每次看见我，都亲切地和我打招呼。 그는 매번 나를 볼 때마다 언제나 친절하게 나에게 인사를 한다.
07 5급 **问候** wènhòu	**(동)** 안부를 묻다, 문안 드리다 如果你看见她的话，请代我向她问候。 당신이 그녀를 만나게 되면 나 대신 그녀에게 안부를 전해 주세요.
08 5급 **体贴** tǐtiē	**(동)** 자상하게 돌보다, 살뜰히 보살피다 作为领导，应该学会体贴自己的员工。 지도자는 당연히 자기 직원을 자상하게 돌보는 법을 배워야 한다.
09 5급 **相处** xiāngchǔ	**(동)** 함께 살다, 함께 지내다 作为一个团体的成员，我们应该友好相处。 단체의 구성원으로서 우리는 우호적으로 함께 잘 지내야 한다.
10 5급 **分别** fēnbié	**(동)** 헤어지다, 떨어져서 지내다, 이별하다 **(부)** 각각, 각자, 제각기 = 各自 gèzì 他们母子分别已经快两年了。 그들 모자가 떨어져서 지낸 지 벌써 2년이 다 되어간다. 我们三个人分别坐出租车和骑自行车进城。 우리 세 사람은 각자 택시와 자전거를 타고 시내에 갔다.
11 5급 **告别** gàobié	**(동)** 헤어지다, 작별 인사를 하다 他没和我们告别，就自己离开了。 그는 나에게 작별 인사를 하지 않고 혼자 떠났다.

我后天就要回家乡了，所以去找王老师告别。

나는 모레 고향으로 돌아가기 때문에, 그래서 작별인사 드리러 왕 선생님을 찾아갔다.

出色
chūsè

(형) 뛰어나다, 특출하다, 훌륭하다, 보통을 뛰어넘다

作为作家，他很出色，但是做老师却不怎么好。

그는 작가로서는 매우 뛰어나지만 교사로서는 별로 좋지 않다.

庆祝
qìngzhù

(동) 경축하다, 축하하다

今天全国人民欢聚一堂，庆祝建国60周年。

오늘 전 국민이 기쁘게 함께 모여서 건국 60주년을 경축했다.

*欢聚一堂 huānjùyìtáng 즐겁게 한자리에 모이다. 기쁘게 함께 모이다.

> **보카 활용포인트**
> (1) "庆祝"는 "경축하다, 축하하다"는 뜻으로 보통 "국경절과 같이 비교적 큰일을 다 함께 축하함"을 나타낸다. : 庆祝(国庆节 국경절/ 节日 명절/ 丰收 풍작/ 胜利 승리)
> (2) "생일, 결혼, 성공 등을 축하하다"는 뜻으로는 보통 "祝贺(zhùhè)"를 쓴다. : 祝贺(生日 생일/ 结婚 결혼/ 成功 성공/ 取得了头奖 일등상을 탄 것)

劳驾
láojià

미안하지만, 수고스럽지만

劳驾哪位乘客给这位老人让一下座。

(죄송하지만) 승객 여러분께서 이 노인분께 자리를 양보해 주시기 바랍니다.

> **보카 활용포인트**
> "劳驾"는 "죄송하지만, 미안하지만, 수고스럽지만 (~해 주세요)"라는 뜻으로 "상대방에게 무엇을 부탁하거나 어떤 일을 시킬 때" 문장 맨 앞에 쓰인다. "麻烦你(máfan nǐ)~"와 바꾸어 쓸 수 있다.

15
5급
沟通
gōutōng

(동) (의사)소통하다, 교류하다

作为一个作家，应该经常与读者进行沟通。

작가라면 독자와 늘 교류를 해야 한다.

16
5급
教训
jiàoxun

(동/명) 훈계하다, 꾸짖다 / 교훈

儿子被爸爸教训了一顿。

아들은 아버지께 꾸지람을 한 번 들었다.

她从经验教训中认识到最好不要相信
任何人。

그녀는 경험과 교훈에서 역시 어떤 사람도 믿지 않는 것이
제일 좋은 것이라는 걸 깨달았다.

> **보카활용포인트**
> "教训"은 동사서술어로 쓰는 경우 "훈계하다, 꾸짖다"는 뜻으로
> "批评(pīpíng), 责怪(zéguài), 责备(zébèi)" 등과 바꾸어 쓸
> 수 있다.

17
5급
幸运
xìngyùn

(형/명) 운이 좋다 / 행운 不幸 불행하다

他很幸运，刚进公司一个月就升职了。

그는 회사에 들어온 지 한 달 밖에 안 되었는데 승진하다니
참 운이 좋다.

18
5급
碰见
pèngjiàn

(동) 우연히 만나다, 뜻밖에 조우하다

我在大街上偶然碰见了她。

나는 큰 길에서 우연히 그녀를 만났다.

19
5급
孝顺
xiàoshùn

(형/동) 효성스럽다, 효도하다 不孝 불효하다

结婚以后，你要好好孝顺公婆。

결혼하고 나면 너는 시부모님에게 효도를 잘해야 한다.

*公婆 gōngpó 시부모

20 5급 **询问**
xúnwèn

(동) 문의하다, 알아보다

我看见警察在询问他的名字和地址。

나는 경찰이 그에게 이름과 주소를 묻고 있는 것을 보았다.

> **보카 활용포인트**
>
> "询问"은 "문의하다, 알아보다"는 뜻으로 "상대방에게 어떤
> 상황이나 일 등에 대해 의견을 물어 봄"을 나타내고, 打听
> (dǎtīng)"과 바꾸어 쓸 수 있다.
> 询问(情况 상황 / 意见 의견 / 状况 상황 / 病情 병세 / 事
> 일 / 时间 시간)

21 5급 **过分**
guòfèn

(형) 분수에 넘치다, (말이나 행동이) 정도에 지나
치다, 과분하다.

他的话虽然有些过分, 但是还是有道理的。

그의 말이 비록 좀 지나치기는 하지만 그래도 일리가 있어.

22 5급 **失去**
shīqù

(동) 잃다, 잃어버리다, 잊어버리다

(반) 得到, 获得, 取得 얻다, 받다

他失败了很多次, 但是他并没有失去信心。

그는 여러 번 실패 를 했지만 결코 자신감은 잃어버리지 않
았다.

> **보카 활용포인트**
>
> "失去"와 "丢"는 둘 다 "잃다, 잃어버리다"는 뜻이다.
> (1) "失去"는 "잃(어버리)다"는 뜻으로 뒤에 사람과 관련된 추상
> 적인 목적어가 오고, 구체적인 사물 목적어가 올 수 없다.
> 失去(机会 기회 / 信心 자신감/ 信仰 신앙/ 友谊 우정 /
> 爱情 사랑 / 朋友 친구 / 亲人 가족, 친척 / 知觉 의식, 감
> 각 / 权利 권리 / 精神支柱 정신적 지주)
> (2) ① "구체적인 물건이나 사물을 잃(어버리)다"는 뜻으로 쓰는
> 경우 "丢(diū)"를 쓴다. : 丢了我的(钱包 지갑 / 东西
> 물건 / 帽子 모자 / 书 책 / 孩子 아이)
> ② 부정 형태로 쓰는 경우 반드시 "不 + 조동사 + 丢"의 형
> 태로 쓰거나 "从来不 + 丢"의 형태로 써야 한다.
> 不要丢了 잃어버리지 말아라 / 别丢了 잃어버리지 말
> 아라 / 不会丢的 잃어버리지 않을 것이다 / 千万不能
> 丢了 절대로 잃어버리면 안 된다

> 我从来不丢什么东西。
> 나는 여태껏 물건 같은 것을 잃어버리지 않았다.
> ③ "丢"는 "체면을 깎이다, 망신당하다, 창피당하다"는 뜻으로 쓰인다.
> 丢(人 / 面子 / 脸) 체면을 깎이다, 망신당하다, 창피당하다
> ④ "丢"는 "(내) 던지다, 내버리다[= 扔(rēng)]"는 뜻으로도 쓰인다.
> 你不要随便丢垃圾。
> 너는 함부로 쓰레기를 버리지 말아라.

---

23 **5급** **耽误**
dānwu

(동) ① (시간을) 지체하다, 늦다, 시간을 허비하다
② (일을) 망치다, 그르치다, 시기를 놓치다.

工作再忙，也不能耽误学习。
일이 더 바쁘더라도 공부를 소홀히 해서는 안 된다.

路上堵车，耽误了三个小时。
길에 차가 막혀서 세 시간을 허비했다.

---

24 **5급** **时髦**
shímáo
= 流行

(형/명) 유행(하다), 현대적(이다), 최신식(이다)

她穿了一件非常时髦的衣服。
그녀는 최신 유행하는 옷을 입었다.

---

25 **5급** **签字**
qiānzì

(동) 서명하다, 사인하다

我们一定要仔细地看一遍合同，再签字。
우리는 자세하게 계약서를 한 번 보고나서 서명해야 한다.

---

26 **5급** **不要紧**
búyàojǐn

(형) ① (일 등이) 괜찮다, 문제 없다 (= 没事儿, 没关系)
② (병이) 심하지 않다 (= 不严重)

父母自己苦一点儿不要紧，但是不能苦了孩子。
부모는 자신이 고생하는 것은 상관없지만, 자녀들을 고생시키지는 못한다.

你的病不要紧，只要按时吃药就会好的。

네 병은 심하지 않아서 시간에 맞춰서 약을 먹는다면 곧 좋아질 거야.

*按时 ànshí 제때에, 시간에 맞추어

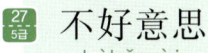

27
5급

不好意思
bùhǎoyìsi

(형) ① 부끄럽다, 쑥스럽다, 창피스럽다, (체면 때문에) ~하기가 곤란하다
② 미안하다 (= 对不起)

我想约她去吃饭，但是不好意思开口。

나는 그녀랑 식사 약속을 하고 싶지만 입을 열기가 쑥스럽다.

今天晚上我突然有事不能去了，真的不好意思。

오늘 저녁에 나는 갑자기 일이 생겨서 갈 수가 없어. 정말 미안해.

28
5급

有利
yǒulì

(형) 유리하다, 유익하다

他们提出的这些条件对我们非常有利。

그들이 제시한 이러한 조건들은 우리들에게 매우 유리하다.

*条件 tiáojiàn 조건

> **보카활용포인트**
> "有利"는 "유리하다, 유익하다"는 뜻으로 "对 ~ 有利" 또는 "有利于~" 형태로 쓰인다.

29
5급

尊敬
zūnjìng

(동) 존경하다

这些学生很尊敬他们的老师。

이 학생들은 그들의 선생님을 매우 존경한다.

30
5급

通常
tōngcháng

(형) 통상적이다, 일반적이다 (= 一般)

他们通常在周末才能见面。

그들은 보통 주말에야 만날 수 있다.

通常"은 "통상적이다, 일반적이다"의 뜻으로 보통 "서술어 앞" 또는 "전치사 구 앞"의 부사어 자리에 쓰고, "**一般**"과 바꾸어 쓸 수 있다.

(2) 사회생활 Ⅱ

☐ 强烈 qiángliè	강렬하다	☐ 安装 ānzhuāng	설치하다
☐ 激烈 jīliè	격렬하다	☐ 振动 zhèndòng	진동하다
☐ 强调 qiángdiào	강조하다	☐ 延长 yáncháng	연장하다
☐ 必需 bìxū	꼭 필요로 하다	☐ 提倡 tíchàng	제창하다
☐ 利用 lìyòng	이용하다	☐ 升 shēng	오르다
☐ 应用 yìngyòng	응용하다	☐ 光临 guānglín	왕림(하다)
☐ 运用 yùnyòng	운용하다	☐ 挂号 guàhào	수속을 밟다
☐ 模仿 mófǎng	모방하다	☐ 基本 jīběn	기본(의)
☐ 管理 guǎnlǐ	관리(하다)	☐ 拥挤 yōngjǐ	붐비다
☐ 交换 jiāohuàn	교환(하다)	☐ 悠久 yōujiǔ	오래되다
☐ 落后 luòhòu	낙후되다	☐ 流传 liúchuán	널리 퍼지다
☐ 移动 yídòng	이동(하다)	☐ 传染 chuánrǎn	감염하다
☐ 接近 jiējìn	가깝다	☐ 传播 chuánbō	전파하다
☐ 挑战 tiǎozhàn	도전하다	☐ 充满 chōngmǎn	충만하다
☐ 排队 páiduì	줄을 서다	☐ 糟糕 zāogāo	아뿔사
☐ 拦 lán	(가로)막다	☐ 注册 zhùcè	등록(하다)

01
5급
强烈
qiángliè

(형) (빛, 색깔, 감정 등이) 강렬하다, 뚜렷하다, (힘이) 세차다, 강하다, (태도가) 강경하다, 치열하다

双方的父母都强烈反对他们结婚。
양측 부모님이 그들의 결혼을 강경하게 반대했다.

激烈
jīliè

(형) (시합, 전쟁, 경쟁 등이) 격렬하다, 치열하다

如你所知, 这次比赛的竞争十分激烈。
네가 아는 바와 같이 이번 대회의 경쟁은 매우 치열했다.

*竞争 jìngzhēng 경쟁하다

强调
qiángdiào

(동) 강조하다

国家一直在强调酒后驾车的危害性。
국가에서 줄곧 음주운전의 위험성에 대해 강조하고 있다.

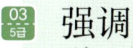

"强烈", "激烈", "强大"는 모두 "강하다(强)"는 뜻이고, "强调"
는 "강조하다"는 뜻이다.
(1) ① "强烈"는 "강하다, 강렬하다" 는 뜻으로 " 정도나 힘이 매
우 강하다, 세다"는 뜻의 형용사이다.
(地震 지진 / 阳光 햇볕) 很强烈。
② "强烈"는 주로 "빛, 색깔, 감정 등이 강하다, 강렬하다" 뜻
으로 쓴다.
(光线 빛 / 色彩 색깔, 색채 / 感情 감정 / 求知欲望 지
식을 추구하는 욕구, 욕망) 很强烈。 / 强烈的(愿望 바
람 / 反应 반응 / 反响 반향)
(2) "激烈(jīliè)"는 "치열하다"는 뜻으로 "두 명 또는 여러 명이
함께 하는 시합과 같은 상황에서 분위기가 매우 열띠고 격렬
함"을 나타내는 경우에 쓰이는 형용사이다.
(比赛 시합, 경기 / 战争 전쟁 / 战斗 전투 / 竞争 경쟁) 很
激烈。
(3) "강대하다, 강하다"는 뜻으로 "국가나 단체의 힘(力)이 매우
강하고 크다"는 뜻인 경우 형용사 "强大(qiángdà)"를 쓴다.
(国家的 국가의 / 祖国 조국 / 人民的 사람들의 / 军事
군사)力量很强大。
(4) "강조하다"는 뜻으로 "어떤 부분에 특히 더 중점을 두어 설명
하여 사람들의 중시와 주의를 끌어내는 것"을 나타내는 경우
동사 "强调(qiángdiào)"를 쓴다.
强调(重要性 중요성 / 这一点 이점) / 反复强调 반복해
서 강조하다

必需
bìxū

(동) 꼭 필요로 하다 多余 쓸데없는, 필요없는

我们学习外语的时候, 词典是必需的。
우리가 외국어를 공부할 때는 사전이 꼭 있어야 한다.

 利用
lìyòng

(동) 이용하다, 활용하다

上学的时候，我常常利用业余时间打工。

학교를 다닐 때 난 항상 여가시간을 활용해서 아르바이트를
했다.

*业余 yèyú 여가, 업무외

 应用
yìngyòng

(동) 사용하다, 응용하다, 쓰다

这种新技术已经被广泛应用于各种行业。

이러한 새로운 기술은 이미 각종 분야에서 광범위하게 응용
되고 있다.

*广泛 guǎngfàn 광범위하다
*行业 hángyè 직업, 업종

 运用
yùnyòng

(동) (방법, 기술, 단어 등을) 사용하다, 운용하다,
활용하다

你们要运用自己的技术来解决这个问题。

너희들은 자신의 기술을 활용해서 이 문제를 해결해야 한다.

> **보카 활용포인트**
> "利用", "应用", "运用"은 모두 "사용하다(用)"는 뜻이다.
> (1) ① "利用"은 "어떤 시간이나 기회 또는 사물을 이용해서 좋은
>   효과나 이익을 얻음"을 나타낸다. : 利用(时间 시간 / 机
>   会 기회 / 资源 자원 / 人际关系 인간관계)
>   ② "구체적인 도구나 물건을 사용해서 어떤 일이나 동작을 하
>   다"는 뜻인 경우 "利用"은 쓸수 없고, "用"을 쓴다.
>   **我用辞典查生词。**
>   나는 사전을 이용해서 새로운 단어를 찾는다.
>   **他用圆珠笔写字。** 그는 볼펜으로 글씨를 쓴다.
> (2) "应用"은 "새로운 기술, 새로운 방법, 새로운 기계 등을 사용
>   하다"는 뜻이다.
>   **应用**(新技术 새로운 기술 / 新方法 새로운 방법 / 新设
>   计 새로운 설계 / 新机器 새 기계)
>   **广泛应用** 광범위하게 사용하다
> (3) "运用"은 "기술, 방법, 단어, 경험, 컴퓨터 등을 사용하다"는
>   뜻이다. : 运用(技术 기술/ 方法 방법 / 手段 수단 / 手法
>   기법, 솜씨, 기교/ 词汇 단어 / 管理系统 관리 계통/ 经验
>   경험 / 过程 과정 / 程序 순서, 절차, 단계 / 计算机 컴퓨터
>   / 电脑 컴퓨터)

08 5급 模仿
mófǎng

(동) 모방하다, 흉내 내다, 본뜨다

他非常善于模仿别人的言行。
그는 다른 사람의 언행을 흉내내는 것을 매우 잘한다.

---

09 5급 管理
guǎnlǐ

(동/명) 관리(하다), 관할(하다)

他管理这家公司已经三年了。
그가 이 회사를 관리한지 이미 3년이 되었다.

---

10 5급 交换
jiāohuàn

(동/명) 교환(하다), 바꾸다

他们就这个项目互相交换了计划。
그들은 이 사항에 대해서 서로 계획을 교환했다.

---

11 5급 落后
luòhòu

(동) 낙오하다, 뒤떨어지다, 낙후되다
(반) 进步 진보(하다), 진보적이다

因为长时间生病, 他的功课落后了很多。
오랜 기간 동안 아팠기 때문에 그는 공부가 많이 뒤쳐졌다.

---

12 5급 移动
yídòng

(동/명) 이동(하다)

一股冷空气正从北方向这里移动。
차가운 기단이 북쪽에서 이곳으로 이동하고 있다.

---

13 5급 接近
jiējìn

(동/형) 접근하다, 가까이 하다, 가깝다, 비슷하다

这几个孩子的年龄很接近。
이 몇몇 아이들의 나이는 비슷하다.

---

14 5급 挑战
tiǎozhàn

(동) (적, 일, 기록 갱신 따위에) 도전하다
(반) 应战 도전을 받다

他站在赛场上, 向世界纪录发起了挑战。
그는 경기장에 서서 세계기록에 대한 도전을 시작했다.

*发起 fāqǐ (행동)개시하다. 발동하다. 시작하다. (일)제안하다. 앞
장서서 제창하다

15
5급 排队
páiduì

(동) 정렬하다, 줄을 서다, 열을 짓다

为了上班，我每天必须在公共汽车站排队。

나는 매일 출근하기 위해 버스정류장에서 줄을 서야 한다.

16
5급 拦
lán

(동) (가로)막다, 저지(방해)하다, 차단하다

警卫在大门口拦住了他。

경비원이 정문 입구에서 그를 막았다.

*警卫 jǐngwèi 경호원, 경비원

17
5급 安装
ānzhuāng

(동) 놓다, 가설하다, 설치하다, 조립하다
(반) 拆卸 chāixiè 분해(해체)하다

我们得请工人来安装空调。

우리는 기사를 불러 에어컨을 설치해야 한다.

18
5급 振动
zhèndòng

(동) 진동하다, 흔들다

这只小鸟最后振动了一下翅膀，就再也飞不起来了。

이 작은 새는 마지막으로 날개를 한번 펄럭이더니 다시는 날아오르지 못했다.

*翅膀 chìbǎng (새, 곤충)날개

19
5급 延长
yáncháng

(동) 늘이다, 연장하다 (반) 缩短 단축하다, 줄이다

如果想要留下来，你必须申请延长签证有效期。

만약 남고 싶다면 너는 비자 유효기간 연장을 신청해야만 한다.

 보카 활용 포인트

"延长"은 "길이나 시간을 늘이다, 연장하다"는 뜻이다.
延长(三个小时 세 시간 / 两百多米 이 백여 미터 / 寿命 수명 / 这条线 이 선 / 期限 기한 / 路线 노선)
(留学时间 유학시간 / 下课时间 수업이 끝나는 시간 / 签证的期限 비자의 기한)延长了。

404

20
5급
提倡
tíchàng

(동) 제창하다, 부르짖다

现在全国都在提倡说普通话。

현재 전국에서 표준어 말하기를 제창하고 있다.

> **보카활용포인트**
>
> "提倡"은 "제창하다"는 뜻으로 "사물의 좋은 점을 모두에게 사용하거나 실행하도록 격려하고 북돋워 주는 것"을 나타낸다.
> 提倡(节约 절약 / 好精神 좋은 정신 / 说普通话 표준어를 쓰는 것 / 晚婚晚育 늦게 결혼하여 출산을 늦추는 것)

21
5급
升
shēng

(동) ① 오르다, 올라가다, (높이) 뜨다
② (등급 등을) 올리다, 높이다, 승급(진급)하다
(반) 降 떨어지다, 내리다

太阳终于升起来了。

태양이 마침내 떠올랐다.

不到一年, 他就被提升为部门经理。

일 년도 채 안 돼서 그는 계열 사장으로 승진했다.

> **보카활용포인트**
>
> (1) "升"은 "낮은 곳에서 높은 곳으로 이동함"을 나타낸다
> (月亮 달이 뜨다 / 太阳 태양이 뜨다 / 飞机 비행기가 뜨다 / 气球 기구가 올라가다 / 风筝 연 / 水位 수위가 올라가다 / 血压 혈압 / 温度 온도 / 气温 기온)升高了。
> 国旗升起了 국기를 높이 올리다. 게양하다
> (2) "升"은 "등급이 올라가다, 등급을 올리다" 는 뜻으로 쓰인다.
> 升(级 / 官) 승진하다, 승급하다 / 电脑系统升级 컴퓨터를 업그레이드 시키다 / 升一级 한 등급을 올리다

22
5급
光临
guānglín

(동/명) 왕림(하다), 오다

您的光临使我们感到无比荣幸。

당신이 와주신 것이 우리들에게 더할 나위 없는 영광입니다.

*无比 wúbǐ 비할 바가 없다

23
5급
挂号
guàhào

(동) (병원 같은 곳에서) 접수시키다, 신청하다, 등록하다, 수속을 밟다

我去医院看病，但是不知道应该在哪里挂号。

나는 병원에 진찰받으러 갔지만 어디서 접수해야 하는지 몰랐다.

24
5급
注册
zhùcè

(동/명) (단체, 관련 기관, 학교 등에) 등록(하다), 등기(하다)

新生报到注册已经结束了。

신입생 도착신고 등록이 이미 끝났다.

*报到 bàodào　도착신고를 하다

>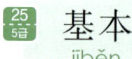
> "挂号"와 "注册"는 둘 다 "등록하다"는 뜻이다.
> (1) "挂号"는 보통 "병원에서 접수하다, 수속하다, 등록하다"는
> 뜻으로 "순서에 따라 번호를 매겨 등록하는 것"을 말한다. :
> **挂号处** 접수처 / **挂号费** 접수비 / **去挂个号** 접수를 하러
> 가다
> **患者一般看病得先挂号。**
> 환자가 보통 진찰을 받으려면 우선 접수를 해야 된다.
> (2) "관련 기관, 단체, 학교에서 등록하다"는 뜻인 경우에는 "注
> 册 zhùcè"를 쓴다. : **注册这个学期** 이 번학기를 등록하다
> / **注册商标** 상표를 등록하다
> **在管理监督局注册药品。** 관리 감독국에서 약품을 등록하다.

25
5급
基本
jīběn

(형/부/명) 기본의, 근본(기본)적인 / 대체로, 거의, 대부분 / 기본, 근본

他一个月的基本工资只有三千元。

그의 한달 기본급은 3천위엔 밖에 안 된다.

大家基本同意你的建议，但是仍有几个小问题。

모두가 대부분 네 제안에 동의는 했지만, 여전히 몇 가지 작은 문제가 있다.

26
5급
拥挤
yōngjǐ

(동) ① 붐비다, 혼잡하다
　　② 한데(한 곳으로) 모이다

道路十分拥挤, 汽车无法通行。
도로가 대단히 혼잡해서 자동차가 움직일 방법이 없다.

请排队上车, 不要拥挤。
줄을 서서 승차해 주시고 밀지 마세요.

27 5급

悠久
yōujiǔ

(형) 유구하다, 오래되다, 장구하다.

中国是一个有着悠久历史的东方国家。
중국은 유구한 역사가 있는 동방국가이다.

> **본카 활용포인트**
> "悠久"는 "역사 · 전통 · 문화 · 민족 등이 오래되다, 유구하다"는
> 뜻으로 쓰인다.
> (历史 역사 / 传统 전통 / 文化 문화 / 民族 민족)很悠久。
> (具有/有着)悠久的历史。 유구한 역사를 가지고 있다.

28 5급

流传
liúchuán

(동) (사적, 작품, 민간예술 등이) 널리 퍼지다, 널리 전하다

这个故事已经流传了三百多年了。
이 이야기는 이미 300 여 년간 널리 전해졌다.

> **본카 활용포인트**
> "流传"은 "사적, 작품 등이 과거, 현재, 미래로 전해 내려오면서
> 널리 퍼지다 "는 뜻이다. : 流传(民间故事 민간 이야기 / 文学
> 作品 문학작품 / 太极拳 태극권)
> 流传(后世 후대에 전해지다 / 已久了 전해진지 오래되었다 /
> 网上 인터넷상으로 전해지다)

29 5급

传染
chuánrǎn

(동) ① (바이러스 따위를) 전염하다, 감염하다, 옮(기)다 ② (감정이나 악습 등이) 전염하다

为了防止传染, 所有的人都被隔离了。
감염을 막기 위해서 모든 사람들이 격리되었다.

*隔离 gélí 격리시키다

> **본카 활용포인트**
> ⑴ "传染"은 "병균이나 바이러스 등의 병원체가 병이 있는 생물
> 체로부터 다른 생물체로 침입한 것"을 나타낸다.

传染(病 병 / 病毒 바이러스)
这种病都传染给孩子了。
이 병은 이미 아이에게 전염되었다.
(2) "传染"은 "어떤 기분이나 감정, 행위 등이 다른 사람에게 전해지는 것"을 나타낸다.
不好的情绪容易传染给别人。
나쁜 기분은 쉽게 다른 사람에게 전염이 된다.

30
5급
传播
chuánbō

(동) 전파하다, 널리 퍼뜨리다

他经常到一些落后的山村传播科学知识。
그는 항상 낙후된 산골마을에 과학, 지식을 전파했다.

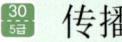

"传播"는 "새로운 경험이나 선진기술, 지식, 소식, 사상, 세균 등을 널리 퍼뜨리다"는 뜻이다. : 传播(种子 종자, 씨앗 / 花粉 꽃가루 / 细菌 세균 / 先进经验 선진경험 / 知识 지식 / 新文化 신문화 / 先进事迹 선진사적 / 新思想 새로운 사상 / 消息 소식 / 爱心 사랑하는 마음)

31
5급
充满
chōngmǎn

(동) ① (자신감과 같이 추상적인 것이) 가득 차다, 충만하다 ② (어떤 장소에 소리나 냄새로) 가득하다, 가득하다

此刻，我们的心里都充满了希望。
이 시간, 우리의 마음은 모두 희망으로 가득 차 있다.

(1) "充满(충만하다)"는 "가득 차 있다, 어디든지 다 있다, 충분히 가지고 있다"는 뜻의 동사이다. 반드시 뒤에 목적어가 와야 하는데, 주로 추상적인 목적어가 온다. 또한 "充满"은 부정부사 "不", "没" 등 과 함께 쓸 수 없고 반드시 긍정형태로 써야 한다. : 充满了(信心 자신감 / 力量 힘 / 幻想 환상 / 节日气氛 명절 분위기 / 热情 열정 / 向往 동경, 그리움)
(2) "充满"은 "어떤 장소에 소리나 냄새로 가득 차다, 충만하다", "눈에 눈물로 가득 차다"는 뜻으로도 쓰인다.
充满了(声音 소리 / 笑声 웃음소리 / 气味 냄새)
眼里充满了泪水 눈에 눈물로 가득 차다 [뒤에 목적어가 와야 함]

32 **5급** 糟糕
zāogāo

(동) 못쓰게 되다, 엉망이 되다, 망치다 / 아뿔사, 야단 났군, 제기랄

今天是我一生中最糟糕的一天。
오늘은 내 일생에서 가장 형편없는 하루였다.

(3) 사회생활 Ⅲ

☐ 命令 mìnglìng	명령(하다)		☐ 去世 qùshì	사망하다
☐ 遵守 zūnshǒu	준수하다, 지키다		☐ 残疾 cánjí	불구가 되다
☐ 参考 cānkǎo	참고(하다)		☐ 救 jiù	구하다
☐ 参与 cānyù	참여하다		☐ 烂 làn	썩다, 부패하다
☐ 促进 cùjìn	촉진시키다		☐ 拦 lán	(가로)막다
☐ 创造 chuàngzào	창조하다		☐ 胜利 shènglì	승리(하다)
☐ 冒险 màoxiǎn	모험(하다)		☐ 统治 tǒngzhì	통치(하다), 지배(하다)
☐ 体现 tǐxiàn	구현하다		☐ 预防 yùfáng	예방하다
☐ 保险 bǎoxiǎn	안전(하다)		☐ 和平 hépíng	평화(롭다)
☐ 妨碍 fáng'ài	지장(을 주다)		☐ 训练 xùnliàn	훈련하다
☐ 侵略 qīnlüè	침략(하다)		☐ 承受 chéngshòu	감당하다
☐ 射击 shèjī	사격(하다)		☐ 改善 gǎishàn	개선하다
☐ 躲藏 duǒcáng	(도망쳐) 숨다		☐ 改正 gǎizhèng	개정하다
☐ 逃 táo	달아나다		☐ 改革 gǎigé	개혁하다
☐ 逃避 táobì	도피하다		☐ 改进 gǎijìn	개선하다
☐ 避免 bìmiǎn	피하다		☐ 修改 xiūgǎi	바로잡아 수정하다
☐ 杀 shā	죽이다			

01 **5급** 命令
mìnglìng

(동/명) 명령(하다)

军人应该绝对服从命令。
군인들은 명령에 절대 복종을 해야 한다.

5급 신HSK VOCA

02
5급
遵守
zūnshǒu

(동) (법, 제도, 규정 등을) 준수하다, 지키다

每个人都要遵守国家的法规和制度。
모든 사람들은 국가의 법규와 제도를 준수해야 한다.

 보카 활용포인트

"遵守"는 "규정에 따라서 행동함"을 나타낸다.
遵守(规定 규정 / 制度 제도 / 规则 규칙 / 约定 약속, 약정
한 것 / 承诺 약속 / 协议 협의 / 公共秩序 공공질서 ...)

03
5급
参考
cānkǎo

(동/명) 참고(하다), 참조(하다)

보카 활용포인트

"参考"는 "공부하거나 연구하기 위해 해당 부분을 찾아서 열람
하거나 관련 자료를 이용하는 것"을 말한다. : **参考**(教材 교재
/ 资料 자료 / 材料 자료 / 书 책 / 意见 의견 / 你的主意 네
생각 / 咨询 자문 / 研究 연구 / 消息 소식)

04
5급
参与
cānyù

(동) 참여하다, 관여(개입, 참견)하다

我非常想参与这次的计划。
나는 정말 이번 계획에 참여하고 싶다.

보카 활용포인트

(1) "参与"는 "일의 계획, 토론, 처리 등에 참가하여 함께 활동하
다"는 뜻으로 단체 활동과 관련된 낱말과 함께 쓰인다.
参与(工作 일 / 国政 국정 / 运动 운동 / 谈话 이야기 / 讨
论토론 / 别人的事情 남의 일에 참견하다)
参与(销售计划 판매계획 / 作战 작전, 전투)
(2) 주로 "개인이 어떤 단체나 조직에 몸을 담는 것"을 나타내는
경우 "参与"를 쓸 수 없고 "参加"를 쓴다.
我参加了一个经济集团。 나는 경제단체에 참가했다.

05
5급
促进
cùjìn

(동) 촉진하다, 촉진시키다, 발전시키다
(반) **促退** 후퇴시키다, 퇴보를 재촉하다

这个突发事件促进了他们之间的友谊。
이번 돌발사건은 그들 사이의 우의를 발전시켰다.

보카활용포인트

"促进"은 '발전, 교류, 일 등을 재촉하여 빨리 앞으로 나아가게 함'을 나타낸다. : 促进(发展 발전 / 交流 교류 / 生产 생산 / 团结 단결 / 工作 일 / 作用 작용, 기능 / 两国关系正常化 양국 관계의 정상화 / 两国的友谊 양국의 우의)

06
5급
创造
chuàngzào

(동) 만들다, 세우다, 창조하다

奥运会上，他创造了新的世界纪录。
올림픽에서 그는 세계 신기록을 세웠다.

 보카활용포인트

(1) "创造"는 "전에 없던 새로운 방법을 생각해 내거나 또는 새로운 이론을 세우다"는 뜻으로 대부분 추상적인 목적어와 함께 쓴다. : 创造(好方法 좋은 방법 / 新理论 새로운 이론 / 科学 과학 / 美好生活 아름다운 생활 / 新景象 새로운 모습, 양상)
(2) "创造"는 "새로운 성적이나 기록을 내다, 세우다"는 뜻으로 쓸 수 있다. : 创造(新纪录 신기록 / 新的世界纪录 새로운 세계기록 / 奇迹 기적 / 好成绩 좋은성적)

07
5급
冒险
màoxiǎn

(명/동) 모험(하다), 위험을 무릅쓰다 [뒤에 목적어가 올 수 없음]

他讲述了自己在非洲的冒险经历。
그는 자신이 아프리카에서의 모험했던 경험을 이야기했다.

*讲述 jiǎngshù 이야기하다, 진술하다, 서술하다
*经历 jīnglì 경험, 경력

08
5급
体现
tǐxiàn

(동) 구현하다, 체현하다

他的行动体现了他的爱国主义精神。
그의 행동은 그의 애국정신을 구체적으로 보여주었다.

 보카활용포인트

(1) "体现"은 "어떤 성질, 정신, 사상, 현상 등이 사물에 구체적으로 표현되는 것"을 말한다. : 体现(意志 의지 / 崇高精神 숭고한 정신 / 时代精神 시대정신 / 美德 미덕 / 热爱 사랑 / 新变化 새로운 변화 / 风格 풍격, 스타일 / 思想 사상)

보카 활용포인트

(1) "体现"은 "어떤 성질, 정신, 사상, 현상 등이 사물에 구체적으로 표현되는 것"을 말한다. : 体现(意志 의지 / 崇高精神 숭고한 정신 / 时代精神 시대정신 / 美德 미덕 / 热爱 사랑 / 新变化 새로운 변화 / 风格 풍격, 스타일 / 思想 사상)
(2) "사람이 직접 자신의 어떤 정신을 표현하다"는 뜻인 경우 "体现"을 쓸 수 없고, "表现"을 써야 한다.
他在小说中表现了民族精神。
그는 소설 속에서 민족 정신을 표현했다.
(3) "体现"은 "很好"와 함께 쓸 수 없으며, "자신을 남에게 드러내다, 표현하다"는 뜻인 경우에도 쓸 수 없고, 이 경우 "表现"을 쓴다.
表现很好 표현을 아주 잘한다, 표현이 좋다
他喜欢表现自己。그는 자신을 드러내는 것을 좋아한다.

09
5급
保险
bǎoxiǎn

(형/명/동) 안전하다 (= 安全) / 보험 / 장담하다, 보증하다, 틀림없다고 확인하다 (= 担保)

你把东西放在我这里，肯定十分保险。
네 물건을 나한테 맡기면 틀림없이 아주 안전할 거야.

保险公司将对这次事故展开调查。
보험회사에서 이 사고에 대해 조사를 할 것이다.

你如果听他的话，就保险不会出什么问题。
네가 그의 말을 듣는다면, 어떤 문제도 일어나지 않을 거라는 것을 장담한다.

10
5급
妨碍
fáng'ài

(동/명) 지장(을 주다), 방해(하다)

他们没完没了的谈话妨碍了我的学习。
그들은 끝도 없이 이야기를 해서 우리들의 공부를 방해했다.

11
5급
侵略
qīnlüè

(동/명) 침략(하다)

我们永远都不会忘记那些被侵略的历史。
우리들은 침략당한 역사를 영원히 잊을 수 없을 것이다.

12
5급
射击
shèjī

(동/명) 총을 쏘다, 사격(하다)

在这次的射击比赛中，他获得了第一名。
이번 사격대회에서 그가 일등을 했다.

---

*获得 huòdé 얻다, 취득하다, 획득하다

躲藏
duǒcáng
(동) (도망쳐) 숨다, 피하다

无论你躲藏到什么地方，我都能找到你。

네가 어디에 숨든지 상관없이, 나는 너를 찾아낼 수 있다.

逃
táo
(동) 달아나다, 도망치다, 도피하다

(반) 追 쫓다, 추구하다, 따라잡다

为了不被爸爸打，我从家里逃了出来。

아빠에게 맞지 않기 위해서 나는 집에서 도망쳐 나왔다.

> **보카 활용포인트**
>
> (1) "逃"는 "도망가다, 달아나다"는 뜻으로 "어떤 사람이 불리한 상황이나 일을 모면하기 위해 자신이 있던 장소에서 급히 떠나는 것"을 말하고, 반드시 사람 주어가 와야 한다.
> (2) "逃"는 "도피하다(逃避)"는 뜻으로도 쓸 수 있다.
> 逃学 학교를 무단결석하다, 수업을 땡땡이 치다
> 逃命 구사일생으로 살아나다, 목숨만 겨우 건지다, 생명의 위험에서 벗어나다
> 逃债 빚쟁이를 피해 도망치다, 빚을 떼어 먹고 달아나다
> 逃荒 기근으로 인하여 살던 곳을 버리고 다른 곳으로 떠나다

逃避
táobì
(동) 도피하다

你不要再逃避了，应该面对现实了。

너는 더 이상 도피하지 말고, 현실을 직시해야 한다.

避免
bìmiǎn
(동) 피하다, 면하다, 모면하다

为了避免发生事故，开车时一定要注意安全。

사고가 나지 않게 하기 위해서는 운전을 할 때 안전에 주의해야 한다.

> **보카 활용포인트**
>
> "逃避"와 "避免"은 모두 "피하다"는 뜻이다.
> (1) "逃避"는 (도)피하다"는 뜻으로 "바라지 않거나 접촉하기 싫은 사물을 고의로 피하다"는 뜻이다. : 逃避(现实 현실 / 斗争 투쟁 / 罚款 벌금 내는 것을 / 惩罚 징벌 / 债务 채무)

逃避感情 감정을 피하다 (주로 남녀 간에 쓰임)
(2) "避免"은 "피하다, 모면하다"는 뜻으로 주로 "어떤 나쁜 일
이나 상황이 일어나지 않도록 방법을 찾아서 그것을 피하는
것"을 나타낸다. 따라서 "避免"은 "바라지 않는 나쁜 일이나
상황"과 관련된 목적어와 함께 쓰인다. : 避免(冲突 충돌,갈
등 / 事故 사고 / 交通事故的发生 교통사고 발생 / 犯错
误 잘못하는것, 실수하는 것 / 传染 감염 / 某个事情的发
生 어떤 일의 발생)

17
5급
杀
shā

(동) 죽이다, 살해하다

很多人都是因为一时冲动而杀了人。

많은 사람들이 순간적인 충동 때문에 사람을 살해한다.

*冲动 chōngdòng 충동(하다)

18
5급
去世
qùshì

(동) (성인이) 세상을 떠나다, 사망하다, 하직하다
반 出生 태어나다

这位伟大的科学家于昨晚去世了。

이 위대한 과학자는 어제 저녁에 세상을 떠났다.

19
5급
残疾
cánjí

(동/명) 불구가 되다 / 불구자, 신체장애자

他残疾了二十几年, 也努力了二十几年。

그는 불구가 된지 20여년이 되었고, 또 20여년간 노력했다.

他虽然是个残疾人, 却比谁都要自信。

그는 비록 장애인이지만 오히려 누구보다도 자신이 있었다.

20
5급
救
jiù

(동) 구하다, 구제하다, 구조하다

他救了两个孩子的命, 自己却牺牲了。

그는 두 아이의 생명을 구했지만 자신은 희생했다.

*牺牲 xīshēng 희생(하다)

21
5급
烂
làn

(형) ① 썩다, 부패하다 ② 흐물흐물하다, 물렁물
렁하다 ③ 빛나다, 반짝이다

弟弟偷偷藏起来的苹果都烂了。

동생이 몰래 숨겨둔 사과가 다 썩었다.

牛肉已经煮得很烂了，我们可以吃了。
소고기가 삶아져서 이미 아주 흐물흐물해져서, 우리가 먹을 수 있게 되었다.

十五的月亮好像灿烂的银盘。
보름의 달빛은 빛나는 은쟁반 같다.

*藏 cáng 숨기다. 감추다
*银盘 yínpán 은쟁반

胜利
shènglì

(동/명) 승리(하다), 이기다
반 失败 패배하다, 실패하다 / 打败 지다

他相信自己一定能在这场比赛中取得胜利。
그는 자신이 반드시 이번 시합에서 이길 것이라는 것을 믿는다.

统治
tǒngzhì

(동/명) 통치지배(하다), 지배(하다)

他统治了这个国家长达四十年。
그는 이 나라를 장장 40년에 걸쳐서 통치했다.

预防
yùfáng

(동) 예방하다, 미리 막다

这次的感冒病毒传染速度很快，我们必须采取预防措施。
이번 감기 바이러스의 확산 속도가 매우 빨라서 우리는 예방책을 세워야 한다.

*措施 cuòshī 조치. 대책

> **보카활용포인트**
> "预防"과 "防止"는 둘 다 "방지하다. 예방하다"는 뜻이다.
> (1) "预防"은 "질병이나 자연재해 등 나쁜 일이 일어나기 전에 주동적으로 사전에 잘 준비하고 대비하여 나쁜 일이 일어나지 않도록 미리 예방하다"는 뜻이다.
> 预防(传染病 전염병 / 病虫害 병충해 / 自然灾害 자연재해 / 水灾 수재 / 火灾 화재 / 事故 사고 / 战争 전쟁)
> (2) "防止(fángzhǐ)"는 "사전에 미리 대책이나 방법을 세워서 사고, 범죄 등 나쁜 일이 일어나지 않도록 제지하고 막다 "또는 "이미 일어난 나쁜 일 등을 더 이상 일어나지 않게 막다"는 뜻이다.

防止(食物中毒 식중독 / 疾病的传播 질병이 퍼지는 것 / 坏人破坏 나쁜 사람이 (어떤 것을)훼손하는 것 / 骄傲自满 자만한 것 / 动物进入 동물의 진입 / 管理混乱 관리가 문란한 것 / 偷盗行为 도둑질하는 행위 / 环境污染 환경오염 / 煤气中毒 가스중독 / 交通事故 교통사고 / 发生事故 사고가 일어나는 것 / 发生危险 위험이 발생하는 것)

(3) "预防"에는 "사전에 미리 준비하여 나쁜 일을 예방하다"는 뜻만 있을 뿐, 나쁜 일이 발생했을 때 그것을 치료하거나 해결한다는 뜻은 가지고 있지 않다. 그러나 "防止"는 "나쁜 일이 일어나지 않도록 사전에 미리 제지하고 막다"는 뜻과 함께 "나쁜 일이 발생했을 때 그 것을 치료하고 해결하여 더 이상 일어나지 않도록 하다"는 뜻까지 포함하고 있다.

为了预防感冒，我去医院打了流感疫苗。
감기를 예방하기 위해서, 나는 병원에 가서 예방접종을 하였다. [감기 걸리기 전임]

为了防止 我的感冒更严重，医生给我打了一针。
내 감기가 더 심해지는 것을 막기 위해서, 의사선생님께서는 나에게 주사를 놓아 주셨다. [감기가 이미 걸렸음]

和平 hépíng

(명/형) 평화(롭다)

他的一生都在为世界和平而努力。
그는 평생 세계의 평화를 위해 노력했다.

训练 xùnliàn

(동) 훈련하다

经过三个月的训练，这支足球队的水平有了很大的提高。
3개월의 훈련 끝에, 이 축구팀의 수준은 크게 향상되었다.

> **보카 활용포인트**
> "训练"은 "군사, 체육, 문예, 학습 등의 방면에서 체계적이고 과학적인 방법으로 어떤 장점, 기술, 기능 등을 정식으로 전문적으로 배우고 연습하는 것 "을 말한다. 단순히 "연습하다"는 뜻인 경우 "练习"를 쓴다.

承受 chéngshòu

(동) 감당하다, 이겨내다

如果想要成功，你就必须承受这些考验。
성공하고 싶으면 너는 이런 시련들을 이겨내야만 한다.

28 5급 改善
gǎishàn

(동) 개선하다

我一直都希望改善自己的形象。

나는 나의 이미지를 개선하기를 계속해서 바랐다.

*形象 xíngxiàng 인상. 이미지

29 5급 改正
gǎizhèng

(동) 개정하다, 고치다, 시정하다

(반) 出错 실수를 하다

如果你不改正自己的这个缺点，就不会有人喜欢你。

만약에 네가 자신의 결점을 고치지 않는다면, 너를 좋아할 사람은 없을 것이다.

30 5급 改革
gǎigé

(명/동) 개혁(하다)

这次的经济体制改革取得了很大的进展。

이번 경제 체제개혁으로 많은 진전을 얻었다.

*体制 tǐzhì 체제. 형식
*进展 jìnzhǎn 진전하다. 진척하다

31 5급 改进
gǎijìn

(동) 개진하다, 개선하다

这项技术还需要进一步改进才能应用。

이 기술은 아직 좀 더 개발이 되어야 사용될 수 있다.

*进一步 jìnyíbù (한 걸음 더) 나아가. 진일보하여
*应用 yìngyòng 사용하다. 응용(하다)

32 5급 修改
xiūgǎi

(동) 바로잡아 수정하다, 고치다

他已经不知道修改了这本小说多少次了。

그는 이미 이 소설을 몇 번 고쳤는지 모른다.

5급 신HSK VOCA

보카활용포인트

"改变", "改善", "改正", "改良", "改革", "改进", "纠正", "修改"는 모두 "바꾸다, 고치다, 수정하다"는 뜻이다.

(1) "改变"은 "생각, 태도, 시간, 계획, 상황 등을 바꾸다"는 뜻이다. "바꾸다"로 해석되는 경우 주로 "改变"을 쓴다.
　改变 (想法 생각 / 主意 생각 / 看法 견해 / 态度 태도 / 时间 시간 / 计划 계획 / 状况 상황 / 状态 상태 / 生活习惯 생활습관)

(2) "改善"는 "개선하다"는 뜻으로 "생활, 환경, 조건 등을 더 좋게 바꾸다"는 뜻이다. : 改善(生活 생활 / 环境 환경 / 生活条件 생활조건 / 关系 관계)

(3) "改正"는 "개정하다"는 뜻으로 "옳지 못한 것이나 잘못된 점을 옳고 바르게 고치다"는 뜻이다. : 改正(错误 잘못 / 缺点 단점 / 毛病 단점, 잘못)

(4) "改良"는 "개량하다, 개선하다"는 뜻으로 "농업방면에서 단점이나 개선해야 되는 점을 더 요구에 맞게 합리적으로 개선하다"는 뜻이다. : 改良(品种 품종 / 土壤 토양, 토지)

(5) "改革"는 "개혁하다"는 뜻으로 "사물의 오래되고 불합리한 제도나 정부기구 등을 새로운 객관적인 상황에 적응할 수 있도록 고치는 것"을 말한다. : 改革(制度 제도 / 政府机构 정부기구)

(6) "改进"는 "개진하다, 개선하다"는 뜻으로 "낡고 오래된 방법, 기술, 태도, 일 등을 앞으로 나아갈 수 있도록 발전적으로 고치다"는 뜻이다.
　改进(态度 태도 / 方法 방법 / 学习方法 학습 방법 / 技术 기술 / 作风 기풍, 풍조 / 工作 일)

(7) ① "纠正"은 "잘못된 발음을 고치다, 교정하다"는 뜻이다.
　　纠正(发音 발음 / 口音 발음, 음성 / 口形 발음할 때의 입술 모양)
　② "改正"과 바꾸어 쓸 수 있다.

(8) "修改"는 "글, 문장, 계획 등의 잘못된 부분이나 취약한 부분을 고치다"는 뜻이다.
　修改文章 문장을 수정하다, 고치다

☐ 承认	chéngrèn	승인하다	☐ 掌握	zhǎngwò	정통하다, 마스터하다
☐ 具体	jùtǐ	구체적이다	☐ 造成	zàochéng	초래하다
☐ 巧妙	qiǎomiào	교묘하다	☐ 存在	cúnzài	존재(하다)
☐ 固定	gùdìng	고정하다	☐ 中介	zhōngjiè	중개(하다)
☐ 企图	qǐtú	기도(하다)	☐ 重复	chóngfù	중복하다
☐ 露	lòu / lù	나타나다(내다)	☐ 传递	chuándì	전달하다
☐ 分配	fēnpèi	분배(하다)	☐ 采访	cǎifǎng	취재하다, 인터뷰하다
☐ 分布	fēnbù	분포하다	☐ 展览	zhǎnlǎn	전람(하다)
☐ 舒适	shūshì	편(안)하다	☐ 抽象	chōuxiàng	추상(적이다)
☐ 宣传	xuānchuán	선전(하다)	☐ 推广	tuīguǎng	널리 보급하다
☐ 宣布	xuānbù	선포하다	☐ 取消	qǔxiāo	취소하다
☐ 熟练	shúliàn	숙련되다	☐ 发明	fāmíng	발명(하다)
☐ 承担	chéngdān	지다, 맡다	☐ 发达	fādá	발달하다
☐ 采取	cǎiqǔ	수용하다	☐ 退步	tuìbù	퇴보(하다)
☐ 产生	chǎnshēng	생기다, 나다	☐ 把握	bǎwò	(꽉 움켜)쥐다
☐ 迅速	xùnsù	신속하다	☐ 选举	xuǎnjǔ	선출하다
☐ 广泛	guǎngfàn	광범위 하다			

5급 신HSK VOCA

承认
chéngrèn

(동) ① 승인(허락, 동의, 시인)하다 ② 인정하다
(반) 否认 부인(부정)하다

我承认以前没有见过这个人。
나는 이전에 이 사람을 본 적이 없었다는 것을 시인한다.

这个孩子怎么也不肯承认自己的错误。
이 아이는 어떻게 해도 자기의 잘못을 인정하려고 하지 않는다.

02
5급
具体
jùtǐ

(형/동) 구체적이다 / 구체화하다
(반) 抽象 추상적이다

请你将事情的具体经过告诉我。
일의 구체적인 과정을 나에게 알려주세요.

巧妙
qiǎomiào

(형) (방법이나 기술 등이) 교묘하다

他用了一个十分巧妙的计策摆脱了敌人。

그는 매우 교묘한 계책을 써서 적에게서 빠져 나왔다.

*计策 jìcè 계책. 계략
*摆脱 bǎituō 벗어나다. 빠져나오다

固定
gùdìng

(동/형) 고정하다, 고정시키다 / 고정적인, 일정
(불변)한

(반) 移动 이동(하다) / 搬动 옮기다, 이동시키다,
움직이다

我们公司没有固定的办公时间。

우리 회사는 일정한 근무시간이 없다.

> **보카활용포인트**
> (1) "固定"은 물건, 구체적인 사물 등을 움직이거나 이동하지 않
> 게 한 곳에 고정시키다"는 뜻이다. : 固定(东西 물건 / 桌子
> 책상 / 椅子 의자)
> (2) "장소나 위치를 변동이 없이 일정한 곳에 고정시키다"는 뜻으
> 로 쓰인다. : 固定(教室 교실 / 座位 자리, 좌석 / 办公室
> 사무실)
> 我没有固定的座位。 나는 고정좌석이 없다.
> (3) "시간, 일, 직업, 수입 등이 일정하다, 고정되다"는 뜻으로 쓰
> 인다. : (没)有固定的(时间 시간 / 职业 직업 / 收入 수입
> / 工作 일)

企图
qǐtú

(동/명) 기도(하다), 시도(하다), ~하려고 하다
[부정적인 의미로 쓰임]

他企图欺骗我们，但是没有成功。

그가 우리를 속이려고 했지만 성공하지 못했다.

*欺骗 qīpiàn 속이다. 기만하다

露
lòu / lù

(동) 나타나다(내다), 드러나다(내다),
노출하다(되다) [lòu] (명) 이슬 [lù]

他的脸上终于露出了笑容。

그는 얼굴에 결국 웃음을 띠었다.

*笑容 xiàoróng 웃는 얼굴(표정)

清晨，草地上沾满了露珠。
새벽녘에 풀밭은 이슬로 흠뻑 젖어 있었다.

*沾 zhān 젖다. 적시다. 축축해지다
*露珠 lùzhū 이슬

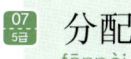

07
5급
分配
fēnpèi

(동/명) 분배(하다), 배급(하다), 할당(하다)

组长给每个人分配了不同的任务。
팀장은 각 사람마다 다른 임무를 분배했다.

08
5급
分布
fēnbù

(동) 분포하다, 널려있다

这种植物只分布在亚洲的热带地区。
이런 식물은 아시아의 열대지역에만 분포한다.

*热带 rèdài 열대
*地区 dìqū 지역. 지구

> **보카활용포인트**
> "分布"는 "일정 지역 내에 사람이나 사물이 흩어져 있다"는 뜻이다.

09
5급
舒适
shūshì

(형) (생활, 환경 등이) 편(안)하다, 쾌적하다

他们现在过着比较舒适的生活。
그들은 지금 비교적 편한 생활을 하고 있다.

> **보카활용포인트**
> "舒适", "舒服", "舒畅(shūchàng)"은 모두 "편안하다, 쾌적하다"는 뜻이다.
> (1) "舒适"는 "생활·환경 등이 편안하다, 쾌적하다"는 뜻이다.
>   (生活 생활 / 环境 환경 / 房间 방 / 日子过得 살아가는데, 생활하는데)很舒适。
> (2) "舒服"는 "사람이 육체적, 정신적으로 편안하다"는 뜻이다.
>   心里很舒服 마음이 편안하다 / 身体不舒服 몸이 불편하다, 아프다
> (3) "사람의 기분이 좋다, 후련하다, 상쾌하다"는 뜻인 경우 "舒畅(shūchàng)"을 쓴다.
>   心情很舒畅。 마음(기분)이 후련하다, 상쾌하다, 좋다

 宣传
xuānchuán

(동/명) 선전(하다)

反对吸烟的宣传很多, 许多人因此戒了烟。

흡연에 반대하는 선전을 많이 해서, 많은 사람이 이로 인해 담배를 끊었다.

*戒 jiè (술, 담배) 끊다

> **보카 활용포인트**
> (1) "宣传"은 "선전하다"는 뜻으로 "많은 사람들에게 행동, 교훈, 정책, 상품, 소식 등에 대해 설명을 해주어서 그것을 믿고 따라오도록 하다"는 뜻이다.
> **宣传(某个行动** 어떤 행동 / **经验教训** 경험과 교훈 / **政策** 정책 / **法规** 법규 / **计划生育** 가족계획 / **方针** 방침 / **消息** 소식)
> (2) "상품이나 사람을 선전하다, 소개하다"는 뜻으로 쓸 수 있다.
> **宣传(产品** 상품/ **人物** 인물)

 宣布
xuānbù

(동) 선포하다, 공표하다, 발표하다

经理刚刚宣布了新一季度的计划。

사장은 방금 신 분기의 계획을 발표했다.

*季度 jìdù 분기

> **보카 활용포인트**
> "宣布"와 "宣告(xuāngào)"는 둘 다 "모두에게 공개적으로 알리다, 발표하다"는 뜻이다.
> (1) "宣布"는 "공표하다, 모두에게 알리다"는 뜻으로 "정식으로 모두에게 어떤 일을 공개적으로 알리는 것" 을 말한다.
> **宣布(名单** 명단 / **成绩** 성적 / **命令** 명령 / **考场纪律** 시험규율, 규칙 / **方案** 방안 / **比赛结束** 경기가 끝남 / **开幕** 개막 / **消息** 소식)
> (2) "宣告"는 "선포하다, 모두에게 알리다"는 뜻으로 주로 "국가의 일이나 크고 중대한 일을 공개적으로 알리는 것"을 말한다. "宣布"보다 더 공식적이고 정중한 일에 쓰인다.
> **宣告(独立** 독립/ **国家的成立** 국가의 성립 / **战争** 전쟁 / **失败** 실패 / **胜利** 승리 / **破产** 파산 / **生效** 효력의 발생)

 熟练
shúliàn

(형) 숙련되다, 능숙하다, 익숙하다

他现在已经能够熟练地使用电脑了。

그는 지금 이미 능숙하게 컴퓨터를 사용할 수 있게 되었다.

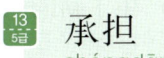
承担
chéngdān

(동) 지다, 맡다
반 推卸 tuīxiè (책임을) 전가하다, 회피하다

她承担了这次事故的全部责任。

그녀는 이번 사고의 모든 책임을 졌다.

> **보카 활용포인트**
>
> (1) "承担"은 "책임이나 의무를 지다" 또는 "임무나 일을 맡다"는 뜻이다. : 承担(责任 책임 / 义务 의무 / 任务 임무, 일 / 重任 중임, 중책)
> (2) "구체적인 직책을 맡다, 담당하다"는 뜻인 경우 "担任(dānrèn)"을 쓴다. : 担任(职务 직무, 직책 / 班长 반장 / 主持人 사회자 / 领导 지도자 / 负责人 책임자, 담당자 / 主席 주석 / 总统 태통령 / 班主任 학급 담임)

采取
cǎiqǔ

(동) 받아들이다, 수용하다, 채택하다, 취하다

我们坚持反对采取这种方法。

우리는 이 방법을 취하는 것을 계속 반대했다.

*坚持 jiānchí 단호히 지키다, 견지하다, 유지하다, 고수하다

> **보카 활용포인트**
>
> (1) "采取"는 "방법, 정책, 태도, 의견 등을 받아들이다, 수용하다, 채택하다"는 뜻으로, 뒤에 구체적인 사람, 사물 목적어를 쓸 수 없다. : 采取(方法 방법 / 办法 방법 / 措施 시책, 방법 / 手段 수단, 방법 / 形式 형식 / 方案 방안 / 方针 방침 / 政策 정책 / 态度 태도 / 意见 의견 / 行动 행동)
> (2) ① "采用(사용하다, 채택하다, 받아들이다, 수용하다)"은 "적합한 것을 이용하다, 사용하다(用)"는 뜻으로 쓰고, 구체적인 사물 목적어가 온다. : 采用(材料 자료 / 原料 원료 / 优良品种 우수한 품종 / 东西 물건 / 设备 설비, 장비)
> ② "언어를 사용하다, 말하다"는 뜻일 때에는 "说"를 쓰고 "采用"을 쓸 수 없다. : 我这里的人们都说英语。 내가 있는 이곳 사람들은 모두 영어를 사용한다.

5급 신HSK VOCA

③ 뒤에 추상 목적어가 오는 경우 "采取"와 바꾸어 쓸 수 있지만, "采用"은 "사용하다"는 의미가 강한 반면에 "采取"는 "받아들이다, 수용하다"는 의미가 강하다. : (采用, 采取) 方法 방법 / 先进技术 선진기술)
采取积极的态度 적극적인 태도를 받아들이다

15 5급 产生 chǎnshēng

(동) 생기다, 나다

旧的问题还没解决，就又产生了新的问题。
오래된 문제가 아직 해결되지 않았는데, 새로운 문제가 또 생겼다.

보카활용포인트

(1) "产生"은 "생기다, 나다"는 뜻으로 "원래 있었던 것으로부터 새로운 어떤 것이 생기는 것, 발생하는 것"을 나타낸다. 목적어 자리에는 주로 추상적인 것이 온다. : 产生了(信心 자신감 / 怀疑 의심 / 矛盾 모순, 갈등 / 变化 변화)

(2) "사람 사이에서 생긴 사랑의 감정" 또는 "새로운 정부, 우수한 인물, 새로운 물질 등이 생겨나다"는 뜻인 경우에는 주로 앞의 전치사 对와 호응하여 함께 쓰인다.
我对小刚产生了(爱情 사랑 / 好感 호감 / 感情 감정 / 兴趣 흥미, 관심)。
产生了(新政府 신정부 / 优秀人物 우수한 인물 / 英雄 영웅 / 新物质 새로운 물질)

16 5급 迅速 xùnsù

(형) 신속하다, 매우 빠르다
(반) 缓慢 완만하다, 느리다

这个消息在民间迅速传开了。
이 소식은 민간에 급속히 퍼져나갔다.

*传 chuán 전파되다, 퍼지다, 퍼뜨리다

보카활용포인트

"迅速"는 "속도, 반응이 매우 빠르다"는 뜻으로 "동작이나 행동 또는 발전이 빠른 것"을 나타낸다.
(动作 동작 / 行动 행동 / 反应 반응 / 发展 발전)很迅速。
迅速地发展起来 매우 빠르게 발전하기 시작하다

17 5급 广泛 guǎngfàn

(형) (공간적인 의미에서) 광범위 하다, 폭이 넓다
(반) 狭窄 xiázhǎi 비좁다

这种技术的用途十分广泛。
이 기술의 용도는 매우 광범위하다.

"广泛"은 "영향을 미치는 방면이 크거나, 범위가 넓다"는 뜻이다. : (内容 내용 / 爱好 취미 / 兴趣 관심, 흥미)很广泛。
广泛(应用 / 使用 / 利用) 광범위하게 사용하다, 이용하다

---

¹⁸
5급

掌握
zhǎngwò

(동) ① 마스터하다, 익히다, 숙달하다, 정통하다, 파악하다, 정복하다 ② 장악하다, 지배하다, 관리하다, 주관하다 주도하다. 결정하다

掌握一门外语不是一件简单的事情。
외국어 하나를 마스터하는 것은 간단한 일이 아니다.

只有自信才能掌握自己的命运。
오로지 자신이 있어야만 자신의 운명을 결정할 수 있다.

---

¹⁹
5급

把握
bǎwò

(동) (꽉 움켜) 쥐다, 잡다
(명) 자신(감), 가망, 확신, 성공의 가능성

我们必须把握这次的机会。
우리는 이번 기회를 꼭 잡아야 한다.

他已经有了十足胜利的把握。
그는 이미 충분히 승리할 자신이 생겼다.

보카활용포인트

(1) ① "掌握"는 "방법, 기술, 외국어, 단어, 지식, 기초, 이론 등을 마스터하다, 익히다"는 뜻이다. : 掌握(方法 방법 / 技术 기술 / 外语 외국어 / 单词 단어 / 知识 지식 / 基础 기초 / 基本原理 기본 원리 / 理论 이론)
② "掌握"는 "상황, 형세, 기분, 분위기, 원칙 등을 파악하다, 관리하다, 주관하다, 장악하다"는 뜻으로 쓰인다. : 掌握 파악하다 (情况 상황 / 局势 형세 / 情绪 정서, 기분 / 气氛 분위기 / 原则 원칙 / 政策 정책)
③ "掌握"는 "규율, 운명, 회의, 권력, 장소, 사람 등을 장악하다, 지배하다, 관리하다, 주관하다"는 뜻으로 쓰인다.
掌握 장악하다 (政权 정권 / 领导权 지도권, 패권)
掌握命运 운명을 (결)정하다 / 掌握自己 자기 자신을 컨트롤하다, 다스리다

5급 신HSK VOCA

(2) ① "把握"는 "기회, 미래, 운명 등을 잡다"는 뜻으로 쓰이고, 이 경우 추상 목적어가 함께 쓰인다. : 把握(机会 기회/ 时机 시기, 기회 / 未来 미래 / 命运 운명)
② "把握"는 "구체적인 물건이나 사물을 꽉 움켜쥐다, 잡다" 는 뜻으로 쓰인다. : 把握(方向盘 핸들 / 自行车把 자 전거 손잡이)
③ "把握"는 "자신, 자신감"이라는 뜻의 명사로도 쓸 수 있다. 有把握 자신이 있다 [= 有信心] / 没把握 자신이 없다 [= 没信心]

---

20 5급 造成 zàochéng

(동) (좋지 않은 사태 따위를) 초래하다, 발생시키 다, 야기하다, 초래하다

你的行为给公司造成了巨大的损失。
너의 행동은 회사에 커다란 손실을 초래했다.

*巨大 jùdà (규모,수량) 아주 많다. 아주크다
*损失 sǔnshī 손실. 손해

---

21 5급 导致 dǎozhì

(동) (어떤 사태를) 초래하다, 일으키다

这种错误可能导致灾难性的后果。
이런 잘못은 파국적인 결과를 초래할 수 있다.

*灾难 zāinàn 재난. 재해. 환란
*灾难性 zāinànxìng 파국적

"造成"과 "导致"는 둘 다 주로 "바라지 않는 나쁜 결과를 초래 하다"는 뜻으로 쓰인다. : 造成, 导致(疾病 질병 / 惨剧 참사. 비극적인 사건, 대재해 / 灾难 재난 / 严重污染 심각한 오염 / 环境污染 환경오염 / 伤亡 사망 / 严重事故 심각한 사고)

---

22 5급 存在 cúnzài

(동/명) 존재(하다), 있다, 현존(하다)
(반) 消失 사라지다, 없어지다

现在我们之间存在着很严重的问题。
지금 우리 사이에는 매우 심각한 문제가 있다.

*严重 yánzhòng 심각하다. 위급하다

中介
zhōngjiè

(동/명) 중개하다 / 매개자, 중개자, 매개물, 중개물

与面对面交流相比，人们更喜欢利用中介交流。

일대 일로 교류하는 것과 비교해 보면, 사람들은 중개자를 통해 교류하는 것을 더 좋아한다.

*面对面 miànduìmiàn   대면하다. 얼굴을 맞대다. 일대일로 하다

重复
chóngfù

(동) 중복하다, 되풀이하다, 반복하다

请你把刚才说过的话再重复一遍。

방금 전에 하셨던 말을 다시 한 번 똑같이 말씀해 주세요.

보카 활용포인트

(1) ① "重复"는 "말, 동작, 행동 등을 원래 했던 것처럼 똑같이 다시 중복(반복)하다, 되풀이하다"는 뜻으로 쓰인다.
　　重复(以前的错误 이전의 잘못 / 那句话 그 말 / 这个动作 이 동작)
　　内容重复了 내용이 중복되었다
　　再重复一遍 다시 한 번 똑같이 되풀이 하다
② "重复"는 동사 서술어로만 쓰이고, 부사로 쓸 수 없고, 부사로 쓰는 경우 "反复"를 쓴다.
　　我反复朗读文章。나는 반복해서 문장을 낭독했다.
(2) ① "어떤 일을 여러 차례 계속해서 하는 경우 "重复"를 쓸 수 없고 "反复(fǎnfù)"를 써야 한다. 이 경우 원래 했던 것과 내용이나 형식이 달라도 상관없으며, 뒤에 절대로 목적어가 올 수 없다.
　　奶奶的老毛病又反复了。
　　할머니의 지병이 또 도지셨다.
② "反复"는 부사어로 쓸 수 있다. : 反复(说话 말하다 / 思考 사고하다, 생각하다 / 考虑 고려하다, 생각하다 / 实践 실천하다 / 比较 비교하다 / 练习 연습하다)
　　他们天天都反复地练习踢足球 。
　　그들은 매일 여러 차례 계속해서 축구 연습을 한다.
③ 상대방에게 명령이나 요구를 하는 경우 "反复"를 쓸 수 없고, "重复"를 쓴다.
　　请你们用这个词汇造句, 千万不要重复别人。
　　여러분들은 이 새로운 낱말로 글을 지어보세요, 절대로 다른 사람의 것을 그대로 따라하면 안 됩니다.

 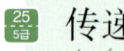

25
5급

传递
chuándì

(동) (차례차례) 전달하다, (공을) 패스하다

请把这份文件依次传递给其他人。

이 문건을 차례대로 다른 사람에게 전달해주세요.

*依次 yīcì 순서대로, 차례대로

26
5급

采访
cǎifǎng

(동) 취재하다, 탐방하다, 인터뷰하다.

他拒绝了所有记者的采访要求。

그는 모든 기자의 인터뷰 요청을 거절했다.

*拒绝 jùjué 거절하다, 거부하다

27
5급

展览
zhǎnlǎn

(동/명) 전람(하다), 전시(하다) / 전시회, 전람회

新出土的文物正在国外展览。

새로 출토된 문물이 해외에서 전시되고 있다.

28
5급

抽象
chōuxiàng

(형) 추상적이다　**반** 具体 구체적이다

看问题要根据事实，不能从抽象的定义出发。

문제를 보는 것은 사실에 근거해야지 추상적인 정의에서 출발해서는 안 된다.

*根据 gēnjù 근거하다

29
5급

推广
tuīguǎng

(동) 널리 보급하다, 확대하다, 일반화하다

반 试行 시험 삼아 해보다(실시하다)

推广这种新产品不是件容易的工作。

이런 신상품을 널리 보급하는 것은 쉬운 일이 아니다.

보카활용포인트

(1) "推广"은 선진기술, 좋은 방법 등 어떤 사물을 사람들이 많이 사용할 수 있도록 사물의 사용범위나 작용을 하는 범위를 확대시키고 넓히는 것"을 말한다.

推广(先进经验 선진 경험 / 普通话 표준어 / 汉语拼音 한어병음 / 优良品种 우량 품종 / 很好的方法 좋은 방법)

(2) "정책, 제도, 법률 등을 널리 보급하다, 일반화(하여 실행)하다"는 뜻인 경우 동사 "**推行**(tuīxíng)"을 쓴다.
推行(**政策** 정책 / **法律** 법률/ **制度** 제도)

---

30 5급 选举
xuǎnjǔ

(동) 선거하다, 선출하다

进行选举之前, 候选人都会给自己拉票。
선거를 진행하기 전에 후보자들은 모두 자기에게 표를 끌어 모을 것이다.

*候选人 hòuxuǎnrén 입후보자
*拉票 lāpiào 표를 끌어 모으다

"**选举**"는 "선거하다, 투표하다"는 뜻으로 "거수나 투표의 방식으로 대표나 책임자를 뽑는 것"을 말한다.

---

31 5급 取消
qǔxiāo

(동) 취소하다
 成立, 建立 설치하다, 세우다, 건설하다

昨天下雨了, 所以比赛被取消了。
어제 비가 와서 경기가 취소되었다.

---

32 5급 发明
fāmíng

(동/명) 발명(하다)

中国古代的四大发明具有很重要的价值。
중국 고대의 4대 발명은 중요한 가치를 지니고 있다.

*价值 jiàzhí 가치

"**发明**"은 "전에는 없었던 새로운 사물이나 새로운 방법이나 기술을 처음 만들어 내는 것"을 말한다.
发明(**汽车** 자동차 / **飞机** 비행기 / **电话** 전화 / **指南针** 나침판 / **造纸的方法** 종이 제조 방법 / **先进技术** 선진 기술 ....)

---

33 5급 发达
fādá

(형) 발달하다

美国的农业和工业都十分发达。
미국은 농업과 공업이 모두 크게 발달했다.

5급 신HSK VOCA

보카 활용포인트

"发达"는 "농·공·상업, 교통, 사업, 교육, 언어 등이 발달하다"
는 뜻의 형용사이므로 뒤에 목적어가 올 수 없다.
(农业 농업/ 工业 공업 / 商业 상업 / 事业 사업 / 行业 업
종, 직종 / 教育 교육 / 语言 언어 / 肌肉 근육 / 交通 교통)
很发达。
发达国家 발달한 국가, 선진국

34
5급
退步
tuìbù

(동/명) ① 퇴보(하다), 후퇴(하다), 악화되다, 나빠
지다 ② 한 발 물러서다, 양보하다

这一年来, 他的成绩退步了很多。

올 한 해 동안, 그의 성적은 많이 나빠졌다.

由于上方都不肯退步, 这件事至今还没
有解决。

상부에서 양보하려고 하지 않기 때문에, 이 일은 지금까지
해결이 되지 않았다.

*至今 zhìjīn 지금까지

(5) 사회생활 V

☐ 平 píng	평평하다		☐ 违反 wéifǎn	위반하다
☐ 平衡 píng héng	균형이 맞다		☐ 选举 xuǎnjǔ	선거하다
☐ 统一 tǒngyī	통일하다		☐ 甩 shuǎi	휘두르다, 뿌리치다
☐ 贡献 gòngxiàn	공헌(하다)		☐ 系 jì	매다, 묶다
☐ 合理 hé lǐ	합리적이다		☐ 倒 dǎo	넘어지다
☐ 实践 shíjiàn	실천(하다)		☐ 国籍 guójí	국적
☐ 寻找 xúnzhǎo	찾다		☐ 寿命 shòumìng	수명
☐ 导致 dǎozhì	초래하다		☐ 宗教 zōngjiào	종교
☐ 独立 dúlì	독립(하다)		☐ 事实 shìshí	사실
☐ 紧急 jǐn jí	절박(긴박)하다		☐ 高档 gāo dàng	고급의
☐ 结合 jiéhé	결합(하다)		☐ 大型 dàxíng	대형의
☐ 结论 jiélùn	결론(을 내리다)		☐ 全面 quánmiàn	전면(적이다), 전반적이다
☐ 维护 wéihù	유지하고 보호하다		☐ 整个 zhěnggè	전체(의)
☐ 缓解 huǎnjiě	완화되다		☐ 礼物 lǐwù	선물
☐ 诊断 zhěnduàn	진단(하다)		☐ 捐 juān	기부하다
☐ 调整 tiáozhěng	조정(조절)하다		☐ 个别 gèbié	개별적(인)
☐ 运输 yùnshū	운송(하다)			

01
5급

平
píng

(형) 평평하다, 반반하다
(동) 평평하게 만들다, 고르다

因为没有修路，这条路很不平。
길을 정비하지 않아서 이 길은 울퉁불퉁하다.

为了种一些蔬菜，我们平了院子里的土地。
나는 채소를 심기 위해 담장 안의 토지를 평평하게 만들었다.

*蔬菜 shūcài 채소, 야채

平衡
pínghéng

(형/동) 평형하다, 균형이 맞다, 평형이 되게 하다, 균형 있게 하다
(반) 失衡 균형(평형)을 잃다

人类应该采用一切手段保持生态平衡。
인류는 모든 수단을 사용하여 생태계 균형을 유지해야 한다.

统一
tǒngyī

(형/동) 일치하다, 단일하다, 통일적인, 통일하다
(반) 分裂 분열(하다)

这次大家的意见都非常统一。
이번에 모두의 의견이 아주 일치했다.

贡献
gòngxiàn

(동/명) 공헌(하다), 기여(하다), 이바지하다

他为中韩友好作出了极大的贡献。
그는 중국과 한국의 우호적 관계를 위해 매우 큰 공헌을 했다.

*极大 jídà 최대 한도로, 한껏

合理
hélǐ

(형) 도리에 맞다, 합리적이다

他的话很合理, 你为什么总是不肯听呢?
그의 말이 맞는데 너는 왜 늘 들으려고 하지 않니?

> **보카활용포인트**
> "合理"는 "합리적이다"라는 뜻으로 "도리나 사리에 맞다"는 뜻이다.
> (要求 요구 / 分配 분배 / 他的话 그의 말 / 问题处理得 문제 처리 / 时间安排得 시간 안배)很合理。
> 合理的(要求 요구 / 经营 경영 / 安排 안배 / 办法 방법 / 方案 방안 / 制度 제도)

实践
shíjiàn

(동/명) 실천(하다), 실행(하다), 이행(하다)
(반) 理论 이론

我们必需把理论和实践结合起来。
우리는 이론과 실천을 결부시켜야 한다.

 寻找
xúnzhǎo
= 找

(동) 찾다

这一家人正在寻找他们离家出走的孩子。

이 가족들은 지금 그들의 가출한 아이를 찾고 있다.

 独立
dúlì

(동/명) 독립(하다) 🔁 依赖 의지하다, 기대다

她很独立, 所以拒绝了一切金钱上的资助。

그녀는 매우 독립적이어서 모든 금전적인 도움을 거절했다.

*资助 zīzhù 재물로 돕다

 紧急
jǐnjí

(형) (상황 등이) 긴급하다, 절박(긴박)하다

在处理紧急事件时, 速度是非常重要的。

긴급한 사건을 처리할 때는 속도가 매우 중요하나.

 结合
jiéhé

(동/명) ① 결합(하다), 결부(하다)
　　　 ② 부부가 되다

这个问题我们要结合具体情况进行处理。

이 문제는 우리가 구체적인 상황을 결부해서 처리를 진행해야 한다.

在经历了那么多苦难之后, 他们终于结合在一起了。

그렇게 많은 고난을 겪은 후에 그들은 결국 부부가 되었다.

11
5급 **结论**
jiélùn

(동/명) 결론(을 내리다), 결말(짓다)

他没有做过仔细地调查就急于下了结论。

그는 자세히 조사를 해보지도 않고 급하게 결론을 내렸다.

*急于 jíyú 서둘러 ~하려하다

 维护
wéihù

(동) 지키다, 유지하고 보호하다, 수호하다

我这样做只是为了维护自己的利益。

내가 이렇게 한 것은 단지 자신의 이익을 지키기 위해서이다.

5급 신HSK VOCA

보카활용포인트

(1) "维护(지키다, 유지하고 보호하다)"는 " 어떠한 것을 훼손되지 않게 잘 지켜서 보호하고, 유지하다"는 뜻이고, 주로 추상적인 큰 범위에 쓴다. "保障"과 거의 같이 쓰이지만 "维护"가 "유지하다(维持) + 보호하다(保护)"는 어감이 더 강하다.
维护(国家尊严 국가 존엄 / 世界和平 세계평화 / 独立主权 독립주권 / 团结 단결 / 消费者权益 소비자의 권익)

(2) "사람(=자기 자신, 다른 사람, 구체적인 신체기관을 모두 포함), 동물, 식물, 자연, 환경, 장소, 문물, 기타 사물 등을 잘 보살펴서 해를 입지 않도록 하는 것"을 뜻하고 일반적으로 "보호하다"는 뜻인 경우에는 모두 "保护(bǎohù)"를 쓴다.
保护(人 사람 / 自己 자기자신 / 别人 다른 사람 / 眼睛 눈 / 动物 동물 / 植物 식물 / 森林 삼림 / 自然 자연 / 环境 환경 / 名胜古迹 명승지 / 文物 문물)

(3) "추상적인 큰 범위의 보호하다, 보장하다"는 뜻인 경우 "保障(bǎozhàng)"를 쓴다.
保障(生命安全 생명 / 财产 재산 / 世界和平 세계평화 / 自由 자유 / 权利 권리 / 经济发展 경제발전 / 改革的顺利进行 개혁의 순조로운 진행)

(4) "군대, 군인들이 국방을 보호하다, 보위하다"는 뜻인 경우 "保卫(bǎowèi)"를 쓴다.
我国的军队总是保卫着祖国的边防。
우리나라 군대는 늘 조국의 변방을 보위하고 있다.

---

13 5급 缓解 huǎnjiě

(동) (급박하고 긴박한 상태나 정도가) 완화되다, 완화시키다, 풀어지다

这条路是为了缓解交通拥挤而修建的。
이 길은 교통 혼잡을 완화시키기 위해서 건설되었다.

*拥挤 yōngjǐ 붐비다. 혼잡하다
*修建 xiūjiàn 건설하다. 건축하다

---

14 5급 诊断 zhěnduàn

(동/명) 진단(하다)

她被医生诊断为精神失常，被送进了精神病院。
의사는 그녀를 정신이상으로 진단을 해서, 그녀는 정신병원으로 보내졌다.

*精神 jīngshén 정신   *失常 shīcháng 비정상이다

<table>
</table>

15 5급 调整 tiáozhěng

(동) 조정(조절)하다

我刚从国外回来, 时差还没有调整过来。
내가 방금 해외에서 돌아와서 시차에 아직 적응하지 못했다.

보카 활용포인트

(1) ① "**调整**"은 "더 큰 기능을 할 수 있도록 시간, 계획, 정책, 임금 등 원래의 상황을 현재의 기준, 실정, 요구 등에 알맞게 바꾸는 것"을 말한다.
调整(时间 시간 / 计划 계획 / 政策 정책 / 方案 방안 / 节目 프로그램 / 人员 인원 / 价格 가격 / 房间 방 / 供应 공급, 제공, 보급 / 工资 월급, 임금 / 劳力 노동력)
② "**调整**"은 "자기 자신의 기분이나 감정을 컨트롤하다, 추스르다, 조절하다"는 뜻으로 쓰인다. : **调整**(自己 자기 자신 / 情绪 기분 / 感情 감정)

(2) ① "온도나 습도 등 수량이나 정도를 요구에 맞게 조절하다, 조정하다"는 뜻인 경우 "**调节**(tiáojié)"를 쓴다.
调节(温度 / 湿度 / 气温 / 水温 / 物价)
② "사람의 생리작용이나 능력을 조절하다"는 뜻인 경우 "**调节**"를 쓴다.
调节(生理节奏 생리 리듬 / 生理作用 생리작용)
我们要加强自身调节能力。
우리는 자기조절 능력을 강화해야 한다.

16 5급 运输 yùnshū

(동/명) 운수(하다), 운송(하다), 수송(하다)

这批货物在运输上出现了很大的问题。
이 화물을 수송방면에서 큰 문제가 생겼다.

17 5급 违反 wéifǎn

(동) (법률, 규정 따위를) 위반하다, 어기다
(반) 遵守 지키다, 준수하다

那位记者做出了违反职业道德的行为。
저 기자는 직업윤리를 어기는 행위를 했다.

> **보카 활용포인트**
> "违反"은 "법규나 규정 등에 부합하지 않는 것"을 말한다. : 违反
> (交通规则 교통규칙 / 原则 원칙 / 规律 규율 / 纪律 기율, 규칙 / 规定 규정 / 学校的规章 학교 규칙, 규정)

甩
shuǎi

(동) ① 휘두르다 ② 던지다, 뿌리치다 ③ 떼놓다

他甩了甩手里的鞭子, 让马儿奔跑起来。
그는 손에 있는 채찍을 휘둘러서 말이 질주하게 했다.

他一下子躺在床上, 甩掉了脚上的鞋子。
그는 곧바로 침대에 누웠고, 발에 신고 있던 신발을 벗어 버렸다.

*甩掉 벗어 버리다. 던져 버리다

几圈之后, 他把其他选手都甩在了身后。
몇 바퀴를 돌아서 그는 다른 선수들을 자기 뒤로 떼어놓았다.

系
jì / xì

(동) 매다, 묶다 [jì] (명) 계통, 계열, 학과 [xì]

他系着围裙的样子真的很搞笑。
그가 앞치마를 맨 모습은 정말 우습다.

飞机快要起飞了, 请大家系好安全带。
비행기가 곧 이륙할 예정이오니, 모두 안전벨트를 매주시기 바랍니다.

他是北京大学中文系的学生。
그는 북경대학 중문과 학생이다.

倒
dǎo/dào

(동) ① 넘어지다, 자빠지다 ② (사업이) 실패하다, 도산하다, 망하다 ③ 바꾸다, 갈아타다 (= 换)
(동) ① 따르다, 쏟다, 붓다 ② 거꾸로 되다, 뒤집히다

昨夜的大风把庭院里的花都刮倒了。
어젯밤의 태풍이 정원 안의 꽃을 모두 쓰러뜨렸다.

由于管理不善, 那家店很快就倒闭了。
관리가 잘 되지 않아서 그 상점은 금방 문을 닫았다.

主人给客人倒茶。
주인이 손님에게 차를 따라 주었다.

(1) ① "倒(dǎo)"는 "사람 또는 똑바로 서있는 것이 옆으로 넘어
지다, 쓰러지다"는 뜻이다. : 倒(房子 집 / 很多树 많은
나무들 / 椅子 의자 / 自行车 자전거)
汽车把孩子撞倒了。 차가 아이를 받아 넘어뜨렸다.
② "倒(dǎo)"는 "바꾸다, 변경시키다"는 뜻으로 쓰인다.
倒(车 차를 갈아타다 / 座位 자리를 바꾸다 / 班 (작업을)
교대하다, 번갈다 / 手 손을 바꾸어 들다, (상품을)되 넘겨
팔다, 사람을 교체하다)
③ "숙소를 바꾸다"는 뜻인 경우 "倒"를 쓸 수 없고 "换(huàn)"
을 쓴다. : 换宿舍 숙소를 바꾸다
④ "倒(dǎo)"는 "정치·사업 등이 실패하다, 도산하다, 망하
다"는 뜻으로 쓰인다. : 倒(政权 정권 / 商店 상점 / 饭
店 호텔 / 企业 기업 / 公司 회사)
(2) ① "倒(dào)"는 "차, 쓰레기, 물건 등을 따르다, 붓다, 쏟다"는
뜻이다. : 倒(茶 차 / 酒 술 / 水 물 / 垃圾 쓰레기 / 东
西 물건 / 心里的话 마음 속의 말)
② "倒(dào)"는 "상하, 전후의 위치나 순서가 바뀌다, 거꾸로
되다, 반대로 뒤집히다"는 뜻이다. 이 경우 보통 동사 뒤의
결과 보어로 쓰인다.
他把那幅画(挂倒 / 放倒)了
그는 그림을 거꾸로 (걸었다 / 놓았다)
那个字印倒了。 그 글씨는 거꾸로 인쇄되었다.

21.
5급
国籍
guójí

(명) 국적

他在美国生活了十八年之后，加入了美
国国籍。
그는 미국에서 18년을 생활하고 나서 미국 국적을 얻었다.

22.
5급
寿命
shòumìng

(명) 수명, 목숨, 생명

一般而言，女性的寿命比男性长。
일반적으로 말해서 여성의 수명이 남성보다 길다.

23.
5급
宗教
zōngjiào

(명) 종교

世界上有许多种宗教信仰。
세계에는 수많은 종교 신앙이 있다.

事实
shìshí

(명) 사실

今天你必须把事实告诉我。
오늘 너는 반드시 사실을 나에게 알려주어야 한다.

 高档
gāodàng

(형) 고급의, 상등의 (반) 抵挡 저급의

她总是在高档的餐厅吃饭。
그녀는 늘 고급 레스토랑에서 식사를 한다.

 大型
dàxíng

(형) 대형의

一场大型招聘会正在进行当中。
대형 채용 박람회를 하고 있는 중이다.

 全面
quánmiàn

(형/명) 전면(적이다), 전반적이다, 보편적이다 / 모든 방면
(반) 片面 편면적이다, 단편적이다

这本书对中国的介绍十分全面。
이 책은 중국에 대한 소개가 아주 전반적이다.

这部小说全面地反映了现代社会的面貌。
이 소설은 전반적으로 현대사회의 면모를 반영했다.

 整个
zhěnggè

(형) 전체(의), 전부(의), 전반적인

他把整个公司都卖给了别人。
그는 전체 회사를 다른 사람에게 팔았다.

 礼物
lǐwù

(명) 선물, 예물

父亲给我买了一辆车作为生日礼物。
아버지는 나에게 생일 선물로 차 한 대를 사주셨다.

*作为 zuòwéi …로 여기다. …으로 삼다. …로 하다.

 捐
juān

(동) 헌납하다, 기부하다

他把自己一个月的工资都捐给了灾区。
그는 자신의 한 달 월급을 모두 재해 지역에 기부하였다.

个别
gèbié

(형) 개개(의), 개별적(인), 일부의, 극소수의, 극히 드문

(반) 一般 일반적이다

对于一些学生, 我们要用个别的方法来教。
우리들은 일부 학생들에게 개별적인 방법으로 가르쳐야 한다.

(6) 사회생활 Ⅵ

☐ 从事 cóngshì	종사하다	
☐ 勤劳 qínláo	부지런히 일하다	
☐ 劳动 láodòng	(육체)노동(하다)	
☐ 退休 tuìxiū	퇴직(하다)	
☐ 点头 diǎntóu	머리를 끄덕이다	
☐ 醉 zuì	(술에) 취하다	
☐ 调皮 tiáopí	장난치다	
☐ 出版 chūbǎn	출판(하다)	
☐ 冲 chōng	사진을 현상하다	
☐ 解放 jiěfàng	해방하다	
☐ 宝贵 bǎoguì	귀중하다	
☐ 相似 xiāngsì	닮다	
☐ 消化 xiāohuà	소화하다	
☐ 往返 wǎngfǎn	왕복하다	
☐ 移民 yímín	이민(하다)	
☐ 滚 gǔn	구르다	
☐ 据说 jùshuō	듣건대	

☐ 空闲 kòngxián	한가하다
☐ 卷 juǎn	말다
☐ 大方 dàfang	인색하지 않다
☐ 碎 suì	부수다, 깨뜨리다
☐ 呆 dāi	머무르다
☐ 堆 duī	쌓(이)다
☐ 拆 chāi	뜯다, 떼다
☐ 透明 tòumíng	투명하다
☐ 赔偿 péicháng	배상(하다)
☐ 递 dì	건네(넘겨)주다
☐ 背 bēi	(등에) 짊어지다
☐ 翻 fān	뒤집(히)다
☐ 繁荣 fánróng	번영하다
☐ 发抖 fādǒu	(벌벌) 떨다
☐ 广大 guǎngdà	넓다, 광범위하다
☐ 唯一 wéiyī	유일한
☐ 一致 yízhì	일치하다

01 5급 从事
cóngshì

(동) (어떤 일이나 활동에) 종사하다, 일을 하다

从事这个工作三年以来, 他从来没有出过错。

이 일에 종사한 3년 동안, 그는 여태껏 실수를 한 적이 없다.

---

02 5급 勤劳
qínláo

(형) 부지런히 일하다, 근로하다

🔄 懒惰 lǎn duò 나태하다, 게으르다

一个勤劳的农民很少有空闲时间。

부지런한 농민은 한가한 시간이 있을 때가 매우 드물다.

---

03 5급 劳动
láodòng

(동/명) (육체)노동(하다), 일(하다)

几个星期的繁重劳动, 使他生了一场大病。

몇 주간의 힘든 노동은 그를 큰 병이 나게 했다.

*繁重 fánzhòng (임무나 업무가) 번잡하고 많다, 힘들다, 고생스럽다

---

04 5급 退休
tuìxiū

(동/명) 퇴직(하다)

我因为十分热爱工作, 退休以后, 也还想继续工作。

나는 일을 매우 좋아하기 때문에, 퇴직 후에도 계속 일을 하고 싶다.

---

05 5급 点头
diǎntóu

(동) (동의, 승인, 찬성, 인사 등의 표시로) 머리를 끄덕이다

我们都已经准备好了, 就等您点头了。

우리는 모두 이미 준비를 다 마쳤고, 당신이 동의하기를 기다리고 있습니다.

---

06 5급 醉
zuì

(동) (술에) 취하다

他肯定是醉了, 平时他从来没说过这么多话。

그는 분명히 취했어. 평소에 그가 이렇게 말을 많이 한 적이 없었어.

调皮
tiáopí

(형) 장난치다, 까불다, 말을 잘 듣지 않다, 다루기 어렵다

(반) 老实 온순하다, 얌전하다, 점잖다

小时候, 他是一个十分调皮的孩子。
어릴 때 그는 아주 개구진 아이었다.

出版
chūbǎn

(동/명) (책 따위를) 출판(하다)

他的新小说马上就出版了, 我们都很期待。
그의 새로운 소설이 곧 출판될 것이어서, 우리는 정말 기대하고 있다.

*期待 qīdài 기대하다. 고대하다

> **분가 활용포인트**
> "出版"은 "출판하다"는 뜻으로 "서적, 잡지, 간행물, 출판물, 그림 등을 편집하여 인쇄해 내놓는 것"을 말한다.
> 出版(书 책 / 刊物 출판물, 간행물 / 论文集 논문집 / 小说 소설)

冲
chōng

(동) ① 돌진하다, 돌파하다 ② 충돌하다, 부딪치다 ③ 끓는 물 따위를 붓다, 물에 풀다 ④ 사진을 현상하다.

他冲进着火的房子, 救出了两个孩子。
그는 불이 난 집으로 뛰어들어서 두 아이를 구해냈다.

他们两个人之间又发生了冲突。
그들 두 사람 사이에 갈등이 생겼다.

我每天早上都冲一杯咖啡喝。
나는 매일 아침마다 커피 한 잔을 타서 마신다.

我要把这些照片都冲洗出来。
나는 이 사진을 모두 현상하려고 한다.

解放
jiěfàng

(동) 해방하다

一个人类解放的新时代正在开始。
지금 인류가 해방한 새로운 시대가 열리고 있다.

11
5급
宝贵
bǎoguì

(형) 귀중하다

每一分每一秒对我来说都很宝贵。

매분 매초가 나에게 매우 귀중하다.

12
5급
相似
xiāngsì

(형) 닮다, 비슷하다

他们对这个问题的看法很相似。

그들의 이 문제에 대한 견해는 매우 비슷하다.

13
5급
消化
xiāohuà

(동) 소화하다

这种食品不利于消化，会导致胃病。

이런 음식은 소화가 잘 안 되서 위장병을 일으킬 수 있다.

*导致 dǎozhì 야기하다, 초래하다, 가져오다

14
5급
往返
wǎngfǎn

(동) 갔다 오다, 왕복하다, 오가다

他每年都要在中国和韩国之间往返很多次。

그는 매 년 모두 중국과 한국 사이를 여러 차례 왕복해야 한다.

15
5급
移民
yímín

(동/명) 이민(하다)

他们一家早就移民到美国去了。

그들 일가족은 일찍이 미국으로 이민을 갔다.

16
5급
滚
gǔn

(동) ① 구르다　② 물러가다, 떠나(가)다
③ (물이)펄펄 끓다

汗珠不停地从他脸上滚下来。

땀방울이 쉴 새 없이 그의 얼굴에서 굴러 떨어졌다.

我不想再看见你了，你给我滚出去！

나는 너를 더 이상 보고 싶지 않으니까 내 앞에서 사라져 줘!

他说话的时候，锅里的水就滚起来了。

그가 말을 하고 있을 때, 솥의 물이 끓기 시작했다.

 据说
jùshuō

(동) 듣건대, 듣자니, 듣는 바에 의하면

据说这个地区的房价已经涨了三倍了。
이 지역의 방값이 벌써 세 배나 올랐다고 들었다.

 空闲
kòngxián

(형) 비어 있다, 한가하다　(명) 여가, 짬, 틈

空闲的时候，我喜欢唱歌和跳舞。
한가할 때에 나는 노래를 부르고 춤을 추는 것을 좋아한다.

 卷
juǎn / juàn

(동) (원통형으로) 말다, 감다, 걷다 [juǎn]
(양) 권 [책을 세는 단위]
(명) ① 답안지, 해답 용지　② (보관용으로 철한) 문서, 문건　③ 책

请把画儿卷好了放进纸筒子里。
그림을 잘 말아서 종이 통 안에 넣어 두세요.

今天考试非常难，我只好交白卷。
오늘 시험이 너무 어려워서, 나는 어쩔 수 없이 백지를 냈다.

这个图书馆藏书一共一百万卷。
이 도서관의 장서는 모두 백만 권이다.

 大方
dàfang

(형) ① 인색하지 않다
② 대범하다, 시원스럽다
　　🔄 拘束 jūshù 어색하다, 자연스럽지 못하다
③ 점잖다, 고상하다

他很大方，经常买些礼物送给朋友们。
그는 인색하지 않아서 자주 친구들에게 선물을 사준다.

他这个人平时都很大方的，今天怎么突然别扭起来了。
그는 평소에 매우 대범한데, 오늘 어째 갑자기 어색해졌네.

*别扭 bièniu 어색하다, 부자연스럽다

他说话很大方。 그는 말을 시원스럽게 한다.

妈妈喜欢穿这种颜色大方的衣服。

엄마는 색깔이 고상한 옷을 즐겨 입으신다.

> **보카 활용포인트**
> (1) "大方"은 "돈이나 재물을 쓰는 것이 쩨쩨하지 않다, 인색하지 않다, 시원스럽다"는 뜻이다.
> (2) "大方"은 "언행이 대범하다, 시원스럽고 자연스럽다"는 뜻이다.
> (3) "스타일, 색깔 등이 고상하다, 우아하다, 점잖다"는 뜻이다.

---

21. 5급

碎
sùi

(동) ① 부수다, 깨뜨리다 ② 부서지다, 깨지다

父母为这个不听话的儿子操碎了心 。

부모님께서는 말 안 듣는 아들 때문에 애를 태우셨다.

*操碎了心 cāosuìlexīn 마음을 쓰다(졸이다), 애태우다

花瓶掉在地上摔碎了。

꽃병이 바닥에 떨어져서 깨졌다.

> **보카 활용포인트**
> "碎"는 보통 동사 뒤의 "결과보어"로 쓰이는 경우가 많다.
> 操碎了心 마음을 졸이다, 애태우다 / 摔碎了 (산산 조각으로) 깨졌다.

---

22. 5급

呆
dāi

(동) 머무르다, 체류하다

这些天，我一直呆在家里没出门。

이 며칠 동안 나는 줄곧 집에만 있었고, 외출하지 않았다.

---

23. 5급

堆
duī

(동) 쌓(이)다

他把书都堆在了房间的角落里。

그는 책을 모두 방안 구석에 쌓아 놓았다.

*角落 jiǎoluò 구석, 모퉁이

---

24. 5급

拆
chāi

(동) ① 뜯다, 떼다 ② 헐다, 해체하다, 분해하다

(반) 安, 装 설치하다, 장치하다

444

任何人也没有权利私拆别人的信。
어떤 사람이라도 다른 사람의 편지를 몰래 뜯어볼 권리는
없다.

爸爸想把老家的旧房子拆了重盖。
아빠는 고향의 낡은 집을 헐고 새로 집을 짓고 싶어하신다.

> **보카 활용 포인트**
> "拆"는 "붙어있는 것이나 마주 붙여 놓은 것을 뜯(어내)다, 떼다"
> 또는 "헐다, 분해하다"는 뜻이다.

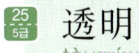
透明
tòumíng

(형) ① (물체가) 투명하다
② 공개적이다, 투명하다

这种药水是无色透明的液体。
이 약물은 무색 투명한 액체이다.

为了保证平等竞赛，比赛过程必须透明。
평등한 경기를 보증하기 위해, 시합과정은 반드시 공개적이
어야 한다.

26
5급
赔偿
péicháng

(동/명) 배상(하다), 변상(하다), 물다

他已经答应赔偿我们的一切损失。
그는 이미 우리의 모든 손실을 변상하기로 약속했다.

27
5급
递
dì

(동) 차례차례로 건네(넘겨)주다

请你把桌子上的报纸递给我。
책상 위의 신문을 나에게 건네 줘.

> **보카 활용 포인트**
> (1) "递"는 "구체적인 사물을 (차례차례) 전달하다, 패스하다"는
> 뜻이다 : 递(信 편지 / 介绍信 소개장 / 纸条 메모 / 报告
> 보고서 / 笔 펜 / 杯子 컵 / 球 공)
> (2) "递"는 "정보나 소식을 전달하다"는 뜻으로 쓰인다.
> 递(情报 정보 / 消息 소식)

背
bēi / bèi

(동) ① 업다, (등에) 짊어지다
② (책임을) 지다,(죄를) 뒤집어 쓰다 [bēi]
(동) 외우다, 암기다 [bèi]
(명) (사람의) 등, (물체의) 뒤, 뒷면, 등 부분 [bèi]

现在的小学生每天都要背着很重的书
包上学。
요즘 초등학생들은 매일 무거운 책가방을 메고 학교에 간다.

他决定把这些责任全背在自己身上。
그는 이 책임들을 모두 자기가 짊어지기로 결정했다.

今天晚上我一定要把所有的单词都背会。
오늘 저녁에 나는 반드시 모든 단어를 모두 외워야 한다.

因为过度的劳累，他的背也直不起来了。
과도한 피로 때문에 그의 등도 똑바로 펼 수가 없다.

翻
fān

(동) ① 뒤집(히)다, 전복하다
② (물건을 찾기 위해) 뒤지다, 헤집다
③ (책을) 펴다, 펼치다
④ 번역하다
⑤ 뛰어넘다, 넘어가다

一辆货车翻到了山崖下。
화물차 한 대가 벼랑 아래로 전복되었다.

*山崖 shānyá 절벽, 낭떠러지, 벼랑

他把整个房间都翻了一遍，也没找到。
그는 집 전체를 한 차례 뒤졌지만 찾지 못했다.

请大家把书翻到第100页。
모두 책 100 쪽을 펴세요.

你的任务是把这篇文章翻译成中文。
너의 임무는 이 글을 중국어로 번역하는 것이다.

只要翻过这座山，我们就到了。
이 산을 넘어가기만 하면 우리는 곧 도착한다.

30 **5급** 繁荣
fánróng

(형) 번영하다, 번창하다 (동) 번영시키다
(반) 萧条 xiāotiáo 불경기(이다), 불량(이다)

新政府的成立带来了一个繁荣的时期。
새 정부의 수립은 번영의 시대를 가져다 주었다.

政府的这些新政策繁荣了当地的经济。
정부의 이 새로운 정책들은 현지의 경제를 번영시켰다.

(1) "**繁荣**"은 "번영하다, 번창하다"는 뜻으로 "경제 또는 사업방면에서 왕성하게 발전하는 것"을 말한다. 형용사 서술어로 쓰이고, "**富强**(fùqiáng) 부강하다", "**昌盛**(chāngshèng) 왕성하다, 번창하다"는 낱말과 함께 쓰는 경우가 많다.
(**国家** 국가 / **祖国** 조국 / **都市** 도시 / **农村** 농촌 / **经济** 경제)**很繁荣。**
祖国(**昌盛繁荣** 번영하고 번창하)다 / **繁荣富强** 번영하고 번창하다
(2) "**繁荣**"은 "경제, 문화, 시장 등을 번영시키다"는 뜻의 동사로 쓰인다.
繁荣(**经济** 경제 / **文化** 문화 / **市场** 시장 / **教育** 교육)

31 **5급** 发抖
fādǒu

(동) (벌벌, 덜덜) 떨다

一阵突来的冷风，冻得我直发抖。
갑자기 닥친 차가운 바람으로 인해 나는 얼어붙은 채로 계속 덜덜 떨었다.

32 **5급** 广大
guǎngdà

(형) ① 광대하다, 넓고 크다, 광범위하다 ② 많다

这件事关系到广大群众的安全。
이 일은 많은 사람들의 안전과 관련되어 있다.

中国是一个土地面积非常广大的国家。
중국은 토지 면적이 매우 광대한 국가이다.

红十字会是一个规模十分广大的组织。
적십자사는 규모가 매우 큰 조직이다.

(1) ① "**广大**"는 "면적이나 범위가 넓다"는 뜻이다.
(**面积** 면적 / **地区** 지역 / **领土** 영토 / **范围** 범위)**广大**

② "공원이 차지하고 있는 면적이 넓다"는 뜻인 경우 "广大"를 쓸 수 없고, "大"를 쓴다.
中国的每个公园都比较大。
③ "면적이 넓지 않다"는 뜻인 경우 "不广大"라고 쓸 수 없고, "不大"라고 쓴다. : 他们国家的面积不大。
(2) "广大"는 "사람의 수가 많다"는 뜻으로 "很多"의 뜻이다. 이 경우 사람을 나타내는 명사 앞에 함께 쓰인다.
广大(群众 사람, 군중 / 消费者 소비자 / 读者 독자 / 爱好者 애호가)

 唯一
wéiyī
= 惟一 wéiyī

(형) 유일한, 하나밖에 없는
这是我们现在的唯一出路。
이것은 현재 우리들의 유일한 출로이다.

*出路 활로, 출구, 발전의 여지

 一致
yīzhì

(형) 일치하다
在这件事情上，我同他的想法是一致的。
이 일에서 나와 그의 의견은 일치한다.

보카활용포인트
(1) "一致"는 "일치하다"는 뜻으로 "서로의 말과 행동이 같아서, 의견 상 불일치가 없는 것"을 말한다.
言行一致 언행일치 / **一致**(同意 / 通过) 함께, 일치하여 (동의하다, 통과시키다)
(2) "완전히, 완전하게"의 뜻인 경우 "一致"를 쓸 수 없고 "完全"을 쓴다.
我完全赞成他们的意见。
나는 완전히 그들의 의견에 찬성한다.

(7) 사회생활Ⅶ

☐ 潜 qián	숨(기)다, 잠기다	
☐ 除 chú	제외하다	
☐ 存 cún	존재하다	
☐ 重 zhòng	무겁다	
☐ 至于 zhìyú	~의 정도에 이르다	
☐ 称呼 chēnghu	호칭, 명칭	
☐ 沉默 chénmò	침묵(하다)	
☐ 吵架 chǎojià	말다툼하다	
☐ 嚷 rǎng	고함치다	
☐ 喊 hǎn	외치다	
☐ 实用 shíyòng	실용적이다	
☐ 实习 shíxí	실습(하다)	
☐ 吸收 xīshōu	흡수하다	
☐ 属于 shǔyú	~(의 범위)에 속하다	
☐ 捡 jiǎn	줍다, 거두다	
☐ 插 chā	끼우다	

☐ 搞 gǎo	~을 하다	
☐ 摔 shuāi	넘어지다	
☐ 来自 láizì	~로부터 오다	
☐ 浇 jiāo	뿌리다	
☐ 浓 nóng	짙다	
☐ 瞧 qiáo	보다	
☐ 组合 zǔhé	짜 맞추다	
☐ 结实 jiēshí	질기다	
☐ 说不定 shuōbudìng	꼭 ~라고는 말할 수 없다	
☐ 进步 jìnbù	진보(하다)	
☐ 铃 líng	종, 벨	
☐ 飘 piāo	펄럭이다	
☐ 不如 bùrú	~만 못하다	
☐ 非 fēi	~이 아니다	
☐ 抢 qiǎng	빼앗다	

5급 신HSK VOCA

01 5급 潜 qián

(동) 숨(기)다, 잠복하다 (부) 살짝, 몰래, 살그머니

夏天的时候，他经常到海边潜水。
여름에 그는 늘 해변에서 잠수를 한다.

*潜伏 qiánfú 잠복하다, 깊이 숨다

很多警察潜伏在周围，准备抓这两个罪犯。
많은 경찰이 주위에 잠복해서 이 두 범인을 잡을 준비를 했다.

*罪犯 zuìfàn 범인, 죄인

夜晚，所有人都睡着了以后，他潜入了室内。
밤에 많은 사람들이 모두 잠든 후에 그는 몰래 침실로 들어갔다.

02
5급 除
chú

(동) ① 제외하다 ② 없애다, 빼버리다, 뽑다, 제거하다 ③ (수학 연산에서) 나누다

除了我们两个人，谁都不知道这件事。
우리 두 사람을 제외하고 아무도 이 일을 모른다.

这种农药能够除掉所有的害虫。
이런 농약은 모든 해충을 제거할 수 있다.

十除以二等于五。 10나누기 2는 5이다.

> **보카 활용포인트**
> (1) "除"는 "~를 제외하고, 모두 ~이다"의 뜻인 경우 앞 절에서 "除了의 형태로 쓰여, "都"와 호응하여 함께 쓰인다.
> **星期天，我除了学习以外，都参加两项科研活动。**
> 일요일에, 나는 공부하는 것을 제외하고, 두 가지 과학연구 활동에 참가한다.
> (2) "除"는 "~외에, 또 ~이다"의 뜻인 경우 앞 절에서 "除了의 형태로 쓰여, 뒤 절의 "还", "又", "也" 등과 호응하여 함께 쓰인다.
> **星期天，我除了学习以外，还参加两项科研活动。**
> 일요일에 나는 공부 이외에도, 또 두 가지 과학연구 활동에 참가한다.

03
5급 存
cún

(동) ① 있다, 존재하다 [= 存在] ② 저축하다, 저금하다 [= 存钱, 存款] ③ 맡겨두다, 보관하다 [= 保管] ④ 남다, 남기다 [= 保留, 留] ⑤ 보존하다 [= 保存]

这是世界上现存的最早的书籍。
이것은 세계에서 현존하는 가장 오래된 서적이다.

人们把暂时不用的现金存在银行里。
사람들은 잠깐 사용하지 않는 현금을 은행에 저금한다.

你先把行李存在我这里，有时间再来取吧。
너는 우선 짐을 나한테 맡겨 놓고, 시간이 있을 때 가지러 와라.

他的一些未发表的作品被家人留存了下来。
그의 미발표 작품들이 가족에 의해 보존되어져 왔다.

天气这么热, 所有的蔬菜和水果都存不住。
날씨가 너무 더워서 모든 채소와 과일들을 보존할 수 없다.

| 04 5급 | 重 zhòng | (형/명) ① 무겁다 [= 沉 chén] ② 무게, 중량 |

(반) 轻 가볍다

他的行李很重, 一个人拿不动。
그의 짐은 매우 무거워서 한 사람이 들 수 없다.

这些东西足有100斤重。
이 물건들은 족히 100근은 된다.

| 05 5급 | 至于 zhìyú | (동/전) ① ~의 정도에 이르다, ~할 지경에 이르다 ② ~에 관해서는 |

他虽然得了重病, 但还不至于死。
그는 비록 심각한 병에 걸렸지만, 아직 죽을 지경에 이르지는 않았다.

我只能说这些, 至于其他的, 我都不知道。
나는 이 정도로만 말할 수 있고, 다른 것에 관해서는 나도 모른다.

> **본카 활용포인트**
> (1) "至于"가 동사로 쓰이는 경우 대부분 부정문이나 반어문에 쓰인다.
> (2) "至于"가 전치사로 쓰이는 경우 "~에 관해서"라는 뜻으로 화제를 바꾸거나 다른 화제를 제시할 때 뒤 절의 맨 앞에 쓰인다.

| 06 5급 | 尖锐 jiānruì | (형) ① (끝이) 뾰족하고 날카롭다 ② (사물에 대한 인식이) 예민하고 날카롭다 |

这把剑的剑锋十分尖锐, 你要小心一点儿。
이 칼의 칼날이 엄청 날카로우니, 좀 조심하세요.

他的小说受到了一些读者尖锐的批判。
그의 소설은 독자들의 날카로운 비판을 받았다.

| 07 5급 | 称呼 chēnghu | (명) (아버지, 선생님 등의) 호칭, 명칭 |

(동) 부르다, 일컫다, 호칭을 부르다 (= 叫)

信的开头应该写对方的称呼。

편지의 머리말에는 상대방의 호칭을 써야 한다.

初次见面时，我们通常不知道如何称呼
对方。

처음 만났을 때 우리는 보통 어떻게 상대방을 부를지 모른다.

08
5급

沉默
chénmò

(형/명) 침묵(하다)

你现在最应该做的事情就是保持沉默。

네가 지금 해야 하는 일은 침묵을 지키는 것이다.

> **보카활용포인트**
>
> "**沉默**"가 명사로 쓰이는 경우 동사 "**保持**"와 함께 쓴다.
> **保持沉默** 침묵을 지키다

09
5급

吵架
chǎojià

(동) 말다툼하다, 다투다, 언쟁하다

他们俩的意见从来不一致，总是要吵架。

그들 둘의 의견은 여태껏 한 번도 일치한 적이 없었고, 늘 다투려고만 한다.

10
5급

嚷
rǎng

(동) 큰소리로 부르짖다(떠들다), 고함치다

一进门，我就听见她在对孩子大嚷大叫。

문에 들어서자마자, 나는 그녀가 아이에게 큰 소리로 고함치는 것을 들었다.

11
5급

喊
hǎn

(동) 외치다, 큰소리로 (사람을) 부르다, 고함을 쳐서 부르다

尽管他大声喊叫，却没有人来帮助他。

비록 그가 크게 외쳤지만 그를 도우려는 사람은 없었다.

12
5급

实用
shíyòng

(형) 실용적이다　(동) 실제로 쓰다, 사용하다

你收集到的情报大部分都没有实用价值。

너가 수집한 정보는 대부분 실용적인 가치가 없다.

我们使用的钱数儿远远超过了计划。
우리가 사용하는 돈 액수는 계획을 크게 초과했다.

 实习
shíxí

(동/명) 실습(하다), 견습(하다)

毕业之前，我在一家大公司里当实习生。
나는 졸업하기 전에 한 대기업에서 인턴사원을 했다.

 吸收
xīshōu

(동) ① 흡수하다, 빨아들이다　② 받아들이다
③ 받아들이다, 무리에 끌어들이다

植物从泥土中吸收矿物质和其他养分。
식물은 진흙에서 광물질과 기타 영양분을 흡수한다.

那个聪明的男孩很快就把老师教的知
识都吸收了。
저 똑똑한 남자 아이는 매우 빨리 선생님의 지식을 전부 받
아들였다.

我们要吸收更多的朋友参加这项工作。
우리는 더 많은 친구들을 받아들여 이 일에 참가하도록 해
야 한다.

> **보카 활용 포인트**
>
> (1) ① "吸收"는 "양분, 수분 등을 빨아들이다, 흡수하다"는 뜻으
> 로 쓰인다.
> 　　**吸收(养分** 양분 / **营养** 영양 / **水分** 수분)
> 　② "吸收"는 "외래문화와 같이 외부 사물을 내부로 받아들이
> 다, 흡수하다"는 뜻으로 쓰인다.
> 　　**吸收外国文化** 외래문화를 받아들이다
> 　③ "吸收"는 "조직 또는 단체에서 개인을 구성원으로서 받아
> 들이다"는 뜻으로 쓰인다. : **吸收(新人员** 새로운 멤버 /
> 　　**新职员** 새 직원 / **技术人员** 기술자)
> (2) "교훈이나 경험을 받아들이다, 흡수하다"는 뜻인 경우 "吸取
> (xīqǔ)"를 쓴다. : **吸取(教训** 교훈 / **经验** 경험)
> (3) ① "어떤 물체나 힘으로 다른 사람 또는 다른 사람의 주의나
> 시선을 끌다, 사로잡다"는 뜻인 경우 **吸引(xīyǐn)**을 쓴
> 다. : **吸引(人** 사람 / **游客** 여행객 / **人们的注意** 사람
> 들의 주의 / **注目** 주목, 시선)
> 　　**这个明星把观众都吸引住了。**
> 　　이 스타배우는 모든 사람을 사로잡았다.

5급 신HSK VOCA

② "吸引"은 "다른 사람이 어떤 일을 하도록 끌(어들이)다"는 뜻으로 쓸 수 있다.
中国名胜古迹很多，每年都吸引游客来中国旅游。
중국은 명승지가 많아서, 해 마다 여행객이 중국에 와서 여행하도록 끌어들인다.

15
5급
属于
shǔyú

(동) ~(의 범위)에 속하다
你和我不是属于同一个世界的人。
너와 나는 같은 세계에 속한 사람이 아니다.

这个问题属于科学范围。
이 문제는 과학적 범위에 속한다.

16
5급
捡
jiǎn

(동) 줍다, 거두다
他将捡来的钱包交到了警察局。
그는 주운 지갑을 경찰서에 가져다주었다.

17
5급
插
chā

(동) ① 끼우다, 삽입하다, 찌르다 ② (화병 등에) 꽂다 ③ 중간에 끼어들다, 개입하다
和长辈说话的时候，不要把两手插在衣袋里。
어른과 얘기할 때는 두 손을 주머니에 넣고 있지 마라.

请你帮我把这束花插在花瓶里。
이 꽃다발을 꽃병에 꽂는 것을 도와주세요.

他说个没完，别人一点儿也插不进去。
그는 말하면 끝이 없어서, 다른 사람이 전혀 끼어들 수 없다.

18
5급
搞
gǎo

(동) ~을 하다
他出现以后，我的生活和工作都被搞乱了。
그가 나타나고 나서, 우리의 생활과 일은 모두 엉망이 되었다.

보카 활용포인트
대동사란 동사를 대신해서 쓰는 동사를 말하는데, "搞"는 "~하다"는 뜻의 대동사이다. 따라서 목적어를 보면 "搞"가 어떤 동사 대신 쓰였는지 알 수 있다.

---

19 5급 摔
shuāi

(동) ① 넘어지다, 엎어지다 ② 힘차게 던지다
③ 떨어지다, 떨어뜨려 깨뜨리다

她摔了好多次才学会了骑自行车。
그녀는 수없이 넘어진 후에야 자전거 타는 것을 배웠다.

他一生气，就把桌上的花瓶摔在了地上。
그는 화가 나자마자, 바로 책상 위의 꽃병을 바닥에 내던졌다.

他不小心从高处摔了下来，骨折了。
그는 부주의해서 높은 곳에서 떨어져서, 뼈가 부러졌다.

---

20 5급 来自
láizì

(동) ～에서 오다, ～로부터 오다

这是一封来自美国的邮件。
이것은 미국에서 온 우편물이다.

---

21 5급 浇
jiāo

(동) ① (물, 액체를) 뿌리다
② 물을 주다(대다), 관개하다

我昨天给花盆里的花浇水了。
나는 어제 화분의 꽃에 물을 주었다.

---

22 5급 浓
nóng

(형) (액체나 기체 등의 농도가) 진하다, 짙다, 농
후하다, 농밀하다 **반** 淡 옅다, 싱겁다

我所乘坐的飞机正在浓雾上空飞行。
내가 탄 비행기는 지금 짙은 안개가 낀 상공에서 운항 중
이다.

*浓雾 nóngwù 짙은 안개

这是一所传统文化气息非常浓厚的大学。
이것은 전통문화의 분위기가 매우 짙은 학교이다.

*气息 qìxī 호흡, 향기, 특색
*浓厚 nónghòu 짙다, 농후하다

23/5급

瞧
qiáo
= 看

(동) 보다

他只是瞧了我一眼，就回过头去了。

그는 단지 나를 한번 쳐다보고는 고개를 돌리고 가버렸다.

*一眼 yìyǎn 한 번(보다)

24/5급

组合
zǔhé

(동/명) 조합하다, 짜 맞추다, 한데 묶다, 구성되다 / 조합, 그룹

这本书是由诗歌、散文和短篇小说三部分组合而成的。

이 책은 시가, 산문 그리고 단편 소설 세부분으로 구성되어 있다.

我们把能想到的各种组合都试了一遍。

우리들은 생각해낼 수 있는 여러 가지 조합을 모두 한 번씩 시험해 보았다.

25/5급

结实
jiēshí

(형) ① (사물이나 물건이) 단단하다, 질기다 ② (신체가) 튼튼하다

这根绳子不够结实，我们要用粗一点儿的。

이 끈은 튼튼하지 않아서, 우리는 좀 굵은 것을 사용해야 해.

*绳子 shéngzi (노)끈
*粗 cū (길이가 긴 물건의 굵기가) 굵다

这个孩子从小身体就很结实，不易生病。

이 아이는 어렸을 때부터 몸이 튼튼해서 쉽게 병이 나지 않는다.

26/5급

说不定
shuōbudìng

(동+보) ① 꼭~라고는 말할 수 없다, 반드시 그렇다고는 할 수 없다 ② 아마도 ~일 것이다 (= 可能)

我的孩子出去玩，什么时候回家，谁都说不定。

우리 아이가 놀러 나가서 언제 집에 돌아올지는 아무도 모른다.

都八点了，说不定他就不会来了。
이미 여덟시가 되었는데, 아마 그는 안 올 것 같다.

进步
jìnbù

(명/동) 진보(하다), 발전하다, 진보적이다
반 落后 낙오하다, 뒤떨어지다

这学期他的英语成绩进步了很多。
이번 학기에 그의 영어성적은 매우 많이 올랐다.

铃
líng

(명) 방울, 종, 벨 [방울같이 생긴 것을 말함]

铃响以前，任何人都不得离开教室。
종이 울리기 전에는 누구도 교실을 떠나서는 안 된다.

飘
piāo

(동) (바람에) 나부끼다, 펄럭이다, 흩날리다

我看到雪花儿在空中飘着。
나는 눈송이가 공중에서 흩날리는 것을 보았다.

*气球 qìqiú 고무풍선

不如
bùrú

(동) ~만 못하다, ~하는 편이 낫다

今天天气很好，与其在家看电视不如出去散散步。
오늘 날씨가 너무 좋아서, 집에서 TV보느니, 나가서 산책하는 것이 더 낫다.

> **보카활용포인트**
> "不如"는 앞쪽의 "与其(yǔqí)"와 호응하여 함께 쓰인다.

非
fēi

(부/접두사/동/명) ① ~이 아니다 ② 비(非)~
③ ~이 아니다 (= 不是) ④ 과실, 잘못

这些画是我们画廊的非卖品。
이 그림들은 우리 화랑의 비매품이다.

*画廊 huàláng 화랑

본카 활용포인트

(1) "非"는 "～가 아니다"는 뜻의 부사로 쓰인다. 이 경우 주로 "非(要 / 得 děi)"의 형태로 쓰여 맨 뒤의 "不可[= 不行, 不成]"와 호응해서 함께 쓴다. "～하지 않으면 안 된다" 즉 "반드시 ～해야 된다"는 뜻이다.

今天的晚会, 你非要参加不可。
오늘 저녁 파티에 너는 반드시 참가해야 한다.

(2) "非"는 명사 바로 앞의 접두사로 쓰인다. 이 경우 "비(非)～"의 뜻으로 "～가 아니다"는 뜻이다.

非(金属 비금속 / **卖品** 비매품 / **导电物体** 비 전도물질 / **正常生活** 비정상생활)

(3) "非"는 동사로 쓰인다. 이 경우 "～가 아니다(不是)"의 뜻으로 주로 아래와 같이 관용적인 형태로 많이 쓰인다.

　① 非 ～ 非 : "～도 아니고 ...도 아니다"는 뜻으로 의미가 비슷하거나 관련된 것 또는 완전히 상반되는 한 글자 명사를 쓴다.

　　非驴非马 당나귀도 아니고 말도 아니다
　　非画非字 그림도 아니고 글씨도 아니다

　② 似 ～ 非 : "～인 것 같기도 하고, 아닌 것 같기도 하다"는 뜻으로 같은 한 글자 "명사" 또는 "동사"나 "형용사"를 쓴다.

　　似哭非哭 우는 것 같기도 하고 울지 않는 것 같기도 하다
　　似睡非睡 자는 것 같기도 하고 안자는 것 같기도 하다
　　似红非红 붉은 색 같기도 하고 아닌 것 같기도 하다

　③ 非 ～ 即 : "～이거나 ...이다" 의 뜻으로 , 둘 중 하나를 선택할 때 쓰는 말이다.

　　非打即骂 때리지 않으면 욕을 한다, 때리거나 욕을 한다

(4) "非"는 명사로 쓰인다.

　是非不分 시비를 가리지 않다
　分辨是非 시비를 가리다. 잘잘못을 따지다

抢
qiǎng

(동) ① 앞을 다투다, 서두르다
　　 ② 빼앗다, 약탈하다

最近各大商店都做推销活动, 人们都抢购产品。
요즘 각 상점에서는 모두 판촉세일을 해서, 사람들은 앞 다투어 상품을 사들였다.

马上要考试了, 我在抢时间复习功课。
곧 시험이라서, 나는 서둘러 복습을 했다.

小偷在胡同口抢走了一位老大爷的钱包。
도둑은 골목에서 할아버지 한 분의 지갑을 빼앗아 달아났다.

"抢"은 "qiǎng"으로 발음하는 경우 다음과 같은 뜻으로 쓴다.
(1) "시간적으로 앞을 다투어 어떤 일이나 행동을 하다"는 뜻으로, 명사 목적어 또는 동사목적어와 함께 쓸 수 있다.
　　抢时间做事 시간을 다투어 일을 하다, 서둘러 일을 하다
　　抢(吃 앞 다투어 먹다, 서로 먼저 먹다 / **购买** 사(들이)다 /
　　回家 집으로 돌아가다 / **发言** 발언하다. 말하다)
(2) "강제로 빼앗다, 약탈하다"는 뜻으로 쓴다.

11 회사생활

회사생활

☐ 公司 gōngsī	회사	☐ 会议 huìyì	회의
☐ 经理 jīnglǐ	사장	☐ 工作 gōngzuò	일(하다)
☐ 同事 tóngshì	(직장)동료	☐ 办公室 bàngōngshì	사무실

01
3급
公司
gōngsī

(명) 회사

我在一个电脑公司上班, 工资还比较高。
난 컴퓨터 회사에 다니고 있는데 월급이 많은 편이야.

*工资 gōngzī 월급

02
3급
经理
jīnglǐ

(명) 사장, 매니저

你打电话联系经理吧。
전화로 사장님께 연락하세요.

03
3급
同事
tóngshì

(명) (직장)동료

我和所有同事欢迎你来到这儿。
저를 비롯한 모든 동료들이 당신이 여기 오신 것을 환영합니다.

04
3급
会议
huìyì

(명) 회의

我一定会去参加这个会议的。
난 이 회의에 꼭 참석할 거야.

05
3급
工作
gōngzuò

(명/동) 일, 작업, 직업 / 일하다

我不知道你以前是做什么工作的。
난 네가 이전에 무슨 일을 했는지 모른다.

06
3급 办公室
bàngōngshì

(명) 사무실

我的办公室在二楼。

제 사무실은 2층에 있어요.

회사생활 관련 표현

☐ 上班 shàngbān 출근하다 ☐ 复印 fùyìn 복사하다
☐ 下班 xiàbān 퇴근하다 ☐ 参加 cānjiā 참가하다
☐ 忙 máng 바쁘다 ☐ 开始 kāishǐ 시작하다

01
3급 上班
shàngbān

(동) 출근하다 (반) 下班 퇴근하다

今天他第一天上班，很早就出门了。

그는 오늘 첫 출근이라, 집에서 일찌감치 나왔다.

*早就 zǎojiù 일찍이

02
3급 下班
xiàbān

(동) 퇴근하다

我们下班后去酒店喝酒吧。

우리 퇴근 후에 술집에 가서 술 한잔 하자.

*酒店 jiǔdiàn 술집

03
3급 忙
máng

(형) 바쁘다 (반) 闲 한가하다, 할 일이 없다

我今天很忙，连吃饭的时间都没有。

나 오늘 바빠서 밥 먹을 시간도 없어요.

*连~都 lián~dōu ~ 조차도

04
3급 复印
fùyìn

(동) 복사하다

这个文件给我复印1份。

이 서류를 한 부 복사해 주세요.

*份 fèn 부, 권, 세트

参加
cānjiā

(동) 참가하다, 참석하다

明天的早会，大家一定要参加。
내일 아침 회의에 여러분 모두 참석해야 합니다.

*早会 zǎohuì 아침회의

开始
kāishǐ

(동) 시작하다

这部电影3点开始。 이 영화는 3시에 시작한다.

(1) 회사생활 Ⅰ

☐ 招聘 zhāo pìn	채용하다		☐ 部分 bùfen	부분
☐ 当 dāng	담당하다		☐ 任务 rènwu	임무
☐ 组成 zǔchéng	구성하다		☐ 材料 cáiliào	자료, 데이터
☐ 组织 zǔzhī	조직하다		☐ 情况 qíngkuàng	상황
☐ 总结 zǒngjié	총괄하다		☐ 关键 guānjiàn	관건
☐ 工资 gōngzī	일급		☐ 标准 biāozhǔn	표준
☐ 收入 shōurù	수입/수록하다		☐ 表格 biǎogé	양식
☐ 广告 guǎnggào	광고		☐ 条件 tiáojiàn	조건
☐ 技术 jìshù	기술			

4급 신HSK VOCA

01
4급

招聘
zhāopìn

(동) 모집하다, 채용하다　(반) 聘用 채용되다

这家公司正在招聘一名经理。
이 회사에서 사장 한 명을 모집하고 있다.

> **보카 활용포인트**
> "회사나 단체에서 직원을 채용하다, 모집하다"의 뜻인 경우 "**招聘**"을 쓰고, "개인이 회사에 채용되다, 뽑히다"는 뜻인 경우 "**聘用 pìnyòng**"을 씀.

02
4급

当
dāng

(동) (직무 등을) 담당하다, (~한 일을) 맡다

你什么时候当上记者了?
너는 언제부터 기자가 됐어?

> **보카 활용포인트**
> (1) "**当**"은 "어떤 직무나 직책을 담당하다, 맡다"는 뜻임.
> 　　当(**班长** 반장 / **主任** 주임 / **记者** 기자)
> (2) "**变成**(~로 변하다)"는 뜻인 경우 "**当**"을 쓸 수 없고, "**成**"을 씀.
> 　　我们俩后来成了好朋友。
> 　　우리 둘은 나중에 좋은 친구가 되었다.

他已经成了一名有知名度的大学教授。
그는 이미 지명도 있는 대학 교수가 되었다.

03 4급 组成
zǔchéng

(동/명) 구성(하다), 조직(하다)

这个访问团由一百个人组成。
이 방문단은 백 명으로 구성되었다.

(1) "组成"은 "개체이나 일부가 한데 뭉쳐서 단체 또는 전체를 만드는 것"을 말하고, 주로 "由....组成(~로 구성되다)" 의 관용적인 표현으로 씀. :
新HSK考试是由听力、阅读、写作组成的。
신HSK시험은 듣기, 독해, 쓰기로 구성되어 있다.
(2) **组成新公司** 새로운 회사를 조직하다
组成家庭 가정을 이루다

04 4급 组织
zǔzhī

(동) 조직하다, 결성하다, 짜다

每年暑假我们要组织学生旅游。
매년 여름 방학 때 우리는 학생들을 모아 여행을 하곤 한다.

组织学生 학생을 모으다(조직하다)
组织联谊会 친목회를 만들다(결성하다)

05 4급 总结
zǒngjié

(동) 총괄하다, 총결산하다, 총정리하다

他总结了两个要点来说明他的方法。
그는 두 요점을 총정리하여 그의 방법을 설명하였다.

06 4급 工资
gōngzī

(명) 월급, 임금

我的工资能满足我们的基本需求。
내 월급으로 우리의 기본적으로 필요한 것은 만족시킬 수 있다.

07 4급 收入
shōurù

(명) 수입, 소득
(동) 받다, 받아들이다, 수록하다

我找到了一份收入比较高的工作。

나는 수입이 비교적 높은 좋은 일자리를 찾았어.

> **보카활용포인트**
>
> 收入(高 높다 / 低 낮다 / 增加 늘다 [= 提高] / 稳定 안정적
> 이다)

08
4급

广告
guǎnggào

(명) 광고

这个广告可以在电视上播放。

이 광고는 TV 방송으로 나갈 수 있다.

*播放 bōfàng 방송하다, 상영하다

09
4급

技术
jìshù

(명) 기술

修理手机需要专业技术。

휴대전화를 수리하는 일은 전문적인 기술을 필요로 한다.

10
4급

部分
bùfen

(명) 부분, 일부　**반** **全体** 전체

**看问题，不能只看到部分，应该要看到
整体。**

문제를 볼 때 부분만 보면 안되고, 전체를 봐야 한다.

11
4급

任务
rènwu

(명) 임무, 일

**经理交给我们这么多任务，我们一天根
本不能完成。**

사장님께서 우리에게 너무 많은 일을 주셔서, 우리는 하루
에 도저히 끝낼 수 없다.

12
4급

材料
cáiliào

(명) 자료, 데이터,

把这份材料翻译成汉语需要多长时间？

이 자료를 중국어로 번역하는데 며칠이 걸립니까?

 情况
qíngkuàng

(명) 상황

我先去公司看看情况。
제가 우선 회사에 가서 상황을 좀 보겠습니다.

 关键
guānjiàn

(명) 관건, 핵심, 키포인트

成功不成功，关键在于个人的努力。
성공하느냐 못하느냐 그 핵심은 개인의 노력에 달려 있다.

> **보카활용포인트**
> 关键产业 관건산업 / 关键问题 중요한(핵심) 문제

 标准
biāozhǔn

(명) 표준, 기준

他要求自己的标准很高。
그는 스스로에게 요구하는 기준이 높다.

> **보카활용포인트**
> 国际标准 국제표준 / 标准单价 기준단가

标 表格
biǎogé

(명) 양식, (도)표, 서식

请在表格上认真填写你的通信地址。
서식에 맞게 당신의 우편주소를 기입해 주세요.

*通信地址 tōngxìndìzhǐ 우편주소

> **보카활용포인트**
> 填写表格 tiánxiěbiǎogé 양식에 써넣다
> 空白表格 백지서식

 条件
tiáojiàn

(명) 조건

进入那个公司需要具备什么条件呢?
그 회사에 입사하려면 어떤 조건을 갖추고 있어야 합니까?

(2) 회사생활 Ⅱ

☐	规定 guīdìng	규정(하다)	☐	安排 ānpái	안배하다
☐	合格 hégé	(물건) 규격에 맞다	☐	制造 zhìzào	제조하다
☐	限制 xiànzhì	제한(하다)	☐	扩大 kuòdà	넓히다
☐	包括 bāokuò	포함하다	☐	举办 jǔbàn	거행하다
☐	普遍 pǔbiàn	보편적이다	☐	积累 jīlěi	쌓다
☐	保证 bǎozhèng	보증하다, 책임지다	☐	加班 jiābān	야근하다
☐	计划 jìhuà	계획	☐	出差 chūchāi	출장가다
☐	调查 diàochá	조사하다	☐	请假 qǐngjià	(휴가, 외출) 신청하다
☐	管理 guǎnlǐ	관리하다	☐	复印 fùyìn	복사하다
☐	提供 tígōng	제공하다	☐	打印 dǎyìn	인쇄하다

01
4급
规定
guīdìng

(동/명) 규정(하다), 정하다

请大家都按照公司规定办事。

모두들 회사 내부 규정에 따라 일을 처리해 주세요.

02
4급
合格
hégé

(동) (물건이) 규격에 맞다, (품질 면에서) 합격하다

我们一定要确定产品的质量是否合格。

우리는 이 제품의 품질이 규격에 맞는지 반드시 확인해야합니다.

> **보가 활용포인트**
> "合格"는 "물건이 품질 면에서 합격하다"는 뜻이고, "시험에 합격하다"는 뜻인 경우에는 "考试及格 / 不及格"를 써야 함.

03
4급
限制
xiànzhì

(동/명) 제한(하다), 한정(하다)

这个考试没有什么限制，任何人都可以参加。

이 시험은 제한이 없어서 어떤 사람도 참여할 수 있다.

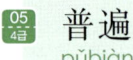

보카활용포인트

"限制"는 "한도를 정해놓고, 그 규정된 범위 내에서 그 것을 넘지 못하게 막는 것"을 말함 : 限制(时间 시간 / 发展 발전 / 进(出)口 수(출)입 / 数量 수량 / 人数 인원수)
(不)受限制 제한을 받다(받지 않다)
(没)有限制 제한이 있다(없다)

04
4급 **包括**
bāokuò

(동) 포함하다, 포괄하다

新HSK考试一般包括听力，阅读和写作三部分。

신HSK 시험에는 일반적으로 듣기, 읽기, 쓰기의 세 개 파트를 포함한다.

보카활용포인트

(1) ① "包括"는 "열거된 각 부분 또는 일부(분)을 포함하다"는 뜻임. 목적어 자리에는 주로 구체적인 것이 오고 사람, 사물 모두 가능함 : 包括 (四个部分 네 개 부분 / 两个方面 두 가지 방면 / 我 나 / 发达国家 선진국 / 宿舍费 기숙사비 / 我的意见 내 의견)
② "(종)속하다" 또는 "가지고 있다"는 뜻인 경우에는 "包括"를 쓸 수 없음. : 我们家有五个人。
(2) "안에 내재되어 있다"는 뜻인 경우에는 "包含 bāohán(내포하다)"를 쓰는데, 목적어 자리에는 주로 "추상적인 것"이 오고, 사람은 올 수 없고 사물만 올 수 있음. : 包含着(意义 의미, 의의 / 思想 사상 / 感情 감정 / 价值 가치 / 心意 성의)
(3) "两层意思 (두가지 의미, 뜻)", "在内 (내재하다)", "三个方面 (세가지 방면)"에는 추상적인 의미와 구체적인 의미를 모두 가지고 있으므로 둘 다 쓸 수 있음.

05
4급 **普遍**
pǔbiàn

(형) 보편적이다, 널리 퍼져있다

八零年代，穿这种衣服的人很普遍。

80년대에는 이런 옷을 입은 사람이 보편적이었다.

보카활용포인트

普遍的(现象 현상 / 想法 생각 / 看法 견해 / 打扮 치장, 단장 / 说法 표현, 의견, 견해…)
普遍受欢迎 대체로 환영을 받다 / 普遍存在 보편적으로 존재하다, 널리 퍼져있다

06
4급

保证
bǎozhèng

(동) 보증하다, 책임지다, 약속하다

我们只有保证产品的质量，才能取得消费者的信任。

우리는 제품의 품질을 보증할 수 있어야만 고객의 신임을 얻을 수 있다.

> **보카활용포인트**
>
> "保证"은 "상대방에게 반드시 어떤 일을 하겠다고 책임지고 약속하다, 보증하다"는 뜻임 :
> 保证质量 품질을 보장하다
> 保证完成任务 임무를 다할 것을 약속하다
> 保证按时到达机场 제시간에 공항에 도착하는 것을 약속하다
> 保证通过考试 시험에 통과할 것을 보증하다
> 保证口味纯正 정통의 맛을 책임지다,
> 　　　　　　　　맛이 있다는 것을 보장하다
> 保证书 보증서 / 保证人 보증인
> 孩子向妈妈保证以后好好儿学习。
> 아이는 엄마께 앞으로 열심히 공부하겠다고 약속했다.

07
4급

计划
jìhuà

(명) 계획

请不要改变计划，不然我这两天的工作算是白做的。

계획을 바꾸지 마세요. 안 그러면 제가 이틀 동안 한 것이 소용 없잖아요.

08
4급

调查
diàochá

(동/명) (현장에서) 조사(하다)

请你把这件事情发生的原因调查清楚。

이 일이 일어나게 된 원인을 조사해 주세요.

> **보카활용포인트**
>
> (1) "调查"는 "주로 현장에서 어떤 일이 진행되는 상황을 알기위해 경찰서, 기관, 단체 등에서 직접 시찰하여 상황을 파악하는 것"을 말함 : 调查(原因 원인 / 事故 사고 / 这件事 이 일 / 研究 연구 / 事件 사건 [= 案件] / 犯罪 범죄 / 费用 비용 / 工作 일 / 人 사람)
> 人口调查 인구조사
> 调查得很彻底 매우 철저히 조사하다

(2) "检查(조사하다, 검사하다, 점검하다, 검열하다)"는 "문제점, 단점, 잘못된 점 등을 발견하기 위해서 자세히 검사하는 것"을 말함. : 检查(身体 신체 / 视力 / 工作 일 / 作业 숙제 / 问题 문제 / 卫生 / 票 표 / 错误 잘못 / 自我 자기(자신))
认真检查 열심히 조사하다

09
4급

管理
guǎnlǐ

(동) 관리하다

你管理好自己的身体更重要。

네가 너의 건강을 잘 관리하는 것이 더 중요하다.

10
4급

提供
tígōng

(동) 제공하다

这家饭店为顾客提供外送服务。

이 식당은 고객을 위해 배달 서비스를 제공한다.

> **보카 활용포인트**
>
> "提供"은 "상대방이 필요로 하는 것을 (제공해) 주다"는 뜻이고, 주로 "给(= 为)提供" 또는 "提供给 + (사람) + 사물"의 형태로 쓰임. : 提供(服务 서비스 / 物资 물자 / 人员 인원 / 场所 장소 / 科学技术 / 意见 의견 / 建议 건의, 제안 / 情报 정보 / 消息 소식 / 资料 자료)

11
4급

制造
zhìzào

(동) 제조하다, 만들다

这个冰箱是在中国山东省制造的。

이 냉장고는 중국 산동에서 만든 것이다.

> **보카 활용포인트**
>
> (1) "制造"는 "원료를 사용해서 어떤 물건을 만들다"는 뜻이고, 주로 크고 복잡한 물건을 만들다는 뜻으로 많이 쓰임. : 制造(产品 물건 / 卡车 트럭 / 药品 약품 / 船 배 / 飞机 비행기 / 机器 기계 / 武器 무기)
>
> (2) "수공으로 비교적 작고 간단한 물건을 만들다"는 뜻인 경우에는 "制作"를 씀. "制作"가 쓰이는 경우에는 "制造"로 바꾸어 쓸 수 있음. : 制作(工艺品 공예품 / 家具 가구 / 服装 옷 / 玩具 장난감 / 模型 모형 / 糕点 케이크, 과자, 빵)
>
> (3) "(고의로 나쁜) 분위기를 조성하다, 조장하다"는 뜻인 경우에는 "制作"를 쓸 수 없고, "制造"를 써야 함. : 制造(气氛 분위기 / 矛盾 갈등 / 分裂 분열 / 纠纷 분쟁, 다툼 / 局势 정세, 상황 / 舆论 여론)

12
4급 扩大
kuòdà

(동) 확장하다, 넓히다, 확대하다

我们公司计划明年把市场扩大到中国。
우리 회사는 내년에 중국으로 사업을 확장하려고 합니다.

(1) "**扩大**"는 "범위,면적, 규모를 확대하다, 넓히다"는 뜻이고, "**缩小** suōxiǎo"와 반대되는 개념임. : **扩大** (范围 범위 / **面积** 면적 / **规模** 규모 / **事业** 사업 / **生产** 생산 / **影响** 영향)
(2) "수량을 늘리다, 증가시키다"는 뜻인 경우에는 "**增加** zēngjiā"를 씀. : **增加** (数量 수량 / **一个节目** 프로그램 하나 / **运动量** 운동량)
(3) "수준을 향상시키다, 높이다"는 뜻인 경우에는 "**提高** tígāo"를 써야 함. : **提高水平** 수준을 향상시키다

13
4급 积累
jīlěi

(동) 쌓다, 축적하다

足球队通过参加世界比赛，积累了实战经验。
축구 대표팀은 국제 대회를 통해 실전 경험을 쌓았다.

(1) "**积累**"는 "사물이나 돈이 차츰차츰 한데 모이는 것"을 말함. **积累** (经验 경험 / **知识** 지식 / **资金** 자금 / **资料** 자료....)
(2) "힘을 모으다, 쌓다"는 뜻인 경우에는 "**积累**"를 쓸 수 없고, "**集中** jízhōng" 또는 "**积蓄** jīxù"를 씀. (集中 집중하다, 모으다, 积蓄 모으다)**力量** 힘

14
4급 加班
jiābān

(동) 야근하다

看你现在这样累的样子，昨天一定又加班了吧？
네가 지금 이렇게 피곤해 하는 모습을 보니, 어제 또 야근했구나?

15
4급 出差
chūchāi

(동) 출장가다 [뒤에 목적어가 올 수 없음]

我经常因为公司业务去中国出差。
전 회사업무로 자주 중국에 출장갑니다.

16
4급
请假
qǐngjià

(동) (휴가, 외출 등의 허락을) 신청하다

你下午可以请假, 但是后天一定要来上班。

당신은 오후에 휴가를 신청할 수 있지만, 모레는 반드시 출근해야 합니다.

17
4급
复印
fùyìn

(동) 복사하다

你把这份资料复印20份, 明天开会时发给大家。

이 자료를 20부 복사해서 내일 회의할 때 모두에게 나누어 주세요.

18
4급
打印
dǎyìn

(동) 인쇄하다

我们只要把插图画完, 这本书马上就可以打印了。

우리들이 그림 작업만 끝내면 그 책은 곧바로 인쇄할 수 있다.

19
4급
安排
ānpái

(동) (인원·시간 등을) 안배하다, 일을 처리하다

公司安排我们明天参加培训。

회사는 우리에게 내일 훈련에 참가하도록 안배를 했다.

20
4급
举办
jǔbàn

(동) 거행하다, 개최하다, 열다

这届世博会是在上海举办的。

이번 세계 박람회는 상해에서 개최되었다.

회사생활

(1) 회사생활 I

☐	股票 gǔpiào	증권, 주식	☐	步骤 bùzhòu	(일 진행의) 순서
☐	功能 gōngnéng	기능, 성능, 효능	☐	部门 bùmén	부문, 부
☐	工人 gōngrén	노동자	☐	比例 bǐlì	비례
☐	工程师 gōngchéngshī	엔지니어	☐	地位 dìwèi	지위, 위치
☐	工业 gōngyè	공업	☐	产品 chǎnpǐn	제품, 상품
☐	工厂 gōngchǎng	공장	☐	尺子 chǐzi	자, 척도
☐	机器 jīqì	기계	☐	单位 dānwèi	(단체 등의) 부서
☐	金属 jīnshǔ	금속	☐	合同 hétong	계약(서)
☐	零件 língjiàn	부품, 부속품	☐	行业 hángyè	업종
☐	资金 zījīn	자금	☐	标准 biāozhǔn	표준, 기준
☐	利息 lìxī	(은행) 이자	☐	标志 biāozhì	표지, 로고
☐	利益 lìyì	이익, 이득	☐	汇率 huìlù	환율
☐	利润 lìrùn	이윤	☐	纪律 jìlù	규율, 법칙
☐	方式 fāngshì	방식, 방법	☐	规矩 guīju	규칙, 표준
☐	措施 cuòshī	조치, 대책	☐	规律 guīlù	규율, 법칙
☐	方案 fāngàn	방안, 방식	☐	结构 jiégòu	구성, 조직

---

01 5급 **股票**
gǔpiào

(명) 증권, 주식

由于经济不景气, 公司的股票下跌了很多。
불경기 때문에 회사의 주식이 많이 떨어졌다.

*跌 diē (물가가) 내리다. 떨어지다.

---

02 5급 **功能**
gōngnéng

(명) 성능, 효능, 기능, 작용, 작동

这台机器的功能出现了一些问题。
이 기계 작동에 문제가 좀 생겼다.

 工人
gōngrén

(명) 노동자, 근로자

我不喜欢他, 但是说实话, 他是个好工人。
나는 그를 싫어하지만 솔직히 말하면 그는 좋은 근로자이다.

*实话 shíhuà 솔직한 말

 工程师
gōngchéngshī

(명) 엔지니어, 기사

负责这个项目的工程师逃跑了。
이 부문 담당 기사가 도망갔다.

*逃跑 táopǎo 도망치다 달아나다

 工业
gōngyè

(명) 공업

近几年来, 我国的工业生产有了很大发展。
최근 몇 년 동안 우리나라의 공업생산은 큰 발전이 있었다.

 工厂
gōngchǎng

(명) 공장

那家大工厂倒闭, 使许多工人失业。
저 큰 공장이 도산해서, 많은 노동자들이 직장을 잃었다.

*倒闭 dǎobì (회사, 기업) 도산하다

 机器
jīqì

(명) 기계, 기기

他听到的唯一的声音就是那台机器的嗡嗡声。
그가 들은 유일한 소리는 저 기계의 웅웅거리는 소리였다.

*嗡嗡 wēngwēng (기계소리) 윙윙, 웅웅

 金属
jīnshǔ

(명) 금속

这里是一家生产金属制品的公司。
이곳은 금속 제품을 생산하는 회사입니다.

 零件
língjiàn

(명) 부품, 부속품

汽车是由许多不同的零件组成的。
자동차는 여러 부속품으로 구성되어 있다.

10 5급 **资金**
zījīn

(명) 자금

这个计划因为缺乏资金而难以实现。

이 계획은 자금 부족으로 실현하기가 어렵다.

11 5급 **利息**
lìxī

(명) (은행 등에서의) 이자

🔁 本金, 本钱 원금, 본전, 밑천

最近，银行的利息又下降了。

최근에 은행의 이자가 또 내렸다.

12 5급 **利益**
lìyì

(명) 이익, 이득

在这次项目上，我们有共同的利益。

이번 사항에 우리는 모두에게 공동의 이익이 있다.

13 5급 **利润**
lìrùn

(명) 이윤 🔁 本钱 원금, 본전

我们如果想增加利润，就必须削减开支。

우리들이 만약 이윤을 늘리고 싶다면 지출을 절감해야 한다.

*削减 xuējiǎn 삭감하다, 절감하다

14 5급 **方式**
fāngshì

(명) 방식, 방법

有时候，我们需要改变一下工作方式。

가끔은 우리가 일하는 방식을 좀 바꿀 필요가 있다.

15 5급 **措施**
cuòshī

(명) 조치, 대책, 시책, 방법
(동) 조치하다, 시책을 행하다

为了解决这个问题，我们必需马上采取措施。

이 문제를 해결하기 위해서 우리는 즉시 대책을 취해야 한다.

这件事情是我们措施不当，在这里给大家道歉了。

이 일은 우리가 부당하게 조치한 것이니, 여기서 모두에게 사과드리겠습니다.

16 5급
方案
fāngàn

(명) 방안, 방식, 계획, 방법

我们要尽快研究出一个比较可行的方案出来。

우리는 최대한 빨리 비교적 실행하기 좋은 방안을 논의해 내야 한다.

*研究 yánjiū (문제를) 논의하다, 검토하다, 연구하다

---

17 5급
步骤
bùzhòu

(명) (일 진행의) 순서, 절차, 차례, 단계

我们公司一直都是有步骤地在进行生产。

우리 회사는 줄곧 모두 단계적으로 생산을 진행하고 있다.

---

18 5급
部门
bùmén

(명) 부문, 부, 분과

我希望公司的各个部门都能团结起来。

나는 회사의 각 부서가 모두 단결할 수 있기를 바란다.

---

19 5급
比例
bǐlì

(명) 비례

在这里，大家的工资将与工作量成正比。

여기에서 모두의 월급은 작업량에 정비례 할 것이다.

*正比 zhèngbǐ 정비례

---

20 5급
地位
dìwèi

(명) 지위, 위치

他是一个有重要社会地位的人。

그는 중요한 사회적 지위가 있는 사람이다.

> **보카 활용포인트**
> (1) "地位"는 "개인 또는 단체의 사회적인 위치"를 말한다. 서술어 "高", "低", "有", "没有"와 함께 쓸 수 있고, "大", "小", "强", "弱"와는 함께 쓸 수 없다. : 地位(高 높다 / 低 낮다)
> 有~地位 ~한 지위가 있다 / 没(有)~地位 ~한 지위가 없다
> (经济 경제적 / 社会 사회적 / 政治 정치적 / 国际 국제적 / 学术 학술적 / 平等 평등한)地位
> (2) "(차지하고 있는) 구체적인 장소, 곳, 자리, 좌석"의 뜻인 경우에는 "位置(wèizhì)"를 쓴다.
> 大家都坐在指定的位置上。 모두 지정 좌석에 앉아 있다.

我没有移动位置。나는 자리를 이동하지 않았다.
他要调换位置。그는 자리를 바꾸려고 한다.

---

21 5급 **产品**
chǎnpǐn

(명) 제품, 상품, (생)산물

我们公司的产品已经销往了全球各地。
우리 회사의 제품은 이미 세계 각지에 널리 판매되었다.

*经销 jīngxiāo 중개 판매하다.

---

22 5급 **尺子**
chǐzi

(명) ① 자 ② 척도, 기준, 표본

他用钢笔和尺子划了一条线。
그는 만년필과 자를 사용해서 선을 하나 그었다.

---

23 5급 **单位**
dānwèi

(명) ① (단체, 기관 등의) 단위, 부서 ② 회사, 기관, 단체

这个部门是总公司的直属单位。
이 부서는 전체 회사의 직속 부서이다.

你在你们单位工作多少年了?
너가 이 회사에서 일한지 몇 년이 되었니?

*直属 zhíshǔ 직속의, 직속하다, 직속되다

---

24 5급 **合同**
hétong

(명) 계약(서)

我们还是没能签订合同。
우리는 여전히 계약을 체결할 수 없었다.

*签订 qiāndìng 체결하다, 맺다, 날인하다

---

25 5급 **行业**
hángyè

(명) (사업부문의) 업종, 직업, 직종, 업

这是一个非常有发展前景的行业。
이것은 매우 전도유망한 직종이다.

*前景 qiánjǐng 가까운 장래
*发展前景 발전 전망

(1) (汽车 자동차 / 服装 의상 / 饮食 음식 / 服务 서비스)行业 업
(从事 종사하다 / 重视 중시하다 / 轻视 경시하다 / 向往 동경하다 / 热爱 매우 애착을 가지다)~行业
时髦行业 유행 업종
(2) "개인이 사회 속에서 종사하고 있는 일, 직업"을 말하는 경우 "职业(zhíyè)"를 쓴다. : 他的职业是(教师 교사 / 大夫 의사 / 运动员 운동선수 / 校长 교장 / 歌手 가수)

26 5급 标准 biāozhǔn

(명) 표준, 기준 (형) 표준적이다

我们的业绩都没有达到公司的标准。
우리들의 업적은 아직 회사의 기준에 도달하지 못했다.

他的汉语发音非常标准。
그의 중국어 발음은 매우 정확하다.

27 5급 标志 biāozhì

(명/동) ① 표지, 로고 ② 상징(하다), 지표

红绿灯是人和汽车通行时必要的标志。
신호등은 사람과 차가 통행하는데 필요한 표지이다.

前面一转弯就能看见我们公司的标志了。
앞에서 돌기만 하면 우리 회사의 로고를 볼 수 있다.

*转弯 zhuǎnwān 모퉁이를 돌다

(1) "标志"는 "표지, 로고"라는 뜻으로 "어떤 사물을 나타내기 위한 표나 특징"을 말한다.
(2) "标志"는 "상징하다"는 뜻의 동사로 쓰는 경우 보통 "着" 또는 "了"와 함께 쓴다.
计算机的发明标志着新科技时代的开始。
컴퓨터의 발명은 신 과학기술 시대의 시작을 상징하고 있다.

28 5급 汇率 huìlǜ

(명) 환율, 외화시세

所有经济部门都遭受到这次汇率下跌带来的损失。
모든 경제부문에서 이번 환율 하락으로 손실을 입었다.

*遭受 zāoshòu (불행.손해) 입다, 만나다
*下跌 xiàdiē (상품가격) 떨어지다

纪律 jìlǜ

(명) 규율, 기율, 법칙

所有人都必需严格遵守公司的纪律。
모든 사람들은 회사의 규율을 엄격하게 지켜야 한다.

*遵守 zūnshǒu (규정)지키다, 준수하다

规矩 guīju

(명/형) ① 규칙, 표준, 법칙
② 예의 바르다, 단정하다, 성실하다

即使是为了公司的利益, 也不能不守规矩。
회사의 이익을 위한 것일 지라도 규칙을 어길 수는 없다.

做事规矩些, 不会有坏处的。
일을 할 때 좀 성실하게 하면, 나쁜 일이 생기지 않을 것이다.

*坏处 huàichu 나쁜점, 결점

他这个人一点儿也没有规矩。
그는 예의라고는 전혀 없는 사람이다.

31
5급
规律 guīlǜ

(명) 규율, 법칙, 규칙

生老病死是人类社会的自然规律。
생로병사는 인류사회의 자연 법칙이다.

> **보카 활용포인트**
> (1) "纪律"는 모두가 함께 지키도록 "회사, 단체, 학교 등에서 조목별로 만들어서 적어 놓은 글"을 말한다.
> (公司, 学校)有一定的纪律。
> (회사, 학교)에는 특정한 규율이 있다.
> 遵守工作纪律 일하는 규율을 준수하다
> 违反考场纪律 시험 고사장 규칙을 위반하다
> 单位的纪律很严格。회사의 규율은 아주 엄격하다.
> (2) ① "规矩"는 글로 써 놓지 않은 "일정한 기준, 습관, 법규" 등을 말한다.
> (学校 학교 / 家里 집 / 本地 현지 / 城市 도시 / 农村 농촌 / 干活 일)的规矩
> (遵守 준수하다, 지키다 / 有 있다 / 破坏 위반하다 / 取消 취소하다 / 打破 깨다)规矩

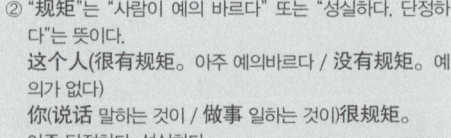

② "规矩"는 "사람이 예의 바르다" 또는 "성실하다, 단정하다"는 뜻이다.
这个人(很有规矩。아주 예의바르다 / 没有规矩。예의가 없다)
你(说话 말하는 것이 / 做事 일하는 것이)很规矩。아주 단정하다, 성실하다

(3) "规律"는 "사물 간에 내재되어 있는 필연적인 관계, 규칙, 법칙"를 말한다.
(事物发展的 사물이 발전하는 / 生活 생활 / 市场 시장 / 价值 가격 / 语法 어법)规律
(存在 있다, 존재하다 / 遵守 준수하다, 지키다 / 违背 어기다)规律
(必然 필연적인 / 客观 객관적인 / 一般 일반적인 / 基本 기본적인)规律

(4) "모두가 다함께 준수하도록 글로 작성해 놓은 제도나 규정"에 대해서는 "规则(guīzé)"를 쓴다.
(交通 교통 / 比赛 경기 / 考试 시험)规则
遵守规则 법규를 준수하다, 지키다

 结构
jiégòu

(명) 구성, (건축물의) 구조(물), 조직, 기구

这台机器的内部结构非常复杂。
이 기계의 내부 구조는 매우 복잡하다.

(2) 회사생활 II

☐	规模 guīmó	규모	☐	设施 shèshī	시설
☐	目录 mùlù	목록	☐	设备 shèbèi	설비(하다)
☐	秘书 mìshū	비서	☐	资料 zīliào	자료
☐	贸易 màoyì	무역	☐	生产 shēngchǎn	생산(하다)
☐	逻辑 luójí	논리	☐	召开 zhàokāi	(회의)열다
☐	麦克风 màikèfēng	마이크	☐	失业 shīyè	직장을 잃다
☐	系统 xìtǒng	계통, 체계	☐	征求 zhēngqiú	널리 구하다
☐	企业 qǐyè	기업	☐	制作 zhìzuò	제작하다
☐	商业 shāngyè	상입	☐	制定 zhìdìng	제정하다
☐	商品 shāngpǐn	상품	☐	设计 shèjì	설계(하다)
☐	原料 yuánliào	원료	☐	建设 jiànshè	건설하다
☐	业务 yèwù	업무	☐	成立 chénglì	설치하다
☐	效率 xiàolǜ	효율	☐	构成 gòuchéng	구성(하다)
☐	权利 quánlì	권리	☐	投资 tóuzī	투자(하다)
☐	样式 yàngshì	견본	☐	实行 shíxíng	실행하다
☐	税 shuì	세금			

01 5급 规模
guīmó

(명) 규모

目前，这种产品的生产规模很小。
지금 이 제품의 생산규모는 매우 작다.

보카 활용포인트

(1) "**规模**"는 "사업, 기구, 단체, 공사, 활동 등을 포함하고 있는 범위나 크기"를 말한다.
(**工程** 공사 / **事业** 사업 / **机构** 기구, 단체 / **活动** 활동)的规模很大。
大规模的社会活动 대규모적인 사회활동

(2) 학교의 정상적인 교학 활동에 포함되는 것은 "**运动**" "**活动**"이란 말을 함께 쓰지 않으므로, "**大规模**"란 단어 역시 함께 쓸 수 없고, "**全面**"을 쓴다.
学校在每个学期中进行全面的期中考试。
학교는 매 학기 중에 전반적으로 중간고사를 진행한다.

02
5급
目录
mùlù

(명) 목록, 디렉토리

请贵公司一定尽快把产品目录寄给我们。

귀 회사에서 반드시 최대한 빨리 제품 목록을 우리들에게 보내주시기 바랍니다.

03
5급
秘书
mìshū

(명) 비서

他的工作很忙，平时都有两名秘书为他工作。

그는 일이 매우 바빠서 평소에 비서 두 명이 그를 위해 일한다.

04
5급
贸易
màoyì

(명) 무역, 교역, 상업, 매매

这次合作将是我们以后长期贸易往来的开始。

이번 합작은 우리의 다음 장기 무역 거래의 시작이 될 것이다.

05
5급
逻辑
luójí

(명) 논리, 로직

他这个人一着急，说话就没有逻辑。

그는 조급해지기만 하면, 말하는 데 논리가 없어진다.

06
5급
麦克风
màikèfēng

(명) 마이크, 마이크로폰

他一拿起麦克风就唱个没完没了。

그는 한번 마이크를 들고 노래를 하기 시작하면 끝이 없다.

*没完没了 méiwánméiliǎo (말, 일이) 한도 끝도 없다

07
5급
系统
xìtǒng

(명/형) 계통, 체계, 조직, 시스템, 시리즈 / 계통적이다, 체계적이다

这个小区的供水系统总是出问题。

이 지역의 용수 공급 체계에 문제가 생겼다.

考试之前，我们要进行系统的复习。

우리는 시험 전에 체계적으로 복습해야 한다.

企业
qǐyè

(명) 기업

毕业后，他在一家私人企业工作。

그는 졸업한 후 그는 개인 기업에서 일했다.

 商业
shāngyè

(명) 상업

纽约是美国的主要商业中心。

뉴욕은 미국의 주요 상업 중심지이다.

 商品
shāngpǐn

(명) 상품, (시장에서 판매되는) 물품

这家超市的大部分商品价格都很便宜。

이 슈퍼는 대부분의 상품의 가격이 매우 싸다.

 原料
yuánliào

(명) 원료, 소재

我们公司的所有原料都是从国外进口的。

우리 회사의 모든 원료는 다 해외에서 수입한 것이다.

 业务
yèwù

(명) 업무, 일, 실무

我们两家公司之间的业务正在逐渐增长。

우리 두 회사 간의 실무가 점차 늘어나고 있다.

*逐渐 zhújiàn 점차, 점점

 效率
xiàolǜ

(명) (기계 따위의) 효율, (작업 따위의) 능률

我们必须寻找一个花费更少，效率更高
的解决方法。

우리는 돈은 더 적게 사용하고 효율은 더욱 높이는 해결 방
법을 찾아야 한다.

*寻找 xúnzhǎo 찾다, 구하다

 权利
quánlì

(명) 권리 **(반)** 义务 의무

我们一定要维护自己的权利。

우리는 스스로의 권리를 보호해야 한다.

*维护 wéihù 유지하다, 보호하다

 15
5급
样式
yàngshì

(명) 견본, 형식, 양식, 스타일

这是目前巴黎最流行的衣服样式。
이것은 현재 파리에서 가장 유행하는 옷의 스타일이다.

 16
5급
税
shuì

(명) 세금

我每个月都会按照规定缴纳个人所得税。
나는 매달 규정에 따라 개인 소득세를 납부한다.

*缴纳 jiǎonà 교부하다, 납부하다

 17
5급
设施
shèshī

(명) 시설

我们的公司连最基本的办公设施都没有。
우리 회사는 가장 기본적인 업무 시설도 없다.

> 보카활용포인트
>
> "设施"는 일을 진행하는 과정에서 필요에 의해서 만든 "시스템, 조직, 건축물" 등을 말한다.

 18
5급
设备
shèbèi

(명/동) 설비(하다), 장비(를 갖추다)

为了提高产量，我们引进了一些国外的先进设备。
생산량을 증가시키기 위해서 우리는 외국의 선진 장비를 도입했다.

*引进 yǐnjìn 도입하다

> 보카활용포인트
>
> "设备"는 "어떤 목적에 필요한 기계, 기구, 장비 등을 설치해 놓은 것"을 말한다.

 19
5급
资料
zīliào

(명) 자료

这里包括你开会时所需要的一切资料。
여기에는 네가 회의할 때 필요한 모든 자료가 들어있다.

20
5급

生产
shēngchǎn

(동/명) ① (물건, 생산품 등을) 생산(하다)
　　　　② 낳다, 출산하다
(반) 消费 소비(하다)

经济复苏之后，工厂已经恢复了生产。
경기 회복 후에 공장은 이미 생산이 회복되었다.

*复苏 fùsū (경제,생산이) 회복하다, 회생하다

(1) "生产"은 "주로 공장이나 회사, 어떤 지역 등에서 자연물에
　　인력을 가하여 물건, 생산재료, 생활필수품, 산물 등을 만들어
　　내다, 생산하다"는 뜻이다.
　　生产(产品 물건 / **汽车** 자동차 / **自行车** 자전거 / **电脑**
　　컴퓨터 / **电视** TV / **玩具** 장난감 / **食品** 식품)
　　东北生产(白米 쌀, 백미 / **各种粮食** 각종 양식)
(2) "生产"은 "새끼를 낳다"는 뜻으로도 쓸 수 있다.
　　母牛生产了五头小牛。
　　어미 소가 새끼 소 다섯 마리를 낳았다.

21
5급

召开
zhàokāi

(동) (회의 따위를) 열다, 소집하다

今天下午，公司突然临时召开了职工大会。
오늘 오후에 회사에서 갑자기 임시로 노동대회를 소집하였다.

*职工 zhígōng 직원과 공장직원, 노동자

22
5급

失业
shīyè

(동) 직장을 잃다, 실업하다
(반) 就业 취직(취업)하다

他已经失业半年了，还没有找到新工作。
그가 직장을 잃은 지 이미 반 년이 되었지만 아직 새로운 직
업을 구하지 못했다.

23
5급

征求
zhēngqiú

(동) 널리 구하다, 묻다, 모집하다

我想向大家征求一下对这个计划的意见。
나는 모두에게 이 계획에 대한 의견을 좀 묻고싶다.

"**征求**"는 "서면이나 구두의 형식으로 다른 사람의 의견을 묻다,
널리 구하다"는 뜻으로 "**向~征求。**"의 형태로 쓴다.

5급 신HSK VOCA

24
5급 制作
zhìzuò

(동) 제작하다, 제조하다, 만들다

为了参加这次的展览，他正在忙着制作模型。

그는 이번 전시회에 참가하기 위해서 지금 서둘러 모형을 제작하고 있다.

(1) "制作"는 "만들다, 제작하다"는 뜻으로 주로 "수공(手工)으로 만드는 것"을 말한다. : 制作(工艺品 공예품 / 家具 가구 / 服装 옷 / 东西 물건 / 飞机模型 비행기 모형)
(2) ① "제조하다, 만들다"는 뜻으로 "기계, 배, 비행기 등 비교적 큰 제품, 물건을 만드는 것"을 말하는 경우 "制造(zhìzào)"를 쓴다. : 制造(飞机 비행기 / 船 배 / 拖拉机 트랙터 / 卡车 트럭 / 卫星 인공위성 / 电器 가전제품, 전기기구)
② "상황이나 분위기를 조장하다, 조성하다, 만들다"는 뜻인 경우 "制作"를 쓸 수 없고, "制造"를 쓰며, 주로 부정적인 뜻으로 쓰인다. : 制造(气氛 분위기 / 局面 국면, 상황 / 矛盾 모순, 갈등 / 紧张空气 긴장된 분위기)

25
5급 制定
zhìdìng

(동) 제정하다, 만들다, 세우다

公司成立之初，就制定了非常严格的规章制度。

회사 창립 초기에 매우 엄격한 규정을 제정했다.

*规章制度 guīzhāng zhìdù 규정

"规定"은 "법률, 규정, 규칙, 법규, 계획 등을 정하다, 세우다"는 뜻이다. : 规定(法律 법률 / 政策 정책 / 法规 법규 / 规则 규칙 / 纪律 규율 / 规划 기획, 계획 / 计划 계획)

26
5급 设计
shèjì

(동/명) 설계(하다), 디자인(하다), 계획을 세우다

为了使顾客满意，我设计了几套不同的方案。

고객의 만족을 위해서 나는 몇 가지 다른 계획을 세웠다.

486

建立
jiànlì

(동) ① 세우다, 건립하다, 창건하다, 창설하다
② 만들다, 형성하다

公司要建立一个新部门，让我当部长。

회사에서는 새로운 부서를 만들어서 나에게 부장을 시키려고 한다.

 建设
jiànshè

(동/명) 세우다, 건설(하다), 창립(하다)

我们的海外分公司正在建设之中。

우리의 해외 지사가 지금 건설되고 있는 중이다.

 成立
chénglì

(동) (조직이나 기구 등을) 설치하다, 설립하다, 창립하다, 결성하다

我们已经成立了一个调查小组来调查这次的问题。

우리는 이미 조사팀을 결성해서 이 문제를 조사했다.

*小组 xiǎozǔ 팀, 그룹, 조, 동아리

보카 활용포인트

(1) ① "建立"는 "조직이나 기구 등 구체적인 사물을 건립하다, 건설하다, 세우다, 만들다"는 뜻이다. : 建立(公司 회사 / 工厂 공장 / 农业基地 농업기지 / 国家 국가 / 学校 학교 / 电影院 영화관 / 公园 공원 / 幼儿园 유치원 / 新家庭 새로운 가정 / 部门 부서)
② "建立"는 "관계, 감정, 우정 등을 맺다, 형성하다, 이루다"는 뜻으로 쓰인다. : 建立(外交关系 외교관계 / 邦交 국교 / 感情 감정 / 友谊 우의)
③ "建立"는 "정권, 정책 등을 수립하다, 세우다, 제정하다"는 뜻으로 쓰인다. : 建立(政权 정권 / 政策 정책)
(2) ① "建设"는 "국가나 단체가 새로운 사업을 건설하다" 또는 "건물이나 시설물 등 구체적인 사물을 새로 만들어 세우다"는 뜻이다. : 建设(住宅 주택 / 城市 도시 / 卫星 인공위성 / 铁路 철도)
② "建设"는 "사상, 정치 방면의 일을 더욱 강하게 세우다, 건설하다"는 뜻으로 쓴다.
建设(精神文明 정신문명 / 祖国 조국 / 国家 국가)
(思想 사상 / 经济 경제 / 社会主义 사회주의)建设
(3) ① "成立"는 "어떤 조직, 기구, 정권 등을 성공적으로 준비하여 설치하다, 결성하다, 창립하다, 만들다"는 뜻이다.

5급 신HSK VOCA

成立(总工会 노총, 노동 조합 총연합 / 协会 협회 / 足球队 축구팀)
中华民主共和国成立于1949年。
중화인민 공화국은 1949년에 성립되었다.
② "成立"는 "의견, 이론 등이 근거가 있어서 성립하다, 만들어지다, 세우다"는 뜻이다. : 这个(学说 학설 / 学派 학파 / 理论 이론 / 意见 의견 / 说法 의견, 견해)能成立.

30 5급 构成 gòuchéng

(동/명) 구성(하다), 형성(하다), 만들다, 이루다

现在, 你的行为已经构成了犯罪。

지금 네 행위는 이미 범죄가 되었다.

> **보카활용포인트**
> "构成"은 사물에 대해서만 쓸 수 있고, "한명 한명이 모여 어떤 조직을 만들다, 형성하다"는 뜻인 경우에는 "构成"을 쓸 수 없고 "组成(zǔchéng)"을 쓴다.
> 我们班是由五个国家的学生组成的。
> 우리 반은 5개국의 학생으로 구성되어 있다.

31 5급 投资 tóuzī

(동/명) 투자(하다)

他的公司由于投资失败, 宣布破产了。

그의 회사는 투자 실패로 인해 파산을 선고했다.

*破产 pòchǎn 파산하다

32 5급 实行 shíxíng

(동) 실행하다

你的设想非常好, 但是实行起来恐怕会很难。

너의 착상은 매우 좋지만 실행하려면 아마 아주 어려울 것이다.

> **보카활용포인트**
> (1) "实行"은 "실행하다"는 뜻으로 "방법이나 정책 등을 실제 행동으로 옮겨서 행하는 것"을 말한다. : 实行(制度 제도 / 政策 정책 / 纲领 강령 / 方法 방법)
> (2) "꿈, 바람, 이상, 계획 등 바라는 일을 실제로 이루다"는 뜻인 경우 "实现(shíxiàn)"을 써야 하고, 뒤에 두 글자 명사 목적어와 함께 호응하여 쓴다. : 实现(愿望 바람, 소원 / 理想 이상 / 梦想 꿈 / 计划 계획 / 诺言 약속)

(3) 회사생활 Ⅲ

☐ 应聘 yìngpìn	초빙에 응하다	☐ 复制 fùzhì	복제(하다)
☐ 损失 sǔnshī	손실(을 입다)	☐ 合作 hézuò	합작(하다)
☐ 破坏 pòhuài	파괴하다	☐ 吃亏 chīkuī	손해를 보다
☐ 营业 yíngyè	영업(하다)	☐ 开发 kāifā	개발하다
☐ 建议 jiànyì	제안(하다)	☐ 报告 bàogào	보고하다
☐ 雇佣 gùyōng	고용(하다)	☐ 经营 jīngyíng	경영하다
☐ 控制 kòngzhì	규제(통제)하다	☐ 编辑 biānjí	편집(하다)
☐ 公布 gōngbù	공포(공표)하다	☐ 联合 liánhé	연합(결합)하다
☐ 公开 gōngkāi	공개하다	☐ 轮流 lúnliú	교대로 하다
☐ 具备 jùbèi	갖추다	☐ 进口 jìnkǒu	수입하다
☐ 担任 dānrèn	맡다	☐ 流传 liúchuán	널리 퍼지다
☐ 待遇 dàiyù	대우	☐ 批准 pīzhǔn	(조약을) 비준하다
☐ 成长 chéngzhǎng	자라다	☐ 劳动 láodòng	노동(하다)
☐ 持续 chíxù	지속하다	☐ 派 pài	파견하다
☐ 会计 kuàijì	회계하다	☐ 破产 pòchǎn	파산(하다)
☐ 促使 cùshǐ	~하도록 (재촉)하다	☐ 公平 gōngpíng	공평하다
☐ 出口 chūkǒu	수출(하다)	☐ 均匀 jūnyún	균등하다, 고르다, 균일하다
☐ 办理 bànlǐ	처리하다	☐ 合法 héfǎ	합법적이다
☐ 参加 cānjiā	참가하다		

5급 신HSK VOCA

01 5급	应聘 yìngpìn

(동) 초빙에 응하다. 지원하다

一天之内, 就有一百个人来应聘这个工作。

하루 안에 백 명이 이 일에 응시하러 왔다.

> 보카활용포인트
>
> (1) "应聘"은 "개인이 회사나 단체에 채용되기 위해 응시하다"는 뜻이다.
> (2) "회사나 단체에서 직원을 뽑다, 채용하다"는 뜻인 경우 "聘用 (pìnyòng)"을 쓴다.

02 / 5급 损失
sǔnshī

(동/명) 손실(을 입다), 손해(보다)

他们在经济危机中遭受了巨大的损失。
그들은 경제위기 중에 커다란 손해를 보았다.

03 / 5급 破坏
pòhuài

(동) ① 파괴하다 ② 훼손하다

一场火灾, 使工厂遭到了严重的破坏。
화재로 인해 공장이 심각하게 훼손 되었다.

*火灾 huǒzāi 화재

他昨天的行为, 破坏了我们公司的形象。
그의 어제의 행동은 우리 회사의 이미지를 훼손했다.

보카활용포인트

(1) "손해를 보다, 손실을 입다"는 뜻으로 "경제적, 물질적으로 본 디보다 밑지는 것"을 말한다. : 损失(两万元 이만원 / 的食粮有数十万吨 손해를 본 식량은 수십만 톤이다 / 很多珍贵文物 많은 진귀한 문물 / 不少东西 많은 물건 / 一万元的物资 만원의 물자)

(2) ① "破坏"는 "외력(外力)이 건축물과 같이 구체적인 사물을 파괴하다"는 뜻이다. : 破坏(建筑物 건축물 / 铁路 철도 / 大桥 큰 다리, 교량)

★ "외력에 의해서가 아닌 사물 자신이 스스로 손상 되다"는 뜻인 경우에는 "破坏"를 쓸 수 없고, 이 경우 "破"를 쓴다. 这件旧衣服已经破了。 이 낡은 옷은 이미 헤졌다.

② "破坏"는 "명예,위신,우정 등 추상적인 사물을 훼손하다, 깨뜨리다, 손해를 입히다"는 뜻이다. : 破坏(名誉 명예 / 威信 위신 / 友谊 우정)

③ "破坏"는 "규정이나 조약 등을 위반하다, 깨뜨리다"는 뜻으로 쓴다. : 破坏(制度 제도 / 规章 규칙, 규정 / 协定 협정 / 规则 규칙)

④ "破坏"는 "물체의 조직이나 구조를 파괴하다"는 뜻으로 쓴다. : 破坏(维生素C 비타민 C / 营养 영양)

(3) "건강, 명예, 사업, 이익 등에서 손해를 주다, 해치다"는 뜻으로는 "损害(sǔnhài)"를 쓴다. 损害(健康 건강을 해치다 / 名誉 명성을 훼손하다 / 声誉 명성과 명예를 해치다 / 事业 사업 / 利益 이익을 훼손하다) (受到 입다 / 有 있다) 损害

(4) "신체조직" 또는 "사상이나 감정과 관련된 추상적인 사물을 해치다, 상하게 하다 "는 뜻으로는 "伤害(shānghài)"를 쓴다. : 伤害(身体 몸 / 眼睛 눈 / 她 그녀)

(心灵 마음, 정신, 영혼 / 自尊心 자존심 / 感情 감정 / 积极性 적극성)

营业
yíngyè

04 5급

(동/명) 영업(하다)

银行的营业时间到下午四点。
은행의 영업시간은 오후 4시까지이다.

建议
jiànyì

05 5급

(동/명) 제안(하다), 건의(하다)

我建议双方都能够冷静下来，各让一步。
나는 서로가 냉정을 찾고 각자 한발씩 양보하기를 건의했다.

*双方 shuāngfāng 쌍반, 양쪽
*冷静 lěngjìng 냉정하다, 침착하다

雇佣
gùyōng

06 5급

(동/명) 고용(하다) **반** 解雇 해고하다

由于项目很紧急，公司雇佣了一些临时工。
매우 급한 프로젝트 때문에 회사에서 임시 직원들을 고용했다.

*项目 과제, 프로젝트, 사업

控制
kòngzhì

07 5급

(동) 규제(통제, 제어)하다

由于无法控制的情况，会议取消了。
통제할 수 없는 상황으로 인해 회의가 취소되었다.

*无法 wúfǎ 방법이 없다

公布
gōngbù

08 5급

(동) 공포(공표)하다, 모두에게 알리다, 공개하다

公司今天公布了近期的裁员名单。
오늘 회사에서 가까운 시기의 감원 명단을 발표했다.

*裁员 cáiyuán 감원하다, 인원을 줄이다

"公布"는 "모두에게 공개적으로 알리다"는 뜻이다.
公布(录取名单 합격자 명단 / 比赛成绩 시합 성적 / 新法 신법 / 罪行 범죄행위)

5급 신HSK VOCA

公开
gōngkāi

(동/형) 공개하다, 공개적(인)

他曾经多次在公开场合发表不当的言论。

그는 일찍이 여러 차례 공개 장소에서 부당한 언론을 발표했다.

*场合 chǎnghé (특정한) 장소, 시간
*言论 yánlùn 언론, 의견

具备
jùbèi

(동) 갖추다, 구비하다

那个人具备领导别人的才能。

저 사람은 다른 사람을 지도하는 재능을 갖추고 있다.

> **보카활용포인트**
> "具备"는 "어떤 기능, 조건, 자질을 갖추고 있다"는 뜻이다.
> **具备(技能** 기능 / **功能** 기능 / **考试资格** 시험 자격 / **条件** 조건 / **素质** 자질 / **美德** 미덕)
> ★ "기능, 조건, 자격" 이외의 "가치, 자신감, 풍격, 수준 등 대부분 추상적인 사물을 (가지고) 있다"는 뜻인 경우 "具备"를 쓸 수 없고, "具有"를 쓴다. : 具有(**价值** 가치 / **信心** 자신감 / **风格** 풍격, 스타일 / **生活的气息** 생활의 분위기 / **水平** 수준)

担任
dānrèn

(동) 맡다, 담임하다, 담당하다

他担任这次节目的主持人。

그는 이번 프로그램의 사회자를 맡았다.

待遇
dàiyù

(명) 대우, 취급, 대접

全体员工都希望新的一年能够提高待遇。

전 직원 모두가 새해에는 대우가 더 좋아질 수 있기를 희망한다.

> **보카활용포인트**
> (1) "待遇"는 주로 "권리, 보수, 월급 등 사회적 지위 방면에서의 대우나 대접" 또는 "외국인이 해외에 나가서 받는 대우"나 "국가 간에 이루어지는 대우나 대접" 등을 말한다.
> (**工资** 월급면에서의 / **政治** 정치적 / **物质** 물질적 / **生活** 생활방면에서의) **待遇**
> 待遇(**高** 높다 / **低** 낮다 / **一般** 보통이다 / **好** 좋다 / **差** 나쁘다 / **平等** 평등하다)

受到~待遇 ~한 대우를 받다

(2) "상대방을 대하는 태도나 방식"을 말하는 경우 보통 "对待 (duìdài)"를 쓴다. 이 경우 주로 "热情", "冷淡", "这样", "这种" 등의 단어와 함께 쓰인다.
我受到了(热情的 친절한, 열정적인 / 冷淡的 냉담한, 쌀 쌀맞은 / 这样的 이런, 이러한 / 这种 이런 종류의) 对待。

---

13 5급 **成长**
chéngzhǎng

(동) 자라다, 성장하다

我们公司是一家正在成长中的年轻公司。
우리 회사는 지금 성장 중인 젊은 회사이다.

---

14 5급 **持续**
chíxù

(동) 지속하다, 유지하다, 계속하다 **(부)** 계속해서

双方的讨论持续了一个星期, 也没有结果。
양측의 토론이 일주일 동안 계속되었지만, 아직도 성과가 없다.

公司的利润持续增长了六个月。
회사의 이익이 6개월간 계속 증가했다.

(1) ① "持续"는 "어떤 상황, 동작, 사물 등이 끊임없이 일정 시간 동안 계속되다"는 뜻이다. 목적어는 올 수 없으며, 뒤에 주로 시량보어 형태가 온다. : 持续了(三年 삼 년 / 一段 时间 일정 시간 / 很长时间 오랜 시간)
② "持续"는 서술어가 있는 경우에는 그 앞에서 부사어로 쓰여 "지속적으로, 계속해서"의 뜻으로도 쓰인다.
持续(增长 신장하다 / 增加 늘다, 증가하다 / 增产 증산 하다)
(2) "어떤 상황이 오랫동안 지속되다"는 뜻의 형용사는 "持久 (chíjiǔ)"가 있다. "持久"는 형용사 서술어 또는 명사 앞에서 관형어로 쓸 수 있지만 직접 부사어로는 쓸 수 없으며 뒤에 목 적어도 올 수 없다. 서술어 앞에 부사어로 쓰이는 경우에는 반 드시 "持久地 + 서술어"의 형태로 써야 한다.
(关系 관계 / 婚姻 혼인 / 时间 시간 / 情况 상황 / 战争 전쟁 / 传统 전통) 持久了。
持久的(和平 평화 / 战争 전쟁 / 打算 장기적인 계획 / 领导力 지도력 / 友谊 우정)
持久(力 지구력 / 战 장기전)
持久地(坚持下去 끝까지 지속해 나가다 / 保存下去 보 존해 나가다)

(3) ① "힘들고 어려운 상황 속에서도 자신의 의견이나 주장, 입장, 태도를 포기하지 않고 끝까지 계속해 나가다"는 뜻으로는 "坚持(jiānchí) 견지하다, 끝까지 버티다, 고수하다, 고집하다, 지속하다"를 쓴다. : 坚持(意见 의견 / 主张 주장 / 态度 태도 / 立场 입장 / 原则 원칙 / 真理 진리 / 大方向 큰 방향)

② "坚持"는 뒤에 "동사 목적어"가 올 수 있다. : 坚持(做下去 끝까지 해 나아가다 / 上课 수업을 지속하다 / 长跑 장거리 달리기)

(4) ① "원래 가지고 있는 좋은 것을 계속 지키다, 유지하다"는 뜻으로 "保持(bǎochí) 지키다, 유지하다"를 쓴다. 이 경우 뒤에 구체적인 물건이나 사물 목적어는 올 수 없다. 保持(传统 전통 / 风格 풍격, 스타일 / 卫生 위생 / 清洁 청결 / 良好的关系 좋은 관계 / 世界纪录 세계기록 / 很好的习惯 좋은 습관 / 光荣的 称号 영광스러운 칭호, 호칭 / 高水平 높은 수준)

② "상태를 유지하다"는 뜻으로도 쓰인다. : 保持沉默 침묵을 지키다 / 保持安静 조용히 하십시오

(5) "노력을 통해서 나쁘게 변하지 않도록 계속 유지해 나아가다, 지켜 나아가다"는 뜻으로는 "维持(wéichí) 유지하다"를 쓴다. : 维持(生活 생활 / 生命 생명 / 秩序 질서 / 统治 통치 / 社会 사회 / 局面 국면, 상황)

会计
kuàijì

(동) 회계하다 **(명)** 회계원, 회계사

他现在在一家跨国公司担任会计工作。

그는 지금 다국적 기업에서 회계 업무를 맡고 있다.

*跨国 kuàguó 국적을 뛰어넘다(초월하다)

보카활용포인트

"会计"에서 "会"는 "huì"라고 발음하지 않고 "kuài"라고 발음해야 한다.

促使
cùshǐ

(동) ～하도록 (재촉)하다, ～하게 하다

激烈的市场竞争，促使我们不断地开发新产品。

치열한 시장경쟁은 우리들이 끊임없이 신상품을 개발하게 하였다.

*竞争 jìngzhēng 경쟁하다

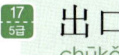
17 5급
出口
chūkǒu

(동/명) 수출(하다) 반 进口 수입하다

我们公司一直只做出口生意。

우리 회사는 줄곧 수출 사업만을 해왔다.

18 5급
办理
bànlǐ

(동) (사무를) 처리하다, 취급하다

他对办理的每一项业务都收取一定的
费用。

그는 처리하는 모든 업무에 대해 일정 비용을 받았다.

19 5급
参加
cānjiā
= 出席

(동) (어떤 조직이나 활동에) 참가하다, 참석하다

因为生病，我没能参加昨天的晚会。

병이 났기 때문에 나는 어제 파티에 참석하지 못했다.

20 5급
复制
fùzhì

(동/명) 복제(하다)

这次展览会的作品都是复制原来的画。

이번 전시회의 작품은 모두 원래 그림을 복제한 것이다.

보카활용포인트
"复制"는 주로 "예술품을 복제하다"는 뜻으로 많이 쓰인다.
复制(珍贵文物 진귀한 문물 / 古画 오래된 그림)
复制(品 복제품 / 模型 복제 모형)

21 5급
合作
hézuò

(동/명) 합작(하다), 협력(하다), 협조(하다)

我们两家公司之间的合作一直都非常
顺利。

우리 두 회사 간의 합작이 줄곧 매우 순조롭다.

我们一直拒绝和任何人合作。

우리는 줄곧 어떤 사람과 합작하는 것을 거절했다.

> **보카 활용포인트**
> "合作"는 "공통된 어떠한 목적을 이루기 위해 함께 일하거나 어떤 임무를 완성하는 것"을 말한다. "合作"를 동사 서술어로 쓰는 경우, 뒤에 목적어가 올 수 없으며, 주로 전치사 "和(= 跟, 与, 同)"과 호응하여 "和~合作。"의 형태로 쓰인다.

22 **吃亏**
5급 chīkuī

(동) 손해를 보다 **반** 占便宜 이익을 보다

最近经济情况真不好，我看生意不吃亏就好了。
요즘 경제상황이 너무 안 좋아서, 내가 보기에 사업이 손해를 안 보면 다행인 것 같다.

23 **开发**
5급 kāifā

(동) ① 개발하다, 개간하다, 개척하다
② 교도하다, 가르치고 지도하다

他现在从事的是开发计算机软件的工作。
그가 지금 하는 일은 컴퓨터 소프트웨어를 개발하는 일이다.

父母要学会如何开发孩子的潜力。
부모는 자녀의 잠재력을 어떻게 개발하는지 배워야 한다.

*潜力 qiánlì 잠재력

> **보카 활용포인트**
> "开发"는 "인간 생활에 유용하게 하기 위해 어떤 것을 발전시켜 나가다는 뜻이다.
> (1) "광산, 임업, 수력 등 자연자원"을 발전시켜 나아가다"는 뜻으로 쓴다. : 开发(资源 자원 / 石油 석유 / 森林资源 임업자원 / 矿山 광산 / 水力资源 수력 자원)
> (2) "아직 발달하지 않은 지역을 발전시켜 나아가다"는 뜻으로 쓴다. : 开发(山地 산지 / 荒地 황무지)
> (3) "아직 발달하지 않은 지능이나 소질을 개발하다"는 뜻으로 쓴다. : 开发(智力 지능 / 素质 소질)

24 **报告**
5급 bàogào

(동) 보고하다, 진술하다
(명) 보고, 보고서, 리포트

我们要把现在的情况尽快报告给上级。
우리는 현지의 상황을 최대한 빨리 상급 기관에 보고해야 한다.

看了我的报告之后, 他一句话也没说。
내 보고서를 본 후에 그는 한 마디도 하지 않았다.

25 5급 经营
jīngyíng

(동) 경영하다, 장사하다, 사업하다

他经营了这家公司二十几年。
그는 이 회사를 20여 년 간 경영했다.

26 5급 编辑
biānjí

(동) 편집하다　(명) ① 편집　② 편집인, 편집진

他只负责编辑一些无关紧要的文章。
그는 중요하지 않은 글들을 편집하는 책임을 맡았을 뿐이다.

*无关紧要 wúguānjǐnyào 중요하지 않다, 관계없다.

在处理新闻时, 要做好编辑工作。
뉴스를 다룰 때는 편집 작업을 잘 해야 한다.

一个好编辑绝不会放过这篇好文章。
좋은 편집자라면 절대로 이런 좋은 글을 놓칠 리가 없다.

27 5급 联合
liánhé

(동/형) 연합(결합)하다, 단결하다, 공동(이다)

两家公司联合举行了记者招待会。
두 회사가 공동으로 기자 환영회를 개최했다.

> **보카 활용포인트**
> "联合"를 형용사로 사용하는 경우 서술어 앞의 부사어로 쓰이고
> 이 경우 "地"를 붙이지 않는다.

28 5급 轮流
lúnliú

(동) 교대로 하다, 순번대로 하다, 돌아가면서 하다

同事们轮流发表了自己的看法。
동료들이 교대로 자기의 의견을 발표했다.

29 5급 辞职
cízhí

(동) 사직하다, 직장을 그만두다

我讨厌现在的工作, 打算辞职不干了。
나는 지금의 직업이 싫어서 사직하고 그만 할 생각이다.

30
5급
进口
jìnkǒu

(동) 수입하다 (명) 들어가는 입구, 어귀

这个月，我们进口了一批新机器。

이번 달에 우리는 새 기계를 수입했다.

政府已经对进口加以限制。

정부가 이미 수입에 대해 제한을 했다.

31
5급
流传
liúchuán

(동) (사적, 작품, 민간예술 등이) 널리 퍼지다, 널리 전하다

这个故事一直流传到现在。

이 이야기는 지금까지 널리 전해지고 있다.

> **보카 활용포인트**
>
> (1) "流传"은 "과거에서 현재 또는 현재에서 미래로 계속해서 전해져 내려오면서 널리 퍼지다"는 뜻이므로 시간적인 제약이 없는 "문학, 예술, 사적, 민간에서 전해져 오는 이야기" 등과 함께 쓰인다. : 流传下来了(文学作品 문학 작품 / 文艺作品 문예작품 / 诗歌 시가 / 民间故事 민간 이야기 / 太极拳 태극권 / 传统武术 전통 무술 / 事迹 사적)
> (2) "질병, 의상, 헤어스타일 등 한 때만 유행하여 널리 퍼지다, 성행하다"는 뜻인 경우 "流传"을 쓸 수 없고, "流行(liúxíng) 유행하다"를 쓴다.
> 正在流行感冒 감기가 유행하고 있다.
> 流行(这首歌 이 노래 / 这种舞 이런 춤 / 肝炎 간염 / 这种衣服式样 이런 옷의 스타일)
> 流行(病 유행병 / 歌 유행가)

32
5급
批准
pīzhǔn

(동) (조약을) 비준하다, (하급기관의 건의 등을) 허가(승인)하다

我们的计划还是没有被批准。

우리의 계획은 아직도 승인받지 못했다.

33
5급
劳动
láodòng

(동/명) (육체)노동(하다), 일(하다)

劳动一整天之后，大家都累得睡着了。

온 종일 일을 하고 나서, 모두들 너무 피곤해서 잠이 들었다.

 派
pài

(동) 파견하다, 맡기다, 임명하다
(명) ① 파, 파벌, 유파 ② 기풍, 태도, 스타일

我马上就派个助手过去帮你。
내가 즉시 조수를 보내서 너를 돕게 하겠다.

两派学者对这个问题有不同的看法。
두 학파의 학자는 이 문제에 대해 다른 관점을 가지고 있다.

他这个人，走到哪里都很有派头儿。
그는 어디를 가나 아주 패기가 있다.

*派头儿 pàitóur 기개, 패기, 기백

 破产
pòchǎn

(동/명) 파산(하다), 파산되다, 도산(하다)

再过几天，这家公司就会宣告破产。
며칠이 더 지나면 이 회사는 곧 파산을 선언할 것이다.

> 보카 활용포인트
> "破产"은 "모든 재산을 다 잃어버리다"는 뜻이다.

 公平
gōngpíng

(형) 공평하다 (반) 不公, 不平 불공평하다

人人都应该受到公平的待遇。
사람들은 모두 공평한 대우를 받아야 한다.

 均匀
jūnyún

(형) 균등하다, 고르다, 균일하다

**女士涂抹化妆品的时候，一定要均匀，
否则会显得不自然。**
여성들이 화장품을 얼굴에 바를 때에는, 반드시 고르게 펴
발라야지, 안 그러면 부자연스러워 보인다.

 合法
héfǎ

(형) 합법적이다 (반) 非法 불법적인, 비합법적인

**我所做的一切虽然很不道德，但都是合
法的。**
내가 한 모든 것은 부도덕적하지만, 모두 합법적이다.

☐ 电话 diànhuà	전화	☐ 电脑 diànnǎo	컴퓨터
☐ 手机 shǒujī	휴대전화	☐ 电子邮件 diànzǐyóujiàn	이메일
☐ 打电话 dǎ diànhuà	전화하다	☐ 上网 shàngwǎng	인터넷을 하다

01
3급

电话
diànhuà

(명) 전화

请告诉我你的电话号码吧。

당신 전화번호를 알려주세요.

02
3급

手机
shǒujī

(명) 핸드폰, 휴대폰

我的手机丢了，想要买个新的。

내 휴대폰을 잃어버렸기 때문에, 오늘 새것을 사려고 한다.

03
3급

打电话
dǎ diànhuà

(동) 전화하다

今天下午请给我打个电话。

만약 오늘 시간 나시면 오후에 저에게 전화주세요.

04
3급

电脑
diànnǎo

(명) 컴퓨터

电脑游戏真的很有趣。

컴퓨터 게임은 정말 재미있습니다.

*游戏 yóuxì 게임

05
3급

电子邮件
diànzǐyóujiàn

(명) 이메일

我的电子邮件是abc@korea.com。

저의 이메일은 abc@korea.com 입니다.

06
3급

上网
shàngwǎng

(동) 인터넷을 하다

这里能上网吗？ 이곳에서 인터넷을 할 수 있어요?

□ 网站 wǎngzhàn 인터넷 사이트　　□ 传真 chuánzhēn　FAX (팩시밀리)
□ 密码 mìmǎ　　　비밀번호

01
4급
网站
wǎngzhàn

(명) 인터넷 사이트

我找到了一个很实用的中文学习网站。

나는 실용적인 중국어 학습 싸이트를 찾아냈다.

02
4급
密码
mìmǎ

(명) 비밀번호

我把电脑的密码忘了，怎么办啊？

컴퓨터 비밀번호를 잊어버렸어. 어떻게 하지?

03
4급
传真
chuánzhēn

(명) FAX (팩시밀리)

我上午发的那份传真你收到了吧？

너 내가 오전에 보낸 팩스는 받았지?

4급 신HSK VOCA

□ 通讯 tōngxùn	통신, 뉴스, 기사	□ 病毒 bìngdú	바이러스
□ 硬件 yìngjiàn	하드웨어	□ 数据 shùjù	데이터
□ 软件 ruǎnjiàn	소프트웨어	□ 数码 shùmǎ	디지털
□ 下载 xiàzài	다운로드 하다	□ 占线 zhànxiàn	(전화가) 통화 중이다
□ 光盘 guāngpán	시디롬	□ 输入 shūrù	입력(하다)
□ 鼠标 shǔbiāo	마우스		

01 5급 通讯 tōngxùn

(명) 통신, 뉴스, 기사

进入二十一世纪以后，通讯技术有了飞快的发展。

21세기에 들어선 이후 통신기술은 비약적인 발전이 있었다.

02 5급 硬件 yìngjiàn

(명) 하드웨어(hardware)

这次问题是电脑的硬件出了故障。

이번 문제는 컴퓨터 하드웨어에 고장이 난 것이다.

03 5급 软件 ruǎnjiàn

(명) (컴퓨터) 소프트웨어

毕业以后，他在一家软件公司担任工程师。

졸업한 후로 그는 소프트웨어 회사에서 엔지니어를 담당한다.

*工程师 gōngchéngshī 기사, 엔지니어

04 5급 下载 xiàzài

(동) (인터넷에서 자료 등을) 다운로드 하다

我从网上下载了很多好听的歌曲。

나는 인터넷에서 좋은 가요들을 많이 다운받았다.

05 5급 光盘 guāngpán

(명) 씨디(CD), 콤팩트 디스크

他把旅行的照片刻成了光盘送给我。

그는 여행사진을 씨디에 담아서 나에게 선물해 주었다.

06 5급 鼠标
shǔbiāo

(명) (컴퓨터) 마우스

鼠标的发明，使电脑操作变得更加简单。
마우스의 발명은 컴퓨터 조작을 훨씬 간단하게 했다.

---

07 5급 病毒
bìngdú

(명) (컴퓨터) 바이러스

这种新型病毒正飞速传播开来。
이 신형 바이러스는 지금 빠른 속도로 퍼져나가고 있다.

---

08 5급 数据
shùjù

(명) 데이터, 통계 수치

黑客袭击了公司的电脑，造成了大量的数据流失。
헤커가 회사의 컴퓨터를 공격해서 대량으로 데이터를 유출시켰다.

*黑客 hēikè 헤커
*数据 shūjù 데이터

---

09 5급 数码
shùmǎ

(명) 디지털

人们已经进入了方便的数码时代。
우리는 이미 편리한 디지털 시대로 진입했다.

---

10 5급 占线
zhànxiàn

(동) (전화가) 통화 중이다

你刚才在和谁打电话？一直占线。
너 아까 누구랑 전화하고 있었어? 계속 통화중이었어.

---

11 5급 输入
shūrù

(동/명) ① (컴퓨터에) 입력(하다) ② (밖에서 안으로 들여) 보내다, 받아 들이다 ③ (상품이나 자본 등을) 수입(하다), 들여오다

用键盘打拼音就可以往电脑里输入汉字。
키보드로 병음을 치면 컴퓨터에 한자 입력을 할 수 있다.

中国输入了很多外国先进技术。
중국은 외국의 많은 선진 기술을 받아들였다.

去年，中国的电子产品输入有所减少。
작년에 중국의 전자제품 수입이 조금 줄었다.

☐	非常 fēicháng	몹시, 매우	☐	都 dōu	모두, 다
☐	很 hěn	매우, 아주	☐	也 yě	~도, 또한
☐	太 tài	매우, 너무, 몹시	☐	还 hái	아직도, 여전히
☐	真 zhēn	정말, 매우, 아주	☐	再 zài	다시, 또
☐	极 jí	아주, 지극히	☐	又 yòu	(예전처럼) 또(했다)
☐	比较 bǐjiào	비교적	☐	经常 jīngcháng	종종, 자주
☐	多么 duōme	얼마나, 아주	☐	总(是) zǒng(shì)	늘, 항상, 언제나
☐	越~越… yuè~yuè…	~하면 할수록 …하다	☐	只 zhǐ	겨우, 단지
☐	越来越 yuèláiyuè	점점, 더욱더	☐	只是 zhǐshì	단지
☐	更 gèng	더욱, 더	☐	先 xiān	우선, 먼저
☐	更加 gèngjiā	더욱, 더	☐	然后 ránhòu	다음에, 그 뒤에
☐	最 zuì	가장	☐	特别 tèbié	특히, 매우, 아주
☐	必须 bìxū	반드시~해야 된다	☐	一共 yígòng	모두 합해서
☐	一定 yídìng	꼭, 반드시	☐	一会儿 yíhuìr	잠시 후에
☐	不 bù	~가 아니다	☐	一起 yìqǐ	함께, 같이
☐	没 méi	~하지 않다, ~가 없다	☐	一直 yìzhí	줄곧, 계속해서
☐	别 bié	~하지 마라	☐	已经 yǐjing	이미, 벌써
☐	就 jiù	곧, 바로	☐	正在 zhèngzài	마침(…하고 있는 중이다)
☐	马上 mǎshàng	곧, 바로	☐	终于 zhōngyú	결국은, 드디어
☐	才 cái	비로소	☐	其实 qíshí	사실은

서술어 앞에서 서술어를 수식해 주는 낱말을 부사라고 한다. 부사는 "시간", "중복이나 빈도", "어투", "범위", "정도" 및 "긍정이나 부정" 등의 상황을 설명하는 데 쓰이는 낱말을 말한다. 그밖에 부사는 두 개의 동사나 형용사의 사이에서 상호관계를 나타내는 접속사 역할을 하기도 한다. [주어 + 부사어 + 서술어]

01 3급	非常 fēicháng	(부) 몹시, 매우 他英语说得非常流利。 그는 영어를 아주 유창하게 한다.

02 3급	很 hěn	(부) 매우, 아주 全校同学，特别是我们班同学，学习成绩很好。 전교 학생들, (그 중에서) 특히 우리 반 학우들은 학습 성적이 아주 좋다.

03 3급	太 tài	(부) 매우, 너무, 몹시 孩子的声音太小了，刚可以听到。 아이의 목소리가 너무 작아서 간신히 들을 수 있다.

04 3급	真 zhēn	(부) 정말, 매우, 아주 一天又一天，真不知道等了几天。 하루 또 하루 계속해서, 정말 며칠을 기다렸는지 모른다. 这里的风景真好啊！ 이곳의 경치는 정말 아름답구나!

05 3급	多么 duōme	(부) 얼마나, 아주 [정도 부사의 역할을 함] 看到这个人，他有多么激动啊！ 이 사람을 보고, 그가 얼마나 감격스러워 하는지!

06 3급	比较 bǐjiào	(부) 비교적 今天天气比较暖和。 오늘 날씨는 어제보다 비교적 따뜻하다

07 3급	越…越… yuè…yuè…	(부) …하면 할수록 …하다 雨越下越大了。 비가 점점 더 많이 내린다.

13 부사 · 505

越来越…
yuèláiyuè…

(부) 점점, 더욱더

他的声音越来越小了。
그는 목소리가 점점 더 작아졌다.

 更
gèng

(부) 더욱, 더

我的个子比你更高一些。
내 키가 네 키보다 좀 더 크다.

我的个子高, 他的个子更高。
내 키는 큰데, 그의 키는 더 크다.

 更加
gèngjiā

(부) 더욱, 더

小金运动以后, 身体更加健康了。
샤오진은 운동을 한 후, 몸이 더욱 건강해졌다.

 极
jí

(부) 아주, 지극히

昨天的足球比赛精彩极了。
어제 축구시합은 아주 재밌었다.

 最
zuì

(정도부) 가장, 제일

这儿的风景最美丽。
이곳의 경치가 가장 아름답다.

> **보카활용포인트**
>
> 정도부사(程度副词) : "비교적, 매우, 가장, 점점 더, 더욱 더"와 같이 정도의 의미를 가지는 부사를 정도부사라고 한다.
> (1) 정도부사는 형용사 서술어 앞에 쓴다. : 很(好 좋다 / 漂亮 예쁘다 / 高 높다)
> (2) 정도부사가 동사 서술어 앞에 쓰이는 경우 일반 동사 앞에는 쓸 수 없고, 반드시 감정과 관계있는 심리활동 동사 앞에 써야 한다. : 很(希望 바라다 / 喜欢 좋아하다 / 讨厌 싫어하다)
> (3) "아주, 매우, 정말"의 뜻인 정도부사는 "很, 非常, 十分, 太, 真, 多么" 등이 있다. "很"은 객관적인 색채가 강하고, "太, 真, 多么"는 감탄의 어기를 가지므로 주관적인 색채가 강하다. 또한 마음에 들지 않는 경우에는 "太"를 쓰는 경우가 많다.
> (4) "비교적"의 뜻에 가까운 정도부사는 "比较, 相当, 挺"이 있다.
> (5) "(둘 이상의 사람이나 사물을 비교한 후 그 중에서) 가장, 제일" 의 뜻인 정도부사는 "最"와 "极"가 있다.

(6) '매우, 아주' 의 뜻일 때 정도 부사와 습관적으로 함께 쓰는 어기 조사는 다음과 같다.
① 很(= 十分, 非常) + 심리활동 동사/형용사 + 了 (×)
 : 일반적으로 원형을 쓰고 뒤에 了를 붙일 수 없다
② 太 + 심리활동 동사/형용사 + 了
③ 真 + 심리활동 동사/형용사 + 啊
④ 挺 + 심리활동 동사/형용사 + 的
⑤ (有)多么 + 심리활동 동사/형용사 + 阿
(7) "점점 더 , 더욱더 "의 뜻인 정도부사는 "越来越, 更, 更加"
등이 있다.
① "越来越"는 "越来越 + 형용사 서술어 + (了)"의 형태로
쓴다.
② "更, 更加"는 반드시 비교의 의미가 있는 문장의 부사자
리에 쓴다.

必须
bìxū

(부) 반드시, 꼭 ~해야 한다

我们必须早点儿出发 。

우리는 반드시 좀 일찍 출발해야 된다.

一定
yídìng

(부) 꼭, 반드시

我一定取得好成绩。

나는 반드시 좋은 성적을 받겠다.

> **보카활용포인트**
> "一定"은 조동사와 함께 쓰는 경우가 많고, 이 경우 "一定 + 조
> 동사"의 형태로 쓰여서 동사 앞에 쓴다. : 一定(会 ~일 것이다 /
> 能 ~할 수 있다 / 要 ~해야 된다 / 得 ~해야 된다) + 동사

别
bié

(부정부) ~하지 마라

你可别睡得太晚了，明天还要早点儿起
来呢。

너는 내일 또 일찍 일어나야 하니까, 늦게 자겠다고 하지 말
아라.

> **보카활용포인트**
> "别"는 부정을 나타내는 부사로 보통 "了"와 함께 쓰는 경우가
> 많고, 강조하기 위해서 앞에 "可(그야말로, 정말)"를 함께 써도
> 된다.

16 **3급** **就** jiù	**(부)** 곧, 바로, 즉시 **我等了不久, 小王就回来了 。** 내가 얼마 기다리지 않았는데, 샤오왕이 바로 돌아왔다.
17 **3급** **马上** mǎshàng	**(부)** (멀지 않은 미래에) 곧, 바로 (~할 것이다) **再等一会儿, 他马上就回来 。** 좀 기다리세요, 그가 곧 돌아 올거예요. **我马上就要离开北京了。** 나는 곧 북경을 떠날 것이다.
18 **3급** **才** cái	**(부)** (~하고 나서야) 비로소 **我等了很长时间, 她才回来 。** 내가 한참을 기다리고 나서야, 그녀가 비로소 돌아왔다. **都晚上9点了, 你怎么才来呀?** 이미 저녁 9시가 되었는데, 너는 왜 이제야 오는 거니?

> **보카 활용포인트**
> (1) ① "**就**"는 '즉시, 곧, 바로 (~하다)'의 뜻으로, "짧은 시간 내에 발생함", "시간이 얼마 안 걸렸음" 또는 "시간이 빠르게 실현됨"을 나타낸다. 앞 절에 "시간이 짧음"을 나타내는 단어가 있는 경우 뒤 절의 부사자리에 "**就**"를 쓴다.
> ② "**马上**"은 '곧, 즉시'의 뜻으로 "어떤 일이 곧 일어날 것임"을 나타낸다. 주어 앞 뒤에 모두 쓸 수 있고, 뒤에는 '**就**'나 "**就要~了**"를 함께 쓸 수 있다.
> (2) "**才**"는 "(~하고 나서야) 비로소 (~하다)"의 뜻으로, "일이 일어나거나 끝나는 시간이 늦었음", "시간이 오래 걸림" 또는 "시간이 느리게 실현됨"을 나타낸다.

19 **3급** **还** hái	**(부)** (예전처럼) 아직도, 여전히, 변함없이, 계속해서 **一年没见了, 你还是老样子。** 1년 만인데, 너는 여전히 그대로구나.

天黑了，爸爸还没回来。

날이 어두워졌는데, 아버지께서는 아직도 돌아오지 않으신다.

我这个月读了一遍这本小说，下个月还要读一遍这本小说。

나는 이번 달에 이 소설을 한 번 읽었는데, 다음 달에도 또 한 번 읽고 싶다.

再
zài

(부) 다시, 또

我今天到她家去，可她不在家，我只好明天再来。

나는 오늘 그녀 집에 갔는데, 그녀가 집에 없어서, 하는 수 없이 내일 다시 와야 한다.

我还不明白，请老师再讲一遍。

아직도 잘 모르겠으니 선생님께서 다시 한 번 말씀해주세요.

보카활용포인트

还와 再 단번에 구분하기 : 둘 다 '또, 다시'의 뜻이고, "미래에 대한 반복" 즉 "아직 일어나지 않은 것에 대한 반복"에 쓸 수 있다.

(1) "변함없이, 계속해서"의 뜻인 경우 还를 쓴다.

(2) 예전에 그랬는지 안 그랬는지 모르는 경우 또는 돌발 상황이 발생한 경우에는 再를 쓴다.

(3) "还"는 대부분 부정부사 "没" "不" 앞에 쓰는 경우가 많다.
[还(没/不) + 서술어]
我还没告诉他们今天发生的事。
나는 아직 그들에게 오늘 일어난 일을 말하지 않았다.

(4) ① 조동사 앞에서는 "还"를 쓴다. : 还(可以 ~해도 된다, ~할 수 있다 / 会 ~일 것이다 / 要 ~해야 된다 / 得 ~해야 된다)
② "再"는 조동사 뒤에 쓰인다.
这个粥，你要再煮一段时间，就能喝了。
이 죽은 네가 일정 시간동안 좀 더 끓이고 나서 먹을 수 있다.

(5) "반문구" 또는 "의문문" 형태에서는 "还"를 쓴다.
你汉语学的时间很短，还能理解我说话的意思呢?
너는 중국어를 배운 시간이 짧은데, 내가 한 말의 뜻을 이해할 수 있겠니?

3급 신HSK VOCA

21 / 3급 又
yòu

(부) 또, 다시

这本书我以前看了一遍，最近又看了一遍。
이 책은 내가 이전에 한 번 읽은 적이 있는데, 최근에 또 한 번 읽었다.

我们又见面了。 우리는 또 만났다.

还와 又 단번에 구분하기 : "还"와 "又"는 모두 "변함없이, 계속해서"의 뜻을 가지고 있다.
(1) '또, 변함없이, 계속해서(~할 것이다)'의 뜻으로, 아직 일어나지 않은 미래에 대한 반복인 경우 还를 쓴다.
(2) '변함없이, 계속해서 또 (~했다)'의 뜻으로, 이미 일어난 과거에 대한 반복인 경우 又를 쓴다. 이 경우 "又 + 동사 + 了"의 형태로 대부분 동사 뒤의 완성을 나타내는 "了"와 함께 쓴다.

22 / 3급 也
yě

(부) ~도, 또한

他走了，我也走了。 그가 떠났고, 나도 떠났다.

본カ 활용포인트

"也"는 "(주어)도", "(주어도)또한"의 뜻이다.
(1) 두 사람이나 두 사물의 동작 또는 상태가 같음을 나타낸다. 두 문장으로 되어 있는 경우 즉, 주어가 2개이고, 서술어가 같거나 비슷할 때 두 번째 주어 바로 뒤에 쓴다. [주어1 + 서술어 ~, 주어2 + 也 (부) + 서술어~]
这本书是中文的，那本书也是中文的。
이 책은 중국어이고, 그 책도 중국어이다.
(2) "주어는 ~하면서 …하다"의 뜻으로, 주어가 1개이고, 서술어가 2개인 경우에도 쓸 수 있다. [주어1 + 也 + 서술어1~, 也 (부) + 서술어2 ~.]
老师也讲课，也提出问题。
선생님께서는 수업을 하시면서 문제를 내셨다.
(3) "~는 ~하고", "~도 ~하다"의 뜻으로, 주어와 서술어가 각각 2개일 때, 두 번째 주어 뒤에 쓸 수 있다. [주어1 + 서술어1 ~, 주어2 + 也 (부) + 서술어2 ~.]
天阴了，风也刮起来了。
날이 흐렸고, 바람도 불기 시작했다.

23 5급 经常
jīngcháng

(부) 자주, 항상, 늘

弟弟经常玩到深夜。
남동생은 자주 밤늦게까지 논다.

他学习很好, 经常受到称赞。
그는 공부를 잘하기 때문에, 자주 칭찬을 받는다.

---

24 5급 总 (是)
zǒng(shì)

= 老(是) lǎo(shi)

(부) 늘, 항상, 언제나

这孩子总是不听大人的话。
이 아이는 늘 어른들 말을 듣지 않는다.

>
> "总是"는 "늘, 줄곧, 언제나, 내내"의 뜻으로 "지속적이고, 변하지 않음"을 나타낸다.

---

25 5급 只
zhǐ

(부) 겨우, 단지

会议的时候, 他只发表了一分钟的意见。
회의할 때, 그는 겨우 일 분 동안 의견을 발표했다.

---

26 5급 只是
zhǐshì

(부) 단지

我只是一名普通的家庭主妇。
나는 단지 평범한 가정주부일 뿐이다.

> 보카 활용포인트
> (1) ① "只"는 "수량이 적음" 또는 "범위가 제한 적임"을 나타내며, "수량"과 함께 쓰이는 경우가 많다.
> 桌子上只有几本书。
> 책상 위에는 겨우 책 몇 권만 있다.
> ② 관용적으로 "只 + 적은 수량/ 제한된 범위······, 就 + 많은 수량."의 형태로 쓰인다.
> 我只进公园门口, 就花了一个多小时。
> 나는 공원 입구에 들어서는 데만, 한 시간이 넘게 걸렸다.
> ③ "只+주어 ~"의 형태로 써서 "오로지 주어만 ~하다"의 뜻으로 쓸 수 있는데, 이 경우 주어 자리에는 "수량이 적음"을 나타내는 낱말이 와야 한다.
> 大家都来了, 只他一个人没来。
> 모두가 다 왔는데, 그 한 사람만 안 왔다.

(2) "只是"는 "단지 ~일 뿐이다"의 뜻으로, 뒤의 "罢了(bàle)",
　　"而已(éryǐ)", "就是了(jiùshile)"와 호응하여 쓰이는 경우
　　가 많다.
　　这只是开个玩笑而已, 你别生气了。
　　이것은 단지 농담일 뿐이니까, 화내지 말아라.

27/3급 先
xiān

(부) 먼저, 우선, 처음

我先说几句。　내가 먼저 몇 마디 할께.

28/3급 然后
ránhòu

(부) (앞의 것을 하고 난 그) 다음에, 그 뒤에

我们先讨论一下儿, 然后再作决定,
好吗?

우리 먼저 토론을 좀 하고 나서, 다시 결정하는 게 어때요?

> 보카 활용 포인트
> "先"과 "然后"는 관용적으로 "先~然后(再)~"의 형태로 쓰이
> 고, 이 경우 동작의 순서를 나타낸다.

29/3급 特别
tèbié

(형) ① 특별하다, 특이하다, 보통이 아니다
(부) ① 특히, 더욱, 더군다나 (= 尤其 yóuqí)
　　② 유달리, 각별히, 특별히, 매우 (정도를 나
　　　　타냄)
　　③ 일부러, 특별히 (= 特地 tèdì, 特意)

他们的关系很特别。
그들의 관계는 매우 특별하다.

全校同学, 特别是我们班同学, 学习成
绩很好。
전교 학생들, (그 중에서) 특히 우리 반 학생들은 공부 성적
이 좋다.

我今天起得特别早。
나는 오늘 매우 일찍 일어났다.

这件礼物, 我是特别为你买的。
이 선물은 내가 특별히 너를 위해 산 것이다.

상단 3급 신HSK VOCA

一共
yígòng

= 总共

(부) 모두 합해서, 전부 합해서

我一共去了五次。나는 모두 합쳐서 5번 갔다.

我们班一共五十个人。
우리 반은 전부 합해서 50명이다.

两斤苹果一共5块钱。
사과 두 근은 전부 5원이다.

> **보카 활용 포인트**
> (1) "一共"은 "모두, 전부 합해서 (수량이 ~이다)"의 뜻으로 뒤의 수량과 함께 쓰인다.
> (2) 뒤의 동사를 생략하여, 수량 바로 앞에도 올 수 있다.

一会儿
yíhuìr

(부/보) 잠시 후에, 조금 있다가 /
　　　　 잠깐 동안, 짧은 시간동안

咱们一会儿见! 우리 잠시 후에 보자!

天还早, 再等一会儿吧。
날이 아직 이르니, 좀 더 기다리세요.

等了一会儿, 他就回来了。
얼마 기다리지 않았는데, 그가 바로 돌아왔다.

> **보카 활용 포인트**
> (1) "一会儿"이 서술어 앞의 부사로 쓰이는 경우 "잠시 후에, 조금 이따가"의 뜻이다.
> (2) "一会儿"이 동사 뒤의 "시량 보어"로 쓰이는 경우 "잠깐 동안, 짧은 시간동안(~하다)"는 뜻이다.

一起
yìqǐ

= 一块儿, 一同

(부) 함께, 같이

我跟他一起去看电影。
나는 그와 함께 영화 보러 간다.

> **보카 활용 포인트**
> (1) "一起"는 "함께 어떤 구체적인 동작이나 행동을 하다"는 뜻이다. : 一起(去看电影 영화 보러 가다 / 工作 일하다)

(2) "在"가 있는 경우 "在一起"의 형태로 쓰인다.
从去年起, 我们一直在一起。
작년부터 우리는 줄곧 함께 있었다.
咱们俩在一起学习。 우리 둘은 함께 공부한다.

一直
yìzhí

(부) 줄곧, 계속해서

对这件事, 我一直有信心。
이 일에 대해서 나는 줄곧 자신이 있다.

这个问题一直是我们的课题。
이 문제는 계속해서 우리들의 과제로 남아있다.

> **보카 활용포인트**
> (1) "一直"는 "시간적으로 계속해서"의 뜻으로 "시간의 연속성"
> 을 강조하는 부사이고, 과거, 현재, 미래에 모두 쓸 수 있다.
> (2) "시간과 관련 있는 전치사구"가 있는 경우 그 뒤의 부사자리
> 에 "一直"를 써야 한다.
> **我从早上八点一直工作到晚上六点。**
> 나는 아침 8시부터 계속해서 저녁 6시까지 일한다.

已经
yǐjing

(부) 이미, 벌써

期末考试已经全部结束了。
기말고사는 이미 모두 끝났다.

正在
zhèngzài

(부) 마침, 지금 (~하고 있는 중이다)

我正在看书呢。
나는 지금 책을 읽고 있다.

> **보카 활용포인트**
> (1) "正在"는 "지금~하고 있다"는 뜻으로 "현재진행" 또는 "상태
> 의 지속"을 나타내며, "正", "在"와 바꾸어 쓸 수 있다.
> (2) "현재진행" 또는 "상태의 지속"을 나타내는 방법으로는 동사
> 뒤에 "着" 또는 문장 맨 끝에 "呢"를 쓰는 경우도 있다. (세 가
> 지를 함께 써도 되고, 두 가지 또는 한 가지만 써도 상관없음)
> **我正在看着书呢。** 나는 지금 책을 읽고 있다.

36
5급 终于
zhōngyú

= 总算

(부) (시간이나 노력을 들여) 결국은, 드디어, 마침내 (~했다)

经过一年的努力，我终于取得了好成绩。
1년간의 노력 끝에, 나는 결국은 좋은 성적을 받았다.

37
5급 其实
qíshí

(부) 사실은

我觉得这个问题其实很简单。
나는 이 문제가 사실은 간단하다고 생각한다.

看起来很复杂，其实不太复杂 。
보기에는 복잡해 보이지만, 사실은 별로 복잡하지 않다.

(1) "其实"는 부사로 서술어 앞에 쓰인다.
(2) "其实"가 뒤 절에 쓰이는 경우 "(그러나)사실은"이란 어감이 강하다.

☐ 按时 ànshí	제때에		☐ 平时 píngshí	평소에	
☐ 及时 jíshí	제 시간에		☐ 千万 qiānwàn	절대로	
☐ 不得不 bùdébù	부득불		☐ 全部 quánbù	전부, 모두	
☐ 差不多 chàbuduō	거의		☐ 一切 yíqiè	일체, 모두	
☐ 重新 chóngxīn	새로이		☐ 却 què	오히려	
☐ 从来 cónglái	여태껏		☐ 实在 shízài	(그러나) 사실은	
☐ 大概 dàgài	아마도		☐ 仍然 réngrán	(예전처럼) 변함없이, 계속해서	
☐ 恐怕 kǒngpà	아마도 (~일 것이다)		☐ 稍微 shāowēi	좀, 약간	
☐ 到处 dàochù	도처에		☐ 甚至 shènzhì	심지어	
☐ 到底 dàodǐ	도대체		☐ 尤其 yóuqí	특히, 더욱	
☐ 刚刚 gānggāng	방금		☐ 首先 shǒuxiān	우선	
☐ 共同 gòngtóng	다함께		☐ 顺便 shùnbiàn	~하는 김에	
☐ 够 gòu	충분히, 매우		☐ 随便 suíbiàn	마음대로	
☐ 极其 jíqí	지극히, 매우		☐ 完全 wánquán	완전히	
☐ 十分 shífēn	매우		☐ 往往 wǎngwǎng	왕왕, 자주	
☐ 挺 tǐng	매우		☐ 无 wú	~이 없다	
☐ 故意 gùyì	고의로		☐ 永远 yǒngyuǎn	영원히	
☐ 果然 guǒrán	과연		☐ 原来 yuánlái	원래(는), 본래(는)	
☐ 好像 hǎoxiàng	마치 (~와 같다)		☐ 暂时 zànshí	잠깐	
☐ 忽然 hūrán	갑자기		☐ 真正 zhēnzhèng	정말로	
☐ 互相 hùxiāng	서로		☐ 正好 zhènghǎo	공교롭게도, 때마침	
☐ 竟然 jìngrán	뜻밖에		☐ 至少 zhìshǎo	최소한	
☐ 另外 lìngwài	달리		☐ 逐渐 zhújiàn	점차	
☐ 难道 nándào	(설마)~이겠는가?		☐ 最好 zuìhǎo	제일 좋기는, 역시	
☐ 偶尔 ǒu'ěr	간혹, 때때로		☐ 好 hǎo	좋다	

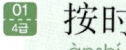 按时
ànshí

(부) 제때에, 규정된 시간에

医生告诉病人一定要按时吃药，病才能很快就好。

의사는 환자에게 꼭 제 시간에 약을 먹어야 병이 빨리 나을 수 있다고 말씀하셨다.

他总是按时来学校上课，从来不迟到。

그는 늘 제 시간에 학교에 수업하러 오고 여태껏 한 번도 지각한 적이 없다.

在大家的共同努力下，我们终于按时完成了任务。

우리는 다함께 노력하여 마침내 규정된 시간에 일을 마쳤다.

 及时
jíshí

(부) 제때에, 제 시간에

游泳后，你要及时把进入耳朵的水排出去。

수영을 하고나서 너는 제때에 귀에 들어간 물을 제거해야 한다.

> **보카 활용포인트**
> "按时"와 "及时"는 둘 다 "제때에"라는 뜻의 부사이다.
> (1) "按时"는 "按照规定的时间(규정된 시간에 따라서)"의 뜻으로 반드시 정해진 시간이 있을 때 쓴다.
> (2) "及时"는 "가장 적합하고 적절한 시기에, 제때에"라는 뜻이다.

 不得不
bùdébù

(부) 부득불, 부득이하게, 어쩔 수 없이

由于脚部受伤，他不得不放弃比赛。

다리부분을 다쳐서, 그는 어쩔 수없이 시합을 포기했다.

> **보카 활용포인트**
> (1) "不得不"는 "어쩔 수 없이, 하는 수 없이"의 뜻으로 부사 "只好(zhǐhǎo)", "只能(zhǐnéng)", "只得(zhǐděi)(zhǐdé)", "不得已(bùdéyǐ)", "无可奈何(wúkěnàihé)", "无奈(wúnài)", "没办法(méibànfǎ)", "无法(wúfǎ)"와 바꾸어 쓸 수 있다.

(2) "不得已", "无可奈何", "没办法"는 서술어로도 쓸 수 있다. "只得"는 북쪽사람들은 주로 "zhǐděi"라고 발음하고, 남쪽 사람들은 "zhǐdé"라고 발음한다.

04
4급

差不多
chàbuduō

(부/형) ① 거의, 대부분
② 거의 비슷하다, 큰 차이가 없다

师傅, 开快点儿, 火车差不多快进站了。
아저씨, 빨리 좀 가주세요. 기차가 거의 플랫폼에 도착할 때가 되었어요.

他的发音差不多跟中国人一样好。
그의 발음은 거의 중국 사람처럼 좋다.

> **보카활용포인트**
> "差不多"는 "거의, 대부분"이라는 뜻의 부사로 "수량이나 정도가 차이가 거의 나지 않고 비슷함"을 나타내 며, 뒤에 '수량(사)'가 오는 경우가 많고, 이 경우 "几乎(jīhū)"와 동의어이다.
>
> | 주어 + 差不多 (부) (都) + 서술어 + (수량). |
> | 差不多 (부) + 수량사 ~. |
>
> 我差不多等了半个小时。나는 거의 삼십 분을 기다렸다.
> 我差不多(都)做完了作业。나는 거의 다 숙제를 끝냈다.
> 这家医院已开办了差不多一百年了。
> 이 병원은 개업한 지 이미 거의 100년 가까이 되었다.

05
4급

重新
chóngxīn

(부) (처음부터) 새로이, 다시

这首歌真好听, 我想再重新听一遍。
이 노래는 정말 듣기 좋아서 나는 다시 처음부터 한 번 듣고 싶다.

06
4급

从来
cónglái

(부) 여태껏 (~한 적이 없다)

他的家里很富裕, 因此他从来没有为钱而发愁过。
그의 집은 아주 부자라서 그는 여태껏 돈 때문에 걱정해 본 적이 없다.

"从来"는 "여태껏 ~한 적이 없다"는 뜻의 부사이다. "从来"는 "从来没", "从(来)不", "从未" 처럼 부정 형태로 쓰이고, 동사 뒤에 "过"를 함께 쓸 수 있다.

我从来没看过这样好的电影。
나는 여태껏 이렇게 훌륭한 영화를 본 적이 없다.

---

07 4급 大概 dàgài

(부) ① 아마도, 대개는 (~일 것이다)
　　② 대체로, 대략

都十点了, 他大概不会来了。
이미 열 시가 되었는데, 그는 아마 오지 않을 것이다.

今天来参加会议的人大概有两百多名。
오늘 회의에 참가하러 온 사람은 대략 200명 정도 된다.

---

08 4급 恐怕 kǒngpà

(부) 아마도 ~일 것이다

天气突然阴了, 恐怕要下雨。
날이 갑자기 흐려졌는데, 아마도 비가 올 것 같다.

(1) ① "大概"는 "아마도, 대개는 ~일 것이다"는 뜻으로 "추측이나 가능성"을 나타내는 부사이다. 이 경우 "可能 (kěnéng)", "也许(yěxǔ)", "或许(huòxǔ)", "说不定 (shuōbudìng)", "说不准(shuōbuzhǔn)", "没准儿 (méizhǔnr)", "恐怕(kǒngpà)", "多半(duōbàn)" 등과 바꾸어 쓸 수 있다.
　② "恐怕"는 대부분 "부정적인 추측이나 가능성을 예상"하는 경우에 쓴다.
(2) 부사 "大概" 뒤에 수량이 오면 "대략 (수량이나 시간이) ~정도 이다"는 뜻으로 "大约"와 동의어이다.
范教授(大概, 大约)演讲了一个小时。
범교수님께서는 대략 한 시간 정도 강의를 하셨다.
(3) ① "大约(dàyuē)"는 뒤에 수량과 함께 쓰여 "대략 (수량이나 시간이) ~정도 이다"는 뜻이다. 이 경우 "大概(dàgài)", "约(yuē)", "约莫(yuēmo)" 등과 바꾸어 쓸 수 있다.
我们学校女同学大概占百分之六十。
우리 학교는 여학생이 대략 60% 정도 차지하고 있다.
　② "수량"과 함께 쓰는 부사들은 수량 바로 앞에 붙여 쓸 수 있다.

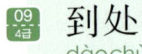
汽车产量比去年增长了大约20%。
자동차 생산량은 작년보다 약 20% 정도 신장했다.
王大爷每年要从国家领到大约三十万元的养
老金。
왕할아버지께서는 매년 국가에서 약 삼십만 원 정도의 퇴
적금을 받으신다.

到处
dàochù
09
4급

(부) 도처에, 사방에, 가는 곳마다

妈妈在厨房里忙着做饭，屋子里到处都
有饭菜的香味儿。

어머니께서 주방에서 바삐 음식을 만드시느라, 방안 곳곳마
다 다 음식 냄새가 난다.

보카활용포인트

(1) ① 부사 "**到处**"는 "도체에, 어느 곳이나"의 뜻으로 "어느 장
소에서나 모두 이런 행동을 하고 있다" 또는 "어느 곳에
서나 이런 상태가 있다" 는 뜻이다. 이 경우 부사 "**处处**
(chùchù)"와 바꾸어 쓸 수 있다.
我到处都遭到拒绝。 나는 가는 곳 마다 거절당했다.
我们这里到处可以看到这种事。
우리가 있는 이곳에서는 어느 곳에서나 이런 일을 볼 수
있다.
② "**到处**"는 다음과 같이 관용적인 표현으로도 쓰인다.
到处都是 / 到处都有 도처에 있다, 어느 곳이나 다 있다.
到处可见 어디서나 볼 수 있다.

(2) "**处处**(chùchu)"도 "어느 곳에서나, 어디든지"의 뜻으로 쓰
여 "구체적인 장소"를 가리키는 경우에는 "**到处**"와 동의어이
지만, "각 방면, 여러모로, 이모저모로"의뜻으로 "추상적인 행
동이나 행위"를 나타내는 경우 "**处处**"만 쓸 수 있고, "**到处**"
는 쓸 수 없다.
王阿姨处处关心着这孩子，可是他的父母还不满意。
왕 아주머니께서는 모든 면에서 이 아이에게 관심을 쏟지만,
그의 부모는 여전히 불만스러워 한다.

到底
dàodǐ
= 究竟 jiūjìng
10
4급

(부) 도대체

你到底什么时候回上海来呢？
너는 도대체 언제 상해로 돌아올 거니?

(1) "到底"는 의문문에 쓰이는 경우 '도대체' 의뜻으로 상대방을 다그치거나 재촉하는 어감을 준다. 문장 끝에는 呢를 쓸 수 있지만 吗는 쓸 수 없다. 이 경우 "究竟(jiūjìng)"와 동의어이다.

你到底去不去? 너는 도대체 갈거니 안 갈거니?
你到底(是)怎么回事? 너 도대체 어떻게 된 일이야?
你到底为什么不去呢? 너 도대체 왜 안가겠다는 거니?
你到底什么时候去? 너 도대체 언제 갈거니?
到底谁去呢? 도대체 누가 갈거니?

> • 주어 + 到底(부) + 서술어~ (呢)?
> • 주어 + 到底(부) + [怎么, 什么时候, 为什么] (부) + 서술어~ (呢)?
> • 주어 + 到底(부) + 서술어 + 什么~ (呢)?
> • 到底(부) + 谁(주어) + 서술어~ (呢)?

(2) "到底"가 평서문에 쓰이는 경우는 다음과 같은 뜻이 있다.
  ① "마침내, 결국은 (~했다)"의 뜻으로 부사 "终于(zhōngyú)"와 동의어이다. 이 경우 결과의 문장의 부사자리에 到底를 쓰고 동사 뒤에는 반드시 "了"를 함께 써야 한다.
  经过很多年的努力, 我(到底, 终于)得到了好成绩。 다년간의 노력 끝에, 나는 마침내 좋은 성적을 받았다.
  ② "(원인이)~이기 때문에(...하다)'의 뜻으로 원인을 강조할 때 원인 앞에 "因为" 대신 "到底"를 쓸 수 있다.
  到底很有经验, 她把这个问题很快就解决了。 경험이 많기 때문에, 그녀는 이 문제를 매우 빨리 해결하였다.

(3) "终于(zhōngyú)"는 "마침내, 결국은(~했다)"는 뜻의 부사로, "비교적 오랜 시간이나 노력 을 들인 끝에 어떤 결과를 얻다 "는 의미이다. 대부분 바라던 일이 이미 이루어졌음을 나타내고, 이 경우 "总算(zǒngsuàn)", "到底(부) + 동사 + 了"와 동의어이다.
  他拼命地学习, 终于考上大学了。
  그는 필사적으로 공부한 끝에, 결국은 대학에 합격했다.

刚刚
gānggāng

(부) 방금, 막 (~했다)

我们刚刚下火车, 还没有来得及吃饭呢。
우리는 방금 기차에서 내려서, 아직 식사할 시간이 없다.

보카 활용포인트

(1) ① 부사 "刚刚"은 "방금, 막 ~했다"는 뜻으로 "어떤 일이 방금 일어났음" 의미하며, 이 경우 부사 "刚"과 바꾸어 쓸 수 있다. "刚刚"은 반드시 주어 뒤에 쓰고 주어 앞에는 쓸 수 없다.

他刚来我这里。

그는 내가 있는 이곳으로 막 왔다. (온 지 얼마 되지 않았다)

② "刚刚"은 시간, 수량, 공간을 나타내는 낱말 앞에 쓰여 "꼭, 마침" 이라는 뜻으로도 쓰인다. 이 경우 "시간이 늦지도 않고 빠르지도 않음", "수량이 적지도 않고 많지도 않음", "공간이 적지도 않고 크지도 않음"을 나타낸다.

我的房间不大也不小，正好。

내 방은 크지도 않고 작지도 않고 딱 좋다.

到教室刚八点，正好。

교실에 도착하니까 딱 여덟시로 꼭 알맞다.

③ "刚刚"은 "겨우, 가까스로"의 뜻으로도 쓸 수 있다.

她的声音太小了，刚可以听到。

그녀의 목소리는 매우 작아서, 간신히 들을 수 있다.

(2) ① "막, 방금(~했다)"는 뜻으로 주어 앞에 쓰는 경우 부사 "刚刚"을 쓸 수 없고, 시간명사 "刚才(gāngcái)"를 쓴다.

刚才我很忙，没有接到你的电话。

방금 전에 나는 매우 바빠서, 네 전화를 받지 못했다.

② "刚才"는 시간과 관련 있는 다른 낱말과는 함께 쓸 수 없고, 이 경우 "刚刚"을 쓴다.

电影刚刚开始的时候，他还没到电影院。

영화가 막 시작했을 때, 그는 아직 극장에 도착하지 않았다.

我们刚刚吃过饭后，出去外边散步。

우리는 막 식사를 하고 나서 밖에 나가서 산책을 했다.

③ "刚才"는 시간과 관계가 있는 명사이므로 "동작이나 행위가 일어난 지 얼마 안 되었음"을 의미하는 경우 "刚才"를 쓸 수 없고, "刚刚"을 쓴다.

我儿子刚刚从北京回来。

우리 아들은 방금 북경에서 돌아왔다.

口语课刚刚开始。 회화수업은 막 시작되었다.

④ 명사 앞에서 관형어로 쓰는 경우 "的"와 함께 "刚才"를 쓰고, 부사 "刚刚"은 쓸 수 없다.

我把刚才的事情都忘了。

나는 방금 전의 일을 다 잊었다.

共同
gòngtóng

(형/부) 공동의, 공통의 / 공동으로, 다함께, 같이

毕业以后，我们共同开办了一家公司。

졸업을 하고나서, 우리는 공동으로 회사 하나를 만들었다.

4급 신HSK VOCA

보카 활용포인트

(1) "共同"을 형용사로 쓰는 경우 "공통의, 공동의"라는 뜻으로 "다 같이 같은 목표나 생각을 가지고 있다"는 의미이다. "共同"은 주로 "추상적인 사물"과 함께 쓰고, 명사 앞에 쓰는 경우 "的"를 쓰든 안 쓰든 상관없다. : 共同(目标 목표 / 理想 이상 / 爱好 취미 / 节日 명절 / 事业 사업 / 点 공통점 / 的语言 공통 언어)

(2) "共同"은 서술어 앞에서 "두 사람 이상이 같은 목표나 생각을 가지고, 공동으로 다함께 어떤 일을 하다"라는 뜻의 부사로 쓸 수 있다. : 共同(努力 노력하다 / 生活 생활하다 / 讨论 토론하다 / 完成任务 임무를 완성하다)

(3) ① "두 사람 이상이 목표나 생각과 관계없이 함께 어떤 장소를 가다" 또는 "함께 어떤 행동이나 일을 하다"는 뜻인 경우 "一起(yìqǐ)"를 쓴다. . 一起(去看电影 영화보러 가다 / 工作 일하다 / 照相留念 기념사진을 찍다 / 出国 출국하다 / 学习 공부하다 / 吃饭 식사하다)

② "在"가 있는 경우 "在一起"의 형태로 쓰고, 전치사 "跟 [= 和, 与, 同]"과 함께 호응하여 "跟……一起"의 형태로 많이 쓴다.

他们在一起工作。 그들은 함께 일한다.

我和他一起去医院检查身体。 나와 그는 함께 병원에 신체검사하러 갔다.

够 gòu

(정도부) 매우, 아주, 충분히, 실컷

你已经够漂亮了，不用再打扮了。

너는 이미 충분히 예쁘니까 더 이상 꾸밀 필요가 없다.

极其 jíqí

(정도부) 지극히, 매우

这种新出的相机极其小巧，携带起来很方便。

이 새로 나온 카메라는 아주 작고 정교해서, 휴대하기가 매우 편리하다.

十分 shífēn

(정도부) 매우, 십분

他对待工作十分认真，从来没有出过错误。

그는 일을 아주 열심히 하고, 여태껏 실수를 한 적이 없다.

挺
tǐng

(정도부) 매우, 아주

我觉得他这个人挺好的，就是有时候爱
发脾气。

나는 그 사람이 단지 가끔 화를 잘 내서 그렇지, 아주 좋은
사람이라고 생각한다.

这么多年没见面, 我跟老同学聊得挺开
心的。

이렇게 여러 해 만에 만나서, 나와 옛 친구는 아주 즐겁게
이야기를 했다.

 故意
gùyì

(부) 고의로, 일부로

他明明知道我在到处找他，就是故意不
见我，真气人。

그는 내가 사방에서 그를 찾고 있다는 것을 분명히 알면서,
일부러 나를 보지 않아. 정말 화가 나.

果然
guǒrán

(부) 과연, 생각대로

这台电脑这么快就修好了，你果然是专
家啊!

이 컴퓨터를 이렇게 빨리 다 고치다니, 너는 과연 전문가이다!

> **보카 활용포인트**
>
> "果然"은 "과연, 생각대로"라는 뜻으로 "원래 말하거나 들었던
> 것 또는 미리 예상했던 생각이 나중에 일어난 사실(= 결과)와 일
> 치하는 경우" 사실(= 결과) 앞의 부사자리에 쓴다.
> 이 경우 "果真(guǒzhēn)"과 동의어이다. 주어 앞 뒤 상관없이
> 모두 쓸 수 있다.
> 听说这部电影很有意思，看了以后果然真棒!
> 이 영화는 아주 재미있다고 들었는데, 보고 나니 과연 아주 훌륭
> 했다!
> 我认为他是个说话算数的人，他果然按时完成这个任务。
> 나는 그가 말에 책임을 지는 사람이라고 생각했는데, 그는 생각
> 대로 제 시간에 이 일을 끝냈다.

好像
hǎoxiàng

(부/동) 마치 ~인 것 같다, 마치~와 같다 / 비슷하다, 닮다

这种款式的衣服今年好像很流行,有很多人穿。

올해 이런 스타일의 옷을 입은 사람들이 많은데, 크게 유행하는 것 같다.

(1) ① "好像"은 "반드시 그렇다는 확신은 없지만 마치 ~인 것 같다"는 뜻으로 "추측이나 판단"을 하는 경우에 쓴다. 뒤에 "一样(yíyàng)", "似的(shìde)", "一般(yìbān)" 등과 함께 호응하여 쓰는 경우가 많다.
② "마치 ~인 것 같다"는 뜻으로 동사와 부사 둘 다 쓸 수 있는 단어는 "好像", "像(xiàng)", "就像(jiùxiàng)", "仿佛(fǎngfú)"가 있다.
③ "마치 ~인 것 같다"는 뜻으로 동사로만 쓸 수 있는 단어는 "如同(rútóng)", "显得(xiǎnde)"가 있다.
④ "마치 ~인 것 같다"는 뜻으로 부사로만 쓸 수 있는 단어는 "似乎(sìhū)"가 있다.
⑤ "似乎"와 "显得"는 뒤에 "一样(yíyàng)", "似的(shìde)", "一般(yìbān)" 등과 함께 호응하여 쓸 수 없다.
(2) "어떤 사람과 모습이 닮다, 비슷하다"는 뜻의 동사로 쓰는 경우 "像"을 쓰고 이 경우 정도부사와 함께 쓸 수 있다.
我长得很像爸爸。 나는 아빠와 아주 닮았다.

忽然
hūrán

(부) 갑자기, 별안간, 돌연

今天早上天气还好,中午忽然刮起了大风。

오늘 아침에는 날씨가 그런대로 괜찮았는데, 오후에 갑자기 바람이 많이 불기 시작했다.

(1) ① "忽然"은 "갑자기, 별안간"의 뜻의 부사로 "예상하지 못할 정도로 어떤 상황이 매우 빠르게 발생한 경우"에 쓴다. 이 경우 "突然(tūrán)", "猛然(měngrán)"과 동의어이다. "猛然"은 "忽然"이나 "突然"에 비해서 더 급작스러운 것을 강조한다.
这个孩子(忽然, 突然)哭起来了。
이 아이는 갑자기 울기 시작했다.
他(忽然, 突然, 猛然)地跳进水里。
그는 급작스럽게 물로 뛰어 들었다.

② "忽然"은 주어 앞에 쓸 수 없고, 이 경우 "突然"을 쓰고, 주어 앞에 쉼표로 휴지를 둔다.
突然, 我什么都看不见了。
갑자기 나는 아무것도 볼 수 없었다.

(2) "갑작스럽다"는 뜻의 형용사로 쓰는 경우 "忽然"과 "猛然"은 쓸 수 없고, "突然"만 쓸 수 있다.
事情发生得太突然了。
일이 너무나 갑자기 일어났다.

21
4급
互相
hùxiāng

(부) 서로, 상호간에

每天他们互相练习口语，因此口语提高得很快。
매일 그들은 서로 회화를 연습해서, 말이 매우 빨리 늘었다.

(1) "互相"은 "서로"라는 뜻의 부사로 반드시 주어 뒤에 쓴다.
我们互相学习。 우리는 서로에게 배운다.
我们互相帮助。 우리는 서로 돕는다.
(2) "서로, 피차"라는 뜻의 지시대명사로 쓰는 경우 "彼此(bǐcǐ)"를 쓰고, 이 경우 "주어" 또는 "목적어"로 직접 쓸 수 있다.
我们同一单位工作了很多年了，可是彼此不太了解。
우리는 같은 회사에서 일한지 여러 해가 되었지만, 서로 잘 모른다.

22
4급
竟然
jìngrán

(부) 뜻밖에, 의외로, 생각지도 못했는데

大家都知道这个新闻，你竟然不知道，太奇怪了。
모두가 이 뉴스를 아는데, 너만 의외로 모르고 있다니 정말 이상하다.

부카활용포인트
부사 "竟然"은 "생각지도 못했다, 뜻밖이다"라는 뜻이다. 이 경우 "竟", "居然(jūrán)"과 동의어이다. 이 경우 주로 같은 의미인 동사 "没想到"와 함께 호응하여 쓰인다.
(谁也)没想到小杨竟然答应了。
小杨이 뜻밖에 대답을 할 줄은 어느 누구도 생각하지 못했다.

 另外
lìngwài

(부) 달리, 그밖에, 따로

我周末买了两本文学方面的书，另外，还买了一本武侠小说。

나는 주말에 문학방면의 책 두 권을 샀고, 그밖에 또 무협소설책 한 권도 샀다.

 难道
nándào

(부) (설마) ~이겠는가?, (그래) ~란 말인가?

大家都干一样的活儿，难道只有你累吗？

모두가 다 똑같이 일을 하는데, 너만 피곤하겠니?

你做错了事情，难道还要我向你道歉不成？

네가 일을 잘못해 놓고, 아직도 내가 너에게 사과하기를 바라는 거니?

보카활용포인트

"难道"는 상대방 의견에 반대하는 것을 강조하기 위해 거꾸로 반문을 할 때를 쓴다. 맨 뒤의 "吗" 또는 "不成"과 함께 호응하여 "难道…吗?" 또는 "难道…不成?"의 형태로 쓰이고 ,이 경우 "莫非(mòfēi)"와 동의어이다. "难道"는 주어 앞 뒤 상관없이 모두 쓸 수 있다.

25
4급 偶尔
ǒu'ěr

= 有时

(부) 간혹, 때때로, 이따금, 가끔
(반) 经常 자주, 항상

我和朋友们经常在一起聊天，偶尔也去旅游。

나와 내 친구들은 자주 함께 이야기를 나누고, 가끔은 여행도 간다.

보카활용포인트

"偶尔"은 "어떤 일이나 상황이 일어나는 횟수가 적음"을 나타내는 부사로 "经常(자주, 항상)"의 반대말이며, "有时候"와 동의어이다.

老李非常喜欢吃美国菜，偶尔也吃中国菜。

老李는 미국음식 먹는 것을 무척 좋아하는데, 가끔 중국음식도 먹는다.

他平时很忙,偶尔给我打个电话。
그는 평소에 매우 바빠서, 가끔 나에게 전화를 한다.

26
4급
平时
píngshí

(부) 평소에

我平时比较忙,没有时间出去玩儿, 只有周末可以放松一下。

나는 평소에 바쁜 편이라, 밖에 나가서 놀 시간이 없고, 주말에만 좀 여유가 있다.

27
4급
千万
qiānwàn

(부) ① 반드시, 꼭, 부디 ② 절대로

爷爷最近身体不好,你千万别惹他生气。

할아버지께서는 요즘 건강이 안 좋으시니까, 너는 절대로 할아버지를 화나시게 하지 마라.

> **보카활용포인트**
>
> (1) 부사 "千万"을 긍정문에 쓰면 조동사 "要"와 함께 호응하여 "반드시, 꼭"의 뜻으로 쓴다. "要"는 생략이 가능하다. : 你千万要(记住 기억하다 / 小心 조심하다 / 注意 주의하다, 신경쓰다).
> (2) ① "千万"을 부정문에 쓰면 "不要", "不能", "不可", "别" 등과 함께 호응하여 "절대로(~해서는 안 된다)"는 뜻을 나타내고, 앞의 "不要", "不能", "不可", "别" 등은 생략할 수 없다. 이 경우 "千万"은 부사 "万万"과 동의어이다. 你(千万, 万万)不要违反交通规则。 너는 절대로 교통규칙을 어겨서는 안 된다.
> ② 부정문에서 자신이 말하는 형식의 진술문으로 쓰는 경우 "千万"을 쓸 수 없고 "万万"을 쓴다. "千万"은 반드시 상대방에게 명령이나 권유 등을 하는 경우에만 쓸 수 있다. 我万万不能忘记今天发生的事。 나는 오늘 일어난 일을 절대로 잊을 수 없다.
> ③ "전혀 생각지도 못했다, 정말 뜻밖이다"는 뜻인 경우 관용적인 표현으로 "万万"을 쓴다. 万万(没想到 전혀 생각지도 못했다 / 没预料到 전혀 예상하지 못했다)

28
4급
全部
quánbù

(명/부) 전부, 모두

同学们已经全部回家了。

학우들은 이미 전부 집으로 돌아갔다.

很多父母把全部精力都放在自己孩子身上。

많은 부모들은 모든 힘을 전부 자신의 아이한테 쏟는다.

29
4급

一切
yíqiè

(부/명) 전부, 모두 / ② 모든 것, 일체

从今天开始, 就由你负责公司的一切事务。

오늘부터 내가 회사의 모든 사무를 책임진다.

> **보카활용포인트**
>
> "全部"와 "一切"는 둘 다 "모두, 전부"라는 뜻으로 부사나 명사로 쓸 수 있다.
> (1) "각각의 부분들이 종합적으로 모여서 이루어진 전부, 모두"를 말하는 경우 "全部"를 쓰고, "一切"는 쓸 수 없다.
> **我们公司从上级到下级全部实行了合同制度。**
> 우리 회사는 윗사람부터 아랫사람까지 모두 계약제를 실시하였다.
> **参加运动会的人全部是外国人。**
> 운동회에 참가한 사람은 전부 외국인이다.
> (2) "일정 범위 내의 모든 사물"을 말하는 경우 "一切"를 쓴다. 또한 목적어로 쓰는 경우 "全部"를 쓸 수 없고, "一切"를 쓴다.
> **我的生活一切都很好。** 내 생활 일체가 다 좋다.
> **我喜欢她的一切。** 나는 그녀의 모든 것을 좋아한다.
> (3) 명사 앞에서 관형어로 쓰는 경우 "全部"는 "的"를 써도 되고 안 써도 상관없지만, "一切"는 "的"를 쓰지 않는다.
> **我把全部(的)东西都拿来了。**
> 나는 모든 물건을 다 가지고 왔다.
> **一切问题都解决了。[问题一切都解决了。]**
> 모든 문제는 다 해결되었다.

30
4급

却
què

(부) 오히려

我本来是想安慰她的, 可没想到她却哭了。

나는 본래 그녀를 위로하고 싶었는데, 그런데 그녀가 오히려 울 줄은 생각지도 못했다.

> **보카활용포인트**
>
> "却"는 "그러나 오히려"라는 뜻의 부사로 앞 절과 뒤 절의 의미가 전환이 되는 경우 뒤 절의부사 자리에 쓰고, 이 경우 같은 뜻인 "但是[= 可是, 不过, 然而]" 등과 함께 호응하여 "~, 但是 + 주어 + 却 ~"의 형태로 쓰는 경우가 많다.

31 4급 **实在**
shízài

(형/부) ① 성실하다, 진실하다, 참되다, 실속 있다, 충실하다 ② 정말로, 확실히, 아주 ③ (그러나) 사실은

小杨这个人很实在。
샤오양은 아주 성실한 사람이다.

我实在是没办法了，你还是找别人想想办法吧。
나는 정말 어쩔 수 없으니, 너는 역시 다른 사람을 찾아서 방법을 좀 생각해 보는 게 낫겠어.

玛丽虽然说自己已经明白了，其实她没听懂老师说的话。
마리는 자기는 이미 알아들었다고 말했지만, 사실은 선생님 말씀을 못 알아들었다.

> **보카 활용포인트**
> (1) "实在"가 형용사로 쓰이는 경우 "사람의 말, 행동, 어떤 일을 하는 것이 성실하다, 진실하다"는 뜻으로 쓰고 정도부사와 함께 호응하여 쓸 수 있다. 정도부사는 주로 "实在 + 太 / 真 的 / 很" 등의 형태로 쓰인다. : (人 사람 / 爸爸 아빠 / 他 그)很实在。
> (2) "实在"가 부사로 쓰이는 경우 다음과 같이 쓰인다.
> ① "정말, 아주"라는 뜻으로 "非常(fēicháng), 真(zhēn)", "确实(quèshí)" 등의 부사와 바꾸어 쓸 수 있다. : 实在 (对不起 미안하다 / 漂亮 예쁘다 / 太累了 너무 피곤하다 / 不知道 모른다 / 想不起来了 생각이 안 난다)
> ② "(그러나) 사실상, 사실은, 실은"이란 뜻으로 "其实"의 뜻이다.
> 别看他人小，说起话来实在有道理。
> 그가 어리다고 우습게 보지 마라. 말해보면 사실상 일리가 있어.

32 4급 **仍然**
réngrán
= 还(是)

(부) (예전처럼) 변함없이, 계속해서, 여전히, 원래대로

这么多年他仍然保持着节俭的好习惯。
이렇게 여러 해 동안 그는 계속해서 근검절약하는 좋은 습관을 유지하고 있다.

稍微
shāowēi

= 稍稍 shāoshāo,
多多少少, 多少

(부) 좀, 약간, 다소

他的病不要紧，只要稍微休息一下就会好的。

그의 병은 심하지 않아서, 좀 쉬고 나면 좋아질 것이다.

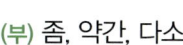

(1) "稍微"는 "좀,약간"이란 뜻의 부사이고 "稍稍(shāoshāo)", "多多少少(duōduōshǎoshǎo)", "多少(duōshǎo)"와 동의어이다. 이 경우 뒤에 반드시 "좀 ~하다"는 뜻의 "有点儿", "一点(儿)", "一些", "一下(儿)" 등과 호응하여 함께 쓴다.

- 稍微 + 有点儿 + 서술어
- 稍稍 + 서술어 + 一点
- 多多少少 + 서술어 + 一些
- 多少 + 동사서술어 + 一下

(2) ① "有点儿"은 "동사/형용사 서술어" 앞에 쓰인다. 이 경우 주로 부정적인 뜻을 가진다. : 有点儿(头疼 머리가 아프다 / 失望 실망하다 / 不高兴 기분이 언짢다)

② "一点" 또는 "一些"는 "동사/형용사 서술어" 뒤에 쓰인다. 특히 "一点(儿)"은 주로 긍정적인 뜻을 가진다.
他的病情好一点了。 그의 병세는 좀 나아졌다.

③ "一下(儿)"은 "동사서술어" 바로 뒤에 쓰이고, 형용사 서술어 뒤에는 쓸 수 없다. : (听 좀 듣다 / 看 좀 보다 / 写 좀 쓰다)一下

(3) "多多少少"는 "좀, 약간"이란 뜻의 부사로만 쓰인다.

(4) ① "多少"는 뒤에 "有点儿", "一点(儿)", "一些", "一下(儿)" 등처럼 "좀, 약간"이란 뜻의 낱말이 함께 쓰인 경우 "좀, 약간"이란 뜻의 부사이다.

② "多少"는 뒤에 "有点儿", "一点(儿)", "一些", "一下(儿)" 등처럼 "좀, 약간"이란 뜻의 낱말이 없는 경우 "몇, 얼마"란 뜻으로 "수량"을 물을 때 쓰는 의문 대명사이다.
你们班的同学一共有多少人?
너희 반 학생들은 모두 몇 명이니?

 甚至
shènzhì

(부) 신지어

我一有空就玩电脑游戏，甚至连饭都忘了吃。

나는 시간만 나면 컴퓨터 게임을 하는데, 심지어 밥 먹는 것조차 잊는다.

4급 신HSK VOCA

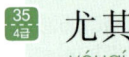
我以前打听过你的消息，甚至也到你的家去找过你。

나는 이전에 네 소식을 알아본 적이 있고, 심지어 너를 찾으러 네 집에 간 적도 있다.

35/4급 尤其
yóuqí

(부) 특히, 더욱

我非常喜欢运动，尤其是游泳。

나는 운동을 매우 좋아하는데, 특히 수영을 좋아한다.

春天到了，花园里开满了各种美丽的花，尤其是迎春花开的最好看。

봄이 되어서, 정원에는 여러 가지 아름다운 꽃들이 만개하였는데, 그 중에서도 특히 개나리가 핀 것이 제일 예쁘다.

> **보카활용포인트**
>
> (1) "甚至"는 "심지어"라는 뜻으로, 앞 절에서 소개한 하나의 어떤 사례를 두드러지게 하기 위해서 뒤 절에서 한 걸음 더 나아가 한 층 더 강조하는 경우 뒤 절에 쓰는 부사이다.
> 他最近很忙，甚至连周末都不能休息。
> 그는 요즘 매우 바빠서, 심지어 주말조차도 쉴 수 없다.
> (2) "尤其"는 "(그 중에서도) 특히"라는 뜻으로, 같은 종류 중에서 특별히 더 말하고 싶은 것을 강조하기 위해서 뒤 절에 쓰는 부사이다. 앞 절에는 포괄적인 내용이 나오고, 뒤 절에는 앞 절에 해당하는 것 중 특별히 강조하고 싶은 구체적인 내용이 나오며, 뒤 절에서 "尤其是"의 형태로 많이 쓰인다.
> 我喜欢吃中国菜，尤其是川菜。
> 나는 중국음식 먹는 것을 좋아하는데, 그 중에서도 특히 사천요리를 좋아한다.

36/4급 首先
shǒuxiān

= 先

(부) 우선, (맨) 먼저

我们这学期的计划是首先要学习语法，然后再学习口语。

우리 이번 학기의 계획은 먼저 어법을 공부하고, 그다음 다시 회화를 공부하는 것이다.

"首先"은 "우선, 먼저"라는 뜻으로 "先"과 같은 뜻이고, 주로 뒤절의 "然后(再)"와 호응하여 "(首)先...... 然后(再)......。"의 형태로 함께 쓰인다.

顺便
shùnbiàn

(부) ~하는 김에, 겸해서

你如果去超市的话, 请顺便帮我买些水果。

수퍼마켓에 가는 거라면 가는 김에 나한테 과일을 좀 사다 주세요.

我回家乡的时候顺便看看我的朋友们。

나는 고향에 돌아가는 김에 내 친구들도 좀 볼 것이다.

随便
suíbiàn

(부) ① 마음대로, 편하게
② 함부로, 제멋대로, 마음대로

这里有果汁和蛋糕, 你不要客气请随便吃。

여기 과일주스와 케익이 있는데, 사양하지 마시고 마음껏 드세요.

我最讨厌别人随便动我的东西。

나는 다른 사람이 함부로 내 물건에 손대는 것을 제일 싫어한다.

完全
wánquán

(부) 완전히, 전부, 아주

经过一段时间的休养, 他的身体完全康复了。

일정 기간 동안 휴양을 해서 그는 몸이 완전히 건강해졌다.

往往
wǎngwǎng

(부) 왕왕, 자주, 종종, 때때로

他往往学习到深夜才睡。

그는 자주 늦은 밤까지 공부를 하고 나서야 잠을 잔다.

我往往一个人旅游。 나는 자주 혼자서 여행간다.

4급 신HSK VOCA

> **보카활용포인트**
> (1) ① "往往"의 뜻은 "经常 jīngcháng"과 같은 뜻이지만, 주로 과거에 규칙적이고 반복적으로 일어난 일에 쓰인다.
> ② "往往"은 반드시 동작과 관련있는 상황, 조건, 결과를 밝혀야만 쓸 수 있다.
> **我们在一起的时候往往很愉快。**
> 우리는 함께 있을 때면 종종 즐겁다.
> (2) "주관적으로 ～하고 싶다"는 바람과 아직 일어나지 않은 미래에는 "往往"을 쓸 수 없고, "常常"을 쓴다.
> **我希望常常去小王那儿聊天。**
> 나는 자주 小王한테 가서 이야기 하고 싶다.
> **请你常常来我家吃饭。**
> 자주 우리 집에 식사하러 오세요.

 无
wú

(부정부) 없다, ～이 아니다

这家饭馆因为无营业执照经营，被迫关门了。
이 음식점은 무면허로 영업을 해서 영업정지를 받았다.

> **보카활용포인트**
> "无"는 "没 méi"의 서면어이다.

 永远
yǒngyuǎn

(부) 영원히

我会永远记住老师对我说的话。
나는 영원히 선생님께서 우리에게 하신 말씀을 기억할 것이다.

 原来
yuánlái

(부/형) ① 원래는, 본래는 (= 本来, 原本) ② 알고 보니 / ③ 원래의, 본래의

原来他们家很贫穷，现在已经成为最富有的人了。
원래 그의 집은 가난했지만, 지금은 이미 가장 부유한 사람이 되었다.

我以为是小刘，原来是你啊。
나는 샤오류인 줄 알았는데, 알고 보니 너였구나!

我原来的名字是兰兰。
나의 원래 이름은 쯔쯔이다.

(1) "原来"는 "원래는, 본래는"의 뜻의 부사로 쓰인다. 이 경우 "本来(běnlái)", "原本(yuánběn)"와 바꾸어 쓸 수 있고, 주어 앞이나 뒤에 상관없이 모두 쓸 수 있다.
(2) "原来"는 "알고 보니"의 뜻의 부사로 "사실을 알게 되다"는 뜻이다. 이 경우 "本来"와 바꾸어 쓸 수 없다.
(3) "原来"는 "원래의, 본래의"란 뜻의 형용사로 "달라진 게 없다, 변화가 없이 그대로인 것"을 의미하고, 이 경우 "本来"와 바꾸어 쓸 수 있다. : 原来,本来的(计划 계획 / 地方 장소 / 名字 이름 / 样子 모습 / 颜色 새깔)

暂时
zànshí

(형/부) 잠깐, 일시적으로

这只不过是暂时的现象。
이것은 단지 일시적인 현상일 뿐이다.

这个现象是暂时的, 以后慢慢会改变的。
이 현상은 일시적인 것이니, 앞으로 천천히 바뀔 것이다.

我们决定暂时呆在小李家。
우리는 잠시 샤오리네 집에 머물기로 결정했다.

外面下大雨, 你暂时不要走了, 等雨停了再走。
밖에 비가 많이 내리니까, 너는 잠깐 여기 있다가 비가 그치면 가라.

真正
zhēnzhèng

(부/형) ① 정말로, 참으로, 진짜로
② 진정한, 진짜의, 참된

只要你真正爱她, 就跟她结婚吧。
네가 진짜 그녀를 사랑한다면, 그녀와 결혼해라.

我和他谈了很久, 终于了解他的真正想法。
나와 그는 한참 동안 이야기를 했고, 결국은 그의 진짜 생각을 알게 되었다.

46
4급

正好
zhènghǎo

(부/형) ① (때)마침, 공교롭게도 / ② 딱 알맞다, 딱 좋다

你要买的那本辞典，我正好有。
네가 사려던 그 사전이 마침 나한테 있다.

你来的正好，我们正要去你家找你呢。
우리가 지금 너를 찾으러 네 집에 가려는 중이었는데 네가 마침 딱 왔다.

> **보카활용포인트**
> "正好"는 "시간, 공간, 수량, 기회, 조건 등이 딱 알맞다"는 뜻으로 시간이 늦지도 않고 이르지도 않음, 공간적으로 앞이거나 뒤도 아님, 수량이 많지도 않고 적지도 않음, 기회·조건·정도가 딱 공교롭게도 딱 맞아 떨어짐을 의미한다.

47
4급

至少
zhìshǎo

(부) 최소한, 적어도 **(반)** 至多 최대한

这部戏至少需要2万名群众和演员。
이 연극은 최소한 2만 명의 관중과 배우들이 필요하다.

> **보카활용포인트**
> (1) 부사 "至少"는 '최소한, 적어도 (수량이 ~정도이다)'의 뜻이고, 보통 그 뒤에 수량사가 함께 쓰인다. [주어 + 至少(부) + 동사 + 수량]
> **我每天至少散两个小时步。**
> 나는 매일 최소한 두 시간씩 산책을 한다.
> (2) 부사 "至少"는 조동사 "要(yào)", "得(děi)" 등과 함께 쓰는 경우가 많다. [주어 + 至少(부) + 조동사 + 동사 + 수량]
> **这篇论文写好以后至少要看三遍。**
> 이 논문은 다 쓰고 나서 최소한 세 번은 봐야 된다.
> (3) 至少는 수량 바로 앞에 쓸 수 있다. [至少 (부) + 수량]
> **这位老人至少60岁了。** 이 노인은 최소한 60세는 되었다.
> **这篇文章至少五万字。**
> 이 문장은 최소한 5만자 정도는 된다.

48
4급

逐渐
zhújiàn

(부) 점차, 차츰차츰

今天下了一天的大雨, 傍晚的时候雨逐渐停了。

오늘 하루 종일 비가 많이 내리다가 해질 무렵에 점차 비가 그쳤다.

49
4급

最好
zuìhǎo

(부/형) ① 가장 바람직한 것은, 제일 좋기는, 역시 ~하는 게 낫다 ② 가장 좋다, 제일 좋다

一会儿要下雪了, 你最好不要出去的好。

조금 있으면 비가 내릴 텐데, 역시 나가지 않는 게 좋겠다.

他是全班学习成绩最好的一个学生。

그는 전체 학급에서 성적이 가장 좋은 학생이다.

> **보카활용포인트**
> "最好"를 부사로 쓰면 "다른 것과 비교한 후, 가장 적합한 것을 고르는 경우"에 쓴다.
> 주로 상대방에게 어떤 일을 권해 줄때 쓰는 말이다. "还是"와 동의어이고, "最好(还是)~吧" 또는 "最好(还是)~(的好)"의 형태로 쓰는 경우가 많고, 주어 앞이나 뒤에 모두 쓸 수 있다.

(1) 부사 I

☐ 反正 fǎnzhèng	어쨌든, 아무튼	☐ 似乎 sìhū	마치 ~듯 하다
☐ 毕竟 bìjìng	마침내, 드디어	☐ 仿佛 fǎngfú	마치 (~인 듯하다)
☐ 便 biàn	곧, 즉시, 바로	☐ 分别 fēnbié	각각, 각자
☐ 不必 búbì	~할 필요가 없다	☐ 纷纷 fēnfēn	잇달아
☐ 何必 hébì	구태여 ~할 필요가 있는가?	☐ 干脆 gāncuì	차라리, 시원스럽게
☐ 不断 búduàn	끊임없이, 부단히	☐ 赶紧 gǎnjǐn	서둘러, 재빨리
☐ 不免 bùmiǎn	피할 수 없다	☐ 赶快 gǎnkuài	(재)빨리
☐ 曾经 céngjīng	일찍이	☐ 连忙 liánmáng	바삐, 급히
☐ 彻底 chèdǐ	철저하다, 완전히, 철저히	☐ 格外 géwài	각별히, 특별히
☐ 从此 cóngcǐ	이때부터	☐ 相当 xiāngdāng	비교적, 꽤
☐ 单独 dāndú	혼자(서), 단독(으로)	☐ 更加 gèngjiā	더욱, 더욱더, 보다 더
☐ 的确 díquè	확실히, 분명히	☐ 根本 gēnběn	근본적으로
☐ 都 dōu	모두, 다	☐ 难怪 nánguài	과연, 정말
☐ 多亏 duōkuī	덕분에, 다행히	☐ 怪不得 guàibude	과연, 그러기에
☐ 幸亏 xìngkuī	다행히	☐ 简直 jiǎnzhí	그야말로, 정말로

01
5급
反正
fǎnzhèng

(부) 어쨌든, 아무튼

你去或者我去，反正得去一个人。
네가 가든지 내가 가든지, 어쨌든 한 사람은 가야 된다.

02
5급
毕竟
bìjìng

(부) 마침내, 드디어, 필경, 결국, 어쨌든

他毕竟还是个孩子，无法承受这样的打击。
그는 어쨌든 아직 아이이니까, 이런 충격을 감당할 방법이 없다.

보카 활용포인트

부사 "**毕竟**"과 "**终究**(zhōngjiū)"는 둘 다 "결국은, 마침내, 어쨌든"의 뜻인 부사이고, 용법은 다음과 같다.

(1) "**毕竟**"은 "결국, 마침내, 어쨌든(~이다)"의 뜻으로 "**反正** (fǎnzhèng)어쨌든"에 가까운 어감이다. 특히 '어쨌든 다른 사람의 의견이 잘못됨, 또는 중요하지 않다' 는 뜻을 강조할 때 쓰기 때문에 형용사의 부정 형태가 많이 쓰이며, 앞 절의 "**无论, 不论, 不管**"과 함께 쓰는 경우도 많다. 주어 앞이나 뒤에 상관없이 모두 쓸 수 있다.

他毕竟是个小孩儿，不值得跟他生气。
그는 어쨌든 어린아이이니까 그에게 화낼 가치가 없다.
毕竟你所说的话不太清楚。
어쨌든 네가 말한 말은 분명하지 않다.
不管怎么做，这样做毕竟不对。
어떻게 하든 상관없이, 이렇게 하는 것은 어쨌든 잘못되었다.
你无论说什么，这件事毕竟不是重要的事儿。
네가 무슨 말을 하든, 이 일은 어쨌든 중요한 일이 아니다.

(2) "마침내, 결국은, 어쨌든"이란 뜻의 부사로 "**终究**"를 쓸 수 있다. "**终究**"도 "**毕竟**"과 마찬가지로 "**反正**"의 어감이 든다. 조동사 **会**(~할 것이다), **要**[= **得**] (~해야 된다) 등의 조동사 앞에서 어떤 일이나 행동이 일어날 것임을 예측, 기대하거나, 어쨌든 반드시 발생할 것이라고 단정지을 때 쓴다.

大家终究会原谅你。
모두는 어쨌든 너를 용서할 것이다.

03
5급

便
biàn

(부) 곧, 즉시, 바로

你放心，既然我帮助你，便一定能做到这件事。

안심해, 내가 너를 돕는 이상 반드시 이 일을 다 할 수 있을 거야.

보카 활용포인트

"**便**"은 부사 "**就**"와 동의어이고, 다음과 같이 관용적인 형식으로 쓸 수 있다.

(1) "~하자마자, 곧 …하다"는 뜻으로 "**便**[= **就**]"은 앞의 "**一** [= **刚, 刚一, 才**]"와 호응하여 "**一** [= **刚, 刚一, 才**] ~, **便**[= **就**] ….。"의 형태로 쓴다.

(2) "**便**(= **就**)"은 접속사 "**如果**", "**既然**", "**只要**" 등과 호응하여 "**如果** ~, **便**(= **就**)….。(만약~라면, 곧 …하다)", "**既然** ~, **便**(= **就**)….。(이왕 ~한 이상, 곧 ….하다)", "**只要** ~, **便**(= **就**)….。(~라면, 곧 …이다)"의 형태로 쓴다.

不必
búbì

(부정부사) ~할 필요가 없다, ~할 것까지는 없다

我的生活一切都很好，你不必担心。

내 생활은 모든게 다 좋으니, 걱정할 필요 없어요.

 何必
hébì

= 何苦

(부) 구태여 ~할 필요가 있는가?

你既然知道这是怎么一回事，何必还问呢？

너는 이게 어떻게 된 일인지 알고 있으면서 굳이 또 물어볼 필요가 있니?

既然他已经承认了自己的错误，你何必批评他呢？

그는 이미 자기의 잘못을 시인했는데, 네가 구태여 그에게 뭐라고 할 필요가 있겠어?

> **보카활용포인트**
> "반문구(反问句)"란 상대방 의견에 반대하는 것을 강조하기 위해 "거꾸로 물어보는 것"을 말한다.
> "何必"는 "구태여 ~할 필요가 있겠니?" 라는 뜻의 반문구로 상대방에게 "그렇게 할 필요가 없다는 것"을 강조하는 경우에 쓴다. 이 경우 "何苦(hékǔ)"와 동의어이다. 평서문에는 "不必(~할 필요가 없다)"로 바꾸어 쓸 수 있다.

 不断
búduàn

= 不停(地),
一个劲儿(地)
yīgèjìnr(de)

(부) 끊임없이, 부단히, 늘, 계속해서

他不断地努力学习，终于考上了研究生。

그는 계속해서 열심히 공부를 해서, 마침내 대학원에 합격했다.

> **보카활용포인트**
> "不断"은 서술어 앞의 부사로 쓰며 "不断" 바로 뒤에 "地"를 써도 되고, 안 써도 된다.

 不免
bùmiǎn

= 难免

(부) 피할 수 없다, 면할 수 없다, 아무리 해도 ~가 되다

妈妈见孩子的病没有好转，不免着急起来。

어머니가 아이의 병이 호전되지 않는 것을 보면 아무래도 조급해질 수밖에 없다.

> **보카활용포인트**
>
> "不免"과 "以免(yǐmiǎn)"은 둘 다 뒤 절에서 "바라지 않는 일" 또는 "나쁜 결과"와 함께 쓴다.
> (1) "不免"은 "앞의 원인 때문에 어떤 나쁜 결과를 피할 수 없다"는 뜻의 부사이다. 뒤 절의 부사자리에 쓰고, 주어가 있으면 반드시 주어 뒤에 쓴다.
> **小张的脾气不好，他不免经常和别人吵架。**
> 샤오장은 성격이 안 좋아서, 그는 자주 다른 사람과 싸우는 게 된다.
> (2) "以免"은 "바라지 않는 일을 하지 않도록 ~을 하다"는 뜻의 접속사이다. 반드시 뒤 절 맨 앞에 쓰고, 뒤에서부터 앞으로 해석한다.
> **你多给家里打电话，以免你父母担心。**
> 네 부모님께서 걱정하지 않으시노록 자주 전화를 드려라.

曾经
céngjīng

(부) 일찍이, 이전에 (~한 적 있다)

他曾经去过美国留学，所以对这个国家非常了解。

그는 이전에 미국유학을 간 적이 있기 때문에 이 나라에 대해 아주 잘 알고 있다.

> **보카활용포인트**
>
> "曾(经)"은 "이전에 이런 행동이나 상황이 있었던 적이 있다"는 뜻으로 "과거의 경험이 있음"을 나타내는 부사이다. 주로 동사 뒤에 "과거의 경험"을 나타내는 동태조사 "过"와 함께 쓴다.

彻底
chèdǐ

(형) 철저하다, 완전히, 철저히, 완벽하게

周末全家人把家里彻底地打扫了一遍。

주말에 온 가족이 집안을 완벽하게 청소를 한 번 했다.

> **보카활용포인트**
>
> "彻底"는 "완전히, 아주 철저히~하다"는 뜻이다. 형용사이지만 동사 앞의 부사어로도 쓸 수 있다.
> (工作 일 / 检查 검사 / 解决 해결 / 了解 이해, 아는 것)
> **很彻底。**
> **彻底**(解决 철저히 해결했다 / 分手 완전히 헤어졌다 / 改变 바꾸었다 / 改正 고쳤다)**了**

5급 신HSK VOCA

从此
cóngcǐ
10 5급

(부) ① 이 때부터 ② 이제부터, 지금부터, 그로부터

妈妈生了重病，从此我的负担更重了。

어머니께서 중병에 걸리셔서, 이 때부터 내 부담은 더욱 커졌다.

她和中国人结婚，住在北京生活，从此开始新的生活了。

그녀는 중국인과 결혼해서 북경에 살게 되었고, 이때부터 새로운 생활이 시작되었다.

单独
dāndú
11 5급

(형) 혼자(서), 단독(으로)

她接受了我单独进行的采访。

그녀는 내가 단독으로 진행하는 인터뷰에 응했다.

我想单独和你谈一谈关于工作的事情。

저 혼자 당신과 일에 관한 업무를 좀 이야기하고 싶습니다.

> **보카활용포인트**
> "单独"는 "다른 사람과 함께 하지 않고 자기 혼자서 ~하다"는 뜻의 형용사이다. "单独"는 부사어로 쓸 수 있으며, 정도부사와 함께 쓰지 않는다.

的确
díquè
12 5급

(부) 확실히, 분명히, 정말, 참으로, 실로

经过专家检验，这幅画的确是齐白石的画。

전문가들이 이 그림을 감정해 보니 정말 제백석의 그림이다.

都
dōu
13 5급

(부) ① 모두, 다 ② 이미, 벌써 ③ 심지어, ~조차도, ~까지도 ④ (그럼에도 불구하고) 아직

这么晚了，家里人都睡了，你不要吵了。

가족들이 다 잠이 들었으니 이렇게 늦은 시간에 시끄럽게 하지 마라.

> **보카활용포인트**
> 부사 "都"는 다음과 같은 뜻이 있다.
> (1) ① "都"는 "모두"라는 뜻으로 둘 이상의 사람이나 사물을 나타내는 주어인 경우 주어 바로 뒤에서 앞의 사람이나 물을 총괄하는 역할을 한다.

(大家 모두가 다 / 谁 누구든지 다 , 모두가 다 / 我们 우리 / 每个人 모든 사람 / 人人 모든 사람 / 很多人 많은 사람들 / 每天 매일 / 天天 날마다)都 ~

② "都"는 "대부분, 거의", "모두"라는 뜻의 부사 뒤에서 함께 쓸 수 있다. : (几乎 거의 다 / 差不多 거의 다)都 ~
(全部 / 一切 / 一律 / 一概 모두다, 전부다)都~

(2) "都"는 맨 뒤의 "了"와 함께 "都~了。"의 형태로 쓰여 "이미, 벌써 ~했다"는 뜻으로 쓴다. 이 경우 "已经~了。"와 동의어이다. 특히 말하는 사람이 "시간이 늦었다", "수량이 많다", "어떤 상황이 이미 일어났다"고 생각하는 경우에는 반드시 맨 뒤에 "了"를 함께 써야 한다.

都十一点了, 他恐怕不会来了。
이미 열한시가 되었는데, 그는 틀림없이 오지 않을 것 같다.

(3) "都"는 주로 앞이 "连(lián)"과 함께 "连 ~ 都[= 也]......。"의 형태로 써서 "~조차도 ...하다"라는 뜻으로 쓴다. 이 경우 "심지어"라는 어감을 주어 어떤 것을 한 층 더 강조해 주는 역할을 한다. "连"은 생략할 수 있다.

这个明星很有名, (连)孩子们都认识他。
이 배우는 아주 유명해서 아이들조차 다 안다.

(4) "都"는 "아직도"의 뜻으로도 쓸 수 있다.

他学习汉语两年了, 都学不会。
그는 중국어를 2년째 배우고 있는데도, 아직도 배우지 못했다.

14
5급

多亏
duōkuī

= 幸亏, 幸好, 好在

(부) 덕분에, 다행히, ~의 덕택을 입어

多亏你帮助我们, 我们才能顺利完成工作。

다행히 당신께서 우리를 도와주셔서, 우리는 순조롭게 일을 마쳤습니다.

15
5급

幸亏
xìngkuī

(부) 다행히, 운 좋게, 요행으로

幸亏你没看那部电影, 没意思极了。

너 그 영화 안 본 게 다행이야, 정말 재미없어.

"多亏"는 "다른 사람의 도움 또는 유리한 조건 때문에 불리한 상황이나 나쁜 결과를 모면해서 이로움을 얻게 되다"는 뜻이다. "多亏"는 부사이지만 대부분 "앞 절의 맨 앞"에 써서 "幸亏(xìngkuī)"와 동의어이다.

(1) "多亏"는 뒤 절의 "才"와 함께 "多亏~, 才...。"의 형태로 쓸 수 있다.

多亏他及时来救我, 我才能避免危险的情况。
다행이 그가 제때에 나를 구해주어서, 나는 그제야 위험한 상황을 모면할 수 있었다.

(2) "多亏"는 뒤 절 맨 앞의 "否则(fǒuzé)[= 要不然(yàoburán)] 만약 그렇지 않으면"와 함께 "多亏~, 否则....。"의 형태로 쓸 수 있다.

多亏你跟我联系, 否则我就回家了。
다행히 네가 나한테 연락을 해주었으니 망정이지, 안 그랬으면 나는 집에 갔을 거야.

16
5급

似乎
sìhū
= 好像, 仿佛

(부) 마치 ~듯 하다, ~과 같다

经过那件事情以后, 他似乎比以前更成熟了。

이 일이 있고 나서, 그는 이전보다 더 성숙해 진 것 같다.

17
5급

仿佛
fǎngfú

(부/동) 마치 (~인 듯하다), ~을 방불케 하다

爸爸仿佛有什么心事, 坐在沙发上, 一动也不动。

아버지께서는 마치 무슨 고민이라도 있으신 것처럼, 소파에 앉으셔서 꼼짝도 않으신다.

这场比赛很激烈, 仿佛一场战争。

이번 시합은 매우 치열해서 전쟁을 방불케 한다.

18
5급

分别
fēnbié

(부) 각각, 각자, 따로따로
(동) 헤어지다, 이별(하다)
(명/동) 구별(하다), 식별(하다)

我们三个人分别骑自行车和坐出租车进城。

우리 세 사람은 각자 자전거와 택시를 타고 시내에 갔다.

我要从首尔到北京留学, 只好和全家人分别一段时间。

나는 서울에서 북경으로 유학을 가야하기 때문에, 어쩔 수 없이 가족들과 한동안 떨어져야 한다.

我们这次一定要分别清楚是非。

우리는 이번에 반드시 시비를 분명히 가려야 한다.

"分別"는 부사로 "각자, 각각"의 뜻으로 쓰이는 경우 대명사 "各自(gèzì)와 바꾸어 쓸 수 있다.

在饭馆，我们几个人分别点了自己爱吃的菜。

음식점에서 우리 몇 사람은 각자 자기가 좋아하는 음식을 주문했다.

从动物园分手以后，我们各自回了自己的家。

동물원에서 헤어진 후에, 우리는 각자 자기 집으로 돌아왔다.

纷纷
fēnfēn

(형) ① 분분하다, 어수선하게 많다
(부) ② 잇달아, 쉴 새 없이 계속해서, 분분이

大家在会议上纷纷发言，说出自己对这个问题的观点和看法。

모두가 회의에서 계속해서 발언을 하고, 자신의 이 문제에 대한 관점과 견해를 말했다.

"纷纷"은 "많은 사람들이 계속해서 자기의 의견을 제시하다" 또는 "많은 사물이 계속해서 위에서 아래로 떨어져 어지럽게 흩어지다"는 뜻의 형용사이지만 동사 앞에서 부사어로도 쓸 수 있다.

议论纷纷 의론이 분분하다 / 落叶纷纷 떨어진 낙엽들이 즐비하다, 낙엽이 우수수 떨어지다 /

雪花纷纷在空中飘着。

눈송이가 계속해서 공중에서 흩날리고 있다.

大家纷纷提出(意见 의견을 제시하다 / 建议 제안을 하다, 건의를 하다 / 问题 문제를 제시하다, 내다)

干脆
gāncuì
= 索性 suǒxìng

(형) ① 명쾌하다, 간단명료하다, 시원스럽다
(부) ② 깨끗하게, 차라리, 시원스럽게

他这个人说话办事很干脆，从不含糊。

그는 말하고 일 처리하는 것이 아주 시원스러운 사람이라서 여태껏 우물쭈물한 적이 없다.

5급 신HSK VOCA

在家里做饭太麻烦了，我们干脆到外面吃好了。

집에서 밥하면 너무 번거로우니까 우리 아예 외식하러 나가는 게 좋겠어.

> **보카활용포인트**
>
> "干脆"는 "말이나 행동이 단도직입적이고 시원스럽다, 단순 명쾌하다"는 뜻의 형용사이지만, 서술어 앞에서 부사어로도 쓸 수 있다.

21
5급
赶紧
gǎnjǐn
= 赶快

(부) 서둘러, 급히, 재빨리

听见了敲门声，我赶紧去开房门。

노크 소리를 듣고서, 나는 재빨리 방문을 열었다.

你赶紧过来，大家都在等你一个人。

빨리 와, 모두가 너 한 사람을 기다리고 있잖니.

22
5급
赶快
gǎnkuài

(부) (재)빨리, 얼른, 어서

你赶快把桌子上的东西收拾一下，太乱了。

네가 어서 상 위의 물건을 좀 치워라. 너무 어질러져 있어.

23
5급
连忙
liánmáng

(부) 바삐, 급히, 당황하여 허둥지둥

客人进门以后，我连忙从座位上起来和他打招呼。

손님들이 들어오시자, 나는 허둥지둥 자리에서 일어나 그와 인사를 했다.

> **보카활용포인트**
>
> "赶紧", "赶快", "连忙"은 모두 "재빨리, 급히, 서둘러"라는 뜻의 부사이다. "赶紧"과 "赶快"는 동의어인데, 단지 "赶快"가 "赶紧"보다는 더 빠른 어감이 든다. 또한 "赶紧[= 赶快]"는 "快"의 어감을 강조하는데 비하여 "连忙"은 "忙"의 어감을 강조한다. 용법은 다음과 같다.

(1) ① "赶紧[= 赶快]"은 "상대방에게 어떤 일이나 행동을 빨리하도록 재촉하다"라는 뜻으로 주로 명령문에 쓰는 경우가 많다.
天黑了，我们赶紧回家吧。
날이 어두워졌는데, 우리 빨리 집에 가자.
你已经年纪大了，赶紧结婚吧。
너는 이미 나이가 많이 들었으니 빨리 결혼해라.
② "赶紧[= 赶快]"은 "속도를 빨리 내어 어떤 일이나 행동을 하다"라는 뜻으로 서술문에도 쓸 수 있다. 이 경우 주로 이미 일어난 것에 쓰는 경우가 많다.
看见一位老人上车，我赶紧给那个老人让我的座位。
노인 한 분이 차에 타시는 것을 보고, 나는 재빨리 그 노인에게 내 자리를 양보해 드렸다.
(2) "连忙"은 "황급히, (재)빨리"라는 뜻으로 보통 서술문에 쓴다.
看见一位老人上车，我连忙给那个老人让我的座位。
노인 한 분이 차에 타시는 것을 보고, 나는 황급히 그 노인에게 내 자리를 양보해 드렸다.
老师一走进教室来，同学们都连忙坐回自己的座位了。
선생님께서 교실에 들어 오시자마자, 반 학생들은 모두 황급히 자기 자리에 앉았다.

---

24 5급

géwài

(정도부사) 유달리, 매우, 각별히, 특별히

今天天气格外好，空气特别新鲜。
오늘 날씨가 유난히 좋고, 공기도 아주 신선하다.

---

25 5급

xiāngdāng

(부/동/형) ① 비교적, 꽤 / ② 엇비슷하다, 대등하다, 같다, 상당하다 / ③ 적합하다, 적당하다, 알맞다

消费者对这个新产品的反应相当好。
소비자들의 이 신상품에 대한 반응은 꽤 좋다.

他的文化水平相当于高中一年级。
그의 교육수준은 고등학교 일학년 정도와 맞먹는다.

毕业后，我还没找到相当的工作。
졸업하고 나서, 나는 아직 적당한 일을 찾지 못했다.

보카 활용포인트
(1) "相当"은 정도부사로 쓰는 경우 "很(매우)"보다는 약한 어감으로 "比较(비교적)"에 가깝다. 서술어 앞에 쓰는 경우 "地"를 함께 쓰지 않는다.

(2) "相当"은 동사로 쓰는 경우 "비슷하다, 대등하다"는 뜻으로 "수량, 가치, 조건, 상황 등이 서로 엇비슷하다"는 의미로 쓰인다. 목적어가 있는 경우 "相当" 뒤에 "于"를 함께 써서 "相当于"의 형식으로 쓴다.
(水平 수준이 비슷하다 / 年纪 나이 / 力量 힘, 역량)相当。
看起来, 他的年纪相当于我爷爷的年纪了。
그는 나이가 우리 할아버지와 비슷한 것 같아 보인다.
(3) "相当"은 형용사로 쓰는 경우 "적합하다, 알맞다"는 뜻으로 쓴다. 명사 앞에서 관형어로 쓰는 경우 반드시 뒤에 "的"를 함께 쓴다.
我正在找一个条件相当的对象。
나는 지금 조건이 맞는 배우자를 찾고있다.

26
5급

更加
gèngjiā

(부) 더욱, 더욱더, 보다 더

下雨后, 路更加难走了。
비가 내리고 나서, 길은 더욱 걷기 힘들어졌다.

> **보카활용포인트**
> "更(加)"은 정도부사로 비교의 의미가 있을 때 뒤 절의 부사자리에 쓴다.

27
5급

根本
gēnběn

(부/명) ① 근본적으로, 처음부터, 전혀, 아예 (~하지 않다) / ② 근본, 기초

他刚来到北京, 根本不了解这里的风俗习惯。
그는 막 북경에 와서 이곳의 풍속과 습관을 전혀 모른다.

教书的根本就是培养人才。
가르침의 근본은 바로 인재를 육성하는 것이다.

> **보카활용포인트**
> "根本"은 주로 부정부사 "不" 또는"没"와 함께 쓰여 부정적인 뜻을 나타낸다.

28
5급

难怪
nánguài

(부) 과연, 정말, 어쩐지 [= 怪不得 guàibude]
(동) 이상할 것 없다, 당연한 일이다

难怪屋里这么热，原来没有开窗子。
어쩐지 방안이 이렇게 덥더라니, 알고 보니 창문을 열어놓지 않았구나.

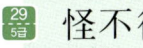
怪不得
guàibude

(부) 과연, 그러기에, 어쩐지

他生病了，怪不得看起来他没什么力气。
그가 병이 났어, 어쩐지 힘이 없어 보이더라.

> **보카활용포인트**
>
> "怪不得[= 难怪]"는 결과를 나타내는 문장 맨 앞에 쓰고, 원인을 나티내는 문장 앞에는 "原来 (yuánlái) 알고 보니"를 함께 써서 "(원인이)~하기 때문에 이러한 결과가 나오는 것은 이상할 것이 없고 당연하다"는 뜻을 나타낸다. 이 경우 "原来"는 생략할 수 있다.

简直
jiǎnzhí

(부) 그야말로, 정말로

听完我讲的故事，他感动得简直要哭出来了。
내가 해준 이야기를 다 듣고, 그는 눈물이 날 정도로 감동했다.

他这个人简直太好了。
그는 정말 너무 좋은 사람이다.

我简直累死了。　나는 정말 너무 피곤하다.

> **보카활용포인트**
>
> "简直"는 "그야말로, 정말"의 뜻으로 정도의 의미가 있는 부사인데, 아주 주관적이고 과장된 말투이고 "简直太~了。"처럼 뒤에 정도부사와 함께 쓸 수 있다.
> 他们俩长得很像，简直分不清谁是谁。
> 그들 둘은 너무 닮아서, 그야말로 누가 누구인지 구분할 수 없다.

(2) 부사 Ⅱ

☐ 接着 jiēzhe	잇따라, 연이어	☐ 丝毫 sīháo	추호도 (하지 ~ 않다)
☐ 尽量 jǐnliàng	힘닿는 데까지, 최대한	☐ 随时 suíshí	수시(로), 아무 때나
☐ 究竟 jiūjìng	도대체, 대관절	☐ 特意 tèyì	특별히, 일부러
☐ 居然 jūrán	뜻밖에, 의외로	☐ 未必 wèibì	반드시 ~한 것 은 아니다
☐ 绝对 juéduì	절대로	☐ 瞎 xiā	되는대로, 함부로
☐ 立即 lìjí	즉시, 곧바로	☐ 显然 xiǎnrán	명백히, 분명히
☐ 临时 línshí	임시로, 잠시	☐ 一旦 yīdàn	일단 ~한다면
☐ 陆续 lùxù	잇달아, 계속해서	☐ 再三 zàisān	재삼, 여러 번
☐ 悄悄 qiāoqiāo	(남)몰래, 살짝	☐ 至今 zhìjīn	지금까지(도)
☐ 亲自 qīnzì	몸소, 친히	☐ 逐步 zhúbù	차츰차츰, 점차
☐ 忍不住 rěnbuzhù	참을(견딜) 수 없다	☐ 总共 zǒnggòng	전부(합쳐서), 도합
☐ 仍然 réngrán	변함없이, 계속해서	☐ 总算 zǒngsuàn	결국은, 마침내
☐ 始终 shǐzhōng	처음부터 한결같이, 계속해서	☐ 凡是 fánshì	대강, 대체로
☐ 是否 shìfǒu	~인지 아닌지		

---

01 5급 接着
jiēzhe

(부) 잇따라, 연이어, 계속해서

他说完了你接着说下去吧。
그가 말을 다 하고나면 네가 이어서 말해라.

---

02 5급 尽量
jǐnliàng

(부) 되도록, 가능한 한, 될 수 있는 대로, 힘닿는 데까지, 최대한

在公共场所，大家要尽量保持安静，以免打扰到别人。
다른 사람한테 폐를 끼치지 않도록 공공장소에서는 모두 되도록이면 조용해야 한다.

03 5급 **究竟**
jiūjìng

(부/명) ① 도대체, 대관절 / ② 결말, 결과

这究竟是什么意思?
이게 도대체 무슨 뜻이니?

这究竟是什么游戏, 孩子都喜欢。
이건 도대체 무슨 게임인지 아이들이 다 좋아한다.

大家都想知道这个连续剧的究竟。
모두가 다 이 드라마의 결말을 알고 싶어 한다.

보카 활용 포인트

"究竟"은 부사로 쓰는 경우 "到底(dàodǐ)"와 동의어로 의문문
에 쓰이며, 상대방을 재촉하거나 다그치는 어감이 든다.

---

04 5급 **居然**
jūrán

= 竟然 jìngrán, 竟

(부) 뜻밖에, 의외로, 생각 외로

真想不到这么重要的会议, 你居然迟到。
이렇게 중요한 회의에 네가 뜻밖에 늦을 줄을 정말 생각지
도 못했다.

谁都没想到你居然会回答。
네가 뜻밖에 대답할 줄은 아무도 생각하지 못했다.

보카 활용 포인트

"居然"은 "뜻밖에, 의외로"의 뜻으로 부사 "竟然(jìngrán)",
"竟(jìng)"과 동의어이다. 앞의 "没想到", "想不到" 등 "생각
지도 못 하다"라는 뜻의 동사와 함께 쓰는 경우가 많다.

---

05 5급 **绝对**
juéduì

(부/형) ① 절대로 ② 반드시, 꼭, 완전히 (= 一定)
(형) 절대(의), 절대적(인)

他绝对不会答应你的要求。
그는 절대로 네 요구를 들어주지 않을 것이다.

小王说的绝对没错, 他从来没说错。
샤오왕이 한 말은 틀림없이 맞을 거야. 그는 여태껏 한 번도
틀리게 말한 적이 없었거든.

他们以绝对优势取得了胜利。
그는 절대적인 우세로써 승리를 했다.

보카활용포인트

(1) "绝对"는 뒤에 부정부사 "不" 또는 "没"와 함께 부정 형태로 써서 "절대로(~하지 않다)"는 뜻으로 쓴다. 또한 "绝对不(没)"는 뒤의 "能, 可, 要, 会, 肯" 등의 조동사와 함께 이어서 쓰는 경우가 많다. "绝对"는 형용사이지만 주로 동사 앞에서 부사어로 쓴다.
绝对不(能 절대로 ~할 수 없다, ~해서는 안 된다 / 可 ~할 수 없다, ~해서는 안된다 / 要 ~해서는 안 된다, ~하지 말아야 된다 / 会 ~하지 않을 것이다 / 肯 ~하고 싶지 않다) + 서술어
他绝对不会生气。그는 절대로 화를 내지 않을 것이다.
(2) "绝对"를 동사 앞에서 긍정형태의 부사어로 쓰는 경우 "반드시, 꼭"이라는 뜻으로 쓴다.
绝对(答应 반드시, 틀림없이 (요구)를 들어주다, 허락하다 / 相信 믿다 / 支持 지지하다 / 安全 안전하다)
(3) "绝对"는 "절대적이다, 절대의"라는 뜻의 형용사로 쓸 수 있다. 이 경우 "아무런 조건이나 제한 없이 절대적이다"는 뜻이다. : 绝对值 절대치 / 绝对(的)优势 절대(적인)우세
老师说得太绝对了。선생님의 말씀은 매우 절대적이다.

立即
lìjí
= 立刻 lìkè

(부) 즉시, 곧바로, 당장

他接了一个电话以后, 立即就出门了。
그가 전화 한 통을 받고 나서 곧바로 외출을 했다.

보카활용포인트

(1) "立即"는 "곧, 바로"라는 뜻의 부사로 "어떤 일이나 동작이 곧 바로 일어남"을 나타낸다. "立刻(lìkè)"와 동의어이고, "就"와 함께 쓸 수 있다.
(2) "立即"는 앞절의 "一[= 刚, 刚一, 才]"와 함께 호응하여 "~하자마자, 곧바로 ~하다"는 뜻으로 쓸 수 있다.
他一听这个消息, 立即发火了。
그는 이 소식을 듣자마자, 바로 화를 냈다.

临时
línshí

(부) 임시로, 잠시 **(형)** 그때가 되다, 때에 이르다
周末我临时有事情, 不能和你一起去看电影了。
주말에 나는 잠시 일이 생겨서, 너랑 같이 영화 보러 갈 수 없게 되었다.

公司临时派我去北京出差。
회사에서는 잠깐 나를 북경으로 출장을 보냈다.

我国在上海建立了一个临时政府。
우리나라는 상해에 임시정부를 세웠다.

陆续 lùxù

= 先后

(부) 잇달아, 계속해서

每天早上七点钟同学们陆续来到教室, 准备上课。
매일 아침 7시에 학우들은 잇따라 교실로 들어와서, 수업 준비를 한다.

悄悄 qiāoqiāo

= 偷偷 tōutōu, 暗暗 ànàn

(부) (남)몰래, 살짝, 슬그머니
(형) 조용하다, 고요하다, 소리가 낮다

他悄悄地对我说："这个礼物是送给你的"。
그는 살짝 나한테 "이 선물 너한테 주는 거야."라고 말했다.

屋子里静悄悄的, 没有一点儿声音。
방안이 너무 조용해서 아무 소리도 나지 않는다.

5급 신HSK VOCA

| 10 5급 | 亲自
qīnzì | (부) 몸소, 친히, 직접 |

李教授亲自来祝贺了我们的婚礼。
이 교수님께서 직접 우리 결혼을 축하해 주시러 오셨다.

 보카 활용 포인트

"亲自", "亲手", "亲耳", "亲眼", "亲身"은 모두 "직접"이란 뜻
의 부사이고 용법은 다음과 같다.
(1) "亲自"는 주로 "신분이나 지위가 높은 사람" 또는 "나이가 많
은 사람"이 직접 어떤 일을 하거나 어떤 곳을 가다"는 것을 강
조하는 경우에 쓴다.
(2) "亲手"는 "손수, 직접 어떤 일을 하다"는 뜻이다.
亲手(做菜 직접 음식을 만들다 / 种树 나무를 심다)
(3) "亲耳"는 "자기 귀로 직접 어떤 것을 듣다"는 뜻이다.
我亲耳听见敲门声。 나는 직접 노크소리를 들었다.
(4) "亲眼"은 "자기 눈으로 직접 어떤 것을 보다"는 뜻이다.
我亲眼看见这场交通事故的场面。
나는 눈으로 직접 이 교통사고 장면을 보았다.
(5) "亲身"는 "다른 사람이 아닌 자신이 직접 어떤 일을 하거나
겪은 것"을 강조하는 경우에 쓴다.
大家亲身谈了自己的经历。
모두가 직접 자신의 경험을 말했다.

| 11 5급 | 忍不住
rěnbuzhù | (부) 참을 수 없다, 억누르지 못하다, 도저히 ~하
지 않고는 못 배기다 |

当他看见母亲的时候, 忍不住哭了起来。
그가 어머니를 보았을 때, 눈물이 나는 것을 참을 수 없었다.

| 12 5급 | 依然
yīrán
= 仍(然), 还(是) | (부) 여전히, 예전대로, 계속해서, 변함없이 |

几年不见了, 她看起来依然是那么年轻。
몇 년 만에 보는 건데도 그녀는 여전히 아주 젊어 보이는 것
같다.

| 13 5급 | 仍然
réngrán | (부) 변함없이, 여전히, 계속해서 |

我仍然记得当初我们在一起的那些日子。
나는 여전히 그 때 당시 우리가 함께 했던 그 날들을 기억하
고 있다.

보카 활용포인트

"依然"은 "仍然", "仍 (réng)", "还 (hái)", "还是 (háishì)", "依旧 (yījiù)", "依然 (yīrán)", "照样(zhàoyàng)" 등과 동의어이다.

14
5급
始终
shǐzhōng

(부/명) ① 처음부터 한결같이, (시종일관) 계속해서 / ② 처음과 끝, 시종

我始终相信他说的是真的。
나는 계속해서 그가 한 말이 사실이라고 믿고 있다.

你做事情要有始终，千万不能半途而废。
너는 일을 한다면 처음과 끝이 있어야 하고, 절대로 도중에 그만 두어서는 안 된다.

*半途而废 bàntúo'érfèi (일을 끝까지 하지 않고) 중간에 그만두다

보카 활용포인트

"始终"과 "一直"는 둘 다 "계속해서"라는 뜻의 부사이고 용법은 다음과 같다.
(1) "始终"은 "처음부터 끝까지 계속해서" 라는 뜻으로 "과거에 서부터 지금까지 ~해왔음"을 나타낸다. "始终"은 아직 일어나지 않은 미래에는 쓸 수 없고, 이 경우 "一直"를 쓴다.
　这样一直坚持下去, 肯定会失败的。
　이렇게 계속 해나간다면, 틀림없이 실패할 것이다.
(2) ① "시간적으로 끊임없이 계속해서 ~하다" 또는 "시간적으로 어떤 상황이 변함없이 계속되다"는 뜻을 나타내는 경우 "一直"를 쓴다. 시간과 관련 있는 낱말이 있는 경우 "始终"을 쓸 수 없다.
　雨一直下了一个星期。 비는 계속해서 일주일간 내렸다.
② 시간과 관련 있는 부사어가 있는 경우 "一直"는 그 뒤의 부사자리에 쓴다.
　我[从早上八点]一直学习到晚上五点。
　나는 아침 여덟시부터 계속해서 저녁 다섯 시까지 공부한다.
(3) 부정부사 "不" 또는 "没"가 있는 경우 부정부사는 "始终", "一直" 뒤에 쓴다.
　我一直没离开家乡。 나는 계속해서 고향을 떠나지 않았다.

15
5급
是否
shìfǒu

(부) ~인지 아닌지

请告诉我你是否知道这道题的正确答案。
네가 이 문제의 정확한 답을 아는지 모르는지 나에게 알려줘.

丝毫
sīháo

(부/형) ~인지 아닌지

我丝毫没有怀疑过自己的能力。

나는 전혀 내 능력을 의심해 본 적이 없다.

> **보카활용포인트**
> (1) "丝毫"는 주로 부정부사 "不" 또는 "没"와 함께 쓰여 "추호
> 도 ~하지 않다, 전혀 ~하지 않다"는 뜻의 부사로 쓴다. 이 경
> 우 "毫不(háobù)", "根本不/没(gēnběnbù/méi)", "完
> 全不(wánquánbù/méi)" 등과 동의어이다.
> (2) "丝毫"는 명사 앞에서 관형어로 쓸 수 있다. 이 경우 반드시
> 추상명사와 함께 쓴다.
> **我没有丝毫(准备** 전혀 준비가 되어 있지 않다 / **影响** 전
> 혀 영향을 받지 않다).

 随时
suíshí

(부) 수시(로), 언제나, 때를 가리지 않고, 아무 때나

如果你有了他的消息，请你随时联系我。

네가 그의 소식을 듣게 되면, 아무 때고 나한테 연락을 좀
해주라.

 特意
tèyì
= 特地 tèdì, 特别

(부) 특별히, 일부러

今天是母亲节，他特意去花店订了一束花。

오늘은 어머니날이라서, 그는 특별히 꽃가게에 가서 꽃다발
을 주문했다.

这是我特意准备送给你的礼物。

나는 일부러 네게 줄 선물을 준비했다.

> **보카활용포인트**
> "特意"는 "오직 하나만 생각하고, 어떤 일이나 행동을 하다"는
> 뜻의 부사이다.
> 이 경우 "特地(tèdì)", "特别(tèbié)"와 동의어이다.

 未必
wèibì
= 不一定, 不见得

(부) 반드시~한 것은 아니다, 꼭 그렇다고 할수 없다

**我们认识了很多年了，可是彼此未必就
了解得很多。**

우리는 알고 지낸 지 여러 해 되었지만, 서로 꼭 많이 안다
고는 할 수 없다.

보카활용포인트

(1) "**未必**"는 부정 부사로 "그러나 꼭 ~인 것은 아니다, 아닐 수 도 있다"는 뜻이다. 이 경우 "**不一定**(bùyídìng)", "**不见得** (bújiàndé)[동사]"와 동의어이다.

(2) "**不见得**"는 "**未必**"와 같은 뜻의 동사이다.
大家都说小李做不了这件事，我看不见得。
모두가 샤오리가 이 일을 할 수 없을 거라고 말하지만, 내가 보기에 꼭 그런 것은 아니다.
他每天读外国报纸，可不见得能看懂。
그는 매일 외국신문을 읽지만 꼭 이해할 수 있는 것은 아니다.

---

20 5급

瞎
xiā

(부/동) ① 되는대로, 함부로, 제멋대로 / ② 눈이 멀나, 실명하다

感冒以后，不能瞎吃药，一定要去医院检查。
감기에 걸리면 함부로 약을 먹지 말고, 반드시 병원에 가서 검사를 받아야 한다.

小时候，他不小心把左眼弄瞎了。
어릴 때 그는 부주의해서 왼쪽 눈이 멀었다.

보카활용포인트

"**瞎**"는 부사로 쓰이는 경우 "함부로, 마음대로, 제멋대로 ~하다" 는 뜻이고, "**乱**(luàn)", "**胡**(hú)", "**随便**(suíbiàn)" 등과 동의 어이다.

---

21 5급

显然
xiǎnrán

(부) 명백히, 분명히, 분명하게

他期中考试考得不怎么样，他的学习方法显然不是好办法。
그가 중간고사 시험을 잘 못 쳤는데, 그의 공부 방법은 분명 히 좋은 방법은 아니다.

보카활용포인트

"**显然**"은 "분명히 밖으로 드러나서 쉽게 사람들의 눈에 잘 보이 거나 느낄 수 있는 것"을 말한다. 이 경우 "**明显**"과 같은 뜻이지 만, "**明显**"이 형용사인데 비해 "**显然**"은 부사로 서술어 앞에 쓴 다. "**显然**"은 흔히 "**是**"와 함께 쓰는 경우가 많다.

5급 신HSK VOCA

22 5급 一旦
yídàn
= 如果

(부) 일단 ～한다면, 만약～한다면

一旦有了好消息, 你就一定要通知我啊。

일단 좋은 소식이 있으면 너는 반드시 나한테 알려줘야 된다.

> **보카활용포인트**
> "一旦"은 접속사 "如果(만약～한다면)"처럼 가정을 하는 경우에 쓰고, 이 경우 뒤 절의 "就", "将"과 호응하여 "一旦 ～, 就/将 ……。"의 형태로 쓴다.

23 5급 再三
zàisān

(부) 재삼, 여러 번, 누차

我再三请求他来参加学校的活动。

나는 누차 그에게 학교활동에 참가하라고 부탁했다.

> **보카활용포인트**
> "再三"은 "어떤 상황이 여러 번 계속 반복해서 나타남"을 뜻하는 부사이다. 이 경우 "多次", "一再"와 동의어이고, 뒤에 "地"를 쓰지 않는다.

24 5급 至今
zhìjīn

(부) 지금까지(도), 오늘까지(도)

老王一家五口至今还住在一个十几平米的小房子里。

라오왕 일가족 다섯 식구는 지금까지도 십여 평방미터 되는 작은 방에서 살고 있다.

25 5급 逐步
zhúbù

(부) 한걸음 한걸음, 차츰차츰, 점차

在老师的帮助下, 他的成绩逐步提高了。

선생님의 도움 하에 그의 성적은 점차 향상되었다.

26 5급 总共
zǒnggòng

(부) 전부(합쳐서), 도합

参加会议的人数总共有100人。

회의에 참가한 사람은 모두 합쳐서 100명이다.

> **보카활용포인트**
> "总共"은 여러 개의 숫자를 전부 합쳐서 계산할 때 쓰는 말로 "一共"과 동의어이다.

"总共"은 대부분 화화체에 많이 쓰이고, 용법은 다음과 같다.
(1) 부사 总共은 "모두, 전부 합해서 (수량이 ~이다)"의 뜻이고, 뒤에 수량이 온다. [주어 + **总共(부)** + 동사 + 수량 ~]
　　我们班总共有二十个人。 우리반은 전부 20명이 있다.
(2) "总共"은 수량 바로 앞에 쓸 수 있다. [주어 + **总共(부)** + 수량]
　　两斤苹果总共5块钱。 사과 두 근에 전부 5원이다.

27
5급 **总算**
zǒngsuàn

=终于

(부) 결국은, 마침내

你总算来了，我已经等你三小时了。
네가 결국 왔구나. 나는 이미 너를 세 시간째 기다리고 있어.

"总算"은 (비교적 오랜 시간이나 노력을 들여) 결국은, 마침내(~했다)'의 뜻이다.
대부분 바라던 일이 이루어짐을 나타내고, "终于(zhōngyú)", "到底(dàodǐ) + 동사 + 了"와 동의어이다. 평서문에서 "到底"가 "总算"의 뜻인 경우에는 반드시 동사 뒤에 "了"를 함께 써야 한다.
他拼命地学习，总算考上大学了。
그는 필사적으로 공부해서, 마침내 대학에 합격했다.

28
5급 **凡是**
fánshì

=凡

(부) 대강, 대체로, 무릇

我从来不挑食，凡是能吃的东西，我都喜欢吃。
나는 여태껏 편식을 해본 적이 없다. 먹을 수 있는 음식이기만 하면 다 잘 먹는다.

"凡(是)"은 뒤 절의 "都", "一律(都)", "没有不", "就" 등과 호응해서 "(대체로)~한다면, 모두…이다"라는 뜻으로 쓰인다. 동의어로는 "只要是"가 있다. "凡(是)"는 보통 앞 절의 맨 앞에 쓴다.

5급 신HSK VOCA

☐ 把 bǎ	~을(를)		☐ 为 wèi	…을 위해서
☐ 比 bǐ	~보다		☐ 为了 wèile	~을 위해서
☐ 从 cóng	~로부터		☐ 和 hé	~와, ~과
☐ 对 duì	~에 대해서		☐ 离 lí	~에서, ~까지
☐ 关于 guānyú	~에 관해서		☐ 向 xiàng	~을 향하여, ~한테
☐ 给 gěi	(~에게…을) 주다			

"~는, ~은, ~이, ~가, ~에게, ~을 향해서" 등처럼 한국어의 조사와 같은 역할을 하는 것을 중국어에서는 전치사라고 하며, 중국어로 개사(介词)라고 한다. 전치사 뒤에는 주로 명사나 대명사가 와서 전치사 구를 이룬다. 전치사 구는 보통 주어와 서술어 사이의 부사어 자리에 오며, 강조하기 위해서 주어 앞에 쓰기도 한다.

➡ 주어 + [전치사 + 명사/대명사] + 서술어 …。

　　: 跟, 向, 从, 对, 给, 把, 被, 按照, 趁着, 沿着…

01
3급

把
bǎ

(전) ~을(를)

我不想把这件事告诉他。
나는 이 일을 그에게 알리고 싶지 않다.

我总把他的电话号码忘了。
나는 늘 그의 전화번호를 잊어버린다.

보카 활용포인트

(1) "把"는 "~를, ~을"의 뜻으로, "주어가 목적어를 능동적으로 처리 또는 처치해서 그 결과 ~되다"는 뜻이다. 주어는 동작을 하는 주체이고 把뒤의 목적어는 동작을 받는 자이다.

(2) 서술어 뒤에는 반드시 '了, 着, 보어, 목적어' 등 기타 다른 성분을 함께 써야 된다.

比
bǐ

(전) ~보다

我的个子比你的个子高一点。
내 키는 네 키보다 좀 더 크다.

보카활용포인트

(1) "比"는 "~보다"란 뜻으로 같은 대상을 서로 비교할 때 쓴다.

(2) "比"자 비교구문에서 보통 형용사 술어가 쓰이며, 형용사 술어 앞의 부사자리에는 "还(훨씬)", "更(더욱, 더)"는 쓸 수 있지만, "很", "比较" 등 기타 부사는 쓸 수 없다.
这里的冬天比那儿(还 / 更)冷。
이곳의 겨울은 그곳보다 훨씬 춥다.

(3) "比"자 비교구문에서 형용사 술어 앞에 "要", "都"를 쓸 수 있는데, 특별한 의미는 없다.
这次考试比上次还要难。
이번 시험이 지난번 시험보다 훨씬 어렵다.
这次考试比前两次都难。
이번 시험이 지난 두 번의 시험보다 어렵다."

(4) "比"자 비교구문에서 형용사 술어 뒤에 "좀, 약간~하다" 또는 "훨씬~하다"는 뜻의 보어인 "得到", "多了"를 쓸 수 있지만, "多"는 쓸 수 없다.
我的汉语水平比她高(一点 / 一些)。
내 중국어 실력은 그녀보다 좀 높다.
我的汉语水平比她高(得多 / 多了)。
내 중국어 수준은 그녀보다 훨씬 높다.

03
3급

从
cóng
= 自, 由, 打

(전) ~로부터, ~에서

我从前天开始有点儿头疼。
나는 이틀 전부터 머리가 좀 아프기 시작했다. (시간의 시작점)

他从上海来了。
그는 상해에서 왔다. (장소의 출발점)

보카활용포인트

"从"은 "~로부터, ~에서"의 뜻으로, 주로 시간과 장소 등의 "시작점", "출발점"을 나타내고, 이 경우 "自(zì), 由(yóu), 打(dǎ)"와 바꾸어 쓸 수 있다. 관용적인 표현은 다음과 같다.

(1) 주로 "(어떤 시간, 장소, 범위)로부터 ~까지"의 뜻으로 '从~到~'를 쓴다.
小王从早上 9 点到晚上 5 点一直学习。
小王은 아침부터 저녁까지 계속 공부한다.

14 전치사 • **561**

他从头到尾都很认真。 그는 처음부터 끝까지 열심이다.
(2) "~부터 시작해서"의 뜻으로 "从~起(= 开始)"를 쓴다.
从今天起, 我就要在中国学习, 生活了。
오늘부터 나는 중국에서 공부하고 생활할 것이다.
自这儿起就是北京市区了。
여기부터는 모두 북경 시내이다.
(3) "~로부터(~에서) 출발하다"는 뜻으로 "从~出发"를 쓴다.
无论做什么事, 都得从实际情况出发。
무슨 일이든 상관없이, 모두 현실상황에서부터 출발해야 한다.
(4) "~로부터(~에서) 오다"는 뜻으로 从~来"를 쓴다.
她从北京来的。 그녀는 북경에서(으로부터) 왔다.
(5) "~이래로, ~ 이후로"라는 뜻으로 "从~以来(以后)"를 쓴다.
从开学以来(以后), 我还没有请过假。
개학 이래로(이후로), 나는 조퇴를 한 적이 없다.

对
dui

(전) ~에 대해서

他对我很热情。 그는 나한테 아주 친절하다.

关于
guānyú

(전) ~에 관해서

关于交通问题, 我们进行了热烈的讨论。
교통문제에 관해서, 우리는 열띤 토론을 했다.

> **보카 활용포인트**
>
> (1) "대상에 대해서"라는 뜻인 경우 "对"를 쓰고, "내용에 관해서" 라는 뜻인 경우 "关于"를 쓴다.
> **关于交通问题, 我们讨论了半天。** [토론의 내용이 "교통문제"임]
> 교통문제에 관해서, 우리는 한참동안 토론을 했다.
> **我对于那条路不太熟悉。** ["那条路"는 대상임]
> 나는 그 길에 대해 잘 알지 못한다.
> (2) "关于"는 부사어 자리인 "주어와 서술어 사이"에 절대로 쓸 수 없고, 부사어로 쓰인 경우, 반드시 문장 맨 앞에 써야 한다.
> **我[关于秩序问题]提出了不少意见。**(×)
> 나는 질서문제에 관해서 많은 의견을 내놓았다.
> **[关于秩序问题], 我提出了不少意见。**(○)
> (3) "关于"는 관형어 자리인 "명사/대명사 앞"에는 올 수 있다.
> **我看了一本(关于中国历史方面的)书。**
> 나는 중국 역사 방면에 관한 책을 읽었다.

(4) "对"의 관용적인 표현은 다음과 같다. : 对 … (很感兴趣 ~에 대해 관심(흥미)이 있다 / 不感兴趣 ~에 대해 관심(흥미)이 없다 / 有利 ~에 대해 유리(유익)하다 / 有益 ~에 대해 유익하다 / 有害 ~에 대해 해롭다 / 有意见[= 对…不满] ~에 대해 불만이 있다 / 充满了(信心/自信) ~에 대해 자신감으로 충만하다 / 有信心 ~에 대해 자신 있다 / 很满意 ~에 대해 만족하다 / 很合适 ~에 대해 적합하다, 알맞다)

给
gěi

(전) ~에게…을 주다

你给我来一封信。 나에게 편지를 해 주세요.

他给家里打了个电话。 그는 집에 전화를 했다.

为
wèi

(전) (~을 위해서) …해 주다, ~때문에

他们为我们提供了服务。
그들은 우리에게 서비스를 제공해 주었다.

> **보카 활용포인트**
>
> "给"와 "为"는 둘다 "(~에게.~을 위해서) …을 주다"는 뜻이다.
>
> (1) "~을 위해 (이로운 것)을 주다"라는 뜻인 경우 "给"와 "为"는 바꾸어 쓸 수 있다.
> 王大夫(给/为)病人治病。
> 닥터 왕은 환자를 치료해 준다.
>
> (2) "~에게 (나쁜 것, 바라지 않는 것)을 주다'라는 뜻인 경우에는 "~을 위해서 ..을 주다"는 뜻인 "为"는 쓸 수 없고, "给"만 쓸 수 있다.
> 他给我找麻烦。 그는 일부러 나를 귀찮게 한다.
>
> (3) "~에게 …을 주다"는 뜻인 경우 "给"를 쓰고, "~을 위해서 …을 주다(하다)" 또는 "~(원인, 목적)때문에" 라는 뜻일 때는 전치사 "为"를 쓴다.
> 你给我来一封信。 나에게 편지를 해 주세요
> 他给家里打了个电话。 그는 집에 전화를 했다.
> 我的生活一切都很好, 不用为我担心。
> 생활을 잘 하고 있으니 저 때문에 걱정하지 마세요.
> 我们都为这几件事感到高兴。
> 우리는 모두 이 몇 가지 일로(일 때문에) 기뻐했다.
>
> (4) "给"와 "为"의 관용적인 표현은 다음과 같다.
> ① 给~打电话 ~에게 전화를 하다 / 带来了 ~에게 ~을 가져다 주다 / 留下 ~에게 (인상, 추억 등)을 남겨주다 / 找麻烦 ~를 일부러 성가시게 하다 / 增添 ~에게 ~을 보태주다)

② 为~(担心 ~를 위해서(~때문에) 걱정하다 / 操心 ~을 위해 마음 쓰다, 졸이다, 걱정하다 / 送行 ~를 위해 배웅 하다 / 提供 ~에게 ~을 제공해 주다)

 为了
wèile

(전) ~을 위해서

为了幸福的明天，人们都在努力地工作。
행복한 내일을 위해서 사람들은 모두 열심히 일하고 있다.

> **보카활용포인트**
>
> (1) "为了"는 "~을 위해서"의 뜻으로 "为"와 같은 뜻이지만, "为了"는 보통 문장 맨 앞에 쓴다.
> **为了明天，我们在努力学习。**
> 내일을 위해, 우리는 열심히 공부하고 있다.
> **为了交通安全，请不要酒后驾车。**
> 교통안전을 위해서, 음주운전을 하지 마시기 바랍니다.
> (2) "为了" 뒤에는 "동사(구)"가 올 수도 있다.
> **为了祝贺他的生日，我送给他一点礼物。**
> 그의 생일을 축하하기 위해서, 나는 그에게 선물을 좀 했다.
> **为了能赚更多的钱，我要努力地工作。**
> 더 많은 돈을 벌기위해, 나는 열심히 일해야 한다.

 和
hé
= 跟 / 与 / 同

(전) ~와, ~과

昨天她和妈妈一起去北京。
어제 그녀는 엄마와 함께 베이징에 갔다.

> **보카활용포인트**
>
> "和"는 "~와, ~과"의 뜻으로 "둘 이상이 함께함"을 나타내며, "跟(gēn)", "与(yú)", "同(tóng)"과 동의어이다. "和"의 관용적 인 표현은 다음과 같다. : 跟···(一起 ~와 함께 / 吵架 ~와 싸 우다 / 见面 ~와 만나다 / ~约会 ~와 약속하다 / 有关系 ~ 와 관계가 있다 / 没关系 ~와 관계가 없다 / 一样 ~와 같다 / 不一样 ~와 다르다)

 离
lí

(전) ① (어떤 장소)에서　② (어떤 시간)까지

她家离这儿不远。
그녀의 집은 여기서 멀지 않다.

离休息时间还有五分钟。

쉬는 시간까지는 아직 5분이 남아있다.

> **보카 활용포인트**
>
> (1) "离"는 "어떤 장소에서 거리가 얼마 떨어져 있다"는 뜻이다.
>   **我家离补习班很(近 / 远 / 不太远)。**
>   우리 집은 학원에서 (가깝다 / 멀다 / 별로 멀지 않다).
> (2) "离"는 "어떤 시간까지 시간이 얼마 남아있다"는 뜻이다. 이 경우 절대로 주어를 쓰지 않고, "离"를 문장 맨 앞에 쓴다.
>   **离上课时间(还有十分钟呢 / 还早)。**
>   수업시간까지는 (아직 10분이 남아 있다/ 아직 시간이 있다).
> (3) **"在 / 离 / 到"**를 단번에 구별하는 방법
>   ① '(어떤 시간)에 또는 (어떤 장소)에서 ~하다'의 뜻일 때는 **在**를 쓴다.
>   ② '(어떤 장소)에서 거리가 얼마 떨어져 있다'의 뜻일 때는 **离**를 쓴다.
>   ③ '(어떤 시간)까지 시간이 얼마 남아 있다'의 뜻일 때는 **离**를 ~쓴다. [주어를 쓰지 않음]
>   ④ '(어떤 시간이나 장소)에서(로부터) …까지'의 뜻일 때는 '**从 ~到…**'를 쓴다.

向
xiàng

= 朝 cháo,
往 wǎng

(전) ~을 향하여

他向我点头。

그는 나를 향해서(에게) 고개를 끄덕였다.

> **보카 활용포인트**
>
> (1) "向"은 "~를 향해서"라는 뜻으로, 방향을 나타낸다.
>   **他向我挥手。** 그는 나를 향해 손을 흔들었다.
> (2) "向"은 "~한테 (추상적인 동사를) 하다"는 뜻인 경우에도 쓴다. : **我向他(学习 / 负责 / 借 / 请教 / 要求 / 道歉 / 征求)** 내가 그한테 배우다 / 책임을 지우다 / 빌리다 / 묻다. 가르침을 구하다 / 요구하다 / 사과하다 / 의견을 널리 구하다)

☐ 按照 ànzhào	~에 따라서	☐ 往 wǎng	~를 향해서
☐ 对 duì	~에 대해서	☐ 以 yǐ	~로써, ~을 가지고
☐ 连 lián	~조차도	☐ 由 yóu	~로부터
☐ 随着 suízhe	~에 따라서	☐ 与 yǔ	~와, ~과

01 4급 按照 ànzhào

(전) ~에 따라서

你应该按照说明书上的产品说明，进行安装。

너는 설명서의 상품 설명에 따라 설치를 해야 한다.

> **보카 활용포인트**
>
> "按照"는 "~에 따라서 …하다"는 뜻으로 "按照" 뒤에는 "제도, 법률, 모습, 방법, 요구" 등 "기준"에 해당하는 단어가 나온다. :
> 按照(规定 규정 / 原则 원칙 / 规则 규칙 / 政策 정책 / 制度 제도 / 计划 계획 / 预定 예정 / 方案 방안 / 方针 방침 / 方法 방법 / 条件 조건 / 情况 상황 / 要求 요구 / 样子 모습 / 类型 유형)办事。

02 4급 对 duì

= 对于

(전) ~에 대해서

我们会对这件事做出安排的。

우리는 이 일에 대해서 안배를 할 것이다.

> **보카 활용포인트**
>
> "(어떤 대상)에 대해서"라는 뜻으로 앞에 조동사나 부사가 있으면 "对"를 쓰고 "对于"는 쓸 수 없다.

03 4급 连 lián

(전) ~조차도, ~까지도

> **보카 활용포인트**
>
> "连"은 "~조차도"라는 뜻으로 주로 뒤에 "也", "都"와 호응하여 "连~也/都…."의 형태로 쓰인다. "连"과 "也/都" 사이에는 주로 "명사 · 대명사", "수량사", "동사" 등이 온다.

随着
suízhe

= 随

(전) ~에 따라서

随着社会的发展，人们的生活水平也提高了。

사회의 발전에 따라서 사람들의 생활수준도 향상되었다.

보카 활용포인트

"随(着)"는 "변화, 발전, 개선 등에 따라 어떤 결과가 나타났음"
을 뜻한다.
"[随(着)(전) + (~的) + 명/대]"의 형태로 쓰이고, 이 전치사 구
는 주어 앞 즉 "문장 맨 앞"에 쓴다. [随(着)(전) + (···的) + 명/
대], 주어 + 서술어.

往
wǎng

= 向, 朝

(전) ~를 향해서

보카 활용포인트

"往", "朝", "向"은 모두 "~를 향해서"라는 뜻으로 방향을 나타
내는 전치사이다.
"向"은 모든 곳에 다 쓸 수 있고, 각각의 용법은 다음과 같다.

(1) "이동, 움직임"의 뜻이 있는 경우 "往" 또는 "向"을 쓰고,
"朝"를 쓸 수 없다. : 我(往, 向)前(走 가다 / 去 가다 / 回
돌아오다, 돌아가다 / 来 오다).

(2) "움직임의 뜻이 없고 방향만 ~를 향해서 구체적인 신체동작
을 하다"는 뜻인 경우 "朝" 또는 "向"을 쓰고, "往"은 쓸 수
없다. : 我(朝, 向)他(挥手 손을 흔들다 / 点头 고개를 끄덕
이다 / 摇头 고개를 가로젓다 / 笑 웃다).

(3) "~한테 (추상적인 동사를) 하다"는 뜻인 경우에는 "向"만 쓸 수 있고, "往"이나 "朝"는 쓸 수 없다. : 我向他(学习 내가 그한테 배우다 / 负责 책임을 지우다 / 借 빌리다 / 请教 묻다, 가르침을 구하다 / 要求 요구하다 / 道歉 사과하다)

以
yǐ

(전) ~로써, ~을 가지고

보카 활용포인트

(1) "以"는 "자격, 신분, 도구, 성적, 방법, 형식 등으로 ~을 하다, 또는 어떤 결과를 얻다"는 뜻인 경우에 쓴다. 회화체에서 "用", "拿"의 뜻과 비슷하다.
我以朋友的身份劝他不要太固执。
나는 친구의 신분으로 그에게 너무 고집피우지 말라고 충고했다.
我以代表的资格发言。
나는 대표의 자격으로 발언했다.
我们以两分的优势得到了冠军。
우리는 2점차의 우세로 우승했다.

(2) "以"는 접속사로 쓰는 경우 "바라는 일을 할 수 있도록,~하기 위해서 ...하다"는 의미이다. 이 경우 "以便(yǐbiàn)"과 동의어이다. "以"뒤에는 "바라는 일"이 나오고, 해석은 뒤에서부터 앞으로 한다.
应该节约开支以降低生产成本。
생산원가를 내리기 위해 지출을 줄여야 한다.
政府决定宰杀一千多只鸡, 以防止传染病的蔓延。
정부는 전염병의 만연을 방지하기 위해 천 여 마리의 닭을 도살하기로 결정했다.

(3) "~을 ~으로 삼다, 여기다, 간주하다"는 뜻의 관용적인 형식으로 "以 ~ 为 ....。"를 쓴다.
世界上有十几个国家以英语为母语。
세계에는 영어를 모국어로 하는 십여 개 국가가 있다.

由
yóu

(전) ① ~로부터 (= 从, 自, 打) ② ~는, 은, 이, 가
③ ~로

由这里到学校大概有二十分钟。
여기에서 학교까지 약 20분 정도 걸린다.

这次晚会由我来为大家主持。
이 저녁파티는 내가 모두를 위해서 주관하려고 한다.

这支旅游团是由老人、小孩、和妇女组成的。

이 여행단은 노인, 어린이, 부녀자로 구성되어 있다.

보카 활용포인트

(1) "由"는 "~로부터"라는 뜻으로 "시작이나 출발점"을 나타내고, 이 경우 "从(cóng)", "自(zì)", "打(dǎ)"와 동의어이다.

(2) "由"는 "~는, ~은, ~이, ~가"의 뜻으로 "由" 뒤의 사람이나 사물이 주체가 되어 책임지고 어떤 일을 하는 것을 강조하는 경우에 쓴다. 이 경우 "从(cóng)", "自(zì)", "打(dǎ)"와 바꾸어 쓸 수 없다. : 这件事由我(负责 책임지다 / 承担 책임을 지다 / 包 도맡다 / 主持 주관하다 / 主办 주관하다)。

(3) "由"는 "~로 구성하다, 구성되다"는 뜻으로 뒤의 "组成(zǔchéng)", "构成(gòuchéng)"과 함께 호응하여 "由~组成"의 관용적인 형태로 쓰인다.

08 4급

与
yǔ

= 和, 跟, 同

(전) ~와, ~과

这次单位派我与小张一起出差。

이번에 회사에서 나와 샤오장을 함께 출장 보낸다.

보카 활용포인트

"与"는 "和(hé)", "跟(gēn)", "同(tóng)"과 동의어이다.

□ 朝 cháo	~을 향하여	□ 凭 píng	~에 근거하여, ~에 따라서
□ 趁 chèn	~을 이용해서, 틈타서	□ 自从 zìcóng	~(로) 부터, ~에서
□ 冲 chòng	~을 향해서		

01
5급

朝
cháo

(전) ~을 향하여

他朝屋里看了一眼, 发现已经没人了。

그는 집안을 한번 보고 이미 사람이 없는 것을 발견했다.

02
5급

趁
chèn

(전) ~을 이용해서, 틈타서

趁着这次实习的机会, 他们收集了许多标本。

이번 실습 기회를 이용해서, 그들은 많은 표본을 수집했다.

趁着年轻多学点技术, 没什么不好的。

젊을 때 기술을 좀 더 배우는 것은 나쁠 것이 없다.

趁周末天气好, 我们出去散步吧。

주말에 날씨가 좋을 때, 우리 산책하러 나가자.

> **보카 활용포인트**
> (1) "趁(着)"는 "기회, 시간, 조건 등을 이용해서, 틈타서 (~을 하다)"는 뜻이다. 다른 전치사들과는 달리 뒤에 "명사/대명사" 이외에 "형용사, 동사구, 문장, 절" 등이 올 수 있다. : 趁着(机会 기회 / 时机 시기, 기회 / 时间 시간 / 条件 조건)完成这个任务。
> (2) "趁" 뒤의 "着"는 있든 없든 상관없지만, "趁" 뒤에 오는 단어가 한 글자인 경우 "着"를 쓸 수 없다. : 趁热吃吧。 식기 전에 드세요

冲

chōng
chòng

(동) ① (끓는 물 등을) 붓다, 물에 풀다, 타다
② 물을 부어서 씻다[가시다]
③ 사진을 현상하다
④ 돌진하다, 돌파하다
(전/동) ～을 향해서

他每天早上冲一杯咖啡喝。
그는 매일 아침 커피 한 잔을 타서 마신다.

你感冒了, 不要用凉水冲头。
너는 감기에 걸렸으니까 찬물로 머리감지 마라.

你要把这个照片冲多少寸?
이 사진을 어떤 크기로 현상할까요?

救火队员们冲进着火的森林, 救出了很多人。
소방대원들은 불이 난 삼림에 뛰어들어서 많은 사람들을 구출해 냈다.

他冲我招手, 示意我过去。
그는 나를 향해 손을 흔들어 나더러 건너오라고 표시했다.

> **본가 활용 포인트**
>
> (1) "冲"은 "chōng"으로 발음하는 경우 다음과 같은 뜻이 있다.
> ① "끓는 물을 붓다, 끓는 물에 타다"는 뜻으로 쓴다. : 冲(茶 차를 타다 / 咖啡 커피를 타다 / 方便面 사발 면에 끓는 물을 붓다)
> ② "물을 부어서 씻다, 가시다, 씻어 내리다"라는 뜻으로 쓴다. : 冲(碗 그릇을 가시다 / 碟子 접시 / 头 머리를 감다) 请便后冲洗。용변을 보신 후에 물을 내려 주세요
> ③ "사진을 현상하다"는 뜻으로 쓴다. : 冲胶卷 사진을 현상하다
> ④ "돌진하다, 달려들다, 뛰어들다"는 뜻으로 쓴다. : 冲破难关 난관을 돌파하다, 난관을 뚫고 나아가다
> (2) "冲"은 "chòng"으로 발음하는 경우 선치사 "비(～을 향해서)" 과 동의어이다.

04 **5급** **凭** *píng*
= 得 děi

(전) ~에 근거하여, ~에 따라서
(동) ① 근거로 하다
② 의지하다, (몸을 ~에)기대다
(명) 근거

他凭着自己的能力当了名牌大学的教授。
그는 자신의 능력으로 명문대학 교수가 되었다.

你凭什么这样说, 有证据吗?
너는 무슨 근거로 이런 말을 하는 거니? 근거 있어?

成功要凭自己的努力。
성공은 자신의 노력에 달려있다.

> **보카활용포인트**
> (1) 전치사 "凭(着)"는 "(주어가 가지고 있는 능력)을 근거로, ~에 의지하여"의 뜻으로 "凭" 뒤에는 "주어가 가지고 있는 능력"에 해당하는 단어가 오며, "着"는 생략할 수 있다. : 凭着 (能力 능력 / 本事 능력 / 本领 능력 / 实力 실력 / 经验 경험 / 水平 수준 / 常识 상식 / 知识 지식 / 优点 장점 / 力量 역량, 힘)办事。
> (2) "凭"는 "근거"라는 뜻의 명사로도 쓸 수 있다. : 凭据 근거 / 文凭 졸업장. 자격증. 증서
> 空口无凭 말만으로는 나중의 증거가 되지 못 한다

---

05 **5급** **自从** *zìcóng*

(전) ~(로) 부터, ~에서

自从有了孩子以后, 他更加努力赚钱养孩子。
아이가 생긴 후로 그는 더욱 열심히 돈을 벌어서 아이를 양육한다.

自从他管理公司以后, 公司的生意就越来越好了。
그가 회사를 관리한 후로, 회사의 사업은 점점 더 잘 된다.

> **보카활용포인트**
> "自从"은 주로 뒤의 "以后", "以来"와 함께 호응하여 "自从~以后", "自从~以来"의 형태로 쓰여 "~이후로, ~이래로"의 뜻으로 쓴다. 이 경우 이미 지나간 시간의 기점을 나타내며, "自打(zìdǎ)", "从打(cóngdǎ)", "由打(yóudǎ)"와 동의어이다.

15 조동사

3급 신HSK VOCA

☐ 能 néng	~할 수 있다	☐ 可能 kěnéng	(아마도) ~일것이다
☐ 会 huì	~할 것이다, ~할 수 있다	☐ 应该 yīnggāi	(마땅히) ~해야 한다
☐ 可以 kěyǐ	~해도 된다, ~할 수 있다	☐ 愿意 yuànyì	~하기를 원하다, ~하고 싶다
☐ 要 yào	~하려고 하다, ~해야 한다	☐ 敢 gǎn	(감히, 용감하게) ~할 수 있다

동사 앞에서 동사를 도와주는 역할을 하는 낱말을 조동사(助动词)라고 한다. 보통 "~할 수 있다(能)" 또는 "~하기를 원하다(愿)"는 뜻으로 쓰이기 때문에 능원동사(能愿动词)라고 부르기도 한다.

01
3급
能
néng
= 能够

(전) ~할 수 있다

她能唱歌, 也能跳舞。
그녀는 노래도 잘 부를 수 있고, 춤도 잘 춘다.

你连一个汉字都不认识, 怎么能看中文小说呢?
너는 한자라고는 한 글자도 모르면서, 어떻게 중국어 소설책을 읽는다고 하니?

> **보카활용포인트**
> (1) "能"은 "능력이 있어서 ~할 수 있다"는 뜻으로 "어떤 일을 일정수준 이상으로 잘 함"을 나타낸다.
> (2) "객관적인 조건으로 볼 때 ~할 수 있다"는 뜻으로 "어떤 객관적인 조건을 가지고 있어서 ~할 수 있을 것임"을 나타낸다.
> **时间还早, 六点钟以前能赶到。**
> 시간이 아직 이르니, 6시 이전에는 도착할 수 있다.

02
3급
会
huì

(조동) ~일 것이다, ~할 수 있다

他是不会同意这样做的。
그는 이렇게 하는 것을 틀림없이 동의하지 않을 것이다.

보카활용포인트

(1) "会"는 "~일 것이다. ~할 것이다'는 뜻의 "가능성을 추측" 하는 의미로 쓰인다. 보통 "会"가 쓰인 문장 맨 뒤에 "的"를 쓰는 경우가 많은데, 이 경우 "반드시, 틀림없이 ~할 것"이라는 긍정적이고 확신에 찬 어감을 준다.
他明天会把这个数字拿出来。
그는 내일 이 숫자를 계산해 낼 것이다.

(2) '(배워서) 할 줄 안다'의 뜻으로 "학습이나 경험에 의해 단순히 배워서 할 줄 안다" 는 초보적인 수준을 나타낸다. 그러나 "很会"라고 쓰면 "아주 잘한다"는 뜻이다.
我会说汉语。 나는 중국어를 할 줄 안다.
她很会做菜。 그녀는 요리를 아주 잘한다.

03
3급
可以
kěyǐ

(조동) ~해도 된다, ~할 수 있다.

吸烟室里可以吸烟。
흡연실에서는 담배를 피워도 된다.

보카활용포인트

(1) "可以"는 "~해도 된다" 의 뜻으로, "허락" 또는 도리 상의 "허가"를 나타내고, 부정형식은 '不可以'를 쓴다.

(2) "~할 만한 가치가 있다(= 值得)"의 뜻으로, 부정형식은 '不值得'를 쓴다.
这本书写得很好, 你可以看看。
이 책은 잘 썼기 때문에, 네가 볼 만하다.

(3) "~할 수 있다(= 能)"는 뜻으로, "(주관적, 객관적 조건에 따라) 어떤 일을 할 수 있음을 허용함"을 나타내고, 부정형식은 "不能"을 쓴다.
她可以说五种外语。(= 能说五种汉语。)
그녀는 5개국어를 할 수 있다.
这本书我今天可以看完。(= 能看完。)
이 책을 나는 오늘 다 볼 수 있다.

04
3급
要
yào

(조동) ① ~하려고 하다 ② ~해야 된다 [= 得 děi]

放假以后, 我还要回到家乡去。
방학을 하고 나서, 나는 고향에 돌아가려고 한다.

 보카활용포인트

(1) "要"는 "~하려고 하다"의 뜻으로, 어떤 일을 하려는 의지를 나타내고, 부정형식은 "不想"이나 "不打算"을 쓰고, "不要"는 쓰지 않는다.

A : 你要去北京吗? 너는 북경에 갈거니?
B : 我不想去北京。 나는 북경에 가고 싶지 않아.
(2) "~해야 한다"의 뜻으로 "이론 상. 도리 상 필요함"을 나타내고, 보통 "아직 일어나지 않은 일"에 쓴다. 이 경우 "得(děi)"와 바꾸어 쓸 수 있다.
他每天这么努力工作, 当然要受到表扬了。
그는 매일 아주 열심히 일하는데, 당연히 칭찬을 받아야 한다.

可能
kěnéng

(조동) 아마도 ~일것이다

他可能知道今天发生的事。
그는 아마 오늘 일어난 일을 알 것이다.

明天可能要下雨。 내일은 비가 올 것 같다.

很可能他还是不知道这件事。
그는 여전히 이 일을 모를 것이다.

보카활용포인트

(1) "可能"은 "아마도 ~일 것이다"라는 뜻으로 "추측이나 가능성"을 나타낸다.
(2) "可能"은 부사 "也许(yěxǔ), 或许(huòxǔ), 恐怕(kǒngpà), 大概(dàgài), 多半(duōbàn)" 또는 "说不定(shuōbudìng), 说不准(shuōbuzhǔn), 没准儿(méizhǔnr)" 등과도 바꾸어 쓸 수 있다.
都十点了, 他就没准儿不来了。
벌써 10시가 되었는데, 그는 아마 안 올 것이다.

应该
yīnggāi

= 应, 该, 应当

(조동) 마땅히, 당연히 ~해야 된다

보카활용포인트

(1) "应该"는 "당연히, 마땅히 ~ 해야 된다" 는 뜻으로, "이치나 도리 상 당연히 그렇게 해야 함"을 나타낸다.
这种问题应该处理。
이런 문제는 반드시 처리되어야 한다.
(2) "(당연히) ~ 할 것이다"의 뜻으로 "평가하거나 추측함"을 나타낸다.
你很聪明, 应该明白我的意思 。
너는 똑똑하니까, 당연히 내 뜻을 알아들었을 것이다.
(3) "该 + 서술어 +了" 형태로 "~할 차례가 되다" 또는 "~할 때가 되다"라는 관용적인 표현으로도 쓰인다.

我唱完了, 该你了。
내가 노래를 다 불렀으니, 네 차례이다.
已经天黑了, 我该走了。
벌써 날이 어두워졌네, 가야겠어.
(4) "该 + 명사" 의 형태로 쓰면 "该"는 "这个"의 뜻이다.
该(国 이 나라 / 校 이 학교 / 公司 이 회사)

 愿意
yuànyì

(조동) ～하기를 원하다, ～하고 싶다
我愿意和你一起去, 不愿意一个人去。
나는 너와 함께 가고 싶지, 혼자 가고 싶지 않다.

보카활용포인트
"愿意"는 "어떤 것을 좋아해서 기꺼이(흔쾌히) ～하려고 하다"라
는 주관적인 의지와 희망을 나타낸다.

 敢
gǎn

(조동) 감히 ～하다, 용감하게 ～할 수 있다
我不敢说他到底哪一天回来。
나는 그가 도대체 언제 돌아오는지 감히 말할 수가 없다.

我敢保证明天一定能完成这件事。
나는 내일 반드시 이 일을 완성할 수 있다고 감히 보장할 수
있다.

보카활용포인트
"敢"은 "감히(대담하게, 과감히) ～하다"의 뜻으로, "담력, 용기를
가지고 어떤 일을 함" 또는 "어떤 판단을 내리는데 자신이 있음"
을 나타낸다. 조동사 "能(～할 수 있다)" 처럼 해석이 된다.

16 조사

☐ 的 de	☐ 吧 ba
☐ 地 de	☐ 了 le
☐ 得 de	☐ 着 zhe
☐ 呢 ne	☐ 过 guo
☐ 吗 ma	

중국이에는 좀 더 정확하고 완진하게 뜻을 진딜힐 수 있도록 여러 가지 조사가 사용된다. 문장 맨 끝에 '吗, 呢, 吧' 등을 써서 어투를 나타내기도 하고(어기조사), 동사 뒤에 '了, 着, 过'를 써서 과거, 현재, 미래를 나타낼 수도 있으며(동태조사), '的, 地, 得'를 써서 낱말과 낱말을 중간에서 매끄럽게 하나로 이어주는 구실을 하기도 한다(구조조사).

01 3급 的 de

弟弟的手机很好看。
남동생의 핸드폰은 보기 좋다.

我的收音机很实用。
내 라디오는 아주 실용적이다.

> **보카 활용 포인트**
> (1) "명사/대명사 앞"에서 수식을 해주는 성분을 관형어라고 하는데, 두 글자 이상으로 되어 있는 관형어 맨 뒤에는 보통 "的"를 함께 쓴다. [(……… 的) + 명사/대명사]
> (2) "나의 책", "나의 물건" 과 같이 소유를 나타내는 경우 반드시 "的"를 함께 쓴다. : 我的(书 내 책 / 东西 내 물건 / 衣服 내 옷)
> (3) "나의 아빠" , "나의 엄마" 와 같이 "친족"관계나 친한 사이를 나타내는 경우 "的"를 생략할 수 있다. : 我(的)爸爸 나의 아빠 / 我(的)妈妈 나의 엄마 / 我(的)朋友 내 친구

02 3급 地 de(= di)

他不住地点头。 그는 계속해서 고개를 끄덕인다.

我深深地爱着她。
나는 그녀를 깊이 사랑하고 있다.

서술어 앞에서 서술어를 수식해 주는 낱말을 모두 부사어(状语)라고 한다. 대표적인 부사어로는 "전치사구"와 "부사"가 있다. "전치사구"와 "부사"이외의 "수량사, 형용사(구), 동사(구)" 등과 같은 다른 품사를 부사어 자리에 쓰는 경우에는 보통 그 뒤에 "地"를 함께 쓴다.

→ 주어+ [········ + 地] + 서술어

我们一颗一颗地数星星。 우리는 별을 하나하나 세었다.
他飞快地跑过去了。 그는 재빨리 뛰어 갔다.

得
de

我累得很。 나는 매우 피곤하다.

他唱歌唱得很好。 그는 노래를 아주 잘 부른다.

(1) "得"는 정도보어 구문에서 "정도"의 의미를 나타내는데 쓰인다. (정도보어)
  ① "서술어 + 得 + 很。"의 형태로 쓰여 "정도"의 의미를 나타낸다. 이때 서술어 자리에는 감정과 관계있는 "심리활동 동사" 또는 "형용사 서술어"가 오며, "得"뒤의 "很" 대신 "要命(yàomìng)", "要死(yàosǐ)", "不得了(bùdéliǎo)", "了不得(liǎobudé)", "不行了(bùxíngle)"와 바꾸어 쓸 수 있다. : 累得(很 / 要命 / 要死 / 不得了 / 了不得 / 不行了) 매우 피곤하다.
  ② "(동사)서술어 + 得 + 정도부사 + 형용사 서술어。"의 형태로 쓰여 "정도"의 의미를 나타낸다. 이 때 동사 뒤에 목적어가 있으면 동사를 한 번 더 써주어야 하고, 앞의 동사는 생략할 수 있다.
  她说得很好。 그녀는 말을 아주 잘한다.
  她(说)汉语说得很好。 그녀는 중국어를 아주 잘 한다.
(2) "得"는 정태보어 구문에서 주어를 "평가"하거나, 동작이나 상태를 "설명 또는 묘사"하는 데 쓰인다. (정태보어)
  她长得跟妈妈一样那么漂亮。
  그녀는 엄마처럼 아주 예쁘게 생겼다.

呢
ne

这到底是怎么回事呢?
이게 도대체 어떻게 된 일이니?

你是不是学生呢?
당신은 학생입니까?

(1) "呢"는 주로 의문 대명사(谁, 什么, 什么时候, 怎么, 哪儿)가 있는 의문문 맨 뒤에 쓰여서 의문을 나타내며, 呢는 생략이 가능하다.

(2) "긍정 + 부정"의 형식으로 쓴 정반 의문문에서는 문장 끝에 "呢"를 쓰고 "吗"를 쓰지 않는다.

(3) "呢"는 반문구 끝에 쓰여 어기를 완화시키는 작용을 한다.
我哪儿(= 怎么/如何)知道呢?
내가 어떻게 알아요? (= 我不知道 나는 모른다)
你何必(= 何苦)责备她呢?
네가 구태여 그녀를 나무랄 필요가 있겠니?
(= 你不用责备她 네가 그녀를 나무랄 필요는 없다)

(4) "才 + 형용사 + 呢。"의 형태로 쓰여 "很 + 형용사"의 뜻을 나타낸다. 이 경우 과장된 느낌을 주며, 듣기부분에서 뜻을 묻는 문제로 출제 될 수 있다.
今天天气才好呢。
오늘 날씨가 좋다. (= 今天天气很好。)

(5) "正/在/正在(부) + 동 + 着 + 목적어 + 呢。"의 형태로 쓰여 "현재 진행"이나 "상태의 지속"을 나타낸다.
我们在努力学习呢。 우리는 지금 열심히 공부하고 있다.

吗
ma

今天你去上班吗? 오늘 너는 출근하니?

(1) 문장 맨 끝에 써서 상대방에게 질문을 하는 의문문에 사용한다.

(2) "긍정 + 부정"의 형식으로 쓴 정반 의문문에서는 문장 끝에 "呢"를 쓰고 "吗"를 쓰지 않는다.

吧
ba

你不是学生吧? 당신은 학생이 아니지요?

(1) "吧"는 명령문 맨 뒤에 써서 "명령", "청유", "재촉", "건의" 등을 나타낸다.
你别说了吧! 그만 말해라!
咱们一起走吧。 우리 함께 갑시다.
你帮我的忙吧! 저 좀 도와 주세요.

(2) "추측"의 어기를 나타내고, 추측을 나타내는 부사나 조동사가 있을 때는 문장 맨 끝에 吧를 함께 써도 된다.
他今天也许不来了吧。
그는 오늘 아마 오지 않을 것이다.

(3) 아는 것을 다시 한 번 확인하기 위해서 상대방에게 물어볼 때 쓴다.
上次考试不太难吧? 지난 번 시험 별로 어렵지 않았죠?
(4) 상대방의 말에 대해 동의할 때 쓴다.
好吧, 一言为定。 좋아요. 그렇게 합시다.

 了
le

我读了这本书。 나는 이 책을 보았다.

天阴了。 날이 흐려졌다.

我学汉语学了两年了。
나는 2년 째 중국어를 공부하고 있다.

> **보카활용포인트**
> (1) "了"는 동사 바로 뒤에서 "～했다"는 뜻으로 쓰여 "동작의 완성"을 나타낸다.
> **我去年学习了汉语。** 나는 작년에 중국어를 공부했다.
> **我参加了几次会议。** 나는 회의에 몇 번 참가했다.
> (2) 문장 맨 끝에 쓰여 "변화"의 의미를 나타낸다.
> **天阴了。** 날이 흐려졌다.
> **孩子突然哭起来了。** 아이가 갑자기 울기 시작했다.
> (3) 문장 끝에서 수량과 함께 쓰여 "지속", "계속"의 의미를 나타낸다.
> **我(学)汉语学了两年了。**
> 나는 중국어를 2년째 배우고 있다.
> **他的演讲, 咱们已听了三天了。**
> 그의 연설을 우리는 이미 삼 일째 들었다. (앞으로 계속 들어야 함)

 着
zhe

我正在看着这本书。
나는 지금 이 책을 읽고 있다.

他在路上很快地走着。
그는 길을 빠르게 걷고 있다.

天亮着。 날이 밝다.

> **보카활용포인트**
> (1) "着"는 동사 뒤에서 "～하고 있다. 하고 있는 중이다"라는 뜻으로 쓰여, "현재 진행"이나 "상태의 지속"을 나타낸다.
> **我和他一起坐着说。**
> 나와 그는 함께 앉아서 이야기를 하고 있다.

我们在外边儿愉快地唱着歌儿。
우리는 밖에서 신나게 노래를 부르고 있다.

(2) 일부 형용사 뒤에 쓰여 "상태의 지속"을 나타낸다.
她红着脸说。 그녀는 얼굴을 붉히면서 말한다.

(3) 서술어가 2개가 있는 경우 첫 번째 서술어 뒤에서 "~하면서 ~하다"는 뜻으로 쓰여 "두 가지 동작이 동시에 진행됨"을 나타낸다.
我吃着点心走路。 나는 과자를 먹으면서 길을 걷고 있다.
他低着头走路。 그는 고개를 숙이고 길을 걷고 있다.

过
guo

我以前看过这本书。
나는 이전에 이 책을 읽은 적이 있다.

咱们上个月谈过这个问题。
우리는 지난 달에 이 문제를 토론한 적이 있다.

보카 활용포인트

(1) "过"는 동사 뒤에서 "이전에 ~한 적이 있다"는 뜻으로 쓰여 "과거의 경험"을 나타낸다.
我曾看过这本教材。 나는 전에 이 교재를 본적이 있다.

(2) 동사가 여러개가 나오는 연동문에서 "过"는 "맨 마지막 동사" 뒤에 쓴다.
我到那个电影院去看过电影。
나는 그 극장에서 영화를 본 적이 있다.
有人听过这个消息。
이 소식을 들은 적이 있는 사람이 있다.
我过去没有见妈妈这么高兴过。
나는 예전에 엄마가 이렇게 기뻐하시는 것을 본 적이 없다.

16 조사

呀
ya

어기조사
这里的风景真是美丽呀!
이곳의 경치는 정말 아름답구나!

> **보카 활용포인트**
> "呀"는 앞에 있는 글자의 모음이 "a, e, i, o, ü"로 끝난 경우, 그
> 영향을 받아 "啊·a"의 음이 변한 어기조사를 말한다.
> 好啊 hǎo + a = wa (= 哇 wa)
> 天啊 tiān + a = na (= 哪 na)
> 你啊 nǐ + a = ya (= 呀 ya)

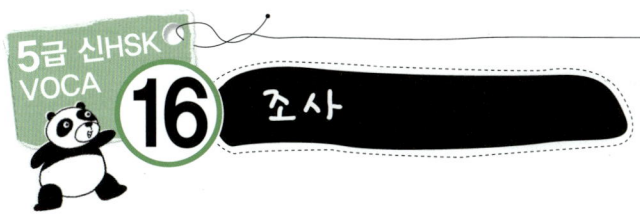

16 조사

□ 似的 shìde　　~과(와) 같다, 처럼　│　□ 所 suǒ　　~하는 바

01
5급

似的
shìde

(조사) ~과(와) 같다, 처럼

他像看到什么可怕的动物似的，全身发抖。

그는 마치 어떤 무서운 동물을 보기라도 한 것처럼 온몸을 떨었다.

> **보카 활용포인트**
> 앞의 "(好)像"과 호응하여 "(好象)~似的"의 형태로 자주 쓰인다. "似的"는 "一样", "(一)般" 등과 동의어이다.

02
5급

所
suǒ

(조사) ① ~하는 바 ② ~하여지다

他所说的话，全部是假的。

그가 하는 말은 모두 거짓이다.

他的英雄事迹，为后人所尊敬。

그의 영웅적인 사적은 후세사람들에게 존경을 받았다.

我的汉语水平有所提高了。

내 중국어 수준은 약간 향상되었다.

> **보카 활용포인트**
> (1) "(所 + 동사 的) + 명사"처럼 동사가 명사 앞에서 수식하는 경우 동사 앞에 "所"가 함께 쓰이는데, 이 경우 "所"는 따로 해석을 하지 않아도 된다.
> (2) "所"는 앞의 "为(wéi)"와 함께 "[为 + 명사/대명사] + 所 + 두 글자 동사 성 어구."의 형태로 쓰여 피동의 의미를 나타낸다. 이 경우 전치사 "被"와 "为(wéi)"는 바꾸어 쓸 수 있다.
> (3) "所"는 "有"와 함께 "有所 + 두 글자 동사성어구"의 형태로 쓰여 "좀, 약간"의 뜻으로 쓴다. : 有所(提高 조금 향상되다 / 增加 증가하다 / 增长 증가하다 / 进步 진보하다 / 发展 발전하다)

(1) 인칭대명사

☐ 它 tā	그것		☐ 自己 zìjǐ	자신	
☐ 大家 dàjiā	모두		☐ 别人 biérén	다른 사람	

명사, 동사, 형용사, 수사 등의 낱말을 대신해서 칭하거나, 문장 뒤에서 그것을 가리키는 낱말을 대명사라고 한다. 대명사에는 지시대명사, 인칭대명사, 의문 대명사 등이 있다. 사람이름이나 명칭을 대신 칭하는 명사를 인칭대명사라고 한다.

大家
dàjiā

(대) 모두
大家都感到满意。 모두가 다 만족스러워한다.

02 3급
自己
zìjǐ

(대) (자기)자신, 나
小王对自己的要求很严格。
샤오왕은 자기 스스로에 대한 요구가 엄격하다.

她自己不知道是怎么回事。
그녀 자신은 어떻게 된 일인지 모른다.

这种空调自己有控制装置, 会自动停机。
이런 에어컨은 자체 조절 능력이 있어서 자동으로 멈출 수 있다.

别人
biérén

= 他人, 人家

(대) 다른 사람
别人看都可以, 只他一个人看不行 。
다른 사람은 다 봐도 되지만, 그 한 사람만은 보면 안 된다.

我家只有我和我妹妹, 没有别人, 你随时来玩儿吧
우리 집엔 나와 내 여동생뿐이고, 다른 사람은 없으니, 아무 때나 놀러 오렴 .

(2) 지시 대명사

□ **每** měi	각각, 모두	□ **那么** nàme	저렇게
□ **这么** zhème	이렇게	□ **其他** qítā	기타

"这(이것)"와 "那(저것, 그것)"처럼 앞의 낱말이나 문장을 지칭하거나 가리키는 낱말을 지시대명사라고 한다.

 这么
zhème

(대) 이렇게

这个字该这么写, 那么写就不对了。

이 글자는 당연히 이렇게 써야지, 그렇게 쓰면 틀린다.

 那么
nàme

(대) 그렇게

今天参加会议的人, 有那么十来个人。

오늘 회의에 참가한 사람들은 그렇게 10여 명이나 된다.

보카 활용포인트

"这么"나 "那么"는 "이렇게, 그렇게"의 뜻으로, 서술어 앞에서 부사어로 쓰인다.

(1) 동사 앞에서 방식을 나타낸다.
  你的作业这么写不对, 太乱了, 要重写。
  너는 숙제를 이렇게 엉망으로 쓰면 안 되고 다시 써야 된다.
  申请书不能那么写, 我来教你怎么写吧。
  신청서를 그렇게 쓰면 안돼, 내가 너한테 어떻게 쓰는지 가르쳐 줄게.

(2) 형용사 앞에서 정도를 나타낸다.
  你的小说写得这么好, 我都读了好几遍了。
  네가 소설을 이렇게(너무) 잘 써서, 나는 여러 번 읽었다.
  他的歌唱得那么好, 吸引了许多听众。
  그는 노래를 그렇게(아주) 잘 불러서, 많은 청중들을 매료시켰다.

(3) 수량사 앞에도 쓸 수 있다.
  领导让他发言, 他就那么几句话翻来覆去地说。
  윗사람이 그에게 발언을 하게 하면, 그는 그렇게 몇 마디 같은 말만 여러 번 되풀이해서 말한다.

3급 신HSK VOCA

03
3급
每
měi

(대) 각각, 모두

每件衣服都很漂亮。
각각의 옷이 다 예쁘다.

每个人都有一辆车。
모든 사람이 다 차 한 대씩 있다.

04
3급
其他
qítā

(대) (사람·사물에 쓰여) 기타, 다른 사람(사물)

我不能这么做，这样会危害到其他人的利益。
나는 이렇게 할 수 없어. 이렇게 하면 다른 사람의 이익을 해치게 될 거야.

其他桌子都好，可这张桌子不好。
다른 책상은 다 좋은데 이 책상은 나쁘다.

(3) 의문 대명사

☐	**谁** shéi	누구	☐	**多少** duōshao	얼마(10이상의 수)
☐	**什么** shénme	무엇, 무슨	☐	**怎么样** zěnmeyàng	어때?
☐	**哪** nǎ	어느	☐	**怎么** zěnme	어떻게, 어째서
☐	**哪儿** nǎr	어디	☐	**为什么** wèishénme	어째서, 왜
☐	**几** jǐ	몇(10이하의 수)			

의문문을 만들어 주는 대명사를 의문대명사라고 한다.

(형) 누구

谁的成绩最好？ 누구의 성적이 제일 좋니?

这是谁的钢笔？ 이것은 누구의 만년필이니?

"谁"는 '누구'라는 뜻으로 한 사람 또는 여러 사람에 대해 물어보는 의문대명사이다. 명사처럼 주어, 목적어, 관형어로 쓸 수 있다.

관형어	주어	서술어	관형어	목적어	번역
	谁	是	你的	老师?	누가 네 선생님이니?
	他	是		谁?	그는 누구니?
	这	是	谁的	声音?	이게 누구의 목소리니?
谁的	孩子	最聪明?			누구의 아이가 제일 똑똑하니?

(1) 谁都(= 谁也) : 긍정문에서는 "누구든지, 누구라도, 모두가 (~하다)"의 뜻이고, 부정문에서는 "아무도 (~하지 않다)"는 뜻으로 예외가 없음을 나타낸다.
谁都感到满意。
어느 누구라도 다 (= 모두가) 다 만족스러워한다.
谁都不知道他是全国冠军 。
그가 전국 우승자라는 것을 아무도(= 어느 누구도) 모른다.

(2) 谁 + 서술어 + 谁 + 서술어 ~。 : "~하는 사람이~하다"의 뜻으로, 앞의 谁와 谁는 같은 사람이고, 두 번째 谁는 他로 바꾸어 쓸 수도 있다.
谁想参加谁就参加。 참가하고 싶은 사람이 참가한다.
谁想出来了, 谁就可以回答我的提问。
누구든 생각 난 사람이, (그 사람이) 내 질문에 대답해도 됩니다.
你们看谁适合，就选谁当班长。
너희들이 봐서 적합한 사람을 반장으로 뽑으렴.

什么
shénme

(대) 무엇, 무슨

这儿有什么朋友? 이곳에 친구가 있습니까?

你叫什么名字? 네 이름이 뭐니?

你有什么事情? 무슨 일이 있니?

"什么"는 보통 서술어 뒤 목적어 앞에 쓰인다.
(1) 상대방에게 물어 볼 때 쓰는 의문 대명사이다.
(2) 동사 뒤 목적어 앞에 쓴다.
(3) 목적어에는 사람, 이름, 사물(= 모든 일과 물건), 직업, 신분, 장소 등이 온다.

주어	동사	什么	목적어	번역
你	叫		名字?	네 이름이 뭐니?
他	有		事情?	그는 무슨 일이 있니?
我们	看	什么	电影?	우리 무슨 영화 볼까?
你	从事		工作?	너는 어떤 일에 종사하니?
您	找		地方?	당신은 어디를 찾으세요?
您	需要		饮料?	어떤 음료가 필요하세요?

알아두면 점수 따는 필수 어휘!

(1) 주어 + 有什么 + (可/可以) + 서술어 + 的?
반문구로 '뭐 ~한 것이 있니?' 즉 '~만 한 게 없다'는 뜻이다.
'可/可以'는 '~할 만한 가치가 있다'는 뜻으로 생략이 가능
하다.
这儿的风景有什么可看的?
이곳의 경치는 뭐 볼만한 게 있니?

(2) 주어 + 不/没 什么 + (可/可以) + 형용사 / 명사 + (的)。
(별로, 그다지 ~하지 않다, ~할 것이 없다"는 뜻이다. 서술어
앞에서 "不/没"로 부정할 때도 목적어 앞에 "什么"를 쓸 수
있다.
没什么事儿 별일 아니다
没什么了不起的 대단할 것 없다
没什么不好的 나쁠 것 없다

(3) 긍정일 때는 '뭐든지 다, 무엇이든', 부정일 때는 '아무것도(~
하지 않다)'의 뜻이다. 모두 예외가 없음을 나타낸다.
什么都 [= 也] + 서술어。
什么都 [= 也] + 不/没 + 서술어 ~。
什么都喜欢。뭐든지 다 좋아한다.
我什么都不知道。나는 아무것도 모른다.
你呀, 家里的事儿什么都不管。
당신은 집안일은 전혀 신경 쓰지(관여하지) 않는다.

 哪
nǎ

(대) 어느
你是哪国人? 어느 나라 사람이세요?

 哪儿
nǎr

(대) 어디
哪儿卖这种新鲜的花儿?
어디에서 이런 싱싱한 꽃을 팝니까?

你昨天去哪儿了? 너 어제 어디 갔었어?

> **보카 활용포인트**
>
> (1) "哪儿"은 장소를 묻는 의문대명사이다.
> (2) 자주 쓰이는 고정형식은 다음과 같다.
>   **你想去哪儿就去哪儿。**
>   네가 가고 싶은 곳이면 어디든지 가라. (네가 가고 싶은 곳으로 가라)
>   **他哪儿有困难, 就到哪儿去。**
>   그는 어려움이 있는 곳이면 어디든지 간다.
>   **哪儿需要我就上哪儿去。**
>   나를 필요로 하는 곳이면 어디든지 간다.

---

05 **3급**
几
jǐ

(대) 몇 (10이하의 수)

教室里有几个人? 교실에는 몇 명이 있니?

---

06 **3급**
多少
duōshao

(대) 얼마 (10이상의 수)

教室里有多少(个)人? 교실에는 몇 명이 있니?

您存多少钱? 얼마 저금하시겠어요?

> **보카 활용포인트**
>
> "几"와 "多少"는 둘 다 '얼마, 몇'의 뜻으로 수(数)나 수량(数量)을 물을 때 쓰는 의문대명사이다.
> **教室里有几个人?**
> 교실에 몇 명 있습니까? (10 이하의 수를 말함)
> **教室里有多少人?**
> 교실에 몇 명 있습니까? (10 이상의 수를 말함)
> **他们几个人分别坐公车、自行车进城去。**
> 그들 몇 사람은 각각 버스와 자전거를 타고 시내에 갔다.
> **这个月吃多少主食, 吃多少副食, 我们都有计划。**
> 우리는 이 달에 주식을 얼마나 먹고 부식을 얼마나 먹는지 계획을 세웠다.

	几	多少
10이하의 수(= 1~10까지)	(○)	(×)
'예측 할 수 없는 수' 또는 '10 이상의 수'	(×)	(○)
양사의 여부	几+양사+명사	多少+(양사)+명사
불특정한 수량	(○)	(○)

07
3급

怎么样
zěnmeyàng

(대) 어때?

你最近情况 怎么样?
너 요즘 상황이 어떠니? (어떻게 지내니?)

보카활용포인트
"怎么样"은 "어떠니?'라는 뜻으로 "상대방에게 의견을 물을 때"
문장 맨 끝에 쓰며, "怎样", "如何" 등과 바꾸어 쓸 수 있다.

08
3급

怎么
zěnme

(대) 어떻게, 어째서

去颐和园怎么走?
이화원에 가려면 어떻게 가나요?

你怎么这么高兴? (= 你为什么这么高兴?)
너는 왜 이렇게 기뻐하니?

你想怎么吃就怎么吃。
네가 먹고 싶은 대로 먹어라.

该怎么处理就怎么处理。
처리 해야 하는 대로 처리한다.

보카활용포인트
(1) "怎么"는 "어떻게"라는 뜻으로 "방식"을 나타내며, 반드시 서
　 술어 앞의 부사어 자리에 쓴다. 이 경우 "怎么样", "怎样",
　 "如何" 등과 바꾸어 쓸 수 있다.
(2) "怎么"는 "왜"라는 뜻으로 "원인이나 이유를 묻는 것"을 나타
　 내며, 서술어 앞의 부사어 자리에 쓴다. 이 경우 "为什么"와
　 바꾸어 쓸 수 있다.
(3) "怎么样", "怎样", "如何"는 문장 맨 끝에서 "어떠니"라는
　 뜻으로 상대방의 의견을 물을 때도 쓸 수 있지만, "怎么"는
　 반드시 부사어로 써야 한다.
　 你最近情况(怎么样 / 怎样 / 如何)?
　 너 요즘 상황이 어때?
(4) "怎么了(= 啦)?"는 "왜 그러니?. 무슨 일 있니?"라는 뜻의
　 서술어이다.
　 小刘他今天怎么了? 好像有点儿不高兴的样子。
　 샤오리우 오늘 무슨 일 있니? 기분이 나쁜 것 같던데.

09
3급
为什么
wèishénme

(대) 어째서

他为什么这么着急?
그는 왜 이렇게 초조해 합니까?

你为什么哭了? 너 왜 우니?

대명사

☐ **彼此** bǐcǐ	서로, 피차	☐ **如何** rúhé	어떻게, 어떠니
☐ **某** mǒu	어느, 어떤, 아무(개), 모	☐ **所谓** suǒwèi	~라는 것은, ~란

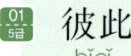

彼此
bǐcǐ

(지시대명사) 서로, 피차
(인사말) 피차일반이다, 도토리 키 재기이다

我们成了好多年的朋友了，彼此很了解。
우리는 친구로 지낸 지 여러 해 되어서, 서로 잘 안다.

我们的汉语水平彼此彼此。
우리 중국어 수준은 도토리 키재기이다.

> **보카활용포인트**
> (1) "彼此"는 대명사로 주어나 목적어로 쓸 수 있다.
> (2) 상대방의 말에 대해 겸손하게 대답하는 말로 "彼此彼此"의 형태로 중첩해서 쓴다.

某
mǒu

(대명사) 어느, 어떤, 아무(개), 모

这件好事是某个不愿意留下姓名的人做的。
이 좋은 일은 이름을 밝히고 싶어 하지 않는 어떤 사람이 한 것이다.

> **보카활용포인트**
> "某"는 "정확하지 않거나 알고 있지만 밝히기 곤란한 사람이나 사물"을 가리킨다. 주로 명사 앞에서 수식을 해주거나 사람의 성 뒤에 쓰며 회화체보다는 문어체에 많이 쓰인다.

如何
rúhé

(의문대명사) ① 어떻게 ② 어떠니

最近生意如何?
요즘 사업은 어떠세요?

这件事如何处理?

이 일을 어떻게 처리해야 할까요?

보카활용포인트

(1) "如何"는 "어떻게"라는 뜻의 부사어로 "방식"을 물어 볼 때 쓴다. 이 경우 "怎么(zěnme)", "怎么样(zěnmeyàng)", "怎样(zěnyàng)"와 동의어이다.
(2) "如何"는 "어떠니?"라는 뜻으로 "상대방에게 의견을 물어볼 때" 문장 맨 끝에 쓰인다.

04
5급 **所谓**
suǒwèi

(대명사) ~라는 것은, ~란

所谓月光族就是每个月都把工资花光的一类人。

소위 "月光族"란 매 달 월급을 다 써버리는 사람들을 말한다.

보카활용포인트

"所谓"는 주로 뒤의 "(就)是"와 함께 호응하여 "所谓 ~ (就)是……。"라는 형태로 쓰여 "소위~라고 하는 것은 바로 …을 말한다"라는 뜻이다. 어떤 단어의 뜻을 설명하는 경우에 쓴다.

5급 신HSK VOCA

☐ 如果 rúguǒ	만약에 (~라면)	☐ 但是 dànshì	그러나
☐ 虽然 suīrán	비록 ~이지만	☐ 而且 érqiě	게다가, 또
☐ 因为 yīnwèi	왜냐하면	☐ 一边 yìbiān	~하면서 ~하다
☐ 所以 suǒyǐ	그래서, 그러므로	☐ 或者 huòzhě	~이던가 아니면 ~이다
☐ 除了…以外 chúle…yǐwài	~을 제외하고	☐ 还是 háishi	또는, 아니면

접속사란 두 개 이상의 단어나 구 또는 두 개의 짧은 절이나 문장을 이어서 하나의 긴 문장으로 만들 때, 중간에 접속해서 연결해 주는 역할을 하여, 둘 사이의 관계를 나타내는 낱말을 말한다. 두 절을 이을 때 뒤 절에 하나의 접속사를 쓸 수도 있고, 같이 다니는 두 개의 접속사를 앞 뒤 절에 하나씩 함께 쓸 수도 있다.

01
3급

如果
rúguǒ

= 要是 yàoshi,
倚若 tǎngruò,
假如 jiǎrú

(접) 만약에 (~라면)

如果明天下大雨，我就不去玩儿了。

만약 내일 비가 많이 온다면, 나는 놀러 가지 않을 것이다.

> **본가활용포인트**
> "如果"는 "가정"을 나타내며, 뒤의 "那么", "就" 등과 호응하여 쓰여서, "如果 …, 那么 + (주어) + 就 …。"의 형태로 쓴다.

02
3급

虽然
suīrán

= 尽管 jǐnguǎn,
固然 gùrán,
虽说 suīshuō

(접) 비록 ~이지만

虽然她没有经验，但是工作做得很好。

비록 그녀는 경험은 없지만, 그러나 일은 아주 잘한다.

> **본가활용포인트**
> "虽然"은 앞 뒤 문맥의 "전환"을 나타내며, 뒤의 "但是", "还" 등과 호응하여 쓰여서, "虽然 …, 但是 …。"의 형태로 쓴다.

03
3급

因为
yīnwèi

= 由于 yóuyú

(접) 왜냐하면, ~이기 때문에

我因为事情太多，所以没去颐和园。

나는 일이 너무 많아서, 이화원에 안 갔다.

"因为"는 "원인과 결과"를 나타내며, 뒤의 "所以"와 호응하여 쓰여서 "因为… 所以…。"의 형태로 쓴다.

---

04 所以
3급 suǒyǐ
= 因此 yīncǐ,
因而 yīnér

(접) 그래서, 그러므로

他今天因为身体不舒服，所以在家休息了。
그는 오늘 몸이 아파서 집에서 쉬었다.

---

05 除了
3급 …以外
chúle…yǐwài

(접) …을 제외하고, …만 빼놓고

除了我以外都是运动员。
나를 제외하고는 다 운동 선수들이다.

보카 활용포인트
(1) "除了....以外"는 뒤의 "都 dōu"와 호응하여 쓰면, "앞의 것을 제외하고 모두…이다"의 뜻이다.
他除了学习以外，什么都很好。
그는 공부만 빼놓고 다 잘한다.
(2) "除了....以外"는 뒤의 "还 (=又, 也)"와 호응하여 쓰면, "~이고, 또 ~이다"의 뜻으로 앞의 것과 뒤의 것이 모두 포함됨을 나타낸다.
周末, 他除了学习以外，还参加两项体育活动。
주말에 그는 공부도 하고, 또 두가지 체육활동에도 참가한다.

---

06 但是
3급 dànshì
= 可(是), 不过, 然而

(접) 그러나, 하지만

虽然在同一单位工作，但是咱们却没有谈过话。
비록 같은 회사에서 일하지만, 그러나 우리는 오히려 이야기를 나눠 본 적이 없다.

보카 활용포인트
"但是"는 "그러나"의 뜻으로 반드시 뒤 절 맨 앞에 쓰고, 이 경우 "可(是)", "不过", "然而" 등과 바꾸어 쓸 수 있다.

18 접속사 · **595**

07
3급

而且
érqiě
= 并且 bìngqiě

(접) 게다가, 또

他不但会说英语，而且说得很流利。

그는 영어를 할 줄 알 뿐만 아니라, 게다가 유창하게 한다.

> **보카활용포인트**
> "而且"는 "게다가, 또"라는 뜻으로 뒤 절 맨 앞에 쓴다.

08
3급

一边
yìbiān

(접) 한편으로 ~하면서 또 한편으로 ~하다,
　　~하면서 ~하다

她一边上网，一边听音乐。

그녀는 인터넷을 하면서 음악을 듣는다.

> **보카활용포인트**
> "一边"은 "一边~一边...."의 형태로 쓰여, "~하면서 ~하다"의
> 뜻이다. "두 가지 구체적인 동작이 동시에 일어남"을 나타내고,
> "一面 ~一面~"과 바꾸어 쓸 수 있다.

09
3급

或者
huòzhě

(접) ~이거나 아니면 ~이다

你给我打电话或者发电子邮件都可以。

너는 나한테 전화를 해도 되고 아니면 이메일을 보내도 된다.

10
3급

还是
háishi

(접) 또는, 아니면

你们是打车还是坐地铁？

너희는 택시를 탈래? 아니면 전철을 탈래?

> **보카활용포인트**
> "或者"와 "还是"는 둘 다 "둘 중 하나를 선택" 할 때 쓰는 접속
> 사이다.
> (1) 평서문에서 "~이거나 ~이다" 의 뜻으로 쓰는 경우 둘 다 쓸
> 　　수 있다.
> (2) 의문문에서 "~니? 아니면 ~니?"의 뜻으로 쓰는 경우 "还
> 　　是"만 쓸 수 있다.

☐ 不但 bùdàn	~할 뿐만 아니라		☐ 于是 yúshì	이리하여
☐ 并且 bìngqiě	게다가		☐ 尽管 jǐnguǎn	비록~이지만
☐ 即使 jíshǐ	설령~라 할지라도		☐ 可是 kěshì	그러나
☐ 不管 bùguǎn	~와 상관없이		☐ 只要 zhǐyào	~하기만 하면
☐ 由于 yóuyú	~이기 때문에		☐ 否则 fǒuzé	그렇지 않으면
☐ 因此 yīncǐ	그래서		☐ 而 ér	~하고(또)
☐ 既然 jìrán	이미 이렇게 된 이상			

---

 01 4급

不但
bùdàn

= 不仅 bùjǐn,
不仅仅, 不光,
不单, 非但

(접) ~할 뿐만 아니라

她不但会说汉语, 而且说得很流利。
그녀는 중국어를 할 줄 알 뿐만 아니라, 아주 유창하게까지 한다.

他是个爱好广泛的人, 不但画画得好, 并且歌唱得也很好听。
그는 취미가 폭 넓은 사람이다. 그림도 잘 그릴 뿐만 아니라, 노래 부르는 것도 아주 듣기 좋다.

---

02 4급

并且
bìngqiě

= 而且

(접) 게다가, 또한

这份工作很难, 并且时间也很紧张。
이 일은 아주 어렵고, 게다가 시간까지도 부족하다.

这种电子产品的质量很好, 并且销售得很好。
이런 전자 상품은 품질이 좋을 뿐만 아니라, 게다가 매우 잘 팔린다.

> **보카 활용포인트**
>
> "진일보 관계에 해당하는 접속사"란 앞 절을 뒤 절에서 한층 더 자세히 보충해 주어서 "점점 더(越来越), 더욱더(更加), 심지어 (甚至)"의 어감을 주는 접속사를 말한다. "不但"은 뒤 절의 "而且(érqiě)", "并且(bìngqiě)", "还", "又", "也" 등과 함께 호응하여 "不但 ···, 并且(=而且) ···。"의 형태로 쓰여, "~일 뿐만 아니라, 게다가/또 ~이다"라는 뜻으로 쓰는 진일보 관계에 해당하는 접속사이다.

---

03 | 4급

即使
jíshǐ

= 即便 jíbiàn,
就是, 就算,
哪怕 nǎpà

(접) 설령~라 할지라도, 설사~라 하더라도

即使是春天, 这里的天气依然是很冷。

설령 봄이라 할지라도, 이곳의 날씨는 여전히 매우 춥다.

---

04 | 4급

不管
bùguǎn

= 不论 bùlùn,
无论 wúlùn

(접) ~와 상관없이, ~을 막론하고

不管你走到哪里, 都不能忘记自己的祖国。

네가 어디를 가든 상관없이, 너의 조국을 잊어서는 안 된다.

> **보카 활용포인트**
>
> "即使"와 "不管"은 "모두 앞의 내용과 상관없이 결과는 변하지 않음"을 나타내고, 용법은 다음과 같다.
>
> (1) "即使"는 뒤 절의 "也", "都" 등과 호응하여, "即使 ···, 也(都) ···。"의 형태로 쓰여, "설령 ~라 할지라도, (그러나) 모두 ...이다"라는 뜻으로 쓰는 접속사이다. "即使"는 "即便(jíbiàn)", "就是(jiùshì)", "就算(jiùsuàn)", "哪怕(nǎpà)"와 동의어이다.
>
> (2) ① "不管"는 뒤 절의 "也", "都" 등과 호응하여, "不管 ···, 也(都) ···。"의 형태로 쓰여, "~와 상관없이,~을 막론하고 모두 ...이다"라는 뜻으로 쓰는 접속사이다. 또 뒤 절에 부사 "总是(zǒng shì) 늘, 항상", "反正(fǎnzhèng) 어쨌든" 등이 나오는 경우도 많다.
>
> ② "不管" 바로 뒤에는 반드시 의문문 형태가 와야 한다. 평서문 형태로 오면 "即使"를 쓴다.
>
> **你不管来不来, 都给我打个电话告诉我一声。**
> 네가 오든 안 오든 상관없이, 나한테 전화를 해서 알려주어야 한다.
>
> **不管谁, 一定要遵守交通规则。**
> 누구든지 상관없이, 반드시 교통규칙을 준수해야 한다.

③ "不管"의 동의어로는 "无论(wúlùn)", "不论(bùlùn)" 등이 있다.

 由于
yóuyú
= 因为

(접) ~이기 때문에

近期由于南方发生水灾，蔬菜的价格明显上涨了。

최근에 남쪽에서 발생한 수재 때문에 채소 가격이 눈에 띄게 비싸졌다.

 因此
yīncǐ
= 因而, 所以

(접) 그래서, 그러므로, 이 때문에

他由于常常感到头晕、没什么精神，因此打算周末去医院检查一下。

그는 자주 머리가 어지럽고 정신이 없어서, 주말에 검사를 좀 받으러 병원에 가려고 한다.

 既然
jìrán

(접) 이왕 이렇게 된 바에야, 이미 이렇게 된 이상, ~이니까

既然你不相信我说的话，那么你自己去打听好了。

넌 내가 하는 말을 믿지 않으니까, 너 스스로 알아보는 게 낫겠다.

> **본카 활용포인트**
>
> (1) ① "由于"는 뒤 절의 "因此(yīncǐ)", "因而(yīnér)", "而(ér)", "所以(suǒyǐ)", "就(jiù)", "才(cái)" ~등과 호응하여, "由于 …, 因此 …。"의 형태로 쓰여, "~이기 때문에, 그래서(그러므로)…이다"라는 뜻으로 쓰이는 접속사이다. 앞 절은 원인을 나타내고 뒤 절은 결과를 나타낸다.
> ② "由于"의 동의어로 "因为(yīnwèi)"가 있다.
>
> (2) "既然"은 뒤 절의 "那么(nàme)", "就(jiù)" 등과 호응하여, "既然…, 那么 + (주어) + 就…。"의 형태로 쓰여, "~이니까, 그러면 ~일 것이다 / ~하자 / ~하지 마라"라는 뜻으로 쓰이는 접속사 이다.
> ① 앞 절은 원인을 나타내고 뒤 절은 결론(= 주어의 생각과 판단)을 나타낸다.

4급 신HSK VOCA

② 뒤 절에 주어가 있는 경우 "那么"는 반드시 뒤 절 맨 앞(=주어 앞)에 쓰고, "就"는 주어 뒤의 부사자리에 쓴다.

08
4급

于是
yúshì

(접) 그래서, 이리하여, 그리하여

听说这几天要降温，于是妈妈把厚的衣服都拿出来了。

요 며칠 기온이 떨어진다는 소리를 들으셔서, 엄마는 두꺼운 옷을 모두 꺼내셨다.

보카활용포인트

"于是"는 원인과 결과를 나타내는 문장에서 결과를 나타내는 뒤 절 맨 앞에서 "그래서, 그리하여, 이리하여"의 뜻으로 쓰이는 접속사이다. 앞의 원인으로 인해서 뒤의 결과가 시간적으로 연이어 일어났음을 나타낸다.

09
4급

尽管
jǐnguǎn

= 虽然

(접) 비록~이지만, 설령 ~라 하더라도, ~에도 불구하고

尽管他很累，但他还是坚持把工作做完。

비록 그는 매우 피곤했지만, 그래도 끝까지 일을 다 마쳤다.

10
4급

可是
kěshì

(접) 그러나

他嘴上那么说，可是他心里却不是那样想的。

그는 말은 그렇게 하지만, 그러나 속으로는 오히려 그렇게 생각하지 않는다.

보카활용포인트

(1) ① "尽管"은 뒤 절의 "可是(kěshì)", "然而(rán'ér)", "不过(búguò)", "但是(dànshì)" 등과 호응하여, "尽管 …, 可是 …。"의 형태로 쓰여, 비록 ~이지만, 그러나 ~이다" 라는 뜻의 접속사로 써서 전환관계를 나타낸다.
② "尽管"의 동의어로는 "虽然(suīrán)", "虽说(suīshuō)", "固然(gùrán)" 등이 있다.
(2) "可是"는 뒤 절 맨 앞에서 앞 절의 "尽管", "虽然" 등과 호응하여 함께 써서 전환관계를 나타낸다. 동의어로는 "然而(rán'ér)", "不过(búguò)", "但是(dànshì)" 등이 있다.

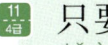

只要
zhǐyào

(접) ~하기만 하면, ~한다면 (…이다)

家里的事情你不用担心，只要安心工作就好了。

당신은 집안일은 걱정하지 말고, 편안하게 일하기만 하면 된다.

> **보카활용포인트**
> "只要"는 뒤 절의 "就"와 호응하여, "只要…，就…。"의 형태로 쓰여, "~라면 ~이다"라는 뜻의 접속사로 쓴다. 뒤의 결과가 나오기 위해서는 여러 가지 조건 중의 하나인 앞의 조건이 필요함을 나타내는 필요충분 조건에 해당한다.

否则
fǒuzé

= 要不然, 要不, 不然

(접) 그렇지 않으면

你千万不要酒后驾车，否则太危险了。

너는 절대로 음주운전을 해서는 안 된다. 그렇지 않으면 아주 위험하다.

> **보카활용포인트**
> "否则"는 뒤 절 맨 앞에 쓰여 "만약에 그렇지 않으면, 안 그러면"라는 뜻의 접속사로 가정을 반대로 하는 경우에 쓴다. 주로 "반드시 ~해야 한다, 그렇지 않으면 ~일 것이다" 또는 "아마도 ~일 것이다, 그렇지 않으면 왜 ~이겠는가?" 등의 형식으로 쓴다.

而
ér

(접) ① ~하고(또), ~하며, ~하고 그리고 또(~하다) ② ~하지만, ~나, ~지만 그러나 (~이다) ③ (~이기 때문에) 그래서 ~이다

她的一双大眼睛纯洁而美丽，让人难忘。

그녀의 큰 눈은 순결하고 아름다워서 잊기 어렵다.

红烧肉虽说是用肥肉做的，但肥而不腻。

홍사오로우는 기름진 고기로 만들었지만, 그러나 고기가 오히려 느끼하지 않다.

由于他的失误而导致这次任务的失败。

그의 실수 때문에 이번 임무의 실패를 초래하였다.

보카 활용포인트

"而"의 대표적인 용법은 다음과 같다.

(1) "~하고, 그리고"의 뜻으로, 형용사와 형용사 사이, 동사와 동사에서 앞의 사실과 뒤의 사실이 같은 자격으로 나란히 병렬로 이어지는 것을 나타낸다.

(2) "그러나, ~하지만"의 뜻으로 앞 뒤 절의 내용이 서로 대립되는 관계를 나타낸다.

(3) "~하기 때문에, 그래서 ~하다"의 뜻으로 앞 절의 "由于 (yóuyú)", "因为(yīnwèi)" 등과 호응하여 함께 쓰여 원인과 결과를 나타낸다.

☐ 看来 kànlai	보기에 (~인 것 같다)		☐ 反而 fǎn'ér	(그러나) 오히려
☐ 比如 bǐrú	예컨대, 예를 들면		☐ 何况 hékuàng	하물며
☐ 此外 cǐwài	이 밖에		☐ 假如 jiǎrú	만약, 만일
☐ 总之 zǒngzhī	요컨대		☐ 要是 yàoshi	만약 ~하면
☐ 同时 tóngshí	~하는 동시에		☐ 万一 wànyī	만일, 만약
☐ 不然 bùrán	안 그러면		☐ 哪怕 nǎpà	설령
☐ 要不 yàobù	그렇지 않으면		☐ 宁可 nìngkě	설령(~할지라도)
☐ 除非 chúfēi	반드시(오직) ~하여야만		☐ 与其 yǔqí	~하느니(차라리)
☐ 因而 yīn'ér	그러므로		☐ 则 zé	그래서, 그러나
☐ 从而 cóng'ér	따라서			

5급 신HSK VOCA

01
5급
看来
kànlai

(접속사) 보기에 , 보니까, 보아하니 (~인 것 같다)

看来这件事没有你想象的那么糟。
이 일은 네가 상상했던 것만큼 그렇게 나쁘지는 않아 보인다.

你的脸色不好，看来得去医院检查。
네 안색이 너무 안 좋은데, 병원에 가서 검사를 받아야 할 것 같다.

> **보카 활용포인트**
> "看来[= 看起来]"는 객관적인 현상을 관찰하여, 어떤 "판단이나 추측"을 하는 경우에 쓰고, 확정적인 생각이나 견해에는 쓸 수 없다.

02
5급
比如
bǐrú

(접) 예컨대, 가령

他喜欢运动，比如踢足球、打篮球、打羽毛球、打乒乓球等。
그는 운동을 좋아한다. 예를 들면 축구하는 것, 농구하는 것, 베드민턴 치는 것, 탁구 치는 것 등이 있다.

"比如"는 두 가지 이상을 예를 들어 설명할 때 예문의 맨 앞에 쓴다. 이 경우 "例如(lìrú)", "比方(bǐfang)" 등과 동의어이다.

此外
cǐwài

03
5급

(접) 이 밖에, 이 이외

他从家乡带来许多特产, 有大枣、苹果、梨, 此外还有手工艺品。

그는 고향에서 대추, 사과, 배 등 많은 특산물을 가지고 왔고, 이 밖에도 또 수공예품도 있다.

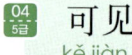

"此外"는 "앞에서 말한 사물이나 상황 말고도, 이 외에도 또 ∼이 있다"라는 뜻인 경우, 뒤 절 맨 앞에 쓰인다.

可见
kě jiàn

04
5급

(접) (앞의 것으로 보아 다음과 같은 것) 을 알 수 있다

这件事终于发生了, 可见他的预言是对的。

이 일은 결국 일어났는데, 이것으로 보아 그의 예언이 적중했다는 것을 알 수 있다.

总之
zǒngzhī

= 总而言之,
总的来说

05
5급

(접) ① 총괄적으로 말해서, 요컨대, 한마디로 말하면 ② 어쨌든

有人喜欢读书, 有人喜欢运动, 有人喜欢画画儿, 总之各有所爱。

어떤 사람은 책 읽는 것을 좋아하고, 어떤 사람은 운동을 좋아하고, 어떤 사람은 그림 그리는 것을 좋아하는데, 한마디로 말하면 각자 좋아하는 바가 다 있다.

总之, 我记住你说的话了, 你就不要再重复了。

어쨌든 나는 네 말을 기억 할테니, 너는 더 이상 반복해서 말하지 마라.

> **보카활용포인트**
> (1) "总之"는 앞에서 상술한 내용을 마지막 문장에서 총괄하는 경우에 쓴다.
> (2) "总之"는 "어쨌든"의 뜻으로 "反正"과 동의어로도 쓸 수 있다.

---

06 5급
同时
tóngshí

(접) ~하는 동시에, 또한

他在学汉语的同时，还学习日语。

그는 중국어를 공부하는 동시에, 또 일어도 공부한다.

> **보카활용포인트**
> "同时"는 보통 "在~的同时，还(= 又, 也)…." 또는 "~, 同时还(= 又, 也)…."의 형태로 쓰여, "~하는 동시에, 또 …하다"는 뜻으로 쓴다.

---

07 5급
不然
bùrán
= 否则, 要不

(접) 그렇지 않으면, 안 그러면

你晚上必须得少吃些零食，不然你会变胖的。

너는 저녁에 반드시 간식을 좀 적게 먹어야지, 안 그러면 뚱뚱해질 거야.

---

08 5급
要不
yàobù

(접) 그렇지 않으면

天气很热，你的面快点吃吧，要不然就坏了。

날씨가 무척 더우니, 너 국수를 빨리 먹어라. 안 그러면 곧 상할 거야.

> **보카활용포인트**
> "不然"은 "만약에 그렇지 않으면, 안 그러면"의 뜻으로 반대로 가정을 하는 경우에 뒤 절 맨 앞에 쓰는 접속사이다. 이 경우 동의어로는 "要不然(yàoburán)", "要不(yàobù)", "否则(fǒuzé)" 등이 있고, 용법은 다음과 같다.
> (1) "不然"은 "(~을 해야 한다), 그렇지 않으면 (~일 것이다)"라는 뜻으로 쓴다. 이 경우 앞 절에 어떤 것을 하기를 제시하는 내용이 나오고, 뒷 절에는 실제로는 일어나지 않았지만, 앞의 것처럼 하지 않았을 때 발생하는 결과를 주어의 주관적인 판단으로 가정하는 내용이 나온다.

5급 신HSK VOCA

你一定要完成任务, 要不然, 我们会失望的。
너는 반드시 임무를 완성해야 해. 그렇지 않으면 우리는 실망할 거야.

你该早点儿动手, 否则会来不及的。
너는 좀 일찍 일을 시작해야지, 안 그러면 시간이 모자랄 것이다.

(2) "不然"은 "(~일 것이다), 그렇지 않으면(어떻게~할 수 있는가?, 왜 ~이겠는가?, 어떻게~이겠는가?, 어디~이겠는가?, 구태여 ~할 필요가 있겠는가?)"라는 뜻이다.

他一定发生了什么事, 不然怎么这么晚还不回家呢?
그는 반드시 무슨 일이 생겼을 거야. 안 그러면 어떻게 이렇게 늦게까지 집에 오지 않을 수가 있니?

看来他已离开这儿了, 否则为什么没看见?
그는 이미 여기를 떠난 것 같아. 그렇지 않으면 왜 안 보이겠어?

(3) "不然"은 다음과 같이 관용적인 표현으로 쓸 수 있다.
① "不然"은 앞 절 맨 앞의 "幸亏(xìngkuī) 다행히, 운좋게도"와 함께 쓰여, "다행히(운 좋게)~했으니 망정이지, 그렇지 않았다면 …이었을 것이다"라는 뜻이다.

幸亏我早来五分钟, 要不然就赶不上火车了。
다행히 내가 5분 일찍 왔으니까 망정이지, 안 그랬으면 기차를 놓쳤을 것이다.

② "不然"은 앞 절의 "只有"와 함께 쓰여 "오로지 ~이어야만 하지, 그렇지 않으면…이다"라는 뜻이다.

我们应该每天锻炼身体。否则不能保持健康。
매일 운동을 해야지, 안 그러면 건강을 유지할 수 없다.

除非通过这条胡同, 才能去学校。
반드시 이 골목을 통과해야만 학교에 갈 수 있다.

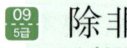

除非
chúfēi

(접) ① 반드시(오직) ~하여야만 (= 只有)
② ~가 아닌 이상

除非你答应我的要求, 我才会做这件事。
네가 내 요구를 들어주어야만, 나는 이 일을 할 것이다.

他决不会来的, 除非经理亲自去请他。
사장이 직접 그를 모시러 가지 않는 이상, 그는 절대로 오지 않을 것이다.

> **보카 활용포인트**
>
> (1) "除非"는 뒤 절의 부사 "才"와 함께 호응하여, "除非~才…"의 형태로 쓰여, "반드시 (조건이)~이어야만, 비로소 (결과는~이다)"라는 뜻으로 쓰는 접속사이다. 뒤 절의 결과가 나오기 위해서는 반드시 앞 절의 조건이 필요하다는 것을 나타낸다. 이 경우 "除非"는 "只有"와 동의어이다.

除非通过这条胡同，才能去学校。
반드시 이 골목을 통과해야만 학교에 갈 수 있다.

(2) "除非"를 뒤 절 맨 앞에 쓰는 경우 뒤에서부터 앞으로 해석을
하여 "(뒤의 것) ~이 아닌 이상, ~하지 않고서는, (앞의 것을)
하다"라는 뜻으로 쓴다.

你一定要参加会议，除非突然有急事。
갑자기 급한 일이 생기지 않은 이상 너는 반드시 회의에 참가
해야 한다.

因而
yīn'ér
= 因此

(접) 그러므로, 그래서, 그런 까닭에, 따라서

由于我们充分准备，因而这次晚会举办
得很成功。

우리가 충분히 준비를 했기 때문에 그래서 이번 저녁파티는
성공적이었다.

> **보카활용포인트**
> "因此"는 앞 절의 "由于"와 호응하여 "由于~，因此……。"의
> 형태로 써서 원인과 결과를 나타내는 경우 결과의 문장 맨 앞에
> 쓴다. 동의어로는 "因此(yīncǐ)"가 있다.

从而
cóng'ér

(접) 따라서, 그리하여, ~함으로써

在她的帮助下，我们之间消除了误会，
从而变得比以前更好了。

그녀의 도움으로 우리 사이에 오해가 풀렸고, 그래서 이전
보다 사이가 더 좋아졌다.

> **보카활용포인트**
> "从而"은 앞 절에 "조건, 원인, 방법" 등이 나오고, 뒤 절에는 결
> 과나 목적이 나오는 경우 뒤 절 맨 앞에 쓰인다. 접속사 "所以
> 그래서, 그러므로"와 비슷한 뜻이다. "从而"은 반드시 주어가
> 한 개일 때만 쓸 수 있다.

12 5급 反而
fǎn'ér

(접/부) (그러나) 오히려

他吃了药以后非但没有好点，反而更严重了。

그는 약 먹은 후에, 좋아지지 않았을 뿐 아니라, 오히려 더 심해졌다.

> **보카 활용포인트**
>
> (1) "反而"은 접속사로 쓰는 경우 앞 절의 "不但[= 不仅, 不仅仅, 非但] + "不/没"와 함께 호응하여, "不但 + 不/没 …, 反而 …。"의 형태로 뒤 절 맨 앞에 쓰여서, 앞 절의 내용에 뒤 절의 내용을 더 보충해 주는 역할을 한다.
> (2) "反而"을 부사로 쓰는 경우 "(그러나) 오히려"라는 뜻으로 뒤 절의 부사자리에 쓴다.
> 이 경우 뒤 절에 주어가 있는 경우 반드시 주어 뒤에 쓴다.
> **我以为走这条路很近，反而更远了。**
> 나는 이 길로 가면 아주 가까울 거라고 생각했는데, 오히려 더 멀다.

13 5급 何况
hékuàng

(접) ① 하물며, 더군다나   ② 게다가, 또

连北方都这么热，何况南方呢？

북쪽조차도 이렇게 더운데, 하물며 남쪽은 어떻겠어?

你出去接他吧，这里不好找，何况他也是第一次来。

네가 그를 데리러 가라. 여기는 찾기 힘들고 게다가 그는 처음 오는 길이잖니.

> **보카 활용포인트**
>
> (1) "何况"을 반문구에 쓰면 맨 뒤의 어기 조사 "呢"와 호응하여 "하물며~는?" 이라는 뜻으로 쓰여 "何况"뒤의 사항은 더욱 말할 것도 없다는 것을 강조하는 경우에 쓴다. "何况"과 "呢" 사이에는 주로 명사나 대명사가 오고, 앞 절에는 "连~都[= 也]……。"와 함께 쓰는 경우가 많다.
> **这件事连孩子们都知道，何况大人呢?**
> [= 这件事连孩子们都知道，更不用说大人。]
> 이 일은 아이들조차도 다 아는데, 하물며 어른들은?
> (= 이 일은 아이들조차도 다 아는데, 어른들은 더 말할 것도 없다.)

(2) "何况"을 평서문에 쓰면 "게다가, 또"라는 뜻으로 "원인이나 이유를 한 층 더 자세히 설명하는 경우" 두 번째 원인이나 이유를 나타내는 문장 맨 앞에 쓴다. 이 경우 "何况"은 주로 뒤에 "还", "又", "也" 등과 함께 쓴다. "况且(kuàngqiě)"와 동의어이다.

这台收音机值得买，音质很好，何况价格也还算便宜。

이 라디오는 살 만하다. 음질도 좋고, 게다가 가격도 싼 편이다.

假如
jiǎrú

= 如果, 要是

(접) 만약, 만일

假如你能来这里旅游的话，我一定当你的导游。

당신이 이곳에 여행하러 온다면, 제가 반드시 당신의 가이드가 되어 드릴께요.

> 보카활용포인트
>
> "假如"는 앞 절에 쓰여, 뒤 절 맨 앞의 "那么" 또는 부사 "就"와 함께 호응하여, "假如 …, (那么) + 주어 + 就 …。"의 형태로 쓰여, 가정을 나타내는 접속사이다. 이 경우 "如果"와 동의어이다. "如(rú)", "倘(tǎng)", "若(ruò)", "假(jiǎ)" 등의 단어가 있으면 "如果"의 뜻이다. [= 假如, 如果, 倘若, 假如, 假设, 假使, 要是]

要是
yàoshi

(접) 만일 ～이라면, 만약 ～하면

这么好看的风景，要是能用照相机拍下来就好了。

이렇게 경치가 좋은데, 카메라를 가지고 사진을 찍을 수 있으면 너무 좋겠다.

万一
wànyī

(접) 만일, 만약, 만에 하나(라도)

万一我不能来学校，请你替我向老师请假。

만약에 내가 학교에 올 수 없다면 네가 나 대신 선생님한테 결석신청을 해주라.

> 보카활용포인트
>
> "万一"는 "만에 하나라도"라는 뜻으로 일어날 가능성이 희박한 것을 가정할 때 쓴다.

哪怕
nǎpà

= 即使

(접) 설령, 비록 ~라(할지라)도

哪怕天气再不好，我们也要走了，不然赶不上车了。

날씨가 더 안 좋다 하더라도 우리는 가야 돼. 안 그러면 차를 놓칠거야.

보카 활용포인트

"哪怕"는 뒤 절의 "也", "都" 등과 호응하여, "哪怕 ⋯ 也(都) ⋯。"의 형태로 쓰여, "설령 ~라 할지라도, (그러나) 모두⋯이다"의 뜻으로 쓰는 접속사이다. 앞의 상황과 관계없이 뒤의 결과는 변함이 없음을 나타내고, 동의어로는 "即使(jíshǐ)", "即便(jíbiàn)", "就是(jiùshì)", "就算(jiùsuàn)"이 있다.

宁可
nìngkě

= 宁肯, 宁愿

(접) 차라리 (~하는 것이 낫다), 오히려 (~할지언정), 설령 (~할지라도)

我宁可开夜车，也要做好这份工作。

나는 밤을 새는 한이 있어도 이 일을 다 잘 끝낼 것이다.

我宁可呆在家里，也不愿意去人多吵闹的地方。

나는 집에 있는 한이 있어도, 사람이 많은 시끄러운 곳에 가고 싶지 않다.

보카 활용포인트

"宁可"는 "宁肯(nìngkěn)", "宁愿(nìngyuàn)"과 동의어이고 용법은 다음과 같다.
(1) "宁可"를 긍정문에 쓰는 경우 반드시 뒷 절의 "也要"와 함께 호응하여, "宁可 ⋯, 也要 ⋯。"의 형태로 쓰여, "설령 ~하는 한이 있어도, 반드시⋯하겠다"라는 뜻으로 쓴다. 이 경우 "주어한테 불리한 상황이 생긴다 하더라도 반드시 뒤의 것을 하고 싶다는 굳은 의지"를 나타낸다.
(2) "宁可"를 부정문에 쓰는 경우 반드시 뒷 절의 "也不", "也别", "也绝不", "也不要" 등과 함께 호응하여, "宁可 ⋯, 也不 ⋯。"의 형태로 쓰여, "설령 ~하는 한이 있어도, 절대로⋯하지 않겠다"라는 뜻으로 쓴다. 이 경우 "주어한테 불리한 상황이 생긴다더라도 절대로 뒤의 것을 하고 싶지 않다는 굳은 의지"를 나타낸다.

与其
yǔqí

(접) ~하기 보다는, ~하느니 (차라리)

外面的空气很好，咱们与其呆在屋子
里，不如出去呼吸一下新鲜空气。

바깥 공기가 너무 좋은데, 우리 집에 있느니 나가서 신선한
공기를 마시는 게 좋겠다.

> **보카 활용 포인트**
>
> "与其"는 뒤 절의 "不如"와 함께 호응하여 "与其~不如…"
> 의 형태로 "~하느니, 차라리 …하는 게 낫겠다"는 뜻의 접속사
> 로 쓴다. 두 가지 일 중에서 뒤의 것을 선택하는 경우에 쓴다.
> "不如" 바로 앞에는 부사 "倒(오히려)", "还(훨씬)", "更(더욱)"
> 등을 함께 써도 된다.

则
zé

(접/부) ① 그러면, 그래서 / ② ~하자마자 곧, 바
로 …하다

> **보카 활용 포인트**
>
> (1) "则"는 "~하면 …하다"는 뜻으로 "원인과 결과"를 나타내거
>   나 "조건"을 나타낸다. 이 경우 "那, 那么(그러면, 그럼)" 또는
>   "就(곧)"와 비슷한 뜻으로 쓴다.
>   如果不能解决主要问题，则后果很严重。
>   주요문제를 해결할 수 없다면, 그러면 결과는 상당히 심각하다.
> (2) ① 부사 "就(곧, 바로)"와 같은 뜻으로 두 일이 시간적으로 긴
>   밀히 이어져서 진행됨을 뜻한다. 앞 절에는" 원인 또는 조
>   건"이 나오고, 뒤 절에는 "결과"가 온다. 주어 앞 뒤 상관없
>   이 쓸 수 있다.
>   老师来了，则一切问题都解决了。
>   선생님이 오시자, 곧 모든 문제가 다 해결되었다.
> ② 부사 "却(그러나 오히려)"와 같은 뜻으로 앞 절과 뒤 절에
>   서로 반대되는 내용이 나온다.
>   她把新衣服借给了别人，而自己则穿旧衣服。
>   그녀는 새옷은 다른 사람한테 빌려주고, 자기는 오히려 낡
>   은 옷을 입고 있다.

☐ **个** gè	~개, ~가지, ~명	☐ **次** cì	~번, ~차례
☐ **本** běn	~권	☐ **一点儿** yīdiǎnr	좀, 약간
☐ **种** zhǒng	~종류	☐ **第** dì	제~
☐ **双** shuāng	~쌍		

수량단위를 표시 하는 낱말을 '양사(量词)'라고 하며, 문장 안에서 주로 관용적으로 쓰인다.

---

01 **3급** **个**
gè

(수) ~개, ~가지, ~명

图书馆有一个人看书。
도서관에 책을 보는 사람이 한 명 있다.

我吃了两个苹果。 나는 사과 두 개를 먹었다.

 보카활용포인트
"个"는 가장 광범위하게 널리 쓰이는 양사이다. 사람, 물건, 사물 등에 모두 쓸 수 있다.

---

02 **3급** **本**
běn

(수) ~권

我读了一本书。 나는 책 한 권을 읽었다.

 보카활용포인트
"本"은 책자로 펴낼 수 있는 것을 세는 단위이다. : **一本**(书 책 / 辞典 사전 / 杂志 잡지 / 地图 지도)

---

03 **3급** **种**
zhǒng

(수) ~종류

京剧是一种戏曲之一。
경극은 희곡의 한 종류이다.

 보카활용포인트
"种"은 "종류"를 세는 단위인데, 사람한테 쓰는 경우 부정적인 뜻을 나타낸다.

我不是你想象的那种人。
나는 당신이 상상하는 그런 사람이 아니다.

04
3급

双
shuāng

(수) ~쌍

보카 활용포인트

(1) 좌우 대칭으로 쌍을 이루고 있는 사람의 신체기관을 세는 단위
이다. : 一双(眼睛 양쪽 눈 / 耳朵 양쪽 귀 / 手 양쪽 손)
(2) 신체에 부착할 수 있는 물건에도 쓸 수 있다. : 一双鞋 신발
한 켤레

05
3급

次
cì

(수) ~번, ~차례

我们讨论了五次。 우리는 토론을 다섯 번 했다.

보카 활용포인트

"次"는 "반복해서 나타나는 동작이나 일의 횟수"를 세는 단위로
동사 뒤에 쓰며, 이 경우 "回"와 바꾸어 쓸 수 있는데, "回"가 구
어적인 색체가 더 강하다.

06
3급

一点儿
yìdiǎnr

(수) 좀, 약간

他的病好一点儿了。 그는 병이 좀 나았다.

보카 활용포인트

"一点儿"과 "有点儿"은 둘 다 "좀, 약간"이란 뜻이다.
(1) "一点儿"은 서술어 뒤에 쓰이며, 주로 "긍정적인 뜻"을 나타
낸다.
我的心情渐渐好一点儿。 내 기분은 점점 좋아졌다.
(2) "有点儿"은 서술어 앞에 쓰이며, 주로 "부정적인 뜻"을 나타
낸다.
我今天有点儿头疼。 나는 오늘 머리가 좀 아프다.

07
3급

第
dì

(수) 제~

她第一次来北京的时候，什么都不熟悉。
그녀가 맨 처음 북경에 왔을 때, 뭐든지 다 낯설었다.

我只学习好了第一课。

나는 겨우 제1과만 마스터했다.

보카 활용포인트

"第"는 숫자 앞에 쓰여 "차례의 몇 번째"를 나타내는 서수로 쓰인다.

□ 亿 yì	억	□ 座 zuò	산, 다리 등을 세는 단위
□ 俩 liǎ	두 개	□ 台 tái	~대
□ 倍 bèi	배	□ 群 qún	~떼, ~무리
□ 朵 duǒ	~송이	□ 场 chǎng	~번, ~차례
□ 份 fèn	~부	□ 趟 tàng	~번, ~차례
□ 棵 kē	~그루	□ 顿 dùn	~끼 / ~번, ~사례
□ 篇 piān	~편	□ 公里 gōnglǐ	킬로미터
□ 只 zhī	~마리		

01 4급 亿 yì

(숫자) 억

他们国家的人口大概有三亿五千万。

그들 국가의 인구는 대략 삼억오천만 명 정도 된다.

02 4급 俩 liǎ

(수사+양사) 두 개 ["两个"의 준말]

周末, 我们俩一起去看电影。

주말에 우리 둘은 함께 영화를 보러갔다.

03 4급 倍 bèi

(양) 배, 곱, 갑절

今年的汽车产量比去年增加了两倍。

올해 자동차 생산량은 작년 생산량보다 두 배 증가했다.

04 4급 朵 duǒ

(명량사) ~송이

我送给她一朵新鲜的花。

나는 그녀에게 싱싱한 꽃 한송이를 선물했다.

> **보카 활용포인트**
>
> "명량사"란 명사 앞에서 "수사 + 양사 + 명사"의 형태로 쓰이는 양사를 말한다.
> "朵"는 명량사로 꽃이나 구름 등을 세는 단위이다. : 一朵(花 꽃 한 송이 / 云 구름 한 점)

份
fèn

(명량사) ~부 , ~건

我在报刊亭买了一份报纸。
나는 신문 파는 곳에서 신문 한 부를 샀다.

> **보카활용포인트**
> "份"은 명량사로 "힘, 일, 서류 · 문건, 신문" 등을 세는 단위이다.
> : 一份(力量 힘 / 事情 일 / 文件 서류, 문건 / 报纸 신문)

棵
kē

(명량사) ~그루

我们在门前种了一棵树。
우리는 문 앞에 나무 한 그루를 심었다.

> **보카활용포인트**
> "棵"는 명량사로 식물이나 나무를 세는 단위이다. : 一棵树 나무 한 그루

篇
piān

(명량사) ~편

我最近在写一篇毕业论文。
나는 최근에 졸업논문 한 편을 쓰고 있는 중이다.

> **보카활용포인트**
> "篇"은 명량사로 문장을 세는 단위이다. : 一篇(文章 문장 한 편 / 论文 논문 한 편)

只
zhī

(명량사) ~마리

我以前养过一只猫。
나는 이전에 고양이 한 마리를 기른 적이 있다.

> **보카활용포인트**
> (1) "只"는 명량사로 조류나 동물을 세는 단위이다. : 一只(猫 고양이 / 鸟 새 / 鸟鸽 비둘기 / 熊猫 판다 / 老虎 호랑이)
> (2) "돼지", 소", "말"은 "只"를 쓰지 않고 각각 "口(kǒu)", "头(tóu)", "匹(pǐ)"를 쓴다. : 一口猪 돼지 한 마리 / 一头牛 소 한 마리 / 一匹马 말 한 필

座
zuò

(명량사) 산, 다리, 건물 등을 세는 단위

我家后面有一座山。
우리 집 뒤에는 산이 하나 있다.

工人们正在修建一座桥。
근로자들은 지금 다리를 짓고 있다.

> **보카활용포인트**
>
> "座"는 "명량사"로 크고 한자리에 고정된 것이나 건축물을 세는 단위이다. : 一座(山 산 / 城市 도시 / 桥 다리,교량 / 塔 탑)

台
tái

(명량사) ~대

爸爸昨天买回来了一台新电视机。
아버지께서 어제 새 TV를 사가지고 돌아 오셨다.

> **보카활용포인트**
>
> "台"는 명량사로 기계를 세는 단위이다. : 一台(电视 TV / 电脑 컴퓨터 / 冰箱 냉장고 / 收音机 라디오)

群
qún

(집합 명량사) ~떼, ~무리

一群孩子突然向我走过来。
한 무리의 아이들이 갑자기 나를 향해서 걸어왔다.

> **보카활용포인트**
>
> "집합 명량사"란 "수사 + 양사 + 명사"의 형태로 쓰여 "한 무리, 한 떼, 한 세트" 등과 같이 두 개 이상의 사물이 모여 있는 것을 세는 데 쓰는 단위를 말한다.
> "群"은 사람 또는 동물의 떼나 무리를 세는 단위를 말한다.
> 一群(人 한 무리의 사람 들 / 羊 양떼들)

场
chǎng

(동량사) ~번, ~차례, ~바탕

我正在观看一场足球比赛。
나는 지금 축구경기 하나를 보고 있는 중이다.

4급 신HSK VOCA

보카활용포인트

"동량사"란 동사 뒤에서 동작이 일어난 횟수를 세는 단위를 말한다. "场"은 동량사로 "체육, 문예, 오락 활동" 등을 세는 단위를 말한다. : 看了一场足球比赛 축구시합 을 한 게임 보았다 / 表演 공연을 한 번 보았다)

 趟
tàng

(동량사) ~번, ~차례, ~바탕

麻烦你，去公司跑一趟吧。
수고스럽지만 네가 회사에 한 번 갔다 와라.

보카활용포인트

"趟"은 동량사로 "왕복"의 한번을 세는 단위를 말한다. 동사는 주로 "走", "跑", "回" 등과 함께 쓰인다. : (走 가다 / 跑 가다 / 回 돌아오다. 돌아가다)了一趟。

 顿
dùn

① (명량사) ~끼 ② (동량사) ~번, ~차례, ~바탕

我请朋友吃一顿饭。
나는 친구에게 식사를 한 끼 대접했다.

他被妈妈打了一顿。
그는 엄마한테 한 번 맞았다.

보카활용포인트

(1) "顿"은 명량사로 쓰는 경우 "끼니, 식사"를 세는 단위이다. : 一顿饭 한 끼 식사
(2) "顿"은 동량사로 쓰는 경우 "욕하거나 때리는 동작"을 세는 단위이다. : (骂 욕하다 / 批评 비평하다 / 教训 훈계하다. 꾸짖다 / 打 때리다)了一顿。

 公里
gōnglǐ

(도량형양사) 킬로미터

出租车一公里是两块钱。
택시는 1킬로미터당 2원이다.

보카활용포인트

"도량형 양사"란 "길이, 면적, 무게" 등 도량형의 계산단위를 양사로 쓰는 것을 말한다.

(1) 길이의 단위 : 里(lǐ) 리 / 厘米(límǐ) [= 公分(gōngfēn)] 센티미터 / 米(mǐ) [= 公尺(gōngchǐ)] 미터 / 公里 (gōnglǐ) 킬로미터
(2) 무게의 단위 : 斤(jīn) 근 / 公斤(gōngjīn) 킬로그램 / 吨 (dūn) 톤
(3) 면적의 단위 : 平方米(píngfāngmǐ) 평방미터
(4) 화폐의 단위 : 分(fēn) 1원의 100분의 일 / 角(jiǎo) [= 毛 (máo)] 1원의 10분의 일 / 元(yuán) 원

☐	班 bān	~번 노선		☐	厘米 límǐ	~센티미터
☐	册 cè	~ 권		☐	立方 lìfāng	부피의 단위 (입방)
☐	滴 dī	방울		☐	平方 píngfāng	~제곱, 평방
☐	顶 dǐng	~개		☐	毛 máo	일원의 1/10, 10전
☐	段 duàn	단락		☐	秒 miǎo	초
☐	堆 duī	무더기, 더미		☐	批 pī	~ 무리, ~ 떼
☐	壶 hú	~주전자		☐	匹 pǐ	~필
☐	甲 jiǎ	첫째, 제1위		☐	片 piàn / piān	~편 / ~편
☐	乙 yǐ	두 번째		☐	则 zé	~조항, 문제, 편, 토막
☐	丁 dīng	네 번째		☐	阵 zhèn	~번 , ~바탕, ~차례
☐	节 jié	~마디		☐	支 zhī	~자루, ~대
☐	届 jiè	~회		☐	圈 quān	~바퀴
☐	卷 juǎn	~뭉치		☐	团 tuán	~뭉치, 덩이
☐	颗 kē	~알, 방울		☐	套 tào	~벌, 조
☐	粒 lì	~알, ~ 톨		☐	所 suǒ	~채, ~동
☐	克 kè	그램 (g)		☐	项 xiàng	~가지, 항
☐	吨 dūn	톤				

01
5급
班
bān

(양) 비행기나 통근차 등 정기적으로 운행하는 교통기관의 노선을 세는 단위

我要坐最早的一班飞机走。

나는 가장 이른 항공편을 타고 가려고 한다.

추가 활용 포인트
班车 통근차 / 班机 정기 항공편

02
5급
册
cè

(양) ~ 권

这套百科全书一共十册。

이 백과사전은 총 열 권이다.

보카활용포인트

"册"는 책을 세는 단위로 "本"과 동의어이다.

滴
dī

(양) 방울

他一个人把酒喝光了, 连一滴酒也没有了。

그 혼자서 술 한 방울도 남기지 않고 다 마셔버렸다.

보카활용포인트

"滴"는 둥글게 맺힌 액체를 세는 단위이다. : 一滴(泪水 눈물 한 방울 / 酒 술 / 汗 땀)

顶
dǐng

(양) 모자와 같이 꼭대기가 있는 물건을 세는 단위

我要去商店买一顶帽子。

나는 모자 하나를 사러 상점에 가려고 한다.

段
duàn

(양) ① 일정 시간, 거리, 구간
② 토막, 대목, 단락

我度过一段美好的日子。

나는 한동안의 아름다운 날을 보냈다.

보카활용포인트

(1) "段"은 일정한 거리나 구간 또는 일정기간 동안의 시간을 세는 단위이다. : 一段时间 일정 기간 동안의 시간 / 一段路 일정노선

(2) "段"은 주로 음악, 말, 글 등 추상적인 사물의 한 토막, 대목, 단락을 세는 단위이다. : 一段(歌 노래 한 소절 / 京剧 경극 한 대목 / 话 말 한 구절 / 文章 문장 한 단락)

堆
duī

(양) 무더기, 더미

我们的眼睛都集中在一堆点心上。

우리의 눈은 모두 쌓아놓은 간식에 집중되어 있었다.

보카활용포인트

"堆"는 쌓아 놓은 더미를 세는 단위이다. : 一堆(垃圾 쓰레기 더미 / 粮食 양식 / 书 책 / 土 흙)

5급 신HSK VOCA

07
5급
壶
hú

(양) ～주전자, ～단지

我把一壶水倒进杯子里。
나는 물 한 주전자를 컵에 따랐다.

> **보카 활용 포인트**
> "壶"는 주전자나 단지 모양의 그릇을 세는 단위이다.

08
5급
甲
jiǎ

(수사/대명사/형) ① 배열 순서의 첫째, 제1위
② 전해지지 않거나 허구이거나 밝히고 싶지 않
　은 사람이나 사물을 가리키는 경우에 씀
③ 제일이다, 첫째이다

我是甲组, 他是乙组。 나는 1조이고, 그는 2조이다.

昨天甲队和乙队一起吵架。
어제 갑팀과 을팀이 같이 싸움을 했다.

桂林山水甲天下。 계림의 산수는 천하제일이다.

09
5급
乙
yǐ

(수사/대명사)
① (배열 순서로) 두 번째
② 둘 이상의 인명(지명)을 말 할 때 그 중의 하
　나를 가리키는 대명사

甲方对乙方赔偿。
갑측이 을측에 대해 배상을 하다.

10
5급
丁
dīng

(수사) (순서의) 네 번째

**这本辞典按照生词的水平分为甲、
乙、丙、丁。**
이 사전은 새로운 단어를 수준에 따라 갑, 을, 병, 정으로 분
류했다.

11
5급
节
jié

(양) ～마디, 관절, 단락, 절, 토막, 수업의 ～째 교시

我每周上二十节课。
나는 매주 20시간을 수업한다.

"节"는 여러 개로 나누어진 것을 세는 단위이다. : 一节(车厢 두 칸의 차간 / 课 수업 한 시간)
这首歌有三节。 이 노래는 삼 절로 되어있다.

届
jiè

(양)~회, ~차, ~ 기

今年在加拿大的温哥华举办了第21届冬季奥运会。
올해는 캐나다 밴구버에서 제 24회 동계올림픽이 열렸다.

"届"는 "정기적인 회의" 또는 졸업년차 등을 세는 단위이다.

卷
juǎn / juàn

(양)~뭉치 / ~권

(1) "卷(juǎn)"은 둥글게 원통형으로 감거나 만 뭉치를 세는 단위이다.
我这里还剩下五卷胶卷, 你需要就全拿走吧。
나는 여기에 또 필름 다섯 통을 두었으니, 네가 필요하면 전부 가지고 가라.
(2) "卷(juàn)"은 책을 세는 단위이다.
她出版的文集有100卷, 小说60篇。
그녀가 출판한 것은 문집 100권과 소설 60편이 있다.
考试的时候, 他什么也不会, 最后交了白卷。
시험 때 그는 아무것도 할 수 없었고, 결국은 백지 시험지를 제출했다.

颗
kē

(양)~알, 방울 [별이나 땅콩처럼 원형, 또는 작은 알맹이를 세는 단위]

她有一颗善良的心。
그녀는 착한 마음씨를 가지고 있다.

天上有无数颗星星。
하늘에는 무수한 별들이 있다.

15
5급
粒
lì

(양) ～알, ～ 톨 [좁쌀만 한 작은 알갱이를 세는 단위]

我们要珍惜每一粒粮食。
우리는 식량 한 톨이라도 소중히 해야 한다.

他送给我十粒珍珠。
그는 나에게 진주 열 알을 선물했다.

早上我吃了五粒药丸。
아침에 나는 알약 다섯 알을 먹었다.

16
5급
克
kè

(도량형 양사) 그램 (g)

这条金项链有十克重。
이 금목걸이는 무게가 10그램이다.

17
5급
吨
dūn

(도량형 양사) 톤, 1000킬로그램 [무게를 세는 단위]

我们公司的卡车差不多重三吨。
우리 회사의 트럭은 무게가 거의 삼 톤 가까이 된다.

18
5급
厘米
límǐ

(도량형 양사) ～센티미터 [길이를 세는 단위]

他的身高是180厘米。
그는 키가 180센티미터이다.

这张桌子宽60厘米,长90厘米。
이 책상은 폭이 60센티, 길이가 90센티미터이다.

19
5급
立方
lìfāng

(도량형양사) 입방, 세제곱, 삼승 [부피의 단위]

这个水库的面积是1000立方米。
이 저수지의 면적은 1000입방미터이다.

20
5급
平方
píngfāng

(도량형양사) ～제곱, 평방 [면적을 세는 단위]

我刚买的房子面积是150平方米。
내가 방금 산 집은 면적이 150평방미터이다.

粒
lì

(양) ~알, ~톨, ~발 [좁쌀만 한 작은 알갱이를 세는 단위]

他的碗里只剩下几粒米饭。
그의 밥그릇에는 겨우 쌀 몇 톨만 남았다.

毛
máo
= 角 jiǎo

(양) 일원의 1/10, 10전

这里存自行车需要交3毛钱。
이곳에 자전거를 보관하려면 30전이 필요하다.

秒
miǎo

(양) (시간, 각도의 단위로서의) 초

他在100米比赛中的成绩是13秒。
그는 100미터 달리기가 13초이다.

批
pī

(양) ~ 무리, ~ 떼, ~무더기 [사람이나 사물의 한 무더기를 세는 단위]

这里风景优美，吸引了大批的观光游客。
이곳의 경치는 아름다워서 많은 관광객들을 끌어들였다.

这批货物的质量存在问题，属于不合格产品。
이 물건들은 품질에 문제가 있어서 불량품에 속한다.

5급 신HSK VOCA

25
5급
匹
pǐ

(양) ① ～필 [말이나 노새를 세는 단위]
　　② ～필, ～포 [비단이나 포 등 천의 길이를 세
　　　는 단위]

这匹马受伤了,不能参加比赛了。
이 말은 다쳐서 시합에 참가할 수 없다.

妈妈去商店买了一匹布,回来给我做衣服。
엄마께서는 천 한 필을 사러 상점에 갔다가 돌아오셔서 나에게 옷을 만들어 주셨다.

26
5급
片
piàn / piān

(양) ① 얇고 납작한 조각 같은 것을 세는 단위
　　② 풍경이나 경치를 세는 단위
　　　영화 또는 텔레비전 방송극을 세는 단위

我早餐,喝了一杯牛奶.吃了五片面包。
나는 아침식사로 우유 한 잔과 빵 다섯 조각을 먹었다.

这片风景很美,有几百年的历史了。
이 경치는 정말 아름답고, 수 백 년의 역사가 있다.

这部片子上映后,居票房的第一位。
이 영화가 상영 되고 나서 박스오피스 1위를 차지했다.`

27
5급
则
zé

(양) ～조항, 문제, 편, 토막 [조목으로 나누어진 것
　　이나 단락을 이루는 문장의 수를 표시하는 단위]

电视上报道了一则经济的新闻。
TV에서 경제 뉴스 한 편을 보도했다.

28
5급
阵
zhèn

(양) ～번, ～바탕, ～차례 [길어야 서너 시간 이내
　　의 짧은 시간을 세는 단위]

这阵子你去哪里了,怎么看不见你呢?
요즘 너는 어디 갔었니? 왜 너를 볼 수 없었던 거지?

29
5급
支
zhī

(양) ～자루, ～대 [가늘고 긴 딱딱한 물건을 세는
　　단위]

我过生日的时候,朋友送我一支钢笔。
내 생일에 친구가 펜 한 자루를 선물했다.

圈 quān	**(동량사)** ~바퀴 [둘레를 빙 돌아서 원래 위치까지 오는 횟수를 세는 단위] **我绕着公园跑了三圈。** 나는 공원을 세 바퀴 돌았다.
团 tuán	**(양)** ~뭉치, 덩이 [덩어리를 세는 단위] **我把一团纸，扔进了垃圾桶。** 나는 이 종이뭉치를 쓰레기통에 던져 넣었다.
套 tào	**(양)** ① 벌, 조, 세트를 세는 단위 ② 사상이나 언어, 동작, 방법 등 체계를 이루고 있는 것을 세는 단위 **我打算买一套沙发放在客厅。** 나는 소파 한 세트를 사서 거실에 들여 놓을 생각이다. **他创造了一套新的学习方法。** 그는 새로운 학습 방법을 하나 만들었다.
所 suǒ	**(양)** ~채, ~동 [학교처럼 주로 영리를 목적으로 하지 않는 건축물을 세는 단위] **他今年考上了一所名牌大学。** 그는 올해 명문대학에 합격했다.
项 xiàng	**(양)** ~가지, 항 [종목이나 조항을 세는 단위] **我们上午做了跑步、跳绳等几项体育活动。** 우리는 오전에 달리기, 줄다리기 등 몇 가지 체육활동을 했다.

5급 신HSK VOCA

(1) 보어

 掉
diào

(결과보어) ~해 버리다

他实在是太饿了，一口气吃掉了五个汉堡。

그는 정말 너무 배가 고파서 단숨에 햄버거 다섯 개를 먹어 치워 버렸다.

 光
guāng

(결과보어) 모조리, 모두, 몽땅, 죄다~하다

一只鹿被一群狼吃光了，只剩下骨头了。

사슴 한 마리가 이리 떼에 몽땅 잡혀 먹혀서 뼈만 남았다.

> **보카 활용 포인트**
>
> 동사 바로 뒤에 "동사나 형용사"를 써서 결과를 강조하는 것을 "결과보어"라고 한다.
> 대표적인 결과보어로는 "掉 / 完 / 到 / 着(zháo) / 见 / 成 / 住 / 完 / 动 / 死 / 倒 / 清楚 / 干净 / 光 / 好 / 懂 / 明白" 등이 있다.
> (1) "掉"는 "없애 버리다, 제거하다"는 뜻이다. : (扔 던져 버렸다 / 烧 태워 버리다 / 卖 팔아 버리다)掉了
> (2) "光"은 "조금도 남아있지 않다, 전혀 남아 있지 않다"는 뜻이다. : (吃 모조리 먹어 버렸다 / 喝 모두 마셔버렸다)光了

 遍
biàn

(동량보어) ~번, ~회, ~차례

我读了一遍这本小说。

나는 처음부터 끝까지 이 소설을 한 번 읽었다.

> **보카 활용 포인트**
>
> 동사 뒤에서 "~번, ~차례"의 뜻으로 동작의 횟수를 세는 단위를 "동량보어"라고 한다.
> 대표적인 동량보어로는 "遍 / 趟 / 次 / 回" 등이 있다.
> "遍"은 "처음부터 끝까지 ~번 …하다"는 뜻이다.

起来
qǐlái

(방향보어)

他高高兴兴地跳起舞来了。
그는 아주 즐겁게 춤을 추기 시작했다.

孩子突然哭起来了。
아이가 갑자기 울기 시작했다.

보카 활용 포인트

(1) ① 동사 뒤에서 "上/下/进/出/回/过/起/来/去" 등 방향을
나타내는 한 글자 동사를 써서 동작이 방향을 나타내는 것
을 "단순 방향보어(= 한 글자 방향보어)"라고 한다.
② 동사 뒤에서 "上/下/进/出/回/过/起/开" 등 한 글자 방향
보어에 "来나 去"를 붙여서 "上来, 上去 / 下来, 下去 /
出来, 出去 / 回来, 回去 / 过来, 过去 / 起来" 등 두
글자 방향 보어를 만들 수 있는데, 이것을 "복합 방향보어
(= 두 글자 방향보어)"라고 한다.
(2) "起来"는 동사 뒤에서 방향 보어로 쓰여 다음과 같은 뜻으로
쓴다.
① "시작되고 지속됨"을 나타낸다. 이 경우 주로 "움직임"과
관련된 동사를 함께 쓴다. : (哭 울기 시작하다 / 大笑 큰
소리로 웃기 시작하다 / 激动 흥분하기 시작하다)起来
② "분산에서 집중으로 가는 것"을 나타낸다. : (加 더하다 /
收拾 정리하다 / 包 싸다 / 集中 집중하다 / 统一 통일
하다 / 综合 종합하다)起来
③ "좋고 나쁨, 간단하고 복잡함, 쉽고 어려움" 등 "판단, 평가"
의 의미가 있는 경우 동사 뒤에 "起来"를 쓴다. 이 경우
"起来"는 "的时候"와 바꾸어 써도 의미가 통한다.
说起来容易, 做起来很难。
말하기는 쉬워도 하기는 어렵다.

(2) 기타

 …分之
… fēnzhǐ

~분의…

今天参加比赛的女性运动员大约占三
分之一。

오늘 시합에 참가한 여자 운동선수는 대략 삼분의 일 정도
를 차지하고 있다.

> **보카활용포인트**
> "分之"는 "~분의"라는 뜻으로 "분수"를 나타내는 경우 숫자와
> 숫자 사이에 쓴다.

例如
lìrú

예를 들면, 예컨대

我非常喜欢运动，例如排球、足球、棒
球、乒乓球等。

나는 운동을 아주 좋아하는데, 예를 들면 배구·축구·야
구·탁구 등이 있다.

20 기타

□ 唉 āi 어이, 이봐	□ 劳驾 láojià 미안하지만
□ 哈 hā 하하, 웃는 소리	

---

01 5급 唉 āi

(감탄사) ① 예 [대답하는 소리]
② 어이, 이봐, 자 [조용히 사람을 제지하는 소리]
③ 아, 아이구 [탄식, 연민을 나타내는 소리]
④ 여보세요 [사람을 부를 때의 소리]

唉，这么匆忙，你去哪里啊？
이봐, 이렇게 바쁜데 어딜 가는거야?

唉，真烦人，又下雨了。
아이참, 정말 사람 귀찮게 또 비가 내렸어.

唉，请问小李在家吗？我是他的同学。
여보세요, 말씀 좀 묻겠는데요, 小李집이 어딘가요? 저는 그의 같은 반 친구입니다.

---

02 5급 哈 hā

(의성어) 하하, 웃는 소리 [주로 중첩해서 쓰임]
办公室里传来局长哈哈大笑的声音。
사무실에서 국장님의 하하 큰 소리로 웃으시는 웃음소리가 들려왔다.

---

03 5급 劳驾 láojià

미안하지만, 수고스럽지만, 실례지만
师傅劳驾您，我赶飞机能不能开得快一些。
아저씨 제가 비행기를 타야 되는데 빨리 좀 가주세요.

> **보카 활용포인트**
> "劳驾"는 상대방에게 무엇을 부탁하거나 어떤 일을 시킬 때 겸손한 말로 문두에 쓰는 말이다. "麻烦你~"와 동의어이다.
> **劳驾你白跑一趟，真是对不起。**
> 실례지만, 허탕치게해서 정말 죄송합니다.

· C ·

J

• L •

毛 [=角]	máo[＝jiǎo]	625	迷路	mílù	321
毛病	máobìng	185	密码	mìmǎ	501
矛盾	máodùn	116	秘密	mìmì	114
毛巾	máojīn	158	明白	míngbai	332
冒险	màoxiǎn	411	命令	mìnglìng	409
贸易	màoyì	482	名牌	míngpái	182
帽子	màozi	196	明确	míngquè	147
马上	mǎshàng	508	名胜	míngshèng	318
每	měi	586	明天	míngtiān	244
没关系	méiguānxi	361	明显	míngxiǎn	147
魅力	mèilì	79	明星	míngxīng	257
美丽	měilì	284	名字	míngzi	359
眉毛	méimao	70	民族	mínzú	371
妹妹	mèimei	20	密切	mìqiè	86
美术	měishù	347	秘书	mìshū	482
煤炭	méitàn	295	谜语	míyǔ	186
门	mén	204	摸	mō	73
梦	mèng	156	模仿	mófǎng	403
米	mǐ	199	陌生	mòshēng	151
面包	miànbāo	199	摩托车	mótuōchē	313
面对	miànduì	119	目标	mùbiāo	349
免费	miǎnfèi	225	目的	mùdì	376
面积	miànjī	322	目录	mùlù	482
面条儿	miàntiáor	199	目前	mùqián	264
秒	miǎo	625	木头	mùtou	182
苗条	miáotiao	75			
描写	miáoxiě	357	**N**		
米饭	mǐfàn	199			
蜜蜂	mìfēng	290	拿	ná	198

· R

T

W

·Y·